DER AUTOR: Christian Jacq, geboren 1947 bei Paris, promovierte in Ägyptologie an der Sorbonne. Er veröffentlichte zahlreiche wissenschaftliche Aufsätze und wurde von der Académie française ausgezeichnet. Im Zuge seiner Forschungen gründete er das Institut Ramsès, das sich insbesondere der Erhaltung gefährdeter Baudenkmäler der Antike widmet. Neben Beiträgen zur Fachliteratur schrieb er mehrere erfolgreiche Romane. Mit «Ramses» gelang ihm auf Anhieb der Sprung auf die internationalen Bestsellerlisten.

Weitere Informationen zum Werk des Autors finden sich im Anhang dieses Bandes.

Christian Jacq

RAMSES

Band I:

Der Sohn des Lichts

Deutsch von Annette Lallemand

Wunderlich Taschenbuch

Die Originalausgabe erschien
1995 unter dem Titel «Ramsès. Le fils de la lumière»
bei Éditions Robert Laffont, S. A., Paris

Redaktion Heiner Höfener

Neuausgabe November 2001

Veröffentlicht im Rowohlt Taschenbuch
Verlag GmbH, Reinbek bei Hamburg
Oktober 1998

Umschlaggestaltung any.way, Barbara Hanke / Cordula Schmidt
(Foto: Archiv für Kunst und Geschichte, Berlin)
Gesamtherstellung Clausen & Bosse, Leck
Printed in Germany
ISBN 3 499 26313 0

DER SOHN DES LICHTS

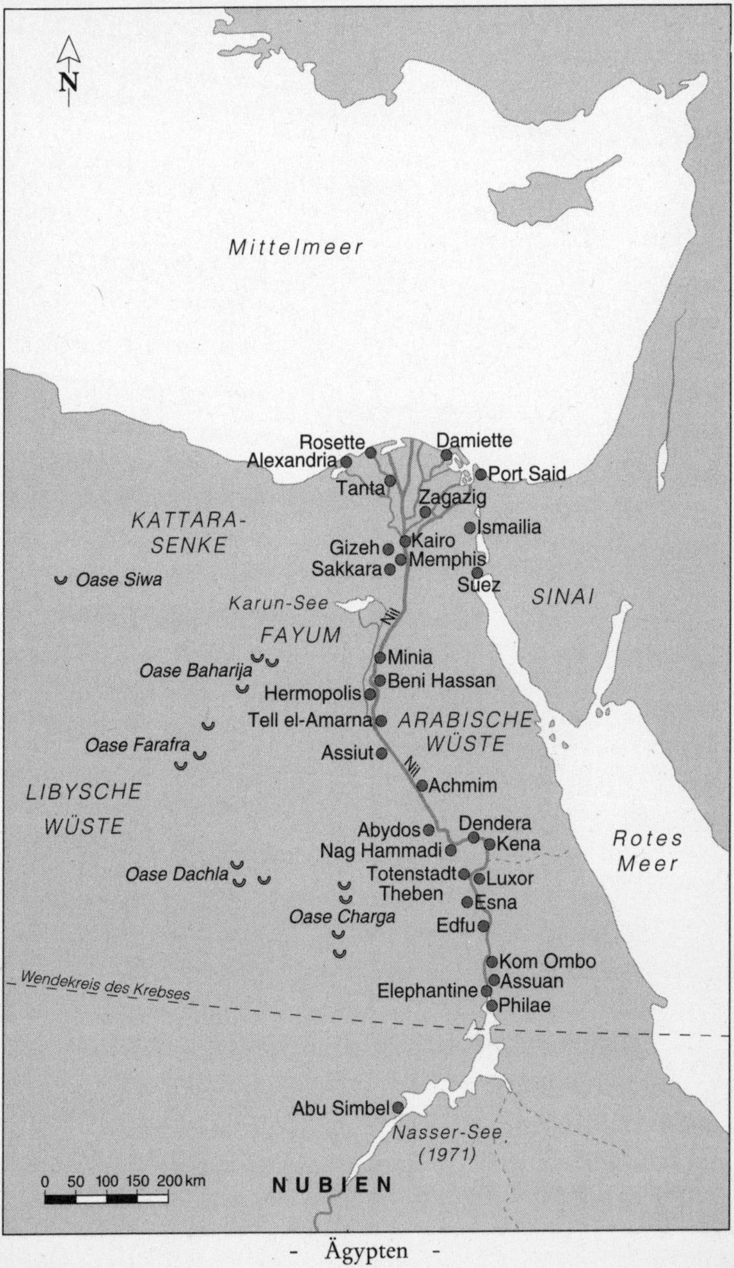
N
Mittelmeer
Rosette
Damiette
Alexandria
Port Said
Tanta
Zagazig
KATTARA-
SENKE
Ismailia
Gizeh
Kairo
Memphis
Sakkara
Oase Siwa
Suez
SINAI
Karun-See
Nil
FAYUM
Minia
Oase Baharija
Beni Hassan
Hermopolis
Tell el-Amarna
ARABISCHE
WÜSTE
Oase Farafra
Assiut
Nil
Achmim
LIBYSCHE
WÜSTE
Dendera
Abydos
Kena
Nag Hammadi
Rotes
Meer
Totenstadt
Luxor
Oase Dachla
Theben
Esna
Oase Charga
Edfu
Kom Ombo
Assuan
Wendekreis des Krebses
Elephantine
Philae
Abu Simbel
Nasser-See
(1971)
0 50 100 150 200 km
NUBIEN

- Ägypten -

Schwarzes Meer
Ägäisches Meer
Troja
HATTI
Hattuscha
EUBÖA
ANATOLIEN
HETHITERREICH
RHODOS
KRETA
ZYPERN
Mittelmeer
Sidon
Tyros
Beth-Shean
Sichern
Gaza
DELTA
Pi-Ramses
Sile
Kantir
Memphis
SINAI
ÄGYPTEN
Berg Sinai
Nil
Rotes Meer
Koptos
Theben
0 100 200 300 400 500 km

- Ägypten und der Vordere Orient -

EINS

Reglos starrte der wilde Stier den jungen Ramses an. Ein gewaltiges Tier: die Beine stämmig wie Pfeiler, lange Hängeohren, ein zottiger Bart, braun und schwarz das Fell. Es hatte den jungen Mann gewittert.

Gebannt blickte Ramses auf die Hörner des Stiers, die am Ansatz eng beieinanderstanden, sich dann nach hinten bogen und steil in die Höhe stiegen. Sie endeten in so scharfen Spitzen, daß jeder Gegner Gefahr lief, aufgeschlitzt zu werden.

Noch nie hatte der junge Mann einen so riesigen Stier gesehen.

Dieser hier gehörte zu einer gefürchteten Rasse, der selbst die besten Jäger lieber auswichen; das männliche Tier, das friedlich inmitten seiner Herde lebte, verletzten oder kranken Artgenossen Hilfe leistete, zur Aufzucht der Jungtiere beitrug, wurde, sobald man seine Ruhe störte, zum entsetzenerregenden Krieger. Schon die kleinste Herausforderung machte es rasend, und dann stürmte es los, mit atemberaubender Schnelligkeit, und sein Zorn flaute erst ab, wenn der Gegner zur Strecke gebracht war.

Ramses wich zurück.

Der Schwanz des wilden Stiers peitschte durch die Luft; ein unerbittlicher Blick traf den Eindringling, der sich vorgewagt hatte in sein Reich, die Weideflächen bei dem Sumpf, wo hohes Schilfgras wuchs. Unweit kalbte eine Kuh im schützenden Kreis der Herde. Hier, in den einsamen Gefilden am Ufer des Nils, herrschte das große männliche Tier über seine Herde und duldete keinen Fremden.

Der junge Mann hatte gehofft, die Pflanzen würden ihn tarnen. Doch die tief in den Höhlen liegenden braunen Augen des Stiers ließen nicht ab von ihm. Er würde ihm nicht entkommen, das war Ramses klar.

Vorsichtig wandte er den Kopf seinem Vater zu, kreidebleich.

Sethos, Pharao von Ägypten, den man den «siegreichen Stier» nannte, hielt sich etwa zehn Schritte hinter seinem Sohn. Es hieß, allein seine Anwesenheit lähme seine Gegner. Sein Verstand, scharf wie der Schnabel des Falken, wirke allerorten, und es gebe nichts, was er nicht wisse. Sethos, von schlankem Wuchs, mit strengen Gesichtszügen, hoher Stirn, Habichtsnase und vorspringenden Wangenknochen, war die Verkörperung der Macht. Er war der verehrte und gefürchtete Alleinherrscher, der Ägyptens Ruhm von ehedem zurückerobert hatte.

Der vierzehnjährige Ramses, vom Körperbau her bereits einem Erwachsenen ähnlich, war zum erstenmal mit seinem Vater zusammen.

Im Palast war ihm ein Erzieher zur Seite gestellt, dem es oblag, ihn so zu unterweisen, daß er als Ehrenmann und Sohn des Königs eines Tages in einem hohen Amt ein sorgloses Leben führen könne. Doch heute hatte Sethos ihn völlig unverhofft aus dem Hieroglyphenunterricht geholt und ihn, ohne ein Wort zu sprechen, hierher aufs Land mitgenommen, fernab jeglicher Siedlung.

Als das Schilf zu dicht geworden war, hatten der König und sein Sohn den von zwei Pferden gezogenen Wagen verlassen und waren durch das grüne Dickicht gestapft. Und da diese Hürde nun hinter ihnen lag, befanden sie sich im Reich des Stiers.

Wer von beiden war furchteinflößender, der wilde Stier oder der Pharao? Beide strahlten eine Kraft aus, der Ramses sich nicht gewachsen fühlte. Wurde nicht in allen Erzählungen beteuert, der Stier sei ein himmlisches Wesen, beseelt vom Feuer der anderen Welt, und der Pharao stehe im Bunde mit den Göttern? Obwohl er groß und kräftig war und jede Angst von sich wies, fühlte der Jüngling, daß hier zwei in gewisser Weise übereinstimmende Kräfte auf ihn einwirkten.

«Er hat mich entdeckt», bekannte er mit betont fester Stimme.

«Um so besser.»

Diese paar Worte, die ersten, die sein Vater sprach, klangen wie eine Verurteilung.

«Er ist gewaltig, er...»

«Und du, wer bist du?»

Die Frage überraschte Ramses. Wütend scharrte der Stier mit dem linken Vorderhuf; Silber- und Graureiher flogen auf, als flüchteten sie vom Schlachtfeld.

«Bist du ein Feigling oder ein Königssohn?»

Sethos' Blick durchbohrte die Seele.

«Ich kämpfe gern, aber...»

«Ein echter Mann geht bis an die Grenze seiner Kräfte, ein König darüber hinaus; wenn du dazu nicht fähig bist, wirst du nicht regieren, und wir werden uns niemals wiedersehen. Nichts darf dich erschüttern. Kehr um, wenn du es wünschst; andernfalls fang ihn ein.»

Ramses nahm seinen ganzen Mut zusammen, hob den Blick und bot seinem Vater die Stirn.

«Du schickst mich in den Tod.»

«‹Sei ein mächtiger Stier, von ewiger Jugend, mit starkem Herzen und spitzen Hörnern, den kein Feind je besiegen kann›, sagte mein Vater zu mir; du, Ramses, bist wie ein echter Stier aus dem

Leib deiner Mutter gekommen, und du sollst eine funkelnde Sonne werden, die ihre Strahlen aussendet zum Wohl ihres Volkes. Du verbargst dich in meiner Hand wie ein Stern, heute öffne ich die Finger. Glänze oder geh unter.»

Der Stier ließ ein Brüllen hören; das Zwiegespräch der Eindringlinge reizte ihn. Ringsum erstarb jedes Geräusch; jedes Lebewesen, von der Maus bis zum Vogel, verspürte die Bedrohlichkeit dieser Kampfansage.

Ramses nahm sie an.

Im Ringkampf hatte er schon Gegner bezwungen, die schwerer und stärker waren als er. Sein Erzieher hatte ihm die Griffe beigebracht. Aber welches Vorgehen eignete sich bei einem Ungeheuer solcher Ausmaße?

Sethos übergab seinem Sohn ein langes Seil mit einer Schlinge am Ende.

«Seine Kraft ist in seinem Kopf geballt; pack ihn bei den Hörnern, dann bist du Sieger.»

Der junge Mann schöpfte neue Hoffnung; im Seilwerfen war er geübt, denn auf dem See im Palastgarten trieben die Zöglinge allerlei vergnügliche Spiele.

«Sobald er das Zischen deines Fangseils vernimmt, wird er sich auf dich stürzen», erklärte der Pharao; «verfehle ihn nicht, denn einen zweiten Versuch gestattet er dir nicht.»

Ramses sprach sich innerlich Mut zu, während er seine Wurfbewegung nochmals überdachte. Trotz seines jugendlichen Alters maß er bereits mehr als drei Ellen, und seinen athletischen Körper hatte er in mehreren Sportarten geübt; daher ärgerte ihn diese Kindheitslocke, die in Höhe des Ohrs von einem Band gehalten wurde und Ritualschmuck war, um sein herrliches blondes Haar zu zeigen. Wenn er erst einmal ein Amt bei Hofe innehätte, dann dürfte er endlich eine andere Haartracht tragen.

Aber würde das Schicksal ihm diese Zeit lassen? Gewiß, schon mehrmals und nicht ohne Prahlerei hatte der hitzköpfige junge Mann nach Mutproben verlangt, die seiner würdig wären; doch daß der Pharao persönlich und so unnachsichtig seinen Wünschen entsprechen würde, das hatte er nicht geahnt.

Seit der Stier den Mann gewittert hatte, war er gereizt; lange würde er nicht mehr warten. Ramses straffte das Seil; falls es gelänge, das Tier einzufangen, müßte er kolossale Kräfte aufbieten, um es bewegungsunfähig zu machen. Da er über diese aber noch nicht verfügte, müßte er über sich selbst hinauswachsen, auch wenn ihm das Herz dabei zersprang.

Nein, er würde den Pharao nicht enttäuschen!

Ramses ließ das Seil kreisen; der Stier stürmte los, mit gesenkten Hörnern.

Von der Geschwindigkeit des Tieres überrascht, wich der junge Mann zwei Schritte seitwärts, reckte seinen rechten Arm und schleuderte das Seil, das sich wie eine Schlange ringelte und auf den Rücken des Ungeheuers klatschte. Bei diesem Schwung rutschte Ramses auf dem feuchten Untergrund aus und fiel zu Boden. Schon drohten die Hörner ihn aufzuspießen. Sie streiften seine Brust, doch er hatte die Augen nicht geschlossen.

Er hatte seinem Tod ins Antlitz blicken wollen.

Gereizt stürmte der Stier weiter bis zum Schilf, doch dort drehte er ab, mit einem einzigen Satz; Ramses war aufgestanden und heftete nun seinen Blick auf die Augen des Tieres. Er würde ihm Trotz bieten, bis zum letzten Atemzug, und Sethos beweisen, daß ein Königssohn würdig zu sterben wußte.

Doch blitzartig war der Schwung des Ungeheuers gebrochen: das Seil in des Pharaos festen Händen umschlang seine Hörner. Wutschnaubend schüttelte das Tier den Kopf, bereit, sich das Genick zu brechen, nur um sich zu befreien. Doch vergebens: Sethos nutzte die nun nicht mehr zielgerichtete Kraft des Stiers, um sie gegen ihn zu verwenden.

«Pack den Schwanz!» befahl er seinem Sohn.

Ramses lief und ergriff den kahlen Schwanz mit dem Haarbüschel am äußersten Ende. Einen solchen Schwanz trug der Pharao am Gürtel seines Schurzes, er wies ihn aus als Herrn über die Macht des Stiers.

Das besiegte Tier beruhigte sich allmählich, es schnaubte und grollte jetzt nur noch. Nachdem der König Ramses mit einem Handzeichen bedeutet hatte, sich hinter ihn zu stellen, ließ er es frei.

«Diese Rasse ist nicht zu zähmen; ein männliches Tier wie dieses scheut weder Feuer noch Wasser, es verbirgt sich sogar hinter einem Baum, um den Feind zu überrumpeln.»

Das Tier drehte den Kopf zur Seite und warf einen flüchtigen Blick auf seinen Gegner. Dann trottete es davon, zurück in sein Reich, als wüßte es, daß es machtlos war gegenüber dem Pharao.

«Du bist stärker als er!»

«Wir sind keine Gegner mehr, weil wir einen Pakt geschlossen haben.»

Sethos nahm einen Dolch aus seiner Lederhülle und schnitt Ramses mit leichter und sicherer Hand die Kindheitslocke ab.

«Vater...»

«Deine Kindheit ist vorbei. Morgen, Ramses, beginnt das Leben.»

«Aber ich habe den Stier doch nicht besiegt.»

«Du hast die Angst besiegt, den ersten der Feinde auf dem Wege zur Weisheit.»

«Gibt es da noch viele?»

«Bestimmt mehr als Sandkörner in der Wüste.»

Die Frage brannte dem jungen Mann auf den Lippen.

«Darf ich das so verstehen... daß du mich zum Nachfolger erwählt hast?»

«Glaubst du, Mut allein genüge, um Menschen zu leiten?»

ZWEI

SARY, RAMSES' ERZIEHER, suchte im ganzen Palast nach seinem Zögling. Es war nicht das erste Mal, daß der junge Mann, anstatt rechnen zu lernen, sich davonstahl, um nach den Pferden zu schauen oder mit einer Horde vergnügungssüchtiger und widerspenstiger Freunde ein Wettschwimmen zu veranstalten.

Der beleibte, leutselige, jedem Sport abholde Sary hatte ständig etwas auszusetzen an seinem Zögling. Doch in helle Aufregung geriet er bei Torheiten dieser Art, denn er verdankte den beneideten Posten eines Prinzenerziehers eigentlich nur seiner Heirat mit einer sehr viel jüngeren Frau, und die war die ältere Schwester von Ramses.

Beneidet... Die hatten ja alle keine Ahnung, wie störrisch und unbeugsam dieser jüngere Sohn des Pharaos sich gebärdete! Wäre er – Sary – nicht von Natur aus so geduldig und so erpicht darauf, einem oft unverschämten und überaus selbstsicheren Knaben die Welt des Geistes zu eröffnen, hätte er sein Amt längst niedergelegt. Wie es die Tradition gebot, kümmerte der Pharao sich nicht um die Erziehung seiner Kinder, solange sie noch klein waren. Er wartete den Augenblick ab, da im Jüngling der Erwachsene zum Vorschein kam. Dann erst fanden die erste Begegnung und die erste Prüfung statt, die erweisen sollten, ob er würdig wäre, eines Tages zu regieren. In diesem Fall war die Entscheidung längst gefallen:

Chenar, der Ältere, würde den Thron besteigen. Dennoch oblag ihm, Sary, die schwierige Aufgabe, das Ungestüm des jungen Ramses in die richtigen Bahnen zu leiten, um einen guten Heerführer oder zumindest einen zufriedenen Höfling aus ihm zu machen.

Sary, in der Blüte seiner dreißig Jahre, hätte es sich eigentlich ganz gern wohl sein lassen am Weiher seines herrschaftlichen Anwesens, in Gesellschaft seiner zwanzigjährigen Gemahlin. Aber wäre es nicht auch langweilig? Dank Ramses glich kein Tag dem anderen. Der Tatendrang dieses Knaben war nicht zu löschen, ständig fiel ihm etwas Neues ein, etliche Erzieher hatte er aufgerieben, bevor er sich mit Sary abfand. Trotz häufiger Zusammenstöße war es Sary gelungen, den Geist des jungen Mannes zu wekken und ihm alle Wissenschaften nahezubringen, die ein Schreiber kennen und beherrschen mußte. Wenn er es sich auch nicht eingestehen wollte, so bereitete es ihm doch Vergnügen, den wachen Verstand des jungen Ramses mit den oft verblüffenden Einfällen zu schärfen.

In der letzten Zeit waren ihm Veränderungen aufgefallen. Der junge Mann, der keinen Augenblick tatenlos verharren konnte, vertiefte sich plötzlich in die Lehren des alten Weisen Ptah-hotep; Sary hatte ihn sogar dabei überrascht, wie er traumverloren den Tanz der Lerchen im Morgenlicht betrachtete. Er wurde langsam reifer, bald wäre sein Werk vollendet. In vielen Fällen gelang das nicht. Aus welchem Holz würde der Mann Ramses wohl gemacht sein, fragte sich sein Erzieher so manches Mal. Würde das Feuer der Jugend sich wandeln in ein anderes, nicht so ungestümes, aber ebenso kraftvolles Feuer?

Wie sollte er sich keine Sorgen machen angesichts einer so breitgefächerten Begabung? Am Hofe wie auch in jeder anderen Gesellschaftsschicht waren die Mittelmäßigen, deren Nachfolge gesichert war, abweisend, wenn nicht gar haßerfüllt gegenüber jenen, deren Persönlichkeit sie noch bedeutungsloser erscheinen ließ. Obwohl Sethos' Nachfolge niemanden überraschte und Ramses sich nicht zu scheren hatte um die unausbleiblichen Ränke, die mit Macht ausgestattete Männer immer schmiedeten, konnte seine Zukunft dennoch weniger rosig aussehen als geplant. Einige überlegten bereits, wie sie ihn von hohen Staatsämtern ausschließen könnten, der eigene Bruder als erster. Was würde aus ihm werden, abgeschoben in eine ferne Provinz, könnte er sich an das Landleben und den ewig gleichen Lauf der Jahreszeiten gewöhnen?

Sary hatte nicht gewagt, derartig quälende Gedanken der Schwester seines Zöglings anzuvertrauen. Sie war zu schwatzhaft. Und mit Sethos offen darüber zu sprechen war undenkbar. Der Pharao war ein Arbeitstier und vollauf damit beschäftigt, das aufblühende Land zu verwalten. Wie sollte er da Kümmernissen eines Erziehers Aufmerksamkeit schenken? Es war gut, daß Vater und Sohn keinerlei Kontakt hatten. Angesichts einer so mächtigen Person wie Sethos hätte Ramses keine andere Wahl, als sich aufzulehnen oder zu kuschen. Die Tradition hatte schon etwas Gutes: Väter sind nicht die geeignetsten Erzieher ihrer Kinder.

Tuja, die große königliche Gemahlin und Ramses' Mutter, nahm eine völlig andere Haltung ein. Sary gehörte zu den wenigen, dem ihre deutliche Vorliebe für den jüngeren Sohn aufgefallen war. Gebildet und lebensklug, wie sie war, kannte sie die guten wie die schlechten Eigenschaften eines jeden Höflings. Sie war die unbestrittene Herrscherin über den königlichen Hausstand, wachte über die strenge Einhaltung der Anstandsregeln und stand beim Adel wie auch beim Volk in hohem Ansehen. Sary hingegen fürchtete Tuja. Belästigte er sie mit lächerlichen Befürchtungen, würde er in ihrer Achtung sinken. Geschwätz schätzte die Königin nicht; eine unbegründete Anschuldigung war in ihren Augen ebenso verwerflich wie eine Lüge. Es war ratsamer, zu schweigen, anstatt den Unheilkünder zu spielen.

Sary bezwang seinen Widerwillen und ging zu den Stallungen. Er hatte Angst vor Pferden, die keilten immer aus, und die Pferdepfleger und besonders die lächerlich hochmütigen Reiter, die konnte er schon gar nicht leiden. Er überhörte die Spötteleien, während er durch die Stallungen hastete, wo er seinen Zögling jedoch vergeblich suchte. Seit zwei Tagen hatte keiner ihn gesehen, worüber man verwundert war.

Stunde um Stunde mühte sich Sary, Ramses wiederzufinden. Er vergaß dabei sogar das Mittagessen. Bei Einbruch der Nacht kehrte er entmutigt, von oben bis unten staubbedeckt, in den Palast zurück. Schon bald müßte er das Verschwinden seines Zöglings melden und beweisen, daß er völlig unschuldig war an diesem Verhängnis. Wie sollte er der Schwester des Prinzen gegenübertreten?

Er war so mißmutig, daß er sogar vergaß, seine Amtsbrüder zu grüßen, die aus dem Unterrichtssaal kamen. Gleich morgen früh würde er, wenn er sich auch wenig Hoffnung machte, Ramses' beste Freunde befragen. Erhielt er keinerlei Hinweis, mußte er sich in die grauenvolle Wirklichkeit fügen.

Was hatte er den Göttern nur angetan, daß ein böser Geist ihn so quälen durfte? Ein solcher Bruch in seiner Laufbahn wäre doch die schreiendste Ungerechtigkeit. Der Hof würde ihn verjagen, seine Gemahlin ihn verstoßen, und den Rest seiner Tage könnte er als Wäscher zubringen! Schaudernd beim Gedanken an einen derartigen Abstieg, setzte sich Sary in Schreiberpose an seinen angestammten Platz.

Für gewöhnlich saß Ramses ihm gegenüber, mal aufmerksam, mal verträumt, aber stets zu einer unerwarteten Antwort bereit.

Im Alter von acht Jahren schon hatte er mit sicherer Hand Hieroglyphen zu zeichnen vermocht, weil diese Übung ihm gefiel.

Der Erzieher schloß die Lider, um die glücklichsten Augenblicke seines gesellschaftlichen Aufstiegs in sein Gedächtnis zu rufen.

«Bist du krank, Sary?»

Diese Stimme... Wie ernst und autoritär sie schon klang!

«Du bist's? Bist du es wirklich?»

«Wenn du schläfst, schlaf weiter; wenn nicht, schau her.»

Sary öffnete die Augen.

Es war wirklich Ramses, auch er war staubbedeckt, aber sein Blick funkelte.

«Wir müssen uns beide wohl erst einmal waschen; wo hast du dich denn herumgetrieben, Erzieher?»

«An schmutzigen Orten wie den Stallungen.»

«Solltest du mich gesucht haben?»

Verdutzt stand Sary auf und ging um Ramses herum.

«Was hast du mit der Kindheitslocke gemacht?»

«Mein Vater hat sie mir eigenhändig abgeschnitten.»

«Unmöglich! Das Ritual verlangt, daß...»

«Ziehst du meine Worte etwa in Zweifel?»

«Verzeih mir.»

«Setz dich, Erzieher, und hör mir zu.»

Sary gehorchte, der Ton des Prinzen, der kein Kind mehr war, beeindruckte ihn.

«Mein Vater hat mir die Mutprobe mit dem wilden Stier auferlegt.»

«Das... das kann doch nicht sein!»

«Besiegt habe ich ihn nicht, aber ich habe dem Ungeheuer die Stirn geboten, und ich glaube, daß mein Vater mich als zukünftigen Regenten ausersehen hat!»

«Nein, mein Prinz; dein älterer Bruder wurde bereits benannt.»

«Hat er die Stierprobe bestanden?»

«Sethos wollte dich nur mit der Gefahr konfrontieren, die du ja so liebst.»

«Hätte er wegen solch einer Belanglosigkeit seine Zeit vergeudet? Er hat *mich* berufen, da bin ich mir ganz sicher!»

«Berausche dich nicht, entsage diesem Wahn.»

«Wahn?»

«Es gibt genügend einflußreiche Persönlichkeiten bei Hofe, die dich ganz und gar nicht schätzen.»

«Was wirft man mir vor?»

«Du selbst zu sein.»

«Willst du mir etwa nahelegen, ins Glied zurückzutreten?»

«Die Vernunft erfordert es.»

«Sie besitzt nicht die Kraft eines Stieres.»

«Die Machtspiele sind grausamer, als du dir vorstellst. Unerschrockenheit genügt nicht, um als Sieger daraus hervorzugehen.»

«Dann wirst du mir eben helfen.»

«Wie soll ich das verstehen?»

«Du kennst die Gepflogenheiten bei Hofe; benenne mir meine Freunde und meine Feinde, und dann berate mich.»

«Verlang nicht zuviel von mir... Ich bin nur dein Erzieher.»

«Solltest du vergessen haben, daß meine Kindheit vorüber ist? Entweder wirst du mein Lehrmeister, oder wir werden uns trennen.»

«Du zwingst mich, unüberlegt Wagnisse einzugehen, und besitzt doch selbst nicht das Zeug für die höchste Macht. Dein älterer Bruder bereitet sich seit langem darauf vor. Reiz ihn nicht, sonst wird er dich vernichten.»

DREI

ENDLICH WAR ER DA, der große Abend.

Der neue Mond wurde geboren, die Nacht war so schwarz, wie man sich's nur wünschen konnte. All seinen Mitschülern, die wie er «Zöglinge des Königs» waren, hatte Ramses eine Aufgabe gestellt, die für ihn entscheidend war. Wären sie Manns genug, von den Wächtern unbemerkt bis zur Stadtmitte zu gelangen, um das Wesentliche, diese Frage, die allen auf der Zunge lag, die aber niemand zu stellen wagte, zu erörtern?

Ramses sprang aus dem Fenster seines im ersten Geschoß gelegenen Schlafgemachs, die lockere Erde der Blumenbeete fing den Aufprall ab. Dann lief er am Gebäude entlang. Die Wächter behelligten ihn nicht, die einen schliefen, die anderen saßen beim Würfelspiel. Sollte er das Pech haben, einem zu begegnen, der tatsächlich seinen Dienst versah, würde er ihn schon in ein Gespräch verwickeln oder niederschlagen.

Einen Aufseher hatte er in seiner Hochstimmung vergessen, und der lag nicht auf der faulen Haut: Es war ein goldgelber Hund von mittlerer Größe, stämmig und muskulös, mit hängenden Ohren und Ringelschwanz. Er hatte mitten auf dem Weg Posten bezogen, bellte nicht, verwehrte aber den Durchgang.

Instinktiv suchte Ramses seinen Blick. Der Hund setzte sich auf sein Hinterteil, und der Schwanz begann rhythmisch zu schlagen.

Der junge Mann trat näher und streichelte ihn. Sie waren vom ersten Augenblick an Freunde. Auf dem roten Lederhalsband stand sein Name: «Wächter».

«Hast du nicht Lust mitzukommen?»

Die kurze Schnauze mit der schwarzen Nase nickte zustimmend. Wächter geleitete seinen neuen Herrn zum Ausgang des Palastbereichs, in dem die künftigen Honoratioren Ägyptens erzogen wurden.

Trotz der späten Stunde schlenderte noch allerlei Volk durch die Straßen von Memphis. Das Ansehen der ältesten Hauptstadt des Landes war ungebrochen, trotz des Reichtums des südlichen Theben. Die großen Lehranstalten befanden sich in Memphis, und dort genossen die Kinder des Königshauses und die für die höchsten Ämter Ausersehenen eine strenge und umfassende Erziehung und Ausbildung. Wer ins «Kap», dieses «Gehege, wo Schutz und Nahrung geboten wurden», aufgenommen war, wurde von vielen beneidet, aber wer wie Ramses dort seit frühester Kindheit lebte, hatte nur den einen Wunsch, von dort auszubrechen!

Er hatte ein schlichtes, kurzärmeliges Hemd übergezogen, um unter den Vorübergehenden nicht aufzufallen, und gelangte unbehelligt zum berühmten Brauhaus im Medizinerviertel, wo die künftigen Ärzte es sich nach langen Studiertagen wohlergehen ließen. Da Wächter ihm nicht von den Fersen wich, unternahm der Prinz auch nichts und betrat mit ihm die den «Kindern vom Kap» untersagte Schenke.

Aber Ramses war ja auch kein Kind mehr, und es war ihm gelungen, aus seinem vergoldeten Käfig auszubrechen.

Im großen Saal des Brauhauses mit den gekalkten Wänden harrten Matten und Schemel der munteren Kunden, die starkes Bier, Wein und Palmlikör zu schätzen wußten. Bereitwillig zeigte der

Wirt seine Amphoren, die aus dem Delta, den Oasen oder aus Griechenland stammten, aber ebensogern rühmte er seine eigenen Erzeugnisse. Ramses suchte sich ein ruhiges Eckchen, von wo aus er die Eingangstür überwachte.

«Was möchtest du?» fragte der Wirt.

«Im Augenblick noch nichts.»

«Unbekannte zahlen im voraus.»

Der Prinz hielt ihm ein Karneolarmband hin.

«Wird dir das genügen?»

Der Wirt beäugte das Stück.

«Das wird reichen. Wein oder Bier?»

«Dein bestes Bier.»

«Wieviel Schalen?»

«Das weiß ich noch nicht.»

«Ich bring schon mal den Krug... Sobald du's weißt, bekommst du die Schalen.»

Ramses stellte fest, daß er gar nicht wußte, was die Dinge kosteten; der Kerl betrog ihn bestimmt. Es war höchste Zeit, daß er rauskam aus seiner Palastschule, wo man viel zu abgeschirmt war von der Außenwelt.

Der Prinz starrte auf die Tür, Wächter lag zu seinen Füßen. Wer von den Mitschülern würde das Abenteuer wagen? Er wettete, sortierte die Schwächlinge und die Karrieresüchtigen aus und beschränkte sich auf drei Namen. Die drei würden vor der Gefahr nicht zurückscheuen.

Er lächelte, als Setaou über die Schwelle trat.

Setaou war der Sohn eines Seemanns und einer Nubierin, untersetzt, männlich, ein Muskelprotz mit dunkler Haut, schwarzem Haar und eckigem Schädel. Seine ungewöhnliche Ausdauer, aber auch seine Begabung für Chemie und Pflanzenkunde hatten die Aufmerksamkeit seines Lehrers geweckt. Und auch im Kap bedauerte man es nicht, ihm die Pforten zu höherer Bildung geöffnet zu haben.

Der wenig redselige Setaou setzte sich neben Ramses.

Noch bevor die beiden Jungen miteinander reden konnten, kam auch schon Ameni, klein, mager und schmächtig. Sein Teint war blaß und sein Haar trotz seines jugendlichen Alters bereits schütter; bei den sportlichen Übungen erwies er sich als unbeholfen, doch in der Kunst des Hieroglyphenschreibens übertraf er alle seines Jahrgangs. Er war unermüdlich und fleißig, schlief nachts nur drei oder vier Stunden und kannte die Schriften der Alten besser als sein Lehrmeister. Sein Vater war Gipsarbeiter, daher galt er als Held in der Familie.

«Ich hab es geschafft», verkündete er stolz, «ich habe einem der Wächter mein Abendessen überlassen.»

Ihn hatte Ramses auch erwartet; er wußte, daß Setaou notfalls seine Kraft und Ameni eine List anwenden würden.

Der dritte Ankömmling überraschte den Prinzen. Niemals hätte er geglaubt, daß der reiche Acha solche Risiken eingehen würde. Er war der einzige Sohn einer wohlhabenden adeligen Familie, und der Aufenthalt im Kap war für ihn eine Selbstverständlichkeit und eine Verpflichtung, eine Art Übergang zu einer hohen Beamtenlaufbahn. Er war elegant, wußte sich zu bewegen, hatte ein längliches Gesicht mit einem kleinen gepflegten Schnurrbart, und wenn er andere anblickte, wirkte das häufig herablassend. Seine salbungsvolle Stimme und seine vor Intelligenz funkelnden Augen schlugen seine Gesprächspartner in den Bann.

Er setzte sich den dreien gegenüber.

«Erstaunt, Ramses?»

«Ja, das gebe ich zu.»

«Mit euch einen Abend lang mal über die Stränge zu schlagen

mißfällt mir nicht. Das Leben erschien mir ohnehin schon arg eintönig.»

«Wir riskieren Strafen.»

«Das macht das Verbotene nur noch pikanter; sind wir vollzählig?»

«Noch nicht.»

«Sollte dein bester Freund dich verraten haben?»

«Er wird kommen.»

Mit ironischem Blick ließ Acha das Bier einschenken... Ramses rührte es nicht an. Unruhe und Enttäuschung schnürten ihm die Kehle zu. Sollte er sich so gewaltig getäuscht haben?»

«Da ist er ja!» rief Ameni.

Moses, groß, breitschultrig, mit üppigem Haar und einem Bartkranz ums Kinn, wirkte viel älter als fünfzehn. Er war der Sohn hebräischer Arbeiter, die seit mehreren Generationen in Ägypten ansässig waren, und seit frühester Jugend genoß er aufgrund seiner erstaunlichen geistigen Fähigkeiten die Erziehung im Kap. Da er körperlich ebenso stark war wie Ramses, hatten die beiden Jungen bei allen Gelegenheiten ihre Kräfte gemessen, dann aber einen Pakt geschlossen und vereint ihren Lehrern die Stirn geboten.

«Ein alter Wächter wollte mich hindern, das Gelände zu verlassen. Da ich ihn nicht zusammenschlagen wollte, mußte ich ihn erst vom Sinn und Zweck meines Vorhabens überzeugen.»

Man beglückwünschte sich gegenseitig, leerte eine Schale Bier und weidete sich am unvergleichlichen Geschmack des Verbotenen.

«Beantworten wir die einzig wichtige Frage», sagte Ramses, «wie erlangt man wirkliche Macht?»

«Durch den Umgang mit den Hieroglyphen», antwortete Ameni, ohne zu zögern. «Unsere Sprache ist die der Götter, die Weisen nutzten sie, um uns deren Gebote zu übermitteln. ‹Ahme deine Ahnen nach›, steht geschrieben, ‹denn sie kannten das Leben vor dir. Macht wird durch Wissen verliehen, nur die Schrift macht unsterblich.›»

«Gelehrtengefasel», warf Setaou ein.

Ameni ereiferte sich.

«Willst du etwa leugnen, daß der Schreiber die wahre Macht innehat? Anstand, Höflichkeit, Lebensart, Geradlinigkeit, Einhaltung von Versprechungen, Ablehnung von Unehrlichkeit und Neid, Selbstbeherrschung, Schweigsamkeit zugunsten des geschriebenen Wortes, all das sind Tugenden, die ich entwickeln will.»

«Das genügt nicht», befand Acha, «höchste Macht verleiht die Diplomatie. Daher werde ich bald in fremde Länder reisen und die Sprachen unserer Verbündeten wie auch die unserer Gegner erlernen, um zu begreifen, wie die Handelsbeziehungen geknüpft sind und welche Absichten die anderen Herrscher in Wirklichkeit verfolgen. Wenn ich das alles weiß, habe ich sie in der Hand.»

«Aus dir spricht der Ehrgeiz eines Städters, der jeden Kontakt zur Natur verloren hat», beklagte Setaou. «Die Stadt ist die eigentliche Bedrohung!»

«Du sagst uns nicht, wie du Macht zu erlangen gedenkst», warf Acha spitz ein.

«Es gibt nur einen Weg, wo Leben und Tod, Schönheit und Abscheu, Arznei und Gift ständig ineinander verschlungen sind: auf dem Pfad der Schlangen.»

«Du machst wohl Witze?»

«Wo leben denn die Schlangen? In der Wüste, auf den Feldern, in den Sümpfen, an den Ufern des Nils und der Kanäle, auf den Dreschplätzen, in den Unterständen der Hirten, in den Viehpferchen, ja sogar in den dunklen und kühlen Schlupfwinkeln der Häuser! Die Schlangen sind überall, sie wissen um das Geheimnis der Schöpfung. Ihnen das zu entlocken wird Ziel meines Lebens sein.»

Niemand wagte etwas einzuwenden, denn Setaou schien seine Entscheidung wohl durchdacht zu haben.

«Und du, Moses?» fragte Ramses.

Der junge Hüne zögerte.

«Ich beneide euch, meine Freunde, denn ich vermag keine Antwort zu geben. Seltsame Gedanken treiben mich um, mein Geist ist ruhelos, aber mein Schicksal bleibt im dunkeln. Man wird mir wohl einen wichtigen Posten in einem großen Harim anvertrauen, ich bin auch bereit, ihn anzunehmen, allerdings in Erwartung einer beglückenderen Aufgabe.»

Die Blicke der vier jungen Männer richteten sich auf Ramses.

«Es gibt nur eine wahre Macht», erklärte er, «die des Pharaos.»

VIER

DU ERSTAUNST UNS in keiner Weise», klagte Acha.

«Mein Vater hat mich dem wilden Stier gegenübergestellt», verriet Ramses. «Warum wohl, wenn nicht, um mich vorzubereiten, eines Tages Pharao zu werden?»

Diese Antwort machte die vier Mitschüler des Prinzen sprachlos; Acha war der erste, der seine Sprache wiederfand.

«Hat Sethos nicht deinen älteren Bruder als Nachfolger benannt?»

«Wenn das so wäre, warum hat er ihn dann nicht gezwungen, dem Ungeheuer die Stirn zu bieten?»

Ameni strahlte.

«Das ist ja wunderbar, Ramses! Freund des künftigen Pharaos zu sein, wie wundervoll!»

«Berausch dich nicht», riet Moses, «Sethos hat seine Wahl vielleicht noch nicht getroffen.»

«Werdet ihr für oder gegen mich sein?» fragte Ramses.

«An deiner Seite bis in den Tod», antwortete Ameni.

Moses nickte zustimmend.

«Die Frage muß überdacht werden», meinte Acha. «Sobald ich erkenne, daß deine Chancen steigen, werde ich von meinem Glauben an deinen älteren Bruder allmählich ablassen. Wenn dem nicht so ist, werde ich doch keinen Unterlegenen unterstützen.»

Ameni ballte die Fäuste. «Man sollte dich...»

«Vielleicht bin ich nur der Ehrlichste von uns allen», fiel ihm der künftige Gesandte ins Wort.

«Das würde mich wundern», erwiderte Setaou, «die einzig realistische Einstellung ist die meine.»

«Würdest du sie uns verraten?»

«Schöne Worte sagen mir nichts. Taten allein zählen. Ein zukünftiger König muß fähig sein, den Schlangen die Stirn zu bieten. In der nächsten Vollmondnacht, wenn sie alle aus ihren Schlupfwinkeln hervorkommen, werde ich Ramses mitnehmen. Dann werden wir sehen, ob er seinen Ansprüchen gewachsen ist.»

«Weigere dich», flehte Ameni.

«Einverstanden», sagte Ramses.

Der Skandal erschütterte das Kap, diese hochangesehene Anstalt. Seit ihrer Gründung hatten selbst die Jahrgangsbesten sich nicht erfrecht, die Hausordnung derartig zu schmähen. Obwohl sich alles in ihm dagegen sträubte, war Sary von den anderen Lehrern beauftragt worden, die fünf Schuldigen vorzuladen und schwere Strafen über sie zu verhängen. Die Sommerferien standen kurz bevor, und diese Aufgabe schien ihm um so sinnloser, als allen fünf jungen Männern in Anerkennung ihrer Bemühungen und Fähigkeiten bereits Ämter übertragen worden waren und ihnen alle Wege offenstanden.

Ramses spielte mit seinem Hund, der sich schnell daran gewöhnt hatte, sein Futter vom Tisch seines Herrn zu bekommen. Wie ein Verrückter rannte er hinter dem Stoffball her, den der Prinz für ihn warf. Würde dieses Spiel denn nie zu Ende sein, fragte sich der Erzieher, denn sein königlicher Zögling duldete es nicht, daß man die Freuden seines Tieres unterbrach, da der Vorbesitzer es ohnehin schon sträflich vernachlässigt hatte.

Erschöpft hechelnd, schlappte Wächter jetzt endlich ein wenig Wasser aus einer irdenen Schale.

«Dein Verhalten, Ramses, verdient einen Tadel.»

«Aus welchem Grunde?»

«Dieser üble Ausbruch...»

«Übertreib nicht, Sary. Wir waren nicht einmal trunken.»

«Dieser Ausbruch war um so dümmer, als deine Mitschüler ihr Studienziel bereits erreicht hatten.»

Ramses packte den Erzieher bei den Schultern.

«Du bringst also gute Nachricht! Schnell, erzähl!»

«Die Strafen...»

«Darüber später! Was ist mit Moses?»

«Beigeordneter Verwalter des großen Harim Mer-Our in Fayum. Eine recht schwere Verantwortung für so junge Schultern.»

«Er wird die in ihren Vorrechten eingezwängten Beamten ein wenig anspornen. Und Ameni?»

«Zieht ein ins Gebäude der Palastschreiber.»

«Großartig! Setaou?»

«Er wird seine Bestallung als Heilkundiger und Schlangenbändiger erhalten und Gift zur Herstellung von Arzneien sammeln. Sofern nicht Bestrafungen...»

«Und Acha?»

«Sobald er seine Kenntnisse des Libyschen, des Syrischen und Hethitischen vervollkommnet haben wird, soll er nach Byblos gehen und dort seinen ersten Posten als Dolmetscher erhalten. Aber all diese Ernennungen sind zurückgestellt worden!»

«Von wem?»

«Vom Vorsteher des Kap, den Lehrern und mir. Euer Benehmen kann nicht geduldet werden.»

Ramses überlegte.

Würde die Angelegenheit hochgespielt werden, käme sie dem Wesir und schließlich Sethos zu Ohren. In der Tat ein schönes Mittel, den königlichen Zorn heraufzubeschwören!

«Muß man nicht in allen Dingen Gerechtigkeit walten lassen, Sary?»

«Gewiß.»

«Dann strafen wir den einzig Schuldigen: mich.»

«Aber...»

«Ich habe dieses Treffen herbeigeführt, den Ort bestimmt und meine Kameraden gezwungen, mir zu gehorchen. Hätte ich einen anderen Namen getragen, hätten sie sich geweigert.»

«Möglich, aber...»

«Verkünde ihnen die gute Nachricht, und häufe auf mein Haupt die vorgesehenen Strafen. Und da diese Angelegenheit nun geregelt ist, laß mich jetzt diesem armen Hund ein wenig Freude bereiten.»

Sary dankte den Göttern. Dank Ramses konnte er diese heikle Situation bestens bereinigen. Der Prinz, dem aus den Reihen der Lehrmeister wenig Sympathie entgegenschlug, wurde im Kap unter Hausarrest gestellt. Er durfte nicht am Fest der großen Überschwemmung teilnehmen, mußte sich statt dessen in die Rechenkunst und in die Literatur vertiefen und hatte sich auch jedes Besuchs der Stallungen zu enthalten. Beim Neujahrsfest im Juli würde somit der ältere Bruder neben Sethos stehen, wenn der Pharao die Wiedergeburt des Wassers zelebrierte. Wie unbedeutend Ramses war, das würde sein Fehlen nur noch unterstreichen.

Bevor er seine Strafe antrat, die nur der goldgelbe Hund etwas auflockern würde, durfte Ramses seinen Mitschülern noch Lebewohl sagen.

Ameni war herzlich und zuversichtlich. Da er in Memphis, ganz in der Nähe seines Freundes blieb, würde er jeden Tag an Ramses denken und sich schon etwas einfallen lassen, um ihm ein paar Leckereien zuzustecken. Und wenn er erst wieder frei wäre, konnte die Zukunft nur rosig aussehen.

Moses umarmte Ramses nur ganz fest. Daß man ihn ins ferne Mer-Our schickte, erschien ihm wie eine Prüfung, der er sich, so gut er es vermochte, unterziehen wollte. Träume suchten ihn zwar immer noch heim, doch davon wollte er erst sprechen, wenn sein Freund wieder aus seinem Käfig freikäme.

Acha war kühl und abweisend. Er dankte dem Prinzen für sein Verhalten und versprach, es ihm zu vergelten, wenn sich die Gelegenheit bieten sollte. Dies allerdings bezweifelte er, denn ihre Geschicke dürften sich schwerlich nochmals kreuzen.

Setaou erinnerte Ramses an die Einladung, zu den Schlangen zu gehen, versprochen sei versprochen. Diesen mißlichen Aufschub wolle er nutzen, um einen geeigneten Ort ausfindig zu machen. Er verhehlte nicht, wie glücklich er war, sein Talent fern der Städte zu erproben und sich tagtäglich mit der wahren Macht auseinanderzusetzen.

Zum Erstaunen seines Erziehers akzeptierte Ramses diesen Rückzug in die Einsamkeit, ohne mit der Wimper zu zucken. Während die jungen Männer seines Alters die Vergnügungen der großen Überschwemmung genossen, widmete der Prinz sich der Rechenkunst und den Schriften der Alten. Nur von Zeit zu Zeit gestattete er sich einen Spaziergang durch die Gärten, in Begleitung seines Hundes. Die Gespräche mit Sary drehten sich immer nur um die nüchternsten Sachgebiete, Ramses bewies eine erstaunliche Konzentrationsfähigkeit und schien ein außerordentliches Gedächtnis zu haben. In wenigen Wochen war aus dem Jungen ein Mann geworden. Bald würde der Erzieher überflüssig werden, ihm kaum mehr etwas beizubringen haben.

Mit dem gleichen Ungestüm, mit dem er sich in einen Ringkampf zu stürzen pflegte, hatte Ramses sich auf diese erzwungene innere Einkehr eingelassen. Hier galt es, sich selbst zu bezwingen. Seit der Begegnung mit dem Stier wußte er, daß es noch ein anderes Ungeheuer zu zähmen galt: den zu selbstsicheren, ungeduldigen und fahrigen Jüngling, der in ihm steckte. Ein Kampf, der vielleicht nicht minder gefährlich war.

Seine Gedanken kreisten ständig um seinen Vater.

Vielleicht würde er ihm niemals mehr begegnen, vielleicht müßte er sich zufriedengeben mit dieser Erinnerung und dem Bild eines Pharaos, dem niemand gleichkommen konnte. Nachdem er dem Stier die Freiheit geschenkt hatte, hatte er Ramses gestattet, ein Weilchen die Zügel des Gespanns zu halten, sie ihm dann aber wortlos wieder abgenommen. Ramses hatte nicht gewagt, nach dem Grund zu fragen. Daß er, wenn auch nur wenige Stunden, bei ihm sein durfte, war schon eine Auszeichnung gewesen.

Pharao werden? Diese Frage hatte eigentlich keinen Sinn mehr. Er hatte sich erneut von seiner Begeisterung hinreißen, seine Phantasie zügellos schießen lassen.

Aber eine Prüfung war es doch gewesen, diese Begegnung mit dem Stier. Ein altes, nur in Vergessenheit geratenes Ritual. Und Sethos handelte doch nicht leichtfertig.

Anstatt sich Fragen zu stellen, die ins Leere liefen, hatte Ramses beschlossen, seine Wissenslücken zu schließen und sich hochzuarbeiten auf den Kenntnisstand seines Freundes Ameni. Wie auch immer sein späteres Amt aussehen mochte, Mut und Begeisterung genügten nicht, um es auszuüben. Selbst Sethos war, wie alle anderen Pharaonen, den Weg des Schreibers gegangen.

Schon wieder diese wahnwitzige Vorstellung! Wie eine Welle

kehrte sie immer wieder, obwohl er doch alles daransetzte, sie zu verjagen. Sary hatte ihm auch gesagt, daß sein Name bei Hofe fast in Vergessenheit geraten war. Widersacher hatte er dort keine mehr. Schließlich wußte man, daß er in ein vergoldetes Exil, in eine Provinzhauptstadt abgeschoben werden würde.

Ramses erwiderte nichts, lenkte das Gespräch auf das heilige Dreieck zur Errichtung einer Tempelmauer oder die Berechnung der Größenverhältnisse in der Baukunst nach dem Gesetz der Maat, der zarten und wundervollen Göttin der Harmonie und Wahrhaftigkeit.

Unter Anleitung Sarys, der entzückt war, einen Gelehrten aus ihm zu machen, vergaß er seine Leidenschaft fürs Reiten, Schwimmen oder für den Ringkampf, vergaß er die Natur und die Außenwelt. Noch ein paar Jahre, und der frühere Hitzkopf wäre den Baumeistern früherer Zeiten ebenbürtig! Das Fehlverhalten und die verbüßte Strafe hatten den jungen Mann wieder in die richtigen Bahnen gelenkt.

Am Abend vor seiner Freilassung speiste der Prinz mit Sary auf dem Dach des Unterrichtsraums. Sie saßen auf Matten, tranken kühles Bier und labten sich an Dörrfisch und würzigen Puffbohnen.

«Ich beglückwünsche dich, du hast beachtliche Fortschritte gemacht.»

«Eine Frage ist noch offen: Welchen Posten hat man mir zugedacht?»

Der Lehrer wirkte befangen.

«Nun... erst solltest du dich einmal erholen von dieser übermäßigen Anstrengung.»

«Warum so ausweichend?»

«Es ist etwas heikel, jedoch... Ein Prinz kann seinen Rang geltend machen.»

«Welchen Posten werde ich bekommen, Sary?»
Der Lehrer wich dem Blick seines Schülers aus.
«Im Augenblick... keinen.»
«Wer hat diese Entscheidung getroffen?»
«Dein Vater, König Sethos.»

FÜNF

V**ersprochen ist versprochen**», erklärte Setaou.

«Du bist's, bist du's wirklich?»

Setaou hatte sich verändert. Schlecht rasiert, ohne Perücke, bekleidet mit einem Umhang aus Antilopenhaut mit vielen Taschen, hatte er kaum mehr Ähnlichkeit mit dem Zögling einer der besten Lehranstalten des Landes. Hätte einer der Palastwächter ihn nicht erkannt, wäre er ohne viel Federlesens fortgeschickt worden.

«Was ist dir zugestoßen?»

«Ich tue meinen Dienst und halte mein Wort.»

«Wohin willst du mich entführen?»

«Das wirst du schon sehen... Es sei denn, aus Angst würdest du wortbrüchig.»

Ramses warf ihm einen flammenden Blick zu.

«Gehen wir.»

Auf Eseln ritten sie durch die Stadt, verließen sie gen Süden, dann ging es einen Kanal entlang und bei einer Gabelung in Richtung Wüste zu einer ehemaligen Nekropole. Zum erstenmal verließ Ramses das Tal und betrat eine unheimliche Welt, wo das Gesetz der Menschen keine Geltung mehr besaß.

«Heute nacht ist Vollmond!» sagte Setaou mit begierigem Blick. «Alle Schlangen werden sich einfinden.»

Die Esel folgten einer Spur, die Ramses niemals entdeckt hätte.

Sicheren Schrittes und zügig drangen sie vor in das verlassene Gräberfeld.

In der Ferne das Blau des Nils und das Grün der Äcker, hier nichts als unfruchtbarer Sandboden, Stille und Wind. Ramses begriff und spürte, warum die Tempelhüter die Wüste «die rote Erde Seths» nannten. Seth, der Gott der Gewitter und des kosmischen Feuers, Seth hatte den Boden verbrannt in diesen einsamen Weiten, aber auch die Menschen befreit von Zeit und Verfall. Ihm war es zu danken, daß sie Stätten für die Ewigkeit errichten konnten, in denen die Toten nicht verwesten.

Ramses atmete die belebende Luft ein.

Der Pharao war Herr über diese rote Erde wie auch über die fruchtbare und schlammige schwarze Erde, die Ägypten Nahrung im Überfluß spendete. Er dürfte die Geheimnisse kennen, ihre Kraft nutzen und ihre Mächte im Zaum halten.

«Wenn du es wünschst, kannst du noch umkehren.»

«Möge es schnell Nacht werden.»

Eine Schlange mit rötlichem Rücken und gelbem Bauch zog an Ramses vorbei und verkroch sich zwischen zwei Steinen.

«Ungefährlich», sagte Setaou, «von solchen wimmelt es in der Nähe verlassener Bauwerke. Tagsüber verziehen sie sich für gewöhnlich ins Innere der Gebäude. Komm mit.»

Die beiden jungen Männer stiegen einen steilen Abhang hinab, der zu einer verfallenen Grabstätte führte. Ramses zögerte einzutreten.

«Da drin ist keine Mumie mehr. Der Raum ist kühl und trokken, du wirst sehen. Kein Dämon wird dich angreifen.»

Setaou entzündete eine Öllampe.

Ramses erblickte eine Art Grotte, deren Decke und Wände grob behauen waren. Vielleicht hatte hier nie jemand gelegen. Der

Schlangenbeschwörer hatte mehrere niedrige Tischchen aufgestellt, auf denen ein Schleifstein, ein Bartschaber aus Bronze, ein hölzerner Kamm, ein Flaschenkürbis, hölzerne Täfelchen, eine Schreibpalette und eine Reihe Näpfe mit Salben und Balsam standen. In Tonkrügen bewahrte er die zur Arzneibereitung notwendigen Ingredienzen auf: Erdharz, Kupferfeilicht, Bleioxyd, roten Ocker, Alaun, Tonerde und zahlreiche Pflanzen, darunter Zaunrübe, Steinklee, Rizinus und Baldrianwurzel.

Der Tag neigte sich, die Sonne färbte sich orangerot, die Wüste, eine in Gold getauchte Ebene, wickelte hier und da Sandschärpen, wenn der Wind über die Dünen strich.

«Entkleide dich», befahl Setaou.

Als der Prinz nackt vor ihm stand, rieb der Freund ihn mit einer Mixtur aus Zwiebelsud ein.

«Die Schlangen scheuen diesen Geruch», erklärte er. «Welchen Posten hat man dir eigentlich übertragen?»

«Keinen.»

«Ein Prinz als Müßiggänger? Das hat dir wieder dein Erzieher eingebrockt!»

«Nein, Befehl meines Vaters.»

«Also hast du die Probe mit dem Stier wohl doch nicht bestanden.»

Ramses wollte es nicht wahrhaben, dabei erklärte es seine Abschiebung.

«Vergiß den Hof mit all den Intrigen und dunklen Machenschaften. Komm zu mir, arbeite mit mir. Die Schlangen sind gefährliche Feinde, aber sie lügen nicht.»

Ramses war verwirrt. Warum hatte sein Vater ihm nicht die Wahrheit gesagt? So hatte er ihn bloßgestellt, ohne ihm Gelegenheit zu geben, seine Tauglichkeit zu beweisen.

«Jetzt mußt du wirklich eine Probe bestehen. Um unverletzlich zu werden, mußt du dieses abscheuliche und gefährliche Gebräu aus Nesselgewächsen trinken. Es hemmt den Blutfluß und kann den Kreislauf sogar zum Stillstand bringen, doch das kommt selten vor… Wenn du erbrichst, bist du tot. Ameni würde ich ein solches Experiment nicht vorschlagen, aber deine robuste Natur dürfte damit fertig werden. Danach bist du gegen den Biß etlicher Schlangen gefeit.»

«Nicht aller?»

«Gegen die größten muß man sich täglich eine kleine Dosis verdünnten Kobrabluts verabreichen. Solltest du dich für diesen Beruf entscheiden, wird diese besondere Behandlung natürlich auch dir zuteil. Trink jetzt.»

Es schmeckte grauenhaft.

Kälte schlich sich in die Blutbahnen, Ramses drehte sich der Magen um.

«Halte durch.»

Diesen quälenden Schmerz erbrechen, ausspucken und sich dann hinlegen und schlafen…

Setaou packte Ramses am Handgelenk.

«Halt durch, mach die Augen auf!»

Der Prinz faßte sich wieder. Im Ringkampf war er von Setaou nie besiegt worden. Sein Magen entkrampfte sich, das Kältegefühl wich.

«Du bist wirklich zäh, aber regieren wirst du nie.»

«Wieso nicht?»

«Weil du mir vertraut hast. Ich hätte dich doch vergiften können.»

«Du bist mein Freund.»

«Woher weißt du das?»

«Ich weiß es.»

«Ich vertraue nur den Schlangen. Sie gehorchen ihrer Natur und verstellen sich nicht. Bei den Menschen ist das anders. Sie verstellen sich ein Leben lang und wollen Gewinn schlagen aus ihren Gaunereien.»

«Du auch?»

«Ich habe die Stadt verlassen und lebe hier.»

«Wäre mein Leben in Gefahr gewesen, hättest du mich dann nicht gerettet?»

«Zieh das Hemd wieder über, wir wollen hinausgehen. Du bist nicht so dumm, wie du aussiehst.»

Ramses erlebte eine prachtvolle Wüstennacht. Weder das unheimliche Kichern der Hyänen noch das Geheul der Schakale oder die tausenderlei Geräusche aus einer anderen Welt vermochten sein Entzücken zu trüben. Aus Seths roter Erde schallten die Stimmen der Wiedergeborenen. Hatte ihn vorhin noch die Schönheit des Niltals bezaubert, so bannte ihn hier die Macht des Jenseits.

Die wahre Macht... Hatte Setaou sie nicht hier entdeckt, in der gespenstischen Einsamkeit der Wüste?

Zischen rundum.

Setaou lief vor ihm her und schlug mit einem langen Stab auf den Boden. Er eilte auf einen Steinhügel zu, der im Glanz des Vollmonds gespenstisch wirkte. Ramses ging hinter seinem Führer her und verwandte keinen Gedanken mehr an die Gefahr. Am Gürtel trug der Schlangenkundige Beutelchen mit Arzneien für den Fall, daß sie doch gebissen werden sollten.

Zu Füßen des Hügels machte er halt.

«Dort wohnt mein Lehrmeister», verriet Setaou. «Es ist nicht sicher, daß er sich zeigt, denn Fremde schätzt er nicht. Seien wir geduldig und bitten wir den Unsichtbaren, uns seinen Anblick zu gewähren.»

Setaou und Ramses setzten sich in Schreiberpose auf den

Boden. Der Prinz fühlte sich so leicht, fast schwebend, und sog genüßlich die Wüstenluft ein, als sei sie von besonderer Süße. Die Mauern der Studierstube waren einem Himmel mit Tausenden von Sternen gewichen.

Eine elegante und gewundene Silhouette zeichnete sich in der Mitte des Hügels ab. Eine schwarze Kobra, drei Ellen lang, mit schimmernden Schuppen, kroch aus ihrer Höhle und richtete sich majestätisch auf. Der Mond hüllte sie in Silberglanz, doch ihr Kopf pendelte hin und her, stets bereit zu vernichten.

Setaou ging auf sie zu, die schwarze Kobra zischte. Mit einer Handbewegung bedeutete der Schlangenbeschwörer Ramses, er solle neben ihn treten.

Das Reptil zögerte und wand sich, welchen der beiden Eindringlinge sollte es zuerst angreifen?

Setaou trat nochmals zwei Schritte vor und stand jetzt dicht vor der Kobra. Ramses tat es ihm nach.

«Du bist die Herrin der Nacht und befruchtest die Erde, damit sie Frucht trage», sagte Setaou betont langsam, Silbe für Silbe, mit getragener Stimme.

Etwa zehnmal wiederholte er die Beschwörungsformel und befahl Ramses, es ihm gleichzutun. Der Klang der Wörter schien die Schlange zu beruhigen. Zweimal streckte sie sich, wollte wohl zubeißen, doch kurz vor Setaous Gesicht hielt sie inne. Als er ihr die Hand auf den Kopf legte, erstarrte die Kobra. Ramses vermeinte ein rotes Leuchten in den Augen zu erkennen.

«Und nun du, Prinz.»

Der junge Mann streckte den Arm; das Reptil schoß vor.

Ramses glaubte sich gebissen, aber das Maul hatte sich nicht geschlossen, weil der Zwiebelgeruch dem Angreifer zu widerlich war.

«Leg ihr die Hand auf den Kopf.»

Ramses zitterte nicht. Die Kobra schien zurückzuweichen. Die gespannten Finger berührten den Kamm der schwarzen Schlange. Wenige Augenblicke lang hatte die Herrin der Nacht sich dem Sohn des Königs unterworfen.

Setaou zog Ramses zurück. Der Angriff der Kobra stieß ins Leere.

«Du wolltest zuviel, mein Freund. Solltest du vergessen haben, daß die Mächte der Finsternis unbesiegbar sind? Auf des Pharaos Stirn reckt sich eine Kobra, der Uräus. Worauf hättest du gehofft, wenn sie dich nicht geduldet hätte?»

Ramses atmete tief durch und betrachtete die Sterne.

«Du bist unvorsichtig, aber vom Glück begünstigt; gegen den Biß dieser Schlange gibt es kein Heilmittel.»

SECHS

ZIELSTREBIG SCHWAMM Ramses auf das Floß zu. Diese kunstvoll aus Papyrusstämmen und dünnen Schnüren gefertigte Insel würde dem zehnten Ansturm der Horde von Schwimmern, die mit der Absicht, ihn zu schlagen, gegen den Prinzen angetreten waren, nicht standhalten, zumal sie heute besonders stürmisch waren wegen der bewundernden Blicke all der jungen Mädchen, die am Ufer des Kanals dem Wettkampf zusahen. Weil jeder zu siegen hoffte, trugen sie Amulette um den Hals, der eine einen Frosch, der andere einen Ochsenschenkel, so mancher gar das schützende Auge. Ramses war nackt, nahm keinerlei Magie zu Hilfe, aber er schwamm schneller als die anderen.

Die meisten wurden von der Dame ihres Herzens angefeuert. Doch Sethos' jüngerer Sohn kämpfte nur um seiner selbst willen, um sich zu beweisen, daß er über seine Kräfte hinauswachsen und auch hier als erster das Ufer erreichen konnte.

Ramses gewann den Wettkampf mit fünf Längen Vorsprung. Er verspürte keine Müdigkeit und hätte noch stundenlang schwimmen können. Verdrossen und schmallippig beglückwünschten ihn seine Gegner. Jeder kannte den aufbrausenden Charakter des Prinzen, dem der Weg zur Macht für immer versagt war und der wohl bald als gebildeter Müßiggänger im tiefen Süden, weit von Memphis und der Hauptstadt entfernt, residieren würde.

Eine hübsche Dunkelhaarige von fünfzehn Jahren, die durchaus schon fraulich wirkte, trat auf ihn zu und reichte ihm ein Tuch.

«Der Wind ist kühl, hiermit kannst du dich abtrocknen.»

«Das brauche ich nicht.»

Schelmisch schaute sie drein mit ihren reizvollen grünen Augen, der kleinen, geraden Nase, den schmalen Lippen und dem kaum hervortretenden Kinn. Sie war anmutig, lebhaft und elegant in ihrem durchscheinenden Leinenkleid, das gewiß aus einer noblen Werkstatt stammte. Unter dem Kopfband steckte eine Lotosblüte.

«Das ist ein Irrtum; selbst die Robustesten erkälten sich.»

«Ich weiß nicht, was Krankheit ist.»

«Ich heiße Iset. Heute abend gebe ich ein kleines Fest mit meinen Freundinnen. Wirst du mein Gast sein?»

«Gewiß nicht.»

«Solltest du es dir anders überlegen, bist du mir willkommen.»

Lächelnd ging sie davon, ohne sich noch einmal umzuwenden.

Sary, der Lehrmeister, schlief im Schatten einer großen Sykomore, die den Mittelpunkt seines Gartens bildete. Ramses ging vor seiner Schwester Dolente, die sich auf einer Ruhebank aalte, auf und ab. Sie war weder schön noch häßlich und nur auf ihre Bequemlichkeit und ihr Wohlergehen bedacht. Die Stellung ihres Gatten versprach ein geruhsames Leben, abgeschirmt gegen den Alltagstrubel. Sie war zu groß, fühlte sich ständig ermattet, hatte eine fettige Haut, die sie von früh bis spät mit Salben einrieb, rühmte sich aber, als ältere Schwester von Ramses die kleinen Geheimnisse der besseren Gesellschaft zu kennen.

«Du besuchst mich nur selten, geliebter Bruder.»

«Ich bin zu beschäftigt.»

«Das Gerücht spricht eher von Müßiggang.»

«Frag deinen Gatten.»

«Du bist sicher nicht gekommen, um dich an meinem Anblick zu erfreuen...»

«Stimmt, ich brauche einen Rat.»

Dolente war entzückt. Ramses schätzte es gar nicht, anderen danken zu müssen.

«Ich höre. Wenn es mir gefällt, werde ich dir antworten.»

«Kennst du eine gewisse Iset?»

«Beschreib sie mir.»

Der Prinz tat es.

«Iset, die Schöne! Eine gefährliche, kokette Person. Manche halten sie für die schönste Frau von Memphis.»

«Ihre Eltern?»

«Reiche Honoratioren aus einer seit Generationen im Palast verkehrenden Familie. Sollte Iset, die Schöne, dich eingefangen haben?»

«Sie hat mich zu einem Fest geladen.»

«Da wirst du nicht der einzige sein! Dieses Mädchen feiert allabendlich ein Fest. Solltest du etwas für sie empfinden...»

«Sie hat mich herausgefordert.»

«Indem sie den ersten Schritt tat? Sei nicht altmodisch, geliebter Bruder! Iset, die Schöne, hat einfach befunden, du seist nach ihrem Geschmack, das ist alles!»

«Das steht einem jungen Mädchen doch nicht an...»

«Und warum nicht? Wir leben in Ägypten, nicht unter rückständigen Barbaren. Als Gattin empfehle ich sie dir nicht, aber...»

«Schweig.»

«Möchtest du nicht mehr erfahren über Iset, die Schöne?»

«Danke, liebe Schwester, mehr brauche ich nicht zu wissen.»

«Halte dich nicht zu lange in Memphis auf.»

«Eine Warnung?»

«Du bist hier niemand mehr; wenn du bleibst, wirst du welken wie eine Blume, die niemand gießt. In der Provinz wird man dich achten. Zähl nicht darauf, Iset, die Schöne, mitzunehmen. Sie mag keine Besiegten. Ich habe mir sagen lassen, dein Bruder, der künftige König Ägyptens, sei ihren Reizen nicht abgeneigt. Laß so schnell wie möglich von ihr ab, Ramses, sonst könnten deinem unbedeutenden Leben große Gefahren drohen.»

Es war kein Fest im landläufigen Sinne. Mehrere junge Mädchen aus den besten Familien hatten sich vorgenommen, unter sachkundiger Anleitung ihre Begabung für den Tanz unter Beweis zu stellen. Ramses war spät eingetroffen, da er am Festmahl nicht teilnehmen wollte; so geriet er unbeabsichtigt in die erste Reihe der zahlreichen Zuschauer.

Als Ort ihrer Darbietung hatten zwölf Tänzerinnen das Ufer des großen Weihers gewählt, in dem weiße und blaue Lotosblüten prangten. Der ganze Platz wurde erleuchtet von Fackeln, die in hohen Schäften steckten.

Die jungen Frauen – Perlennetz über kurzem Hemd, Perücke mit drei Zopfreihen, breite Halsketten und Lapislazuli-Armbänder – vollführten unzüchtige Gebärden. Geschmeidig neigten sie sich zu Boden, streckten sie die Arme unsichtbaren Partnern entgegen, um sie zu umfangen. Jede Bewegung wurde voll ausgekostet, und jeder Zuschauer hielt den Atem an.

Plötzlich warfen die Tänzerinnen Perücke, Hemd und Perlennetz ab – die Haare waren hochgesteckt, die Brüste nackt, nur ein kurzer Schurz bot spärliche Verhüllung, der rechte Fuß hämmerte auf den Boden, bis sie plötzlich, alle gemeinsam, einen weiten, gestreckten Sprung rückwärts machten, der laute Bewunderung fand. Anmutig neigten und wiegten sie sich und vollführten noch weitere, nicht minder aufsehenerregende Kunststücke.

Vier junge Frauen lösten sich aus der Gruppe, die jetzt sang und im Takt klatschte. Die von einer altbekannten Weise beflügelten Solistinnen stellten die vier Winde dar. Iset, die Schöne, verkörperte den sanften Nordwind, der an glühendheißen Abenden alle Lebewesen aufatmen läßt. Sie übertraf ihre Partnerinnen bei weitem und genoß es sichtlich, alle Blicke auf sich zu lenken.

Ramses vermochte sich ihrem Zauber nicht zu entziehen. Ja, sie war großartig, und keine konnte es mit ihr aufnehmen. Sie setzte ihren Körper ein wie ein Instrument, dem sie vertraute Melodien entlockte, und das wirkte so gelöst, als betrachte sie sich selbst ohne jede Scham. Zum erstenmal erblickte Ramses eine Frau, die in ihm den Wunsch weckte, sie in die Arme zu schließen.

Sobald der Tanz zu Ende war, löste er sich aus den Reihen der Zuschauer und setzte sich abseits an eine Ecke des Eselpferchs.

Iset, die Schöne, hatte es darauf abgesehen, ihn herauszufordern. Da sie wußte, daß sie seinen Bruder heiraten würde, gab sie ihm den Gnadenstoß, um ihm noch deutlicher zu machen, daß er ausgestoßen war. Er, der von Großem geträumt hatte, mußte Demütigung um Demütigung hinnehmen. Aus diesem Teufelskreis mußte er hinaus, er mußte die Dämonen abschütteln, die sich ihm immer wieder in den Weg stellten. Die Provinz! Wenn es denn so sein sollte! Dort würde er beweisen, was er wert war, in jeder Hinsicht. Wenn auch das mißlang, würde er zu Setaou ziehen und sich den gefährlichsten Schlangen stellen.

«Sollte dich etwas bedrücken?»

Lautlos hatte Iset, die Schöne, sich ihm genähert. Sie lächelte ihn an.

«Nein, ich habe nachgedacht.»

«Wohl völlig in Gedanken versunken? Alle Gäste sind fort, meine Eltern und ihre Dienerschaft schlafen.»

Ramses war nicht bewußt geworden, wie die Zeit verstrichen war, beleidigt erhob er sich.

«Verzeih mir, ich verlasse dein Reich unverzüglich.»

«Hat dir eine Frau schon einmal gesagt, daß du schön und verführerisch bist?»

Das gelöste Haar, die bloßen Brüste, dieses verwirrende Funkeln in den Augen... Sie verstellte ihm den Weg.

«Bist du nicht mit meinem Bruder verlobt?»

«Begnügt sich ein Königssohn mit Gerüchten? Ich liebe, wen ich will, und deinen Bruder liebe ich nicht. Dich begehre ich, hier und jetzt.»

«Königssohn... Bin ich es noch?»

«Liebe mich.»

Gemeinsam lösten sie den verknoteten Schurz.

«Ich vergöttere die Schönheit, Ramses, und du bist die Verkörperung der Schönheit.»

Die Hände des Prinzen liebkosten die junge Frau und nahmen sie gefangen. Er wollte geben und nichts nehmen, seiner Geliebten das Feuer darbieten, das von seinem Wesen Besitz ergriffen hatte. Besiegt gab sie sich hin. Mit unglaublich sicherem Instinkt entdeckte Ramses die geheimen Orte seiner Lust und verzögerte trotz seiner Feurigkeit zärtlich die Erfüllung.

Sie war unberührt wie er. In der Süße der Nacht boten sie sich einander dar, trunken von einem Verlangen, das stets von neuem aufwallte.

SIEBEN

WÄCHTER HATTE HUNGER.

Entschlossen leckte der goldgelbe Hund seinem Herrn, der wirklich zu lange schlief, übers Gesicht. Ramses fuhr hoch, noch in einem Traum befangen, in dem er den liebenden Körper einer Frau an sich preßte, deren Brüste süßen Äpfeln glichen, deren Lippen so zart wie Zuckerrohr und deren Beine so geschmeidig wie Kletterpflanzen waren.

Ein Traum? Nein, es war kein Traum! Es gab sie wirklich, Iset hieß sie, die Schöne, sie hatte sich ihm hingegeben und ihn die Lust entdecken lassen.

Wächter, dem die Erinnerungen des Prinzen nichts sagten, bellte mehrmals ungeduldig. Ramses begriff endlich und begleitete den Hund in die Palastküchen, wo er gierig das Futter verschlang. Sobald der Napf geleert war, machten sie sich auf in Richtung Stallungen.

Dort standen herrliche Pferde, die sorgfältig gepflegt, geschniegelt und gestriegelt wurden. Wächter war argwöhnisch gegenüber diesen hochtrabenden Vierbeinern, die völlig unvorhersehbar reagieren konnten. Lieber hielt er sich vorsichtig hinter seinem Herrn.

Ein paar Stallburschen spotteten über einen Lehrling, der mit großer Mühe einen strohgeflochtenen Tragkorb voller Pferdeäpfel schleppte. Einer stellte ihm ein Bein, so daß der Unglückliche den Korb fallen ließ und der Inhalt ihm vor die Füße rollte.

«Aufsammeln», befahl der Henkersknecht, ein Fünfzigjähriger mit bulligem Gesicht.

Der Unglücksrabe wandte sich um, und da erkannte ihn Ramses.

«Ameni!»

Der Prinz sprang ihm bei, versetzte dem Stallknecht einen Hieb mit dem Ellbogen und half seinem Freund, der an allen Gliedern zitterte, auf.

«Was machst du denn hier?»

Der verstörte junge Mann stammelte etwas Unverständliches. Eine rachsüchtige Hand legte sich auf Ramses' Schulter.

«Hör mal, du... Wer bist du, daß du dir erlaubst, uns ins Handwerk zu pfuschen?»

Ein Ellbogenhieb in den Brustkasten, und der Fragesteller flog auf den Rücken. Wutschnaubend wegen dieser Erniedrigung, rief er mit schmerzverzerrtem Gesicht seine Kameraden herbei.

«Die wollen wir mal etwas Anstand lehren, diese beiden frechen Bengel...»

Der goldgelbe Hund bellte und bleckte die Zähne.

«Lauf», befahl Ramses Ameni.

Der Schreiber war unfähig, sich zu rühren.

Einer gegen sechs, das konnte Ramses nicht schaffen. Doch solange die Burschen davon überzeugt waren, hatte er eine winzige Chance, diesem Wespennest zu entkommen. Der kräftigste stürzte sich auf ihn, seine Faust stieß ins Leere, und bevor er begriff, wie ihm geschah, wurde er in die Luft geworfen und knallte auf den Rücken. Zweien seiner Verbündeten erging es ebenso.

Ramses war froh, daß er sich im Kampfsportunterricht stets so eifrig und gewissenhaft gestählt hatte. Diese Kerle wußten nicht zu kämpfen, da sie nur rohe Gewalt kannten und zu schnell siegen wollten. Wächter kämpfte mit ihm, er biß den vierten in die Wade, sprang aber sogleich zur Seite, um nicht noch einen Hieb abzubekommen. Ameni hatte die Augen geschlossen, Tränen quollen aus ihnen hervor.

Zögernd rotteten die Stallburschen sich erneut zusammen. Nur ein Adelssprößling konnte diese Griffe kennen.

«Woher kommst du?»

«Solltet ihr Angst haben, sechs gegen einen?»

Der Wildeste schwenkte hohnlachend ein Messer.

«Du bist von schöner Gestalt, aber ein Unfall wird dich entstellen.»

Ramses hatte nie gegen einen Bewaffneten gekämpft.

«Ein Unfall, im Beisein von Zeugen... Sogar der Kleine da wird sich auf unsere Seite schlagen, um seine Haut zu retten.»

Der Prinz ließ das Messer mit der kurzen Klinge nicht aus den Augen. Bedrohlich umkreiste der Stallknecht Ramses, der sich nicht von der Stelle rührte. Der Hund wollte seinen Herrn verteidigen.

«Platz, Wächter!»

«Du liebst also dieses abscheuliche Tier. Es ist so häßlich, daß es nicht verdient zu leben.»

«Nimm dir zuerst den vor, der stärker ist als du.»

«Du bist ganz schön eingenommen von dir selbst!»

Die Klinge streifte Ramses' Wange. Mit einem Fußtritt gegen das Handgelenk versuchte er, den Stallknecht zu entwaffnen, aber er traf ihn nur flüchtig.

«Du bist hartnäckig, aber allein!»

Die anderen zogen ihre Messer.

Ramses empfand keine Furcht. In seinem Innersten entwickelte sich eine Kraft, von der er bisher nichts wußte, eine rasende Wut gegen Ungerechtigkeit und Feigheit.

Bevor seine Gegner sich abstimmen konnten, rannte er zwei von ihnen um, wobei er ganz knapp den rachsüchtigen Klingen entging.

«Hört auf, Kameraden!» rief ein Stallbursche.

Eine Sänfte wurde soeben durch das Tor der Stallungen getragen. Die Pracht des Tragsessels bezeugte den Rang dessen, der darauf saß. Den Rücken gegen eine hohe Lehne gestützt, die Füße auf einem Schemelchen, den Kopf von einem Sonnenschirm geschützt, betupfte sich die hohe Persönlichkeit mit einem duftenden Tuch die Stirn. Mit seinen fast zwanzig Jahren, dem runden, fast schon mondförmigen Gesicht, den prallen Wangen, den kleinen braunen Augen, den dicken und lüsternen Lippen lastete der wohlgenährte und jeder körperlichen Ertüchtigung abholde Adlige schwer auf den Schultern seiner Träger, die aufgrund ihrer Geschwindigkeit sich reichen Lohn verdienten.

Die Stallburschen nahmen Reißaus. Ramses bot dem Ankömmling die Stirn, während sein Hund aufmunternd Amenis Bein leckte.

«Ramses! Schon wieder in den Stallungen… Man könnte meinen, die Gesellschaft der Tiere sei dir die liebste.»

«Was führt meinen Bruder Chenar an diesen verrufenen Ort?»

«Ich sehe hier im Auftrag des Pharaos nach dem Rechten. Einem zukünftigen König darf nichts unbekannt sein im Reich.»

«Der Himmel hat dich geschickt.»

«Glaubst du?»

«Würdest du zögern, ein Unrecht zu bereinigen?»

«Worum geht es?»

«Um diesen jungen Schreiber, Ameni. Er wurde von sechs Stallburschen gewaltsam hierhergeschleift und gequält.»

Chenar lächelte.

«Mein armer Ramses, du bist wirklich nicht auf dem laufenden!

Sollte dein junger Freund dir die Strafe, die ihn traf, verheimlicht haben?»

Sprachlos wandte Ramses sich zu Ameni um.

«Dieser Schreiberlehrling hat sich erkühnt, den Fehler eines seiner Vorgesetzten zu berichtigen, der sich unverzüglich beklagt hat ob solch ungebührlichen Hochmuts. Ich befand daraufhin, daß ein Aufenthalt in den Stallungen diesem kleinen Protzer nur guttun könne. Pferdeäpfel und Futter schleppen wird ihm das Rückgrat schon krümmen.»

«Dafür fehlt Ameni die Kraft.»

Chenar befahl den Trägern, den Sessel abzusetzen. Sofort war sein Sandalenträger mit einem Schemel zur Stelle, beschuhte seinem Herrn die Füße und half ihm auf.

«Gehen wir ein Stück», befahl Chenar, «ich muß mit dir reden, unter vier Augen.»

Ramses überließ Ameni Wächters Obhut.

Die Brüder taten ein paar Schritte unter einen gefliesten Vorbau, der Schutz vor der Sonne bot, die der sehr hellhäutige Chenar verabscheute.

Zwei unterschiedlichere Männer konnte man sich kaum vorstellen. Chenar war klein, untersetzt, dicklich und glich schon jetzt einem vom guten Essen allzu fett gewordenen Würdenträger. Ramses war groß, gelenkig und muskulös, im strahlenden Glanz seiner Jugend. Die Stimme des ersteren war salbungsvoll und unsicher, die des zweiten klangvoll und klar. Sie hatten nichts gemeinsam, außer daß sie die Söhne des Pharaos waren.

«Mach deinen Beschluß rückgängig», forderte Ramses.

«Vergiß diese Mißgeburt, und reden wir über ernsthafte Dinge. Solltest du nicht so schnell wie möglich die Hauptstadt verlassen?»

«Das hat niemand von mir verlangt.»

«Nun, dann ist's jetzt soweit.»

«Wieso sollte ich dir gehorchen?»

«Solltest du vergessen haben, welche Stellung ich bekleide und welche du?»

«Soll ich mich dazu beglückwünschen, daß wir Brüder sind?»

«Spiel mir gegenüber nicht den Spitzfindigen, und begnüge dich damit, zu laufen, zu schwimmen und deine Kräfte zu erproben. Eines Tages, wenn es meinem Vater und mir behagt, wirst du vielleicht einen Posten in der Armee erhalten. Unser Land zu verteidigen ist eine ehrenvolle Aufgabe. Für einen Jungen wie dich ist die Luft von Memphis nur schädlich.»

«In diesen letzten Wochen begann ich, mich daran zu gewöhnen.»

«Brich nicht unnötig Streit vom Zaun, und zwinge mich nicht, ein scharfes Urteil unseres Vaters herbeizuführen. Bereite unauffällig deine Abreise vor, und verschwinde sang- und klanglos. In zwei oder drei Wochen werde ich dir deinen Bestimmungsort nennen.»

«Und Ameni?»

«Ich sagte bereits, vergiß deinen elenden kleinen Spitzel. Ich hasse es, mich zu wiederholen. Noch ein letztes: versuch nicht, Iset, die Schöne, wiederzusehen. Du hast vergessen, daß sie die Besiegten verachtet.»

ACHT

DIE AUDIENZEN der Königin Tuja waren anstrengend gewesen. In Abwesenheit ihres Gemahls, der die Verteidigungslinien der nordöstlichen Grenze inspizierte, hatte sie den Wesir, den Schatzmeister, zwei Provinzvorsteher und einen Archivschreiber empfangen. So vieles war dringlich zu erledigen, wollte man Fehlern vorbeugen.

Sethos mußte sich mehr und mehr dem Aufruhr in den Gemeinwesen östlich der Grenzen und in Syrisch-Palästina widmen, die von den Hethitern aufgestachelt wurden. Im allgemeinen genügte ein Besuch des Pharaos, um die Zaunkönige, die auch mitreden wollten, zu beruhigen.

Tuja, Tochter eines Offiziers der Wagenmeisterei, war weder königlichen Geblüts noch adeliger Abstammung, hatte sich aber bei Hofe und im Volk aufgrund ihrer Fähigkeiten schnell durchgesetzt. Sie besaß eine natürliche Eleganz. Ihr schlanker Körper, ihre großen, streng und durchdringend blickenden mandelförmigen Augen, ihre schmale und gerade Nase, dies alles verlieh ihr ein herrschaftliches Aussehen. Sie duldete keinerlei Vertraulichkeit; wie ihrem Gemahl schuldete man auch ihr Respekt. Dem ägyptischen Hof seinen Glanz zu bewahren war ihr Hauptanliegen. Verantwortungsvoll nahm sie ihre Aufgaben wahr, denn davon hingen der Ruhm des Landes und das Wohl des Volkes ab.

Der Gedanke, daß sie jetzt gleich Ramses, ihren Lieblingssohn, sehen würde, ließ ihre Müdigkeit verfliegen. Obwohl sie ihn im Palastgarten empfangen wollte, trug sie noch ihr langes Leinengewand mit der Goldborte, den kurzen, über den Schultern gefältelten Überwurf, die sechsreihige Amethysthalskette und die Perücke mit den Zöpfen, die gleichmäßig herabfielen und alle gleich dick geflochten waren. Wie gern wandelte sie zwischen diesen Akazien, Weiden und Granatapfelbäumen, zu deren Füßen Kornblumen, Maßliebchen und Rittersporn wuchsen! Konnte man sich eine schönere göttliche Schöpfung denken als einen Garten, wo alle pflanzlichen Geschöpfe über die Jahreszeiten hinweg das Lob der Götter sangen? Jeden Morgen und jeden Abend gönnte Tuja sich ein Weilchen Besinnung in diesem Paradies, bevor sie sich den Pflichten ihres Amtes zuwandte.

Als Ramses auf sie zukam, stutzte die Königin. In wenigen Monaten war aus ihm ein Mann von bemerkenswerter Schönheit geworden. Bei seinem Anblick drängte sich eine Empfindung auf: Kraft. Gewiß, Gang und Gehabe verrieten noch ein wenig den Jüngling, aber die Unbekümmertheit des Kindes war verschwunden.

Ramses verneigte sich vor seiner Mutter.

«Gibt es eine Anstandsregel, die dir untersagt, mich zu umarmen?»

Er drückte sie an sich. Wie zerbrechlich sie ihm schien!

«Erinnerst du dich an die Sykomore, die du als Dreijähriger pflanztest? Komm, bewundere sie, sie gedeiht prächtig.»

Tuja hatte sehr bald herausgefunden, daß es ihr nicht gelingen würde, den dumpfen Zorn ihres Sohnes zu besänftigen. Dieser Garten, in dem er Stunden mit der Pflege der Bäume verbracht hatte, war ihm fremd geworden.

«Du hast Schweres durchgemacht.»

«Meinst du den wilden Stier oder die Einsamkeit des vergangenen Sommers? Im Grunde ist das unerheblich, da Mut bei Ungerechtigkeit nichts nützt.»

«Hast du Grund zur Klage?»

«Mein Freund Ameni wurde zu Unrecht bezichtigt, einem Vorgesetzten nicht die gebührende Unterwürfigkeit bezeigt und ihm Schimpf angetan zu haben. Aufgrund einer Verfügung meines Bruders wurde er seiner Schreibertätigkeit enthoben und zu Schwerarbeit in den Stallungen verurteilt. Dazu ist er nicht kräftig genug. Diese ungerechte Strafe wird ihn umbringen.»

«Das sind schwere Anschuldigungen, du weißt, daß ich Geschwätz nicht schätze.»

«Ameni hat mich nicht belogen, er ist aufrichtig und edel. Soll er sterben, weil er mein Freund ist und Chenars Hinterlist geweckt hat?»

«Solltest du deinen älteren Bruder hassen?»

«Wir gehen uns aus dem Weg.»

«Er fürchtet dich.»

«Er hat mir wiederholt nahegelegt, Memphis so bald wie möglich zu verlassen.»

«Hast du ihn nicht herausgefordert, indem du dich zum Liebhaber Isets, der Schönen, aufschwangst?»

Ramses konnte sein Erstaunen nicht verbergen.

«Du weißt also...»

«Ist es nicht meine Pflicht?»

«Werde ich denn ständig überwacht?»

«Zum einen bist du ein Königssohn, zum anderen ist Iset, die Schöne, eher geschwätzig.»

«Wieso sollte sie sich rühmen, einem Unterlegenen ihre Unschuld geschenkt zu haben?»

«Vermutlich, weil sie an dich glaubt.»

«Ein Abenteuer, nichts weiter, um meinen Bruder zu reizen.»

«Da bin ich mir nicht so sicher. Liebst du sie, Ramses?»

Der junge Mann zögerte.

«Ich liebe ihren Körper, möchte sie wiedersehen, aber...»

«Gedenkst du sie zu heiraten?»

«Sie zu heiraten?!»

«So ist der Lauf der Dinge, mein Sohn.»

«Nein, noch nicht...»

«Iset, die Schöne, ist eine Person, die genau weiß, was sie will. Da sie dich erwählt hat, wird sie so schnell nicht ablassen.»

«Ist mein Bruder denn nicht die bessere Wahl?»

«Ihre Meinung scheint das nicht zu sein.»

«Sofern sie nicht beschlossen hat, uns beide zu verführen!»

«Hältst du eine junge Frau für so gerissen?»

«Wie soll man, nach dem, was Ameni zugestoßen ist, noch irgendeinem Menschen vertrauen?»

«Sollte auch ich deines Vertrauens nicht mehr würdig sein?»

Ramses ergriff die rechte Hand seiner Mutter.

«Ich weiß, du wirst mich nie verleugnen.»

«Was Ameni betrifft, so gibt es eine Lösung, die ihre Vorteile hätte.»

«Welche?»

«Werde königlicher Schreiber, dann kannst du dir deinen Gehilfen wählen.»

Mit einer Zähigkeit, die Ramses Bewunderung entlockte, hielt Ameni trotz der Anstrengungen, die man ihm zumutete, durch. Aus Furcht, der Sohn Sethos' – wie sie herausgefunden hatten – könne sich erneut einmischen, quälten die Stallburschen ihn nicht mehr. Einer von ihnen, der es bereute, belud die Tragkörbe nicht mehr so übermäßig und reichte dem schwächlichen Jüngling, der trotz allem von Tag zu Tag sichtbarer verfiel, auch schon mal eine helfende Hand.

Als Ramses sich zum Wettbewerb um den königlichen Schreiberposten einfand, war er unvorbereitet. Die Prüfung wurde im Hof neben den Amtsräumen des Wesirs abgehalten. Zimmerleute hatten Holzsäulen errichtet und Stoff darübergespannt, um die Prüflinge vor der Sonne zu schützen.

Hier genoß Ramses keinerlei Vorrechte. Weder sein Vater noch seine Mutter hätten etwas für ihn tun können, denn das hätte bedeutet, das Gesetz der Maat zu mißachten. Ameni hätte sich dieser Prüfung über kurz oder lang unterzogen. Ramses verfügte weder über die Kenntnisse noch das Talent des Freundes. Aber er würde für ihn kämpfen.

Auf einen Stock gestützt, hielt ein alter Schreiber den fünfzig jungen Leuten, die die zwei angebotenen Posten eines königlichen Schreibers zu erlangen hofften, eine Ansprache.

«Ihr habt studiert, um ein Amt zu erlangen, das es euch gestatten soll, eine gewisse Macht auszuüben, aber wißt ihr, wie ihr euch zu benehmen habt? Eure Kleidung sei rein, eure Sandale unbefleckt, eurer Papyrusrolle gelte all eure Sorgfalt, und Müßiggang sei euch fern! Eure Hand schreibe, ohne zu zögern, euer Mund spreche wahrhaftig, lasset nicht ab, weiter und weiter zu studieren, gehorchet den Anweisungen eures Vorgesetzten und übt euren Beruf gewissenhaft und zum Wohle anderer aus: dies sei euer Ideal! Erlegt euch Disziplin auf; ein Affe begreift, was man ihm sagt, ein Löwe läßt sich zähmen, aber ein zerstreuter Schreiber ist das Dümmste auf der Welt. Gegen Müßiggang gibt es nur ein Mittel: den Stock! Er öffnet das Ohr, das auf dem Rücken sitzt, und rückt die Gedanken zurecht. Und nun an die Arbeit.»

Die Kandidaten bekamen ein Täfelchen aus Sykomorenholz, das mit einer dünnen Gipsschicht überzogen war und in der Mitte eine Aushöhlung hatte, in der die Schreibbinsen steckten. Jeder träufelte etwas Wasser auf die roten und schwarzen Tintensteine und erflehte durch Ausschütten von ein paar Tropfen die Gunst Imhoteps, des Schutzherrn der Schreiber.

Stunde um Stunde galt es, Inschriften nachzuschreiben, Fragen zu Grammatik und Wortschatz zu beantworten, Aufgaben aus Mathematik und Geometrie zu lösen, einen Brief zu entwerfen, Sprüche der Weisen zu kopieren. Etliche Kandidaten gaben auf, andere vermochten sich nicht weiter zu konzentrieren. Die letzte Prüfungsaufgabe war ein Rätsel.

Ramses stockte: wie konnte der Schreiber Tod in Leben verwandeln? Daß ein Mann der Schrift eine solche Macht haben sollte, konnte er sich nicht vorstellen! Keine befriedigende Antwort fiel ihm ein. Diese Lücke, zusätzlich zu anderen Flüchtigkeitsfehlern, würde seine Aussichten zunichte machen. Er hatte sich unnötig geplagt. Dieses Rätsel vermochte er nicht zu lösen.

Aber selbst wenn er die Prüfung nicht bestand, würde er Ameni nicht fallenlassen. Er würde ihn mitnehmen zu Setaou und den Schlangen, in die Wüste. Es war immer noch besser, jeden Moment den Tod zu gewärtigen, als wie ein Gefangener am Leben zu bleiben.

Ein Pavian kletterte eine Palme herab und spazierte in den Prüfungsraum. Er ließ den Aufsehern keine Zeit, etwas zu unternehmen, und sprang Ramses auf die Schultern. Der verharrte regungslos. Der Affe raunte dem jungen Mann etwas ins Ohr und verschwand, wie er gekommen.

Ein Weilchen waren der Sohn des Königs und das geheiligte Tier des Gottes Thot, des Schöpfers der Hieroglyphen, zu einem Wesen verschmolzen. Ihre Gedanken fügten sich ineinander, der Geist des einen führte die Hand des anderen.

Ramses las die Antwort, die ihm eingeflüstert worden war: Der feine Sandsteinkratzer, mit dem der Schreiber die Gipsschicht ablöst, die er beschrieben hat, um sie durch eine neue zu ersetzen, macht aus dem toten Täfelchen wieder ein lebendiges, weil es nun wie neu und wieder verwendbar ist.

Ameni hatte solche Schmerzen, daß er den Tragekorb nicht mehr hochheben konnte. Seine Knochen schienen zu bersten. Nacken und Hals waren so starr wie ein toter Ast. Selbst unter Schlägen hätte er keine Kraft mehr, noch einen Schritt zu tun. Wie grausam das Schicksal mit ihm umging! Lesen, schreiben, Hieroglyphen zeichnen, die Worte der Weisen in sich aufnehmen, Texte abschreiben, die die menschliche Zivilisation begründet hatten – welch herrliche Zukunft hatte er sich ausgemalt! Ein letztes Mal versuchte er, die Last zu bewegen.

Eine kräftige Hand nahm sie ihm ab.

«Ramses!»

«Was hältst du hiervon?»

Der Prinz zeigte seinem Freund einen Binsenhalter aus vergoldetem Holz in Form einer Säule, gekrönt von einer Lilie, mit der eine Inschrift poliert werden konnte.

«Der ist ja großartig!»

«Er gehört dir, sofern du die Inschrift zu entziffern vermagst.»

«Möge Thots Pavian den königlichen Schreiber schützen… Das ist doch nicht schwer zu lesen!»

«Ich, Ramses, kraft meines Amtes als königlicher Schreiber, ernenne dich zum Vorsteher meiner königlichen Schreibstube.»

NEUN

DIE SCHILFHÜTTE am Rande eines Kornfelds stand nachts verlassen. Sie wurde zum Liebesnest für Iset, die Schöne, und Ramses. Wächter lag auf der Lauer, er hätte jeden Störenfried abgewehrt.

In ihrer Sinnenlust harmonierten die beiden jungen Menschen. Ohne ein Wort zu wechseln, schenkten sie einander phantasievoll, leidenschaftlich und unermüdlich Stunden voller Beglückung.

In dieser Nacht, nachdem ihr Verlangen gestillt war, legte Iset ihren Kopf auf die Brust des Geliebten und summte glücklich vor sich hin.

«Warum bleibst du bei mir?»

«Weil du königlicher Schreiber geworden bist.»

«Strebt eine Person deines Standes nicht eine bessere Partie an?»

«Das Leben eines Sohns von Sethos zu teilen, was könnte man sich Höheres erträumen?»

«Eine Ehe mit dem zukünftigen Pharao.»

Die junge Frau schürzte die Lippen.

«Daran habe ich auch schon gedacht, aber er gefällt mir nicht. Er ist zu fett, zu schwerfällig, zu verschlagen. Von ihm berührt zu werden stößt mich ab, daher habe ich beschlossen, dich zu lieben.»

«Beschlossen?»

«Jedes menschliche Wesen besitzt eine bestimmte Kraft zu lieben. Die einen lassen sich verführen, die anderen verführen. Ich werde mich nicht zum Spielzeug eines Mannes machen, auch wenn er König ist. Ich habe dich erwählt, Ramses, und du wirst mich erwählen, denn wir sind aus gleichem Holz geschnitzt.»

Als Ramses, noch erhitzt von der leidenschaftlichen Nacht in den Armen der Geliebten, durch den Garten des Hauses ging, das er seinem Amt verdankte, schoß Ameni aus seiner Schreibstube heraus und versperrte ihm den Weg.

«Ich muß mit dir reden!»

«Ich bin müde. Kannst du dich gedulden?»

«Nein, nein! Es ist zu wichtig.»

«Dann gib mir wenigstens zu trinken.»

«Milch, frisches Brot, Datteln und Honig: das prinzliche Frühstück steht bereit. Doch zuvor soll der königliche Schreiber Ramses noch erfahren, daß er geladen ist, in Begleitung seiner Amtsbrüder im Palast zu erscheinen.»

«Du willst sagen, bei meinem Vater?»

«Es gibt nur einen Sethos.»

«Im Palast als Gast? Ist das wieder einer deiner zweifelhaften Scherze?»

«Dir wichtige Nachrichten zu überbringen gehört zu meinen Aufgaben.»

«Im Palast...»

Ramses träumte davon, seinem Vater erneut zu begegnen. Als königlicher Schreiber hätte er wohl Anrecht auf ein kurzes Gespräch. Was sollte er ihm sagen? Sich auflehnen, Erklärungen erbitten, gegen sein Verhalten aufbegehren, in Erfahrung bringen, was er von ihm verlangte, was er mit ihm vorhatte... Darüber nachzudenken, war noch Zeit.

«Ich habe noch eine Nachricht, und die ist weniger erfreulich.»

«Erklär dich.»

«Unter den schwarzen Tintensteinen, die mir gestern geliefert wurden, sind zwei von sehr schlechter Qualität. Ich probiere sie immer erst aus, bevor ich sie verwende.»

«Ist es so arg?»

«Eine ganz üble Schlamperei! Ich beabsichtige, Nachforschungen anzustellen – in deinem Namen. Ein königlicher Schreiber kann so etwas nicht dulden.»

«Wie es dir beliebt. Darf ich jetzt etwas schlafen?»

Sary beglückwünschte seinen früheren Schüler. Von nun an brauchte Ramses keinen Lehrer mehr, der sich eingestehen mußte, daß er ihn nicht vorbereitet hatte auf die schwierige Prüfung für das Amt eines königlichen Schreibers. Dennoch war der Erfolg des Schülers teilweise als Verdienst des Lehrers gewertet und er in den Rang des Verwalters des Kap erhoben worden, eine Ernennung, die ihm eine geruhsame Laufbahn sicherte.

«Du hast mich erstaunt, das gebe ich zu. Aber berausche dich nicht an dieser Leistung. Sie hat dir ermöglicht, ein Unrecht wiedergutzumachen und Ameni zu retten. Ist das nicht genug?»

«Ich verstehe nicht recht.»

«Ich habe die Mission, die du mir auftrugst, erfüllt. Deine Freunde und deine Feinde auszumachen. Zur ersten Kategorie kann ich eigentlich nur deinen Schreiber Ameni zählen. Deine Glanzleistung hat Neid erweckt, aber das ist unwesentlich. Das Wichtigste ist, daß du Memphis verläßt und dich im Süden niederläßt.»

«Sollte mein Bruder dich geschickt haben?»

Sary wirkte verlegen.

«Mal dir keine finsteren Machenschaften aus, aber geh nicht in den Palast. Dieser Empfang betrifft dich nicht.»

«Ich bin königlicher Schreiber.»

«Glaub mir, deine Anwesenheit ist weder erwünscht noch wünschenswert.»

«Und wenn ich darauf beharre?»

«Dann wirst du zwar königlicher Schreiber bleiben, aber außer Dienst. Widersetze dich Chenar nicht, du wirst in dein Unglück rennen.»

Sechzehnhundert Säcke Roggen und ebensoviel Weizen waren in den Königspalast geschafft worden, um etliche tausend Kuchen und Küchlein verschiedenster Form zu bereiten, zu denen süßes Bier und Wein aus den Oasen gereicht werden sollten. Dem Fleiß des Hofmeisters war es zu verdanken, daß die Gäste, die zum Empfang der königlichen Schreiber geladen waren, die Erzeugnisse des Bäcker- und Konditorhandwerks kosten durften, sobald der erste Stern am Nachthimmel stand.

Ramses war unter den ersten, die Einlaß heischten am großen Tor in der Umfassungsmauer, wo Tag und Nacht die Leibgarde des Pharaos Wache stand. Obgleich die Soldaten den jüngeren Sohn Sethos' erkannt hatten, überprüften sie seine Beglaubigung als königlicher Schreiber, bevor sie ihn in den weiten, mit Hunderten von Bäumen bepflanzten Park hineinließen, wo uralte Akazien sich im Wasser eines zur Zierde angelegten Sees spiegelten. Ringsum standen Tische mit Körben voller Gebäck, Brot und Früchten, und auf hohen Schemeln prangten Blumengebinde. Mundschenke füllten Alabasterschalen mit Wein und Bier.

Der Prinz hatte nur Augen für den Mitteltrakt des Palastes, wo die Audienzsäle lagen, deren Wandfliesen in den reizvollsten Farben schimmerten und bei allen Besuchern Bewunderung weckten. Bevor er als Zögling im Kap wohnen mußte, hatte er in den königlichen Gemächern gespielt und sich sogar bis auf die Stufen des Thronsaals vorgewagt, was seine Amme, die ihn länger als drei Jahre gestillt hatte, allerdings tadelnswert fand. Er erinnerte sich noch gut an den Thronsessel des Pharaos, der auf einem Sockel stand und die Geradlinigkeit der Maat versinnbildlichte.

Ramses hatte gehofft, Sethos würde die Schreiber im Palast empfangen, und nun mußte er erkennen, daß der Pharao wohl nur am Fenster zum großen Hof, wo sie sich alle sammeln sollten, erscheinen und sie in einer kurzen Ansprache nochmals auf die Tragweite ihrer Pflichten und Verantwortlichkeiten hinweisen würde.

Wie konnte er unter diesen Umständen mit ihm unter vier Augen sprechen? Es kam vor, daß der König sich kurz zu seinen Untergebenen gesellte und die Ausgezeichneten persönlich beglückwünschte. Und er, Ramses, hatte nicht nur eine fehlerfreie Arbeit abgeliefert, sondern als einziger das Rätsel der zu neuem Leben erweckten Schreibtafel gelöst. Daher bereitete er sich auf eine Begegnung mit seinem Vater vor, dessen Schweigen ihm ungerecht schien. Wenn er Memphis verlassen und sich mit der unrühmlichen Rolle eines Provinzschreibers begnügen sollte, wollte er den Befehl dazu vom Pharao selbst und von keinem anderen erhalten.

Die königlichen Schreiber, ihre Familienangehörigen und all diejenigen, die sich Empfänge solcher Art nie entgehen ließen, tranken, aßen und plauderten. Auch Ramses kostete den kräftigen Oasenwein und das starke Bier. Während er seine Schale leerte, bemerkte er auf einer Bank im Schutze einer Laube ein junges Paar.

Sein Bruder Chenar und Iset, die Schöne.

Mit großen Schritten ging Ramses auf die beiden zu.

«Glaubst du nicht, meine Schöne, es sei notwendig, eine endgültige Wahl zu treffen?»

Die junge Frau erschrak, doch Chenar bewahrte die Ruhe.

«Du bist recht unhöflich, geliebter Bruder. Habe ich etwa nicht das Recht, mich mit einer Dame von Stand zu unterhalten?»

«Ist sie das wirklich?»

«Werde nicht ausfallend.»

Mit glühenden Wangen lief Iset, die Schöne, davon und überließ die Brüder ihrem Wortgefecht.

«Du wirst unerträglich, Ramses, dein Platz ist nicht mehr hier.»

«Bin ich nicht königlicher Schreiber?»

«Jetzt prahlst du auch noch damit! Ohne meine Zustimmung wirst du keinen Posten erhalten.»

«Dein Freund Sary hat es mir bereits angedeutet.»

«Mein Freund? Doch wohl eher deiner! Er hat nur versucht, dir einen weiteren Fehler zu ersparen.»

«Stell dieser Frau nicht weiter nach!»

«Du wagst es, mir zu drohen, mir?!»

«Wenn ich in deinen Augen ein Nichts bin, was habe ich dann noch zu verlieren?»

Chenar ließ ab vom Kampf, seine Stimme nahm einen öligen Ton an.

«Du hast recht. Es ist gut, wenn eine Frau treu ist. Lassen wir sie entscheiden, einverstanden?»

«Einverstanden.»

«Zerstreu dich, da du nun schon einmal hier bist.»

«Wann wird der König das Wort ergreifen?»

«Ach, du weißt es nicht? Der Pharao residiert augenblicklich im Norden. Er hat mich gebeten, an seiner Statt die königlichen Schreiber zu beglückwünschen. Dein Erfolg verdient die ausgesetzte Belohnung: eine Jagd in der Wüste.»

Chenar entfernte sich.

Verstimmt kippte Ramses eine Schale Wein hinunter. So würde er also seinen Vater nicht mehr wiedersehen. Chenar hatte ihn herausgefordert, um ihn noch tiefer zu demütigen. Der Prinz trank mehr, als vernünftig war, und verzichtete darauf, sich den Grüppchen zuzugesellen, deren nichtiges Gerede ihn langweilte. In ihm war Groll. Da stieß er mit einem auffallend eleganten Schreiber zusammen.

«Ramses! Welch eine Freude, dich wiederzusehen!»

«Acha! Du bist noch in Memphis?»

«Ich reise übermorgen in den Norden. Weißt du das Neueste denn noch nicht? Der Trojanische Krieg nimmt eine entscheidende Wendung. Die griechischen Barbaren haben es sich nicht versagt, Priamos' Hauptstadt in ihre Gewalt zu bringen, und man munkelt, Achill habe Hektor getötet. Meine erste Mission besteht darin, an der Seite von erfahrenen Gesandten Genaueres über diese Sachlage einzuholen. Und du? Wirst du bald mit einer großen Verwaltungsaufgabe betraut werden?»

«Ich weiß es nicht.»

«Deine Glanzleistung von neulich hat Lob und Neid geweckt.»

«Daran werde ich mich gewöhnen.»

«Drängt es dich nicht, in ferne Länder zu gehen? Ach, verzeih! Ich vergaß deine bevorstehende Heirat. Ich werde nicht mitfeiern können, aber in Gedanken von Herzen bei dir sein.»

Ein Gesandter faßte Acha am Arm und nahm ihn zur Seite. Die Mission des angehenden Diplomaten hatte begonnen.

Ramses spürte, wie Trunkenheit ihn befiel. Er kam sich vor wie ein zerbrochenes Ruder, wie ein Gebäude, dessen Mauern ins Wanken gerieten. Wütend schleuderte er die Trinkschale von sich. Niemals mehr würde er sich so gehenlassen, das schwor er sich.

ZEHN

IM MORGENGRAUEN brachen die Jäger in großer Zahl zur westlichen Wüste auf. Ramses hatte seinen Hund Ameni anvertraut, der beschlossen hatte, dem Rätsel der fehlerhaften Tintensteine auf den Grund zu gehen. Im Laufe des Tages würde er all die für die Herstellung Verantwortlichen befragen, um dem Urheber dieser Schlamperei auf die Spur zu kommen.

Von seinem Tragsessel herab hatte Chenar den Aufbruch zur Jagd, an der er nicht teilnehmen würde, zelebriert, indem er die Götter anrief, diesen Jägern, die Wild zurückbringen sollten, ihre Gunst zu erweisen.

Ramses war einem ehemaligen Soldaten zugeteilt worden, der den leichten Jagdwagen lenkte. Er war glücklich, die Wüste wiederzusehen. Steinböcke, Kuh- und Elenantilopen, Leoparden, Löwen, Panther, Hirsche, Straußenvögel, Gazellen, Hyänen, Hasen, Füchse... eine bunte Tierwelt, die nur den ausgeklügelten Sturmangriff des Menschen fürchtete.

Nichts hatte der Jagdmeister dem Zufall überlassen, sorgfältig ausgebildete Hunde liefen hinter den Wagen her, die Wegzehrung und frisches Wasser in Tonkrügen mitführten. Selbst Zelte hatte man mitgenommen, für den Fall, daß die Verfolgung einer Beute sich bis in die Nacht hinziehen sollte. Die Jäger waren mit Fangseilen, Bogen und einer Menge Pfeile ausgerüstet.

«Was ist dir lieber», fragte der Wagenlenker, «töten oder einfangen?»

«Einfangen», entgegnete Ramses.

«Dann wirst du das Seil nehmen und ich den Bogen. Töten ist eine Notwendigkeit fürs Überleben. Keiner kommt darum herum. Ich weiß, wer du bist, Sohn des Sethos, doch angesichts der Gefahr sind wir gleich.»

«Falsch.»

«Hältst du dich für so überlegen?»

«Nein, dich, weil du Erfahrung besitzt. Für mich ist es die erste Jagd.»

Der Veteran zuckte die Achseln.

«Hören wir auf zu reden. Sieh dich gut um und sag mir, wenn du eine Beute ausmachst.»

Einem aufgescheuchten Fuchs oder einer Wüstenspringmaus schenkte der alte Haudegen keinerlei Beachtung, die überließ er den anderen. Bald schon schwärmte der Stoßtrupp der Jäger aus.

Der Prinz bemerkte eine Gazellenherde.

«Großartig!» rief sein Begleiter und jagte los.

Drei von ihnen, alte oder kranke Tiere, trennten sich von ihren Artgenossen und verloren sich in einem Wadi zwischen zwei Felswänden.

Der Wagen hielt an.

«Wir müssen zu Fuß weiter.»

«Wieso?»

«Der Boden ist zu uneben, die Räder würden brechen.»

«Aber die Gazellen werden Vorsprung gewinnen!»

«Glaub das nur nicht, ich kenne diese Gegend. Sie werden sich in eine Höhle flüchten, wo wir sie leicht erlegen können.»

Über drei Stunden währte der Fußmarsch, ihre Gedanken waren auf das Ziel gerichtet, und so verspürten sie weder das

Gewicht der Waffen noch das der mitgeführten Vorräte. Als die Hitze fast unerträglich wurde, machten sie unter einem Felsvorsprung halt. Im Schatten der üppigen Pflanzen, die dort wuchsen, konnten sie neue Kräfte sammeln.

«Müde?»

«Nein.»

«Dann hast du ein Gespür für die Wüste. Entweder lähmt sie einem die Beine, oder sie verleiht neue Kraft, die aus der Berührung mit dem heißen Sand aufsteigt.»

Felsbrocken lösten sich und rollten an den Wänden herab bis hinunter zu dem Geröllhaufen auf dem Grund des ausgetrockneten Sturzbaches. Unvorstellbar, daß es unter dieser roten, unfruchtbaren Erde einen Fluß geben sollte, der Bäume und Ackerland speiste. Die Wüste war die andere Welt, aus der sich die der Menschen nährte. Ramses wurde die Zerbrechlichkeit seines Glücks bewußt, gleichzeitig aber auch die Kraft, die die Elemente der Seele des Schweigenden zu verleihen vermochten. Ein Gott hatte die Wüste geschaffen, um den Menschen das Schweigen zu lehren, damit er die Stimme des geheimen Feuers vernehme.

Der alte Haudegen prüfte die Pfeile. Sie hatten eine Spitze aus Feuerstein und als Gegengewicht am anderen Ende zwei Flügelchen mit abgerundeten Rändern.

«Die besten sind es nicht, aber wir werden uns damit begnügen.»

«Ist es noch weit bis zur Höhle?»

«Etwa eine Stunde. Möchtest du lieber umkehren?»

«Vorwärts.»

Nirgends eine Schlange oder ein Skorpion, kein Lebewesen schien in dieser Einöde zu hausen. Sie hatten sich wohl in den Sand eingegraben oder unters Gestein zurückgezogen und würden erst in der Abendkühle hervorkommen.

«Mein linkes Bein schmerzt», klagte Ramses' Begleiter, «eine alte Verwundung, die sich bemerkbar macht. Wir sollten lieber rasten und uns etwas Ruhe gönnen.»

Bei Einbruch der Nacht klagte der Mann immer noch über Schmerzen.

«Schlaf», riet er Ramses, «mich wird der Schmerz wach halten. Wenn mich der Schlaf überkommt, werde ich dich wecken.»

Erst war es wie eine Liebkosung, doch bald schon begann es zu brennen. Die Sonne gewährte der Morgenröte nur einen kurzen Augenblick der Zärtlichkeit. Siegreich war sie aus dem Kampf gegen die Finsternis und den lebenverschlingenden Drachen hervorgegangen, und diesen Sieg stellte sie nun mit solcher Macht zur Schau, daß die Menschen vor ihr Schutz suchen mußten.

Ramses erwachte.

Sein Begleiter war verschwunden. Der Prinz war allein, ohne Wegzehrung und ohne Waffen, etliche Stunden Fußmarsch entfernt von dem Ort, wo die Jäger ausgeschwärmt waren. Unverzüglich machte er sich auf und ging gemessenen Schrittes, um seine Kräfte nicht zu vergeuden.

Der Mann hatte ihn im Stich gelassen, vermutlich in der Hoffnung, daß er diesen Gewaltmarsch nicht überstehen würde. Wem gehorchte er damit, wer hatte ihn angestiftet, ihm eine solche Falle zu stellen, damit ein geplanter Mord als Jagdunfall gemeldet werden konnte? Jeder kannte das Ungestüm des jungen Mannes; war er erst einmal hinter einer Beute her, würde er jegliche Vorsicht vergessen und sich in der Wüste verirren.

Chenar! Das konnte nur Chenar sein, der war so verschlagen und nachtragend! Da sein Bruder sich geweigert hatte, Memphis zu verlassen, schickte er ihn an das Gestade des Todes. Ramses war außer sich vor Zorn, dieses Los würde er nicht hinnehmen! Da er über einen hervorragenden Orientierungssinn verfügte, ging er die ganze Strecke zurück, zielstrebig wie ein Eroberer.

Eine Gazelle floh vor ihm und alsbald ein Steinbock mit zurückgebogenen Hörnern, nachdem er den Eindringling hinreichend beäugt und gemustert hatte. Ließ das Verhalten der Tiere auf eine Wasserstelle schließen, die in der Nähe lag und die sein Begleiter ihm verschwiegen hatte? Entweder verfolgte er den eingeschlagenen Weg und lief Gefahr zu verdursten, oder er vertraute dem Instinkt der Tiere.

Der Prinz entschied sich für die zweite Lösung.

Als er Steinböcke, Gazellen und Antilopen und in der Ferne auch noch eine rund zwanzig Ellen hohe Dattelpalme entdeckte, schwor er sich, nur mehr seinem Gespür zu vertrauen. Den dicht verzweigten Baum mit der grauen Rinde zierten kleine duftende Blüten von gelbgrüner Farbe; er lieferte eine eßbare Frucht von weichem und süßem Fleisch, die, schmal geformt, fingerlang werden konnte und die die Jäger «Wüstenbrot» nannten. Zudem besaß er gefährliche Waffen mit seinen langen, stacheligen Dornen, die an der Spitze hellgrün waren. Der schöne Baum spendete ein wenig Schatten und barg eine dieser geheimnisvollen Quellen, die mit dem Segen des Gottes Seth aus dem Inneren der Wüste hervorsprudeln.

An den Baum gelehnt saß ein Mann und aß Brot.

Ramses trat näher und erkannte in ihm den Anführer der Stallburschen, die Ameni gequält hatten.

«Die Götter seien dir gewogen, mein Prinz. Solltest du dich verirrt haben?»

Ramses, dem die Lippen ausgetrocknet und die Zunge hart geworden waren und dem der Kopf glühte, hatte nur Augen für den Wasserschlauch neben dem linken Bein des struppigen, schlecht rasierten Kerls.

«Solltest du durstig sein? Dann hast du Pech gehabt. Denn wie käme ich dazu, dieses kostbare Wasser an einen Mann zu verschwenden, der dem Tod geweiht ist?»

Der Prinz war nur noch etwa zehn Schritte von seiner Rettung entfernt.

«Du hast mich gedemütigt, weil du Königssohn bist! Seitdem bin ich das Gespött meiner Untergebenen.»

«Laß deine Lügen, wer hat dich bezahlt?»

Der Pferdeknecht grinste.

«Das Nützliche verbindet sich gern mit dem Angenehmen. Als dein Jagdgefährte mir fünf Kühe und zehn Stück Leinen bot, um dich loszuwerden, habe ich sofort zugegriffen. Ich wußte, daß du hierherkommen würdest. Den anderen Weg zurückzugehen, ohne etwas zu trinken, wäre Selbstmord gewesen. Du glaubtest, die Gazellen, die Antilopen und die Steinböcke würden dir das Leben retten, dabei haben sie dich zum Jagdwild gemacht.»

Der Mann stand auf. Er hatte ein Messer in der Hand.

Ramses las in den Gedanken seines Widersachers, daß dieser auf einen Kampf wie neulich gefaßt war, mit Ringergriffen, die adelige Sprößlinge spielerisch lernten. Aber jetzt, hilflos ausgeliefert, erschöpft und durstig, würde der junge Mann der rohen Gewalt kaum mehr etwas entgegenzusetzen haben.

Er konnte sich nur noch selbst als Waffe benutzen.

Mit einem zornigen, kraftvollen Schrei stürzte Ramses sich auf den Stallknecht. Der war so überrumpelt, daß ihm gar keine Zeit blieb, sein Messer zu benutzen. Unter dem Anprall stürzte er nach hinten in die spitzen Dornen der Dattelpalme, die sich ihm wie Dolche ins Fleisch bohrten.

Die Jäger waren recht zufrieden. Sie hatten einen Steinbock, zwei Gazellen und eine Antilope, die sie an den Hörnern hielten, lebend eingefangen. Tätschelte man ihnen den Bauch, ließen sich die Tiere mehr oder weniger willig zum Weitergehen bewegen. Einer der Männer trug ein Gazellenjunges auf dem Rücken, ein anderer hielt einen zappelnden Hasen bei den Ohren. Eine Hyäne war an den Beinen an einem von zwei Helfern gehaltenen Stab festgebunden, ein Hund sprang um sie herum und versuchte erfolglos, sie zu beißen. Diese Tiere würden kundigen Händen übergeben werden, und nachdem man ihr Verhalten studiert hatte, würde man sie zu zähmen versuchen. Obwohl das Überfüttern der Hyänen zur Gewinnung von Stopfleber nur klägliche Ergebnisse gebracht hatte, hielten einige noch daran fest. Ein großer Teil der Jagdbeute würde in die Schlachtkammern der Tempel wandern, zuerst den Göttern dargeboten werden und dann die Menschen nähren.

Alle Jäger waren am Sammelplatz angelangt, nur Prinz Ramses und sein Wagenlenker fehlten. Der für die Expedition verantwortliche Schreiber sorgte sich und befragte einen nach dem anderen, vergebens. Warten war unmöglich, man mußte einen Wagen aussenden, die Verschollenen zu suchen, doch in welche Richtung? Geschah ein Unglück, wäre er verantwortlich und seine Laufbahn blitzartig zu Ende. Wenn Prinz Ramses auch keine großartige Zukunft vor sich hatte, so würde sein Verschwinden doch nicht unbemerkt bleiben.

Er und zwei Jäger würden bis zum späten Nachmittag abwarten, die anderen sollten mit dem Wild ins Tal zurückkehren und einen Trupp Wüstenaufseher losschicken.

Nervös kritzelte der Schreiber einen Bericht auf ein Täfelchen, kratzte in der Gipsschicht herum, begann von neuem und gab auf. Hinter den üblichen Formeln konnte er sich diesmal nicht verstecken. Wie er es auch drehte und wendete, zwei Männer fehlten, und einer von ihnen war der jüngere Sohn des Königs.

Als die Sonne im Zenit stand, glaubte er eine Gestalt wahrzunehmen, die sich im Licht langsam vorwärts bewegte. Doch Trugbilder waren in der Wüste keine Seltenheit, daher fragte der Schreiber die beiden Jäger. Auch sie waren überzeugt, daß da ein menschliches Wesen auf sie zukam.

Schritt um Schritt nahm der Gerettete Gestalt an.

Ramses war der Falle entkommen.

ELF

CHENAR ÜBERLIESS sich seinem Hand- und seinem Fußpfleger, die in der Palastschule ausgebildet worden waren und ihr Handwerk bestens verstanden. Der ältere Sohn des Sethos verwandte Sorgfalt auf sein Erscheinungsbild. Da er eine hochgestellte Person war und bald über ein reiches und mächtiges Land herrschen würde, mußte er sich stets von seiner besten Seite zeigen. War feinste Lebensart nicht Kennzeichen einer Kultur, die der Reinlichkeit und der Verschönerung des Körpers höchsten Wert beimaß? Er genoß diese Stunden, da man ihn hegte und pflegte wie eine kostbare Statue, seine Haut mit Essenzen einrieb, bevor der Friseur letzte Hand anlegte.

Stimmen hallten durch die Stille des herrschaftlichen Hauses in Memphis. Chenar öffnete die Augen.

«Was ist los? Ich dulde nicht, daß...»

Ramses stand plötzlich vor ihm in diesem prunkvollen Baderaum.

«Die Wahrheit, Chenar. Ich will die Wahrheit wissen, und zwar sofort!»

Der Angesprochene entließ Hand- und Fußpfleger.

«Beruhige dich, geliebter Bruder, um welche Wahrheit handelt es sich?»

«Hast du Leute gedungen, um mich zu töten?»

«Was bildest du dir denn da wieder ein? Solche Gedanken verletzen mich zutiefst!»

«Zwei Gauner, der erste ist tot, der zweite verschwunden.»

«Erkläre dich genauer, ich bitte dich, solltest du vergessen haben, daß ich dein Bruder bin?»

«Wenn du schuldig bist, werde ich es herausfinden.»

«Schuldig? Bist du dir bewußt, welches Wort du da verwendest?»

«Man hat versucht, mich umzubringen, und zwar bei der Jagd in der Wüste, zu der du mich eingeladen hattest.»

Chenar faßte Ramses um die Schultern.

«Wir sind sehr verschieden, das gebe ich zu, und wir lieben uns auch nicht sonderlich, aber warum dieses ständige Kräftemessen? Fügen wir uns doch einfach den Tatsachen, und nehmen wir das uns zugedachte Los ohne Klage hin. Ich wünsche, daß du abreist, das stimmt, denn für meine Begriffe ist dein Charakter unvereinbar mit den Erfordernissen des Hofes. Aber ich beabsichtige nicht, dir das geringste Unrecht zuzufügen. Ich verabscheue Gewalt. Glaube mir, ich bitte dich darum, ich bin nicht dein Feind.»

«Wenn das stimmt, hilf mir, die Untersuchung durchzuführen. Der Wagenlenker, der mich in eine Falle gelockt hat, muß gefunden werden.»

«Du kannst auf mich zählen.»

Ameni wachte über sein Schreibwerkzeug mit peinlicher Sorgfalt. Wassernapf und Pinsel säuberte er lieber zweimal, seine Palette schabte er, bis die Oberfläche wirklich glatt war, Schaber und Gummi wechselte er aus, sobald sie ihn nicht mehr zufriedenstellten. Trotz seiner bevorzugten Stellung als rechte Hand eines königlichen Schreibers ging er sparsam mit dem Papyrus um und benützte für Entwürfe erst einmal Kalkstein. In einem alten

Schildkrötenpanzer mischte er Pigmente aus Mineralien, um ein leuchtendes Rot und ein tiefes Schwarz zu erhalten.

Als Ramses endlich wiederauftauchte, war Ameni außer sich vor Freude.

«Ich wußte, daß du wohlauf warst! Wenn nicht, hätte ich es gespürt. Und ich habe meine Zeit nicht vergeudet. Du solltest stolz auf mich sein.»

«Was hast du ausfindig gemacht?»

«Unsere Verwaltung ist vielschichtig, in zahlreiche Abteilungen gegliedert, und die jeweiligen Vorsteher sind eher reizbar. Aber dein Name und dein Amt haben mir doch so manche Tür geöffnet. Man liebt dich vielleicht nicht, aber man fürchtet dich!»

Ramses' Neugier war geweckt.

«Berichte genauer.»

«Die Tintensteine sind in unserem Land ein wichtiger Rohstoff. Ohne sie gäbe es keine Schrift, und ohne Schrift keine Kultur.»

«Warum so schulmeisterlich?»

«Wie ich vermutet hatte, sind die Kontrollen sehr streng. Kein Tintenstein verläßt das Lager, ohne geprüft worden zu sein. Steine unterschiedlicher Qualität zu vermischen ist unmöglich.»

«Folglich...»

«Folglich haben wir es hier mit Machenschaften und Betrug zu tun.»

«Ein Übermaß an Arbeit hat dir nicht etwa den Geist verwirrt?»

Ameni schmollte wie ein Kind.

«Du nimmst mich nicht ernst!»

«Ich war gezwungen, einen Mann zu töten, andernfalls hätte er mich umgebracht.»

Ramses erzählte von seiner schrecklichen Begegnung, Ameni hielt den Kopf gesenkt.

«Du fandest mich lächerlich mit meinen Tintensteinen. Dich

haben die Götter beschützt! Sie werden dich niemals im Stich lassen.»

«Mögen die Götter dich erhören.»

Eine laue Nacht umfing die Schilfhütte, am Rande des nahegelegenen Kanals quakten die Frösche. Ramses hatte beschlossen, die ganze Nacht auf Iset, die Schöne, zu warten. Kam sie nicht, würde er sie nie mehr wiedersehen. Abermals sah er das Bild vor sich, da er, um sein Leben zu verteidigen, den Stallknecht gegen die Dornen der Dattelpalme gepreßt hatte. Berechnung war nicht im Spiel gewesen, ein gebieterisches Feuer hatte sich seiner bemächtigt und seine Kräfte vervielfacht. Entsprang es einer geheimnisvollen Welt, war es Ausdruck der Macht des Gottes Seth, dessen Namen sein Vater trug?

Bis heute hatte Ramses geglaubt, er allein bestimme sein Leben, er könne den Göttern und den Menschen trotzen und jeden Kampf siegreich bestehen. Vergessen hatte er jedoch den Preis, der dafür zu zahlen war, vergessen auch den Tod, den stets gegenwärtigen, dessen Handlanger er in diesem Fall gewesen war. Ohne ein Gefühl von Reue fragte er sich, ob dieser Vorfall seinen Träumen ein Ende setzte oder die Grenze zu einem unbekannten Reich darstellte.

Ein streunender Hund bellte, jemand näherte sich.

War Ramses nicht erneut unvorsichtig gewesen? Solange der Wagenlenker, der den Stallknecht bezahlt hatte, nicht gefunden war, befand er sich in ständiger Gefahr. Vielleicht war er dem Prinzen gefolgt. Gewiß war er bewaffnet, entschlossen, ihn an diesem einsamen Ort anzugreifen.

Ramses spürte die Gegenwart des Feindes. Er sah ihn zwar nicht, wußte aber genau, in welcher Entfernung er sich befand. Jede seiner Bewegungen hätte er beschreiben können, er wußte, welch ausladende Schritte er lautlos zu machen vermochte. Sobald der Angreifer am Eingang der Hütte war, stürzte der Prinz hinaus und warf ihn rücklings zu Boden.

«Wie gewalttätig, mein Prinz!»

«Iset! Wieso schleichst du heran wie eine Diebin?»

«Hast du unseren Pakt vergessen? Verschwiegenheit, vor allem anderen.»

Sie schlang die Arme um ihren Geliebten, dessen Begehren sie spürte.

«Bitte, bleibe so angriffslustig.»

«Hast du dich entschieden?»

«Ist meine Anwesenheit nicht die Antwort?»

«Wirst du Chenar wiedersehen?»

«Warum redest du unaufhörlich?»

Sie hatte nur einen weiten Umhang übergeworfen. Darunter war sie nackt. Hingebungsvoll überließ sie sich den Liebkosungen des Mannes, zu dem sie in wilder Liebe entbrannt war, und vergaß dabei sogar ihre Heiratspläne mit dem künftigen Herrscher Ägyptens. Ramses' Schönheit allein erklärte nicht diese Leidenschaft. Der junge Prinz barg in sich eine Macht, deren er sich selbst nicht bewußt war, eine Macht, die sie derartig in Bann schlug, daß sie nicht mehr fähig war, klar zu denken. Wie würde er sie wohl nutzen? Würde es ihm Freude machen zu vernichten? Chenar würde die Macht innehaben, aber wie alt und langweilig er jetzt schon wirkte! Iset, die Schöne, liebte die Liebe und die Jugend zu sehr, um sich vorzeitig mit Trägheit abzufinden.

Die Morgenröte fand sie eng umschlungen. Mit unerwarteter Zärtlichkeit strich Ramses seiner Geliebten übers Haar.

«Man munkelt, du habest bei der Jagd einen Mann getötet.»

«Er hat versucht, mich zu vernichten.»

«Aus welchem Grunde?»

«Machtgelüste.»

«Wußte er, daß du ein Königssohn bist?»

«Er wußte es sehr wohl, aber der Wagenlenker, der mich begleitete, hatte ihm fette Pfründe versprochen.»

Besorgt richtete Iset sich auf.

«Wurde er gefaßt?»

«Noch nicht, ich habe es gemeldet, man sucht ihn.»

«Und wenn...»

«Eine Verschwörung? Chenar hat es geleugnet, und er schien mir aufrichtig.»

«Sei auf der Hut, er ist feige und gerissen.»

«Bist du dir deiner Wahl ganz sicher?»

Sie küßte ihn mit der Heftigkeit der aufgehenden Sonne.

Amenis Schreibstube war verwaist. Er hatte nicht einmal ein Wort der Erklärung für seine Abwesenheit hinterlassen. Ramses wußte nur zu genau, daß sein Freund nicht lockerlassen würde, bis er das Rätsel der minderwertigen Tintensteine gelöst hätte. Hartnäckig und gewissenhaft, wie er war, würde er eine solche Nachlässigkeit nicht dulden und unermüdlich nach der Wahrheit forschen und die Bestrafung des Schuldigen fordern. Jeder Versuch, seinen Eifer zu zügeln, war sinnlos. Trotz seiner geringen Körperkräfte vermochte Ameni einen erstaunlichen Tatendrang an den Tag zu legen, wenn er ein Ziel verfolgte.

Ramses begab sich zum Vorsteher aller Wachstuben, der die Bemühungen seiner Amtsbrüder auszuwerten hatte. Bisher war ihre Suche leider erfolglos geblieben. Der finstere Wagenlenker blieb verschwunden, die Ordnungskräfte hatten keine verläßliche Spur entdeckt. Der Prinz verhehlte seinen Unmut nicht, obgleich der hohe Beamte ihm versprach, die Nachforschungen noch auszuweiten.

Enttäuscht beschloß Ramses, sich selbst auf die Suche zu machen. Er ging zur Kaserne in Memphis, wo zahlreiche Streit- und Jagdwagen standen, die eifrig gewartet wurden. Er berief sich auf sein Amt als königlicher Schreiber, um den Verwalter dieser wertvollen Fahrzeuge, über die genau Buch zu führen war, zu sprechen. Er wollte wissen, ob der flüchtige Wagenlenker hier angestellt gewesen war, und beschrieb ihn in allen Einzelheiten.

Der Beamte verwies ihn an den Stallmeister, einen Mann namens Bakhen.

Dieser untersuchte gerade ein graues Pferd, das zu jung war, um eingespannt zu werden, und warf dem Wagenlenker Grausamkeit vor. Bakhen, etwa zwanzig Jahre alt, war ein kräftiger Mann mit eckigem und wenig ansprechendem Gesicht, das ein kurzer Bart zierte. Um seine Armmuskeln spannten sich zwei Kupferreife. Mit tiefer und heiserer Stimme hielt er seine Strafpredigt, wobei jedes seiner Worte wie ein Hammerschlag dröhnte.

Als der Sündenbock abzog, streichelte Bakhen das Pferd, das ihn dankbar anblickte.

Der junge Mann rief dem Stallmeister zu:

«Ich bin Prinz Ramses.»

«Fein für dich.»

«Ich benötige eine Auskunft.»

«Geh zur Wache.»

«Nur du kannst mir helfen.»

«Das würde mich wundern.»

«Ich suche nach einem Wagenlenker.»

«Ich kümmere mich nur um Pferd und Wagen.»

«Dieser Mann ist ein Verbrecher, und er ist flüchtig.»

«Das geht mich nichts an.»

«Wünschst du, daß er entkommt?»

Bakhen warf Ramses einen zornigen Blick zu.

«Willst du mich etwa der Mitwisserschaft beschuldigen? Prinz hin oder her, du tätest besser daran, das Feld zu räumen!»

«Erwarte nicht, daß ich dich anflehe.»

Bakhen lachte dröhnend.

«Bist du immer noch da?»

«Du weißt etwas und wirst es mir sagen.»

«Feige bist du nicht gerade.»

Ein Pferd wieherte, besorgt eilte Bakhen davon. Es war ein prachtvolles Tier mit dunkelbraunem Fell, das auskeilte und sich von dem Seil, das es hielt, zu befreien suchte.

«Sachte, sachte, mein Schöner!»

Bakhens Stimme schien den Hengst zu beruhigen. Dem Mann gelang es, an das Pferd heranzutreten, dessen Schönheit Ramses' Bewunderung weckte.

«Wie heißt er?»

«‹Gott Amun hat ihm Tapferkeit befohlen›, er ist mein Lieblingspferd.»

Das war nicht Bakhen, der Ramses geantwortet hatte. Es war eine Stimme hinter ihm, eine Stimme, bei der ihm das Blut in den Adern stockte.

Ramses wandte sich um und verneigte sich vor seinem Vater, Pharao Sethos.

ZWÖLF

WIR REISEN AB, RAMSES.»

Der Prinz traute seinen Ohren nicht, doch er konnte seinen Vater nicht bitten, die drei magischen Worte, die er soeben gesprochen hatte, nochmals zu wiederholen. Einen Augenblick lang schloß er die Lider, so groß war sein Glück.

Sethos ging bereits auf sein Pferd zu, das jetzt seelenruhig stand. Der Pharao band es los, das Tier folgte ihm und ließ sich vor den leichten Wagen spannen. Am Haupttor der Kaserne stand die Leibgarde des Königs Wache.

Der Prinz stieg ein, links vom Vater.

«Nimm die Zügel.»

Stolz wie ein Sieger lenkte Ramses das königliche Gefährt bis zur Anlegestelle der Flottille, die gen Süden auslaufen sollte.

Ramses war keine Zeit geblieben, Ameni zu verständigen. Und was würde Iset, die Schöne, denken, wenn sie zu ihrem Liebesnest, der Schilfhütte, kam und er nicht da war? Aber all das war unwichtig im Vergleich zu dem unverhofften Glück, an Bord des königlichen Schiffes zu reisen, das dank des kräftigen Nordwinds schnell vorankam!

Als königlicher Schreiber sollte Ramses über die Expedition berichten und alle Einzelheiten im Bordtagebuch festhalten. Mit Eifer ging er an seine Aufgabe heran, gefesselt von den Landschaften, die sich hier eröffneten. Es war weit von Memphis bis zum Gebel Silsileh, dem Ziel der Reise. Siebzehn Tage lang berauschte sich der Prinz an der Schönheit der Nilufer, den friedlichen, auf Hügelkuppen entlang dem Fluß errichteten Dörfern, am Schimmern des Wassers. Ägypten bot sich ihm dar, unwandelbar, lebensfroh, dazu angetan, auch dem Geringsten Würde zu verleihen.

Während der ganzen Reise sah Ramses seinen Vater nicht. Tage vergingen wie Stunden, das Bordtagebuch wurde immer dicker. In diesem sechsten Jahr der Regierungszeit Sethos' gingen tausend Soldaten, Steinmetze und Seeleute am Gebel Silsileh von Bord. Hier lagen die größten Sandsteinbrüche des Landes. Die von Hügeln überwölbten Ufer standen so eng, daß nur eine schmale Fahrrinne blieb. Der Fluß grub sich hindurch, gefährliche Stromschnellen ließen Schiffe kentern und Schwimmer ertrinken.

Vom Bug seines Schiffes aus beobachtete Sethos das Kommen und Gehen der Expeditionsteilnehmer. Unter Anleitung der Mannschaftsführer luden sie Kisten voller Werkzeug und Vorräte aus. Sie sangen, feuerten einander an und arbeiteten im Gleichklang.

Bevor der Tag zur Neige ging, verkündete ein königlicher Bote, Seine Majestät gewähre jedem Arbeiter fünf Pfund Brot pro Tag, ein Bund Gemüse, ein Stück gebratenes Fleisch, Sesamöl, Honig, Feigen, Trauben, Dörrfisch, Wein und zwei Säcke Korn pro Monat. Die Erhöhung der Zuteilung spornte die Männer an, jeder war bedacht, sein Bestes zu geben.

Die Steinhauer schälten Block um Block heraus, nachdem sie kleine Schneisen in das Sandsteingebirge geschlagen hatten, um dem Fels die Stücke zu entreißen. Bei dieser Arbeit durfte nichts dem Zufall überlassen werden. Die Mannschaftsführer erkundeten die Äderung des Gesteins und ritzten Zeichen ein, die den Männern als Anhaltspunkte dienten. Manchmal, wenn es um sehr große Blöcke ging, wurden Keile aus Holz in die Masse getrieben, nachdem waagerechte Kerben angelegt worden waren. Wenn das Holz angefeuchtet wurde und quoll, übte es einen so starken Druck aus, daß der Stein sich mit einem Schlag lösen ließ.

Einige der Blöcke wurden den Steinmetzen gleich an Ort und Stelle überantwortet. Andere ließ man auf stark geneigten Rutschen zum Ufer hinabgleiten. Lastschiffe beförderten sie dann weiter zur Tempelbaustätte, für die sie gedacht waren.

Ramses wußte nicht mehr, wo ihm der Kopf stand. Wie konnte man all das beschreiben und auflisten, was diese Männer unermüdlich leisteten? Er wollte seinen Auftrag aber dennoch tadellos erfüllen und machte sich daher mit den Gepflogenheiten des Handwerks vertraut, schaute diesen rauhen Kerlen über die Schulter, ohne sie bei ihrer Arbeit zu stören, erlernte ihre Sprache und wußte bald die Zeichen ihrer Zünfte zu unterscheiden. Als sie ihm einen Hammer und einen Meißel in die Hand drückten, damit er es selbst versuche, hieb er seinen ersten Stein mit einer solchen Geschicklichkeit heraus, daß selbst die Grimmigsten verblüfft waren. Schon längst hatte der Prinz sein vornehmes Leinengewand gegen einen derben Lederschurz vertauscht. Weder die Hitze noch der Schweiß schienen ihn zu stören. Das Leben in den Steinbrüchen gefiel ihm besser als das bei Hof. Unter diesen urwüchsigen Kerlen, denen das Gestein redliche Arbeit abverlangte, fiel die Eitelkeit des wohlhabenden Zöglings von ihm ab.

Sein Entschluß war gefaßt, hier wollte er bleiben, bei den Männern im Steinbruch, er würde die Geheimnisse ihres Berufs erlernen und ihr Leben teilen. Fern der Stadt und ihrem sinnlosen Gepränge würde er all seine Kräfte aufbieten, um den Göttern die geeigneten Sandsteinblöcke auszusuchen.

Das war die Botschaft, die sein Vater ihm übermitteln wollte: er sollte die vergoldete Kindheit vergessen, diese gekünstelte Erziehung, und statt dessen seine wahre Natur entdecken unter der unbarmherzigen Sonne der Steinbrüche. Er hatte sich geirrt, als er glaubte, die Begegnung mit dem wilden Stier eröffne ihm den Weg zum Königtum. Indem er ihm seine wahren Fähigkeiten vor Augen führte, hatte Sethos ihm seine Illusionen genommen.

Ramses verspürte nicht die geringste Lust auf ein Leben als Würdenträger, nur auf Bequemlichkeit und Gewohnheiten ausgerichtet; mit dieser Rolle würde sich Chenar weit besser anfreunden als er. Heiteren Gemüts legte er sich auf das Schiffsdeck, betrachtete verträumt die Sterne und schlief ein.

Eine seltsame Stille herrschte in dem Steinbruch, aus dem tags zuvor zahlreiche Blöcke herausgeholt worden waren. Für gewöhnlich machten sich die Männer bei Tagesanbruch ans Werk, um die morgendliche Kühle zu nutzen. Doch wieso waren die Mannschaftsführer nirgends zu sehen, wieso hatten sie ihre Leute nicht längst zusammengetrommelt?

Dem Zauber des Ortes verfallen, ging der Prinz durch die von Sandsteinfelsen gesäumten Schneisen, in denen völlige Stille herrschte. Sie waren bereits ein Teil von ihm. Kein anderer Horizont würde ihn mit solcher Ruhe erfüllen, und die wollte er genießen, bis der lärmende Gesang der Werkzeuge sie unterbrach.

Ramses schritt durch dieses Labyrinth und orientierte sich an den geritzten Steinzeichen, die jedem Trupp sein Arbeitsgebiet zuwiesen. Es drängte ihn, das königliche Gewand des Schreibers abzulegen, um in Einklang mit seinen Gefährten zu leben, ihre Mühen und Freuden mit ihnen zu teilen und für immer die Pose des adeligen Müßiggängers zu vergessen.

Am äußersten Ende des Steinbruchs entdeckte er einen in den

Fels gehauenen kleinen Tempel. Links vom Eingang, vor einer Stele mit einer gemeißelten Huldigung für die aufgehende Sonne, stand Sethos. Mit erhobenen Händen und geöffneten Handflächen zelebrierte er die Wiedergeburt des Lichts, dessen erste Strahlen den Steinbruch zu erhellen begannen.

Ramses kniete nieder und lauschte den Worten seines Vaters.

Als das Gebet beendet war, wandte sich Sethos seinem Sohn zu.

«Was suchst du an diesem Ort?»

«Meinen Lebensweg.»

«Der Schöpfer vollbrachte vier vollkommene Taten», erklärte der Pharao. «Er gebar die vier Winde, damit jedes Wesen sein Leben lang atmen könne. Er zeugte Wasser und Flut, damit der Arme wie der Mächtige Nutzen daraus ziehe. Er schuf jeden Menschen als Abbild seines Nächsten. Und er prägte dem menschlichen Herzen die Erinnerung an den Westen und das Jenseits ein, damit dem Unsichtbaren geopfert werde. Aber die Menschen übertraten das Gebot des Schöpfers und hatten nichts anderes im Sinn, als sein Werk zu zerstören. Gehörst auch du zu dieser Meute?»

«Ich... ich habe einen Mann getötet.»

«Ist Zerstören der Sinn deines Lebens?»

«Ich habe mich verteidigt, eine Kraft lenkte mich!»

«In diesem Fall bekenne dich zu deiner Tat und jammere nicht.»

«Ich will den wahren Schuldigen finden.»

«Verlier dich nicht in Grübeleien; bist du bereit, dem Unsichtbaren zu opfern?»

Der Prinz nickte.

Sethos trat ins Innere des Tempels und trug, als er herauskam, einen goldgelben Hund auf dem Arm. Der Prinz lächelte verklärt.

«Wächter!»

«Er ist doch dein Hund?»

«Ja, aber...»

«Nimm einen Stein, zertrümmere ihm den Kopf und opfere ihn dem Geist dieses Steinbruchs; so wirst du gereinigt von deiner Gewalttätigkeit.»

Der Pharao ließ das Tier los, das auf seinen Herrn zustürzte und das Wiedersehen mit fröhlichen Sprüngen feierte.

«Vater...»

«Handle.»

Wächters Augen baten um Liebkosungen und Zärtlichkeit.

«Ich weigere mich.»

«Bist du dir bewußt, was deine Antwort bedeutet?»

«Ich möchte in die Zunft der Steinhauer eintreten und niemals mehr in den Palast zurückkehren.»

«Solltest du wegen eines Hundes auf deinen Stand verzichten?»

«Er hat mir sein Vertrauen geschenkt, ich schulde ihm Schutz.»

«Folge mir.»

Auf einem schmalen Pfad stiegen Sethos, Ramses und Wächter den Hügel hinauf bis zu einer Felsnase hoch über dem Steinbruch.

«Hättest du deinen Hund gemordet, wärst du der jämmerlichste aller Zerstörer gewesen. Durch dein Verhalten hast du eine weitere Stufe erklommen.»

Ramses war außer sich vor Freude.

«Hier werde ich beweisen, was ich wert bin!»

«Du irrst.»

«Ich bin fähig, hart zu arbeiten!»

«Steinbrüche wie dieser verleihen unserer Zivilisation Bestand. Ein König muß sie häufig aufsuchen, sich vergewissern, daß Steinhauer und Steinmetze das Werk gemäß der Regel fortführen, damit die Behausungen der Gottheiten verschönert werden und sie auf Erden verweilen. Im Umgang mit Männern des Handwerks bildet sich das Verständnis fürs Regieren heraus. Stein und Holz lügen nicht. Der Pharao wurde von Ägypten erschaffen, der Pharao erbaut Ägypten; er baut und baut weiter, denn den Tempel zu erbauen ist die edelste Tat der Liebe.»

Jedes Wort Sethos' war ein funkelndes Licht, das Ramses' Horizont erweiterte, und er labte sich daran wie ein Reisender, der seinen Durst an einer Quelle frischen Wassers stillt.

«Dann ist dies hier mein Platz.»

«Nein, mein Sohn, Gebel Silsileh ist nur ein Sandsteinbruch. Granit, Alabaster, Kalkstein, anderes Gestein und andere Baustoffe fordern deine Anwesenheit. Du darfst dich in keinen Unterschlupf flüchten, auch nicht in eine Zunft. Es ist Zeit, wieder gen Norden zu fahren.»

DREIZEHN

In der weiträumigen Schreibstube, die ihm zur Verfügung stand, ordnete Ameni die Aufzeichnungen über die erhaltenen Auskünfte. Nachdem er hier und da geschnüffelt und eine Vielzahl kleiner, mehr oder minder redseliger Beamter befragt hatte, freute er sich jetzt an den zusammengetragenen Ergebnissen. Sein Spürhundinstinkt sagte ihm, daß die Wahrheit in Reichweite lag. Daß Betrug vorlag, daran bestand kein Zweifel. Doch wer strich den Ertrag der Unterschlagungen ein? Bekäme er einen Beweis in die Hände, würde er nicht lockerlassen und den Schuldigen seiner Strafe zuführen.

Während er zu wiederholtem Male die Holztäfelchen las, erschien Iset, die Schöne, im Türrahmen.

Verlegen erhob sich Ameni. Wie verhielt man sich vor diesem stolzen jungen Mädchen?

«Wo ist Ramses?» fragte sie angriffslustig.

«Ich weiß es nicht.»

«Ich glaube dir nicht.»

«Es ist die Wahrheit.»

«Es heißt, Ramses habe keinerlei Geheimnis vor dir.»

«Wir sind Freunde, aber er hat Memphis verlassen, ohne mich zu verständigen.»

«Unmöglich!»

«Selbst aus Gefälligkeit würde ich nicht lügen.»

«Du scheinst nicht besorgt.»

«Warum sollte ich?»

«Du weißt, wo er ist, und weigerst dich, es mir zu sagen!»

«Diese Beschuldigung trifft mich zu Unrecht.»

«Ohne ihn genießt du keinerlei Schutz.»

«Ramses wird zurückkommen, darauf können wir uns verlassen. Wäre ihm ein Unglück zugestoßen, hätte ich es gespürt. Zwischen ihm und mir bestehen unsichtbare Bande, daher bin ich nicht besorgt.»

«Du willst mich zum Narren halten!»

«Er wird zurückkommen.»

Bei Hof gingen Gerüchte um. Die einen behaupteten, Sethos habe Ramses in den Süden verbannt, andere sprachen von einem Auftrag, der darin bestand, den Zustand der Deiche vor der nächsten Flut zu überprüfen. Iset, die Schöne, kochte vor Zorn. Ihr Geliebter hatte sie lächerlich gemacht, sie verhöhnt! Als sie die Schilfhütte, wo sie ihn treffen sollte, leer fand, hatte sie zunächst an einen Scherz geglaubt und überall vergeblich nach Ramses gerufen. Und plötzlich war ihr, als kämen aus allen Ecken und Enden Kröten, Schlangen und streunende Hunde herbei, und sie war geflohen, von Angst gejagt.

Sie hatte sich in ihren eigenen Augen lächerlich gemacht, und das alles wegen dieses unverschämten jungen Prinzen, um den sie sich aber doch so sorgte! Wenn Ameni nicht log, war Ramses in eine Falle geraten.

Ein Mann, ein einziger, kannte die Wahrheit.

Chenar beendete gerade sein Mittagsmahl, die köstliche gebratene Wachtel war eine Gaumenfreude gewesen.

«Meine liebe Iset! Welch eine Freude, dich zu sehen! Möchtest du mein Feigenmus mit mir teilen? Es ist, ohne mich rühmen zu wollen, das beste von ganz Memphis.»

«Wo hält sich Ramses verborgen?»

«Liebe, süße Freundin, wie sollte ich das wissen?»

«Kann ein zukünftiger König es sich gestatten, über so etwas hinwegzusehen?»

Chenar lächelte gezwungen.

«Ich bewundere deinen Scharfsinn.»

«Sprich, ich bitte dich darum.»

«Nimm doch erst einmal Platz und koste dieses Mus. Du wirst es nicht bereuen.»

Die junge Frau wählte einen bequemen Stuhl mit grünen Kissen.

«Das Schicksal gewährt uns eine Ausnahmestellung. Warum sollten wir diesen Vorzug nicht nutzen?»

«Ich verstehe nicht recht.»

«Wir verstehen uns doch blendend, meinst du nicht? Anstatt dich mit meinem Bruder zu verbinden, solltest du etwas mehr nachdenken und deine Zukunft im Blick behalten.»

«Woran denkst du dabei?»

«An ein Leben in Glanz, an meiner Seite.»

Iset musterte den älteren Sohn des Königs. Er gab sich vornehm, war auf seine Wirkung bedacht, posierte und spielte bereits seine zukünftige Rolle, doch die wilde Schönheit und die Anziehungskraft, die Ramses eigen waren, würde er nie besitzen.

«Willst du wirklich wissen, wo mein Bruder sich aufhält?»

«Das ist mein Wunsch.»

«Ich fürchte dich zu betrüben.»

«Diese Gefahr gehe ich ein.»

«Schenke mir Vertrauen, dann erspare ich dir eine Enttäuschung.»

«Ich glaube mich stark genug, sie zu ertragen.»

Chenar schien verstimmt.

«Ramses wurde der Expedition in die Sandsteinbrüche am Gebel Silsileh als Schreiber zugeteilt. Er soll einen Bericht verfassen und genau Buch führen über die Arbeiten. Eine höchst unrühmliche Aufgabe, die ihn zwingen wird, etliche Monate mit den Steinbrucharbeitern zu verbringen und sich im Süden niederzulassen. Abermals hat mein Vater seine Menschenkenntnis bewiesen. Er hat meinen Bruder auf den Platz verwiesen, der ihm zukommt. Und wenn wir nun ein wenig von uns, von unserer gemeinsamen Zukunft sprächen?»

«Ich bin entsetzt, Chenar, ich...»

«Ich hatte dich gewarnt.»

Er erhob sich und faßte nach ihrer rechten Hand.

Diese Berührung ekelte die junge Frau. Gewiß, Ramses war aus der ersten Reihe verbannt, und Chenar würde der absolute Herrscher sein, gewiß. Von ihm geliebt zu werden bedeutete für die Auserwählte Ruhm und Reichtum. Träumten nicht Dutzende junger Mädchen aus adeligem Hause von einer Heirat mit dem Thronerben?

Unwirsch wandte sie sich ab.

«Laß mich!»

«Verspiel nicht dein Glück.»

«Ich liebe Ramses.»

«Was zählt schon die Liebe? Mir bedeutet sie nichts, und du wirst ihn vergessen. Ich erwarte nichts weiter, als daß du schön bist, mir einen Sohn schenkst und die Herrin Ägyptens bist. Dein Zögern wäre mehr als unklug.»

«Dann halte mich ruhig für verrückt.»

«Geh nicht fort! Sonst...»

«Sonst?»

«Wie unsinnig, wenn wir Feinde würden. Ich appelliere an deine Klugheit.»

«Lebe wohl, Chenar; du gehst deinen Weg, der meine ist vorgezeichnet.»

Memphis war eine lärmende und belebte Stadt. Im Hafen, wo es stets geschäftig zuging, liefen Frachtschiffe aus Süd oder Nord ein. Auch das Auslaufen war streng geregelt, die Abwicklung des Verkehrs auf dem Fluß oblag einer eigenen Behörde, und die Fracht wurde überprüft von einem Heer von Schreibern. In einem der zahlreichen Lagerhäuser lag das Schreibmaterial dazu bereit, darunter Dutzende von Tintensteinen.

Ameni wies sich aus als rechte Hand des jüngeren Sohnes des Pharaos und erhielt die Erlaubnis, sie zu begutachten. Er richtete sein Augenmerk auf die erstklassigen und somit teuersten Stücke, doch seine Nachforschungen blieben ergebnislos.

Schaulustige und Esel, hoch beladen mit Obst, Gemüse und Getreidesäcken, ließen kaum Platz in den Gassen, doch Ameni gelang es, dank seiner zierlichen und wendigen Statur, sich bis zum Viertel in der Nähe des Ptah-Tempels, den Sethos vergrößert hatte, durchzuschlängeln. Der riesige Pylon war von königlichen Kolossalstatuen aus rosafarbenem Granit flankiert. Sie bezeugten die Gegenwärtigkeit des Göttlichen. Der junge Schreiber liebte die alte, von Menes, dem Einiger Ober- und Unterägyptens, gegründete Hauptstadt. Glich sie nicht einem Kelch, dem Schutz der Göttin des Goldes anvertraut? Wie angenehm, all diese von Lotosblüten bedeckten Seen zu betrachten, allerorts den Duft der üppigen Blumenpracht zu atmen. Wie erholsam, sich träge unter eine Blätterlaube zu setzen und den Nil zu bewundern! Doch leider war dies nicht die Stunde des Müßiggangs. Ameni beachtete die Waffenarsenale der verschiedenen Truppenverbände nicht weiter und wurde an der Tür einer Werkstatt vorstellig, wo Tintensteine für die besten Schulen der Stadt hergestellt wurden.

Er wurde äußerst kühl empfangen, doch da er sich auf Ramses beziehen konnte, durfte er über die Schwelle treten und die Handwerker befragen. Einer von ihnen, der bald in den Ruhestand gehen würde, erwies sich als sehr hilfsbereit. Er beklagte selbst die Nachlässigkeit gewisser Hersteller, die jedoch vom Palast ihre Zulassung erhalten hatten. Da Ameni überzeugend wirkte, nannte er ihm eine Werkstatt im nördlichen Stadtviertel, jenseits der alten Festung mit den weißen Mauern.

Der junge Schreiber mied die überfüllten Uferstraßen und ging durch das Aankh-taoui-Viertel, «das Leben beider Länder». Er lief an einer der Kasernen entlang und kam in einen dichtbesiedelten Vorort, wo neben großen Landhäusern kleine zweigeschossige Wohnbauten und Handwerkerläden sich reihten. Obwohl er umherirrte, fand er schließlich dank der Liebenswürdigkeit so mancher Hausfrau, die unter munterem Geplauder die Gasse fegte, zu jener Werkstatt, die er sich ansehen wollte. Mochte er auch noch so müde sein, er würde ganz Memphis auf den Kopf stellen, denn des Rätsels Lösung lag bestimmt, davon war er überzeugt, am Ursprungsort der Tintensteinfertigung.

Auf der Schwelle stand ein struppiger Kerl von etwa vierzig Jahren, der mit einem Stock bewaffnet war.

«Ich grüße dich, darf ich eintreten?»

«Verboten.»

«Ich bin der Vertraute eines königlichen Schreibers.»

«Zieh weiter, Kleiner.»

«Dieser königliche Schreiber heißt Ramses, Sohn des Sethos.»

«Die Werkstatt ist geschlossen.»

«Ein Grund mehr, um mir die Besichtigung zu gestatten.»

«Ich habe meine Befehle.»

«Durch etwas Zuvorkommenheit entgehst du einer amtlichen Klage.»

«Hau ab.»

Ameni bedauerte seine schwächliche Konstitution. Ramses hätte keinerlei Mühe gehabt, diesen Flegel hochzuheben und in einen Kanal zu werfen. Da er aber nun mal keine Kraft besaß, mußte er eine List anwenden.

Er grüßte den Wächter, ging zum Schein seines Weges, schnappte sich aber in Wirklichkeit eine Leiter und kletterte damit auf das Dach eines an der Rückseite der Werkstatt gelegenen Speichers. Als es Nacht war, stieg er durch eine Dachluke ein. Er nahm eine Lampe und untersuchte den Lagerbestand. Die erste Reihe Tintensteine enttäuschte ihn nicht, sie waren makellos. Doch die zweite, die ebenfalls die Kennzeichnung «erstklassig» trug, wies gewisse Abweichungen auf: die Steine waren kleiner als vorgeschrieben, von unbestimmter Färbung und unzureichendem Gewicht. Eine Schriftprobe genügte, um Ameni zu überzeugen: Er hatte den Ursprungsort des Betrugs entdeckt.

In seiner Freude merkte er nicht, wie der Wächter sich heranschlich und ihn mit einem Stockhieb zu Boden streckte. Den leblosen Körper warf er sich über die Schultern und legte ihn auf einer nahen Müllhalde ab, wo sich der Unrat des ganzen Viertels türmte und in den ersten Morgenstunden verbrannt werden würde.

Dieser Naseweis würde nicht mehr reden können.

VIERZEHN

DER FÜR DIE STRASSENREINIGUNG zuständige Beamte ging langsamen Schrittes durch die verschlafenen Gassen des nördlichen Stadtteils von Memphis, sein schlaftrunkenes Töchterchen an der Hand. Noch vor Sonnenaufgang mußte er die Müllhalden zwischen den Häuserblocks niederbrennen. Dieses tägliche Verbrennen von Abfall und Unrat war ein kluges Verfahren. Es hielt die Stadt sauber und entsprach den von der Verwaltung festgesetzten Reinlichkeitsvorschriften. Eine eintönige, doch recht gut bezahlte Arbeit, die zudem das Gefühl verlieh, den Mitmenschen nützlich zu sein.

Er kannte die zwei Familien am Ort, für die Reinlichkeit ein Fremdwort war. Mehrfach hatte er ihnen einen Verweis erteilt, doch nichts hatte sich geändert, jetzt würde er ihnen wohl eine Strafe aufbrummen müssen. Der Mensch ist eben ein träges Tier, murrte er und hob die Stoffpuppe auf, die das Töchterchen hatte fallen lassen. Er tröstete die Kleine, sobald seine Arbeit beendet sei, würde er ihr ein schönes Frühstück machen, und dann würden sie im Garten in der Nähe des Tempels der Göttin Neith im Schatten einer Tamariske ein Schläfchen halten.

Zum Glück war der Müllberg nicht allzu groß. Damit alles schnell brannte, entzündete er mit seiner Fackel gleich mehrere Brandherde.

«Papa... ich möchte die große Puppe dort haben.»

«Was sagst du?»

«Die große Puppe da drüben.»

Das Kind zeigte mit dem Finger auf eine menschliche Gestalt, ein Arm schaute aus dem Abfallhaufen hervor. Der Rauch verschleierte ihn.

«Ich will sie haben, Papa.»

Ärgerlich stapfte der Beamte in den Müllberg hinein, er wollte sich schließlich nicht die Füße verbrennen.

Ein Arm. Der gehörte ja einem Jungen! Vorsichtig legte er den leblosen Körper frei. Am Nacken klebte getrocknetes Blut.

Während der Heimfahrt hatte Ramses seinen Vater nicht mehr gesehen. Nicht das geringste fehlte in seinem Bordtagebuch, der Bericht würde in die königlichen Annalen eingehen, wo die Heldentaten aus Sethos' sechstem Regierungsjahr für die Nachwelt festgehalten wurden. Der Prinz entledigte sich seines Schreibergewands, legte das Schreibgerät beiseite, plauderte mit der Schiffsbesatzung und legte selbst Hand an. So lernte er, Knoten zu machen, Segel aufzuziehen, ja sogar das Steuer zu bedienen. Vor allem aber machte er sich mit dem Wind vertraut. Hieß es denn nicht, der geheimnisvolle Gott Amun, dessen Aussehen niemand kannte, offenbare sich im Schwellen der Segel, wenn er die Schiffe in den sicheren Hafen trieb? Der Unsichtbare machte sich bemerkbar.

Der Kapitän fand Gefallen daran, weil der Sohn des Königs nicht auf seinen Stand pochte und jede Bevorzugung von sich wies. Daher unterwies er ihn in den tausenderlei Handgriffen, die ein Seemann beherrschen mußte. Ramses verzog keine Miene, er schrubbte das Deck und setzte sich, ohne mit der Wimper zu zukken, auf die Ruderbank. Die Fahrt gen Norden erforderte genaue Kenntnis der Strömung und eine mutige Besatzung.

Die Rückkehr von einer Expedition bot immer Anlaß für ein Freudenfest. Im Haupthafen von Memphis, der den vielsagenden Namen «Gute Reise» trug, drängten sich die Menschen. Sobald sie wieder Fuß auf ägyptischen Boden setzten, bekamen die Seeleute Blütenkränze und Schalen mit kühlem Bier gereicht. Man sang und tanzte ihnen zu Ehren und feierte ihren Mut und die Güte des Flusses, der sie geleitet hatte.

Anmutige Hände legten Ramses einen Kornblumenkranz um den Hals.

«Wird dieser Lohn einem Prinzen genügen?» fragte Iset, die Schöne, mit schalkhaftem Blick.

Ramses machte keine Ausflüchte.

«Du wirst verärgert über mich sein.»

Er nahm sie in den Arm, sie gab sich abweisend.

«Glaubst du, dich wiederzusehen genüge, deine Grobheit zu vergessen?»

«Warum nicht, da ich ja nicht schuldig bin?»

«Selbst bei überstürzter Abreise hättest du mich verständigen können.»

«Den Befehl des Pharaos auszuführen gestattet nicht den geringsten Verzug.»

«Willst du sagen, es...»

«Mein Vater hat mich zum Gebel Silsileh mitgenommen, und das war keine Strafe.»

Iset, die Schöne, gab sich zärtlich.

«Auf solch einer langen Reise in seiner Gesellschaft, da dürfte er dir etliches anvertraut haben.»

«Du irrst, ich war Schreiber, Steinhauer und Matrose.»

«Aus welchem Grund hat er dir dann diese Reise auferlegt?»

«Das weiß nur er allein.»

«Ich habe deinen Bruder gesehen, er hat mir gesagt, du habest deine Stellung verwirkt und würdest dich im Süden niederlassen und dort einen kümmerlichen Posten bekleiden.»

«In den Augen meines Bruders ist alles kümmerlich, nur nicht er selbst.»

«Aber nun bist du nach Memphis zurückgekehrt, und ich gehöre dir.»

«Du bist schön und klug; zwei für eine große königliche Gemahlin unerläßliche Bedingungen.»

«Chenar will mich noch immer heiraten.»

«Warum zögerst du? Es ist nicht klug, eine hohe Bestimmung zurückzuweisen.»

«Ich bin nicht klug, sondern verliebt in dich.»

«Die Zukunft...»

«Mich interessiert nur die Gegenwart. Meine Eltern sind auf dem Lande, das Haus ist leer, wäre es nicht bequemer als eine Schilfhütte?»

War es Liebe, diese unbändige Lust, die er mit Iset, der Schönen, teilte? Ramses fragte es sich vergeblich. Es war ihm genug, diese sinnliche Leidenschaft auszuleben, diese berauschenden Momente auszukosten, da ihre Körper sich so aufeinander einspielten, daß sie nur mehr ein einziges Wesen bildeten, das von einem Strudel fortgerissen wurde. Mit ihren Liebkosungen reizte und weckte seine Geliebte sein Begehren, das niemals versiegte. Wie schwer es doch war, sie zu verlassen, wenn sie nackt und sehnsüchtig dalag und ihm die Arme entgegenstreckte, um den Geliebten bei sich zu behalten!

Zum erstenmal hatte Iset, die Schöne, von Heirat gesprochen. Der störrische Prinz zeigte sich nicht begeistert. Sosehr ihm die Gefährtin gefiel, sowenig konnte er sich mit dem Gedanken, ein Paar zu bilden, anfreunden. Gewiß, sie waren bereits Mann und

Frau, trotz ihres jugendlichen Alters, und niemand hätte sich ihrer Verbindung widersetzt. Aber Ramses hielt sich noch nicht für fähig, sich in ein Abenteuer dieser Art zu stürzen. Iset machte ihm keinerlei Vorwurf, nahm sich aber vor, ihn zu überzeugen. Je besser sie ihn kennenlernte, um so größeres Vertrauen setzte sie in ihn. Mochte er sich verhalten, wie sein Verstand es ihm gebot, sie würde ihrem Instinkt folgen. Ein Wesen, das so viel Liebe schenkte, war ein unersetzlicher Schatz, war kostbarer als jeglicher Reichtum.

Ramses begab sich ins Palastviertel, in die Stadtmitte. Ameni dürfte schon ungeduldig auf seine Rückkehr warten. Ob er seine Nachforschungen fortgesetzt und Ergebnisse erzielt hatte?

Ein Bewaffneter stand vor dem Eingang der Prinzengemächer.

«Was geht hier vor?»

«Bist du Prinz Ramses?»

«Ich bin es.»

«Dein Schreiber wurde überfallen, daher hat man mir befohlen, über ihn zu wachen.»

Ramses eilte zum Schlafzimmer seines Freundes.

Ameni lag mit verbundenem Kopf auf dem Bett, am Kopfende saß eine Pflegerin.

«Still, er schläft», bedeutete sie ihm.

Sie zog den Prinzen aus dem Zimmer.

«Was ist ihm zugestoßen?»

«Man fand ihn auf einer Müllhalde im Norden der Stadt, er schien wie tot.»

«Wird er überleben?»

«Der Arzt ist zuversichtlich.»

«Hat er gesprochen?»

«Ein paar unverständliche Worte. Die Heilmittel unterdrücken den Schmerz, versenken ihn aber in tiefen Schlaf.»

Ramses sprach mit dem Vertreter des Obersten Wächters, der sich auf Inspektion im Süden von Memphis befand. Der Beamte bedauerte, ihm keinerlei Auskunft geben zu können. Niemand im fraglichen Stadtteil hatte den Angreifer gesehen. Trotz ausführlicher Befragungen hatte man keinen Hinweis erhalten. Mit dem Wagenlenker war es ebenso. Er war untergetaucht und hatte Ägypten vielleicht längst verlassen.

Kaum war Ramses wieder daheim, da erwachte Ameni. Als er Ramses sah, hellte sich der Blick des Verletzten auf.

«Du bist zurück, ich wußte es doch!»

Die Stimme zitterte noch, war aber klar.

«Wie fühlst du dich?»

«Ich hab es geschafft, Ramses, ich hab es geschafft!»

«Wenn du dich weiterhin auf solche Gefahren einläßt, wirst du dir bald alle Knochen gebrochen haben.»

«Die halten was aus, wie du siehst.»

«Wer hat dich zusammengeschlagen?»

«Der Bewacher einer Werkstatt, in der minderwertige Tintensteine gelagert werden.»

«So hast du es tatsächlich geschafft.»

Stolz beseelte Amenis Gesicht.

«Nenn mir den Ort», verlangte Ramses.

«Es ist gefährlich, geh nicht hin ohne bewaffneten Schutz.»

«Mach dir keine Sorgen und ruh dich aus. Je eher du wieder auf den Beinen bist, desto schneller wirst du mir helfen können.»

Dank Amenis Angaben fand Ramses mühelos die berüchtigte Werkstatt. Obgleich die Sonne bereits vor drei Stunden aufgegangen war, fand er die Tür verschlossen. Verärgert streifte der Prinz durch das Viertel, konnte aber keine verdächtige Bewegung ausmachen. Das Lager schien aufgegeben.

Da er eine Falle befürchtete, geduldete Ramses sich bis zum Abend. Zahlreich waren die Passanten, die kamen und gingen, aber niemand betrat dieses Gebäude.

Er befragte einen Wasserträger, der die Handwerker versorgte.

«Kennst du diese Werkstatt?»

«Da werden Tintensteine hergestellt.»

«Warum ist sie geschlossen?»

«Seit einer Woche ist die Tür verriegelt, merkwürdigerweise.»

«Was ist den Besitzern geschehen?»

«Ich habe keine Ahnung.»

«Was sind das für Leute?»

«Hier sah man nur die Arbeiter, nie ihren Arbeitgeber.»

«Wem lieferten sie ihre Erzeugnisse?»

«Das geht mich nichts an.»

Der Wasserträger entfernte sich.

Ramses verfuhr wie Ameni; er kletterte die Leiter hoch, dann über das Dach des Speichers, um in das Gebäude zu gelangen.

Schnell gewann er Klarheit, denn das Lager war leer.

In Begleitung der anderen königlichen Schreiber wurde Ramses zum Tempel des Ptah bestellt, des Gottes, der die Welt durch das Wort erschuf. Jeder trat vor den Hohenpriester hin und erstattete kurz Bericht über seine jüngsten Tätigkeiten. Der Oberste Leiter der Handwerker gemahnte sie, das Wort zu gestalten wie einen Werkstoff und ihre Rede zu modellieren, wie die Weisen es gelehrt.

Als die Feierlichkeiten beendet waren, beglückwünschte Sary seinen ehemaligen Schüler.

«Ich bin stolz, dein Erzieher gewesen zu sein. Trotz manch übler Nachrede scheinst du doch den Weg der Wissensvermehrung zu gehen. Laß nicht ab vom Lernen, und du wirst ein geachteter Mann sein!»

«Ist das wichtiger als die Erkundung seiner selbst?»

Sary verhehlte seinen Unmut nicht.

«Jetzt, da du endlich Vernunft annimmst, sind mir peinliche Gerüchte zu Ohren gekommen.»

«Und welche?»

«Man munkelt, du seist hinter einem flüchtigen Wagenlenker her, und dein Freund Ameni sei schwer verletzt worden.»

«Das ist alles nur Geschwätz.»

«Laß die Behörden handeln, und vergiß diese Zwischenfälle. Sachkundige sind erfahrener als du. Man wird die Schuldigen schon finden, glaub mir. Du hast anderes zu tun. Das Wichtigste ist, seinen Rang zu wahren.»

Ein Mittagessen im Zwiegespräch mit seiner Mutter war ein seltenes Privileg, das Ramses zu schätzen wußte. Sie war sehr beschäftigt, hatte sie doch an der Lenkung des Staates entscheidenden Anteil, befolgte die je nach Tag oder Jahreszeit vorgeschriebenen Rituale und versah darüber hinaus zahlreiche Aufgaben bei Hof. Kurz, die große königliche Gemahlin verfügte nur über wenig Zeit für sich selbst und ihre Familie.

Auf niedrigen Tischchen unter einer schattenspendenden Laube auf kleinen Holzsäulen standen die Alabasterschüsseln bereit. Tuja, die soeben aus einer Ratsversammlung gekommen war, wo die Vorsängerinnen für die musikalische Gestaltung der Rituale zu Ehren Amuns bestimmt worden waren, trug noch das gefältelte lange Leinenkleid und eine breite Goldkette. Ramses empfand grenzenlose Zärtlichkeit für sie und wachsende Bewunderung. Keine Frau ließ sich mit ihr vergleichen, und keine wagte es, sich mit ihr zu vergleichen. Trotz ihrer bescheidenen Herkunft war sie eine geborene Königin. Nur sie konnte Sethos' Liebe erwecken und an seiner Seite Ägypten regieren.

Es wurden Salat, Gurken, Rindfleisch, Ziegenkäse, Honigküchlein, Dinkelfladen und mit Wasser verdünnter Oasenwein gereicht. Die Königin liebte die Mußestunde des Mittagsmahls, zu dem sie nie Plagegeister oder Bittsteller einlud. An der Stille ihres Gartens mit dem Wasserbecken in der Mitte labte sie sich ebenso wie an den Speisen, die sie mit dem Koch sorgfältig ausgewählt hatte.

«Wie ist deine Reise zum Gebel Silsileh verlaufen?»

«Ich habe die Kraft der Steinhauer und der Seeleute kennengelernt.»

«Aber keine von beiden hat dich zum Bleiben veranlaßt.»

«Mein Vater war nicht einverstanden.»

«Er ist ein anspruchsvoller Lehrmeister, der dir mehr abverlangen wird, als du zu leisten vermagst.»

«Weißt du, was er mit mir vorhat?»

«Du scheinst heute kaum Appetit zu haben.»

«Ist es erforderlich, mich in Unwissenheit zu belassen?»

«Fürchtest du den Pharao, oder hast du Vertrauen zu ihm?»

«Furcht ist nicht in meinem Herzen.»

«Dann stell dich dem Kampf, der dir bestimmt ist, mit der ganzen Kraft deines Wesens. Blicke nicht zurück, gestatte dir weder Bedauern noch Gewissensbisse, sei weder neidisch noch eifersüchtig. Und genieße jeden mit deinem Vater verbrachten Augenblick wie ein Geschenk des Himmels. Alles übrige wird dann bedeutungslos.»

Der Prinz kostete vom Rinderbraten, er war mit Knoblauch und Kräutern gewürzt und innen saftig, so wie es sich gehörte. Am makellos blauen Himmel zog ein großer Ibis vorüber.

«Ich brauche deine Hilfe, die Hüter der Ordnung halten mich zum Narren.»

«Das ist eine schwere Anschuldigung, mein Sohn.»

«Ich halte sie für begründet.»

«Besitzt du Beweise?»

«Keinen, daher wende ich mich an dich.»

«Ich stelle mich nicht über die Gesetze.»

«Wenn du eine umfassende Untersuchung verlangst, wird sie durchgeführt werden. Kein Mensch forscht nach dem Mann, der meinen Angreifer bezahlt hat, kein Mensch will den Mann kennen, der minderwertige Tintensteine herstellen läßt und sie an die Schreiber verkauft, als seien sie Erzeugnisse erster Wahl. Mein Freund Ameni mußte, weil er die Werkstatt entdeckt hatte, beinahe sein Leben lassen. Aber der Verbrecher hat das Lager geräumt, und kein Mensch im Viertel wagt gegen ihn auszusagen. Folglich ist es jemand, der Macht hat. Er ist so mächtig, daß er die Leute in Furcht und Schrecken versetzt.»

«An wen denkst du?»

Ramses schwieg.

«Ich werde etwas unternehmen», versprach Tuja.

FÜNFZEHN

DAS SCHIFF DES PHARAOS fuhr gen Norden. Von Memphis aus war es der Strömung des Nils gefolgt, bevor es in einen der Seitenarme einbog, die tief hinein ins Delta führten.

Ramses war wie geblendet.

In dieser Landschaft, über die der Gott Horus herrschte, gab es keine Wüste, und das Wasser war allmächtig. Im Tal des Seth hingegen mußte der Fluß sich zwischen zwei Ufern, die ständig gegen die Trockenheit ankämpften, seinen Weg bahnen. Der ungezähmte Teil des Deltas glich einem riesigen Sumpfgebiet, wo Tausende von Vögeln und Fischen lebten und dichte Papyruswälder standen. Nirgendwo eine Stadt, nicht einmal eine Ansiedlung, nur ein paar Fischerhütten auf umspülten Kuppen. Auch das Licht verharrte nicht bewegungslos wie im Tal. Der Wind, der vom Meer kam, ließ die Schilfrohre tanzen.

Schwarze Flamingos, Enten, Reiher und allerlei Pelikane teilten sich dieses riesige Reich mit all den Wasserarmen. Hier verschlang eine Schleichkatze die Eier aus einem Eisvogelnest, dort wand sich eine Schlange durch ein Dickicht, über dem bunte Schmetterlinge flatterten. Dieses Reich hatte der Mensch noch nicht erobert.

Das Schiff fuhr nun langsamer, der Kapitän hatte Erfahrung mit den Launen dieses Labyrinths und ließ Vorsicht walten. Etwa zwanzig erprobte Seeleute waren an Bord, und vorn im Bug stand der Herr dieses Landes. Sein Sohn beobachtete ihn unbemerkt, fasziniert von der Erhabenheit des Vaters. Sethos verkörperte Ägypten, er war Ägypten, Erbe einer Ahnenreihe, die über Jahrtausende das Wissen um die göttliche Größe und die menschliche Nichtigkeit hochgehalten hatte. In den Augen seines Volkes war der Pharao seit ehedem ein geheimnisvolles Wesen, dessen eigentliche Heimstatt der bestirnte Himmel war. Seine Anwesenheit auf Erden bezeugte die Verbindung mit dem Jenseits, des Pharaos Blick öffnete seinem Volk die Tore dorthin. Ohne ihn hätte die Barbarei schnell beide Ufer erobert, mit ihm versprach die Zukunft Ewigkeit zu werden.

Obgleich er das Ziel nicht kannte, schrieb Ramses auch den Bericht über diese Expedition. Weder sein Vater noch die Mannschaft waren auskunftsbereit gewesen. Der Prinz verspürte eine innere Unruhe, als drohte dem Schiff Gefahr. Jeden Augenblick konnte ein Ungeheuer auftauchen und die Barke verschlingen.

Wie schon bei der ersten Reise hatte Sethos auch diesmal seinem Sohn nicht die Zeit gelassen, Iset und Ameni zu verständigen. Den Zorn der Geliebten und die Unruhe des Freundes konnte Ramses sich gut vorstellen, aber weder Liebe noch Freundschaft hätte ihn davon abhalten können, seinem Vater dorthin zu folgen, wohin er ihn mitzunehmen bereit war.

Eine Fahrrinne zeichnete sich ab, nun kam man leichter voran, und schon bald legte das Schiff an einem grasbewachsenen Inselchen an, auf dem ein merkwürdiger hölzerner Turm stand. Mit Hilfe einer Strickleiter ging der König von Bord, Ramses tat es ihm nach. Der Pharao und sein Sohn erklommen die Spitze des von einer Einfriedung aus Holz und Buschwerk getarnten Turmes. Von dort oben sah man nur den Himmel.

Sethos war so in Gedanken vertieft, daß Ramses ihm keine Frage zu stellen wagte.

Plötzlich belebte sich der Blick des Pharaos.

«Schau, Ramses, sieh genau hin!»

Hoch oben am Himmel, wo der Azur die Sonne zu berühren schien, flog ein Schwarm Zugvögel gen Süden, es sah aus wie ein großes V.

«Sie kommen von jenseits aller bekannten Welten», erklärte Sethos, «aus grenzenlosen Weiten, wo die Götter unermüdlich Leben schaffen. Verweilen sie im Ozean der Tatkraft, haben sie die Form von Vögeln mit Menschenkopf und nähren sich vom Licht. Überfliegen sie die Grenzen der Erde, nehmen sie die Gestalt einer Schwalbe oder eines anderen Zugvogels an. Vergiß nie, sie zu betrachten. Sie sind unsere zu neuem Leben erweckten Ahnen, die sich bei der Sonne für uns verwenden, damit ihr Feuer uns nicht zerstört. Sie sind es, die dem Pharao seine Gedanken eingeben und ihm einen Weg weisen, den Menschenaugen nicht sehen.»

Als die Nacht hereingebrochen war und die Sterne funkelten, erklärte Sethos seinem Sohn den Himmel. Er lehrte ihn die Namen der Sternbilder, die Bewegung der unermüdlichen Planeten Sonne und Mond und die Bedeutung der Dekansterne. Mußte der Pharao seine Macht nicht bis zu den Grenzen der Welt ausdehnen, so daß sein Arm von keinem Land zurückgestoßen wurde?

Ramses lauschte mit offenen Ohren und geöffnetem Herzen. Er nahm diese Nahrung in sich auf und ließ nichts unbeachtet. Zu früh kam der Morgen.

Das Pflanzendickicht nahm überhand, das königliche Schiff konnte nicht mehr weiter. Sethos, Ramses und vier Seeleute bewaffneten sich mit Lanzen, Bogen und Wurfhölzern und stiegen in eine leichte Papyrusbarke. Der Pharao wies den Ruderern die Richtung.

Ramses fühlte sich in eine andere Welt versetzt, die nichts gemeinsam hatte mit dem Tal. Hier war keine Spur menschlichen Wirkens zu erkennen. Die mehr als vier Mann hohen Papyrusstauden verstellten manchmal sogar den Blick auf die Sonne. Hätte er seine Haut nicht mit einer dicken Schicht fetter Salbe eingerieben, wäre der Prinz aufgefressen worden von Tausenden von Insekten, die hier herumschwärmten und einen ohrenbetäubenden Lärm machten.

Nachdem es einen Wald von Wasserpflanzen hinter sich gebracht hatte, glitt das Boot in eine Art See, in dessen Mitte zwei Inselchen thronten.

«Die heiligen Städte Pe und Dep», erklärte der Pharao.

«Städte?» fragte Ramses verwundert.

«Sie sind für die Seelen der Gerechten bestimmt. Ihr Fürstentum ist die gesamte Natur. Als das Leben dem Urozean entsprang, nahm es die Gestalt eines aus den Wassern emporsteigenden Erdhügels an. Diese zwei heiligen Erdhügel, die in deinem Geist vereint ein einziges Land bilden, sind Orte, wo die Götter sich gerne aufhalten.»

In Begleitung seines Vaters setzte Ramses seinen Fuß auf den Boden der heiligen Städte und verharrte andächtig vor einem Heiligtum. Es war eine einfache Schilfhütte, vor der ein Stab mit spiralenförmiger Spitze in den Boden gerammt war.

«Dies ist das Sinnbild des Amtes», erklärte der König; «jeder muß das seine finden und es ausfüllen, bevor er sich um die eigene Person kümmert. Das des Pharaos besteht darin, der erste Diener der Götter zu sein. Allein auf sich selbst bedacht, wäre er nur ein Tyrann.»

Ringsum verspürte Ramses unzählige beunruhigende Kräfte. Es war unmöglich, Frieden zu finden in diesem Chaos, wo man ständig in wachsamer Spannung blieb. Nur Sethos schien gegen jede

Erregung gefeit, als beuge sich auch diese unentwirrbare Natur seinem Willen. Wäre da nicht diese ruhige Gewißheit in seinem Blick, hätte Ramses mit Sicherheit angenommen, daß sie niemals mehr herausfinden würden aus diesem riesenhaften Papyruswald.

Plötzlich weitete sich der Horizont, die Barke glitt in grünliches Gewässer, das ein Ufer umspülte, auf dem Fischer lebten. Nackt und struppig hausten sie in notdürftigen Hütten, arbeiteten mit Netz, Angel und Reuse, schlitzten die Fische mit langen Messern auf, nahmen sie aus und ließen sie in der Sonne trocknen. Zwei von ihnen trugen einen Nilbarsch, der so riesig war, daß der Stab, an den sie ihn gebunden hatten, sich durchbog.

Vom unerwarteten Besuch überrascht, zeigten sich die Fischer verängstigt und abweisend. Sie drängten sich aneinander und hielten ihre Messer hoch.

Ramses trat vor. Feindselige Blicke trafen ihn.

«Verneigt euch vor dem Pharao.»

Die erhobenen Messer fielen zu Boden, und Sethos' Untertanen sanken vor ihrem Herrscher nieder und luden ihn dann ein, ihr Mahl zu teilen.

Die Fischer scherzten mit den Soldaten, und diese schenkten ihnen zwei Krüge Bier. Als der Schlaf sie überkam, wandte Sethos sich im Schein der Fackeln, deren Flammen Insekten und wilde Tiere fernhielten, nochmals an seinen Sohn.

«Hier siehst du die Ärmsten der Armen, doch sie erfüllen ihr Amt und bauen auf deine Hilfe. Der Pharao ist der, der den Schwachen beisteht, die Witwen beschützt, die Waisen speist, den Bedürftigen hilft. Er ist der tapfere Hirte, der Tag und Nacht wacht, der Schutzschild für sein Volk. Derjenige, den Gott erwählt, damit er das höchste Amt erfüllt und man von ihm sagen kann: ‹Keiner litt Hunger zu seiner Zeit.› Es gibt keine edlere Aufgabe, mein Sohn, als *Ka* von Ägypten zu werden, Geber für das ganze Land.»

Ramses blieb mehrere Wochen bei den Fischern und den Papyrussammlern. Er lernte die zahlreichen Arten der eßbaren Fische kennen und leichte Barken herzustellen, er entwickelte seinen Jagdinstinkt, verirrte sich im Labyrinth der Kanäle und Sümpfe, fand ohne Hilfe wieder heraus und lauschte dem Bericht der kraftstrotzenden Fischer, die nach stundenlangem Kampf riesige Fische an Land gezogen hatten.

Trotz ihrer harten Lebensbedingungen wollten sie mit niemandem tauschen. Das Leben der Talbewohner erschien ihnen farblos und fade. Kurze Aufenthalte in diesem allzu kultivierten Landstrich genügten ihnen. Sobald sie die Zärtlichkeit der Frauen genossen und sich an Fleisch und Gemüse gelabt hatten, kehrten sie in die Sümpfe des Deltas zurück.

Der Prinz wiederum labte sich an ihrer Kraft. Er schulte seinen Blick und sein Gehör, stählte seinen Körper, ließ keine Klage hören, wenn die Müdigkeit ihm ins Fleisch schnitt, und dachte nicht mehr an die Vorzüge seines Rangs. Seine Kraft und Geschicklichkeit kamen einem Wunder gleich. Er vermochte ebensoviel zu leisten wie drei erfahrene Fischer. Doch diese Leistung weckte mehr Neid als Bewunderung, und bald schon wurde der Königssohn geschnitten.

Ein Traum zerbrach. Der Traum, ein anderer zu werden, auf die geheimnisvolle Kraft, die ihn beseelte, zu verzichten, um wie die anderen zu werden und als junger Mann leben zu dürfen wie die Steinhauer, die Seefahrer oder die Fischer. Sethos hatte ihn an die Grenze des Landes geführt, in diese abgelegenen Gefilde, wo das nahe Meer das Land aufzusaugen begann, damit er seine wahre Natur erkenne und sich von den Traumbildern der Kindheit befreie.

Sein Vater hatte ihn verlassen. Aber hatte er ihm nicht in der Nacht vor seiner Abreise einen Weg zum Königtum gewiesen?

Seine Worte waren nur für ihn bestimmt, für ihn, Ramses, und keinen anderen.

Ein Traum, ein Augenblick der Gnade, nichts weiter. Sethos sprach mit dem Wind, dem Wasser, dem unermeßlichen Reich des Deltas, und seine Worte sollten im Sohn Widerhall finden. Als er ihn mitnahm ans äußerste Ende der Welt, hatte er seine Eitelkeit und seine Träume gebrochen. Ramses' Leben würde nicht das eines Herrschers sein.

Dabei fühlte er sich Sethos so nahe, wenn der Vater so unerreichbar schien. Er sehnte sich nach seinen Lehren, wollte seine Fähigkeit unter Beweis stellen und über sich hinauswachsen. Nein, das war kein gewöhnliches Feuer, das in ihm brannte. Sein Vater hatte ihn auserwählt, und die Geheimnisse, die er ihm nach und nach enthüllte, waren die des Königtums.

Niemand würde ihn abholen. Er mußte allein zurückfinden.

Ramses verließ die Fischer noch vor Morgengrauen, während sie, eng um eine Feuerstelle gedrängt, schliefen. Mit zwei Rudern steuerte er sein Papyrusboot gen Süden. Er ruderte gleichmäßig, beobachtete die Sterne, um die Richtung zu halten, vertraute dann seinem Instinkt und gelangte in einen Hauptarm des Flusses. Der Nordwind trieb ihn vorwärts, seine Arme, die nie müde wurden, ruderten weiter. Zielgerichtet und zielbewußt gönnte er sich nur kurze Pausen, aß etwas Dörrfisch und überließ sich dem Strom, anstatt gegen ihn anzukämpfen. Kormorane flogen über ihm dahin, und die Sonne umfing ihn mit ihren Strahlen.

Dort, an der Spitze des Deltas, sah man die weißen Mauern von Memphis.

SECHZEHN

Die Hitze lastete schwer. Mensch und Tier verlangsamten ihren Arbeitsrhythmus und warteten sehnsüchtig auf die Flut, die den Bauern eine lange Ruhepause bescherte. Die Ernten waren eingebracht, und der Boden schien bald zu verdursten. Doch die Farbe des Nils hatte sich verändert, und die braune Tönung kündigte den baldigen Anstieg der wohltätigen Wassermassen an, denen Ägypten seinen Reichtum verdankte.

In den großen Städten suchte man überall Schatten. Die Händler auf den Märkten hatten große Stoffbahnen über Pfähle gespannt, die Zuflucht boten. Die von allen am meisten gefürchtete Periode hatte soeben begonnen, die fünf letzten Tage des Jahres, die nicht in den Kalender der zwölf Monate zu dreißig Tagen gehörten. Diese fünf Tage, die außerhalb des normalen Zyklus lagen, wurden von Sachmet beherrscht. Sachmet, schreckenerregende löwenköpfige Göttin, die die gegen das Licht aufbegehrende Menschheit vernichtet hätte, wenn nicht der Schöpfer sich noch ein letztes Mal für sie verwendet hätte und das göttliche Tier glauben machte, es tränke Menschenblut, während es in Wirklichkeit rotes, aus Schwindelhafer gewonnenes Bier war. Jedes Jahr zur gleichen Zeit befahl Sachmet ihren Horden, Unheil und Seuchen über das Land zu verbreiten, und machte sich selbst daran, die Erde von nichtsnutzigen, feigen und Ränke schmiedenden Menschenwesen zu befreien. Tag und Nacht wurden in den Tempeln Bittgebete gesprochen, um Sachmet zu besänftigen, und der Pharao persönlich vollzog ein Geheimritual, das – sofern der König gerecht war – abermals Tod in Leben verwandeln würde.

Während dieser fünf gefürchteten Tage lag das Wirtschaftsleben nahezu brach. Vorhaben und Reisen wurden verschoben, die Schiffe blieben im Hafen, viele Felder waren menschenleer. Ein paar Nachzügler befestigten noch hastig die Deiche gegen den heftigen Wind, der den Zorn der rachegierigen Löwin bezeugte. Was wäre ohne das Einschreiten des Pharaos übriggeblieben von dem Land?

Der Oberste Palastwächter von Memphis hätte sich auch lieber in seine Amtsräume zurückgezogen und das Fest des ersten Tags des neuen Jahres abgewartet, wenn in die von Furcht befreiten Herzen jubelnde Freude einzog. Aber Königin Tuja hatte ihn rufen lassen, und nun rätselte er über den Anlaß für diese Vorladung. Im allgemeinen hatte er keinen Zugang zur großen königlichen Gemahlin, deren Kammerdiener ihm die Befehle überbrachte. Wie erklärte sich also dieses ungewöhnliche Vorgehen?

Die hohe Dame flößte ihm, wie vielen Würdenträgern, große Furcht ein. Der ägyptische Hof mußte Vorbild sein, daran hielt sie fest und duldete keinerlei Nachlässigkeit. Ihr zu mißfallen war eine Verfehlung, die nicht mehr gutzumachen war.

Bisher hatte der Oberste Palastwächter sich nicht sonderlich plagen müssen, war weder gelobt noch getadelt worden und ohne Mißhelligkeiten vorangekommen. Er verstand es, nicht aufzufallen und sich an dem zugewiesenen Platz zu behaupten. Seit er dieses Amt übernommen hatte, war die Ruhe des Palastes durch keinen Zwischenfall gestört worden.

Kein Zwischenfall, abgesehen von dieser Vorladung.

Sollte ihn einer seiner Untergebenen, der auf seinen Posten lauerte, verleumdet haben? Ein Günstling der königlichen Familie ihn vernichten wollen? Was könnte man ihm vorwerfen? Die Fragen stürmten auf ihn ein und hämmerten in seinem Kopf. Der Oberste Palastwächter zitterte am ganzen Leib, und seine Augen zwinkerten nervös, als er in den Audienzsaal vorgelassen wurde, wo sich die Königin befand. Obwohl er größer war als sie, erschien sie ihm gewaltig.

Er warf sich zu Boden.

«Majestät, die Götter seien dir gewogen und...»

«Genug der hohlen Worte; setz dich.»

Die große königliche Gemahlin wies ihm einen bequemen Stuhl an. Er wagte nicht, zu ihr aufzublicken. Wie konnte eine so zierliche Frau so viel Macht ausstrahlen?

«Du weißt vermutlich, daß ein Stallknecht einen Anschlag auf Ramses verübt hat.»

«Ja, Majestät.»

«Du weißt ebenfalls, daß nach dem Wagenlenker gesucht wird, der Ramses zur Jagd begleitet hat und vielleicht der Anstifter dieses Verbrechens ist.»

«Ja, Majestät.»

«Gewiß bist du im Bilde über den Stand der Nachforschungen.»

«Sie könnten sich als langwierig und schwierig erweisen.»

«Sie könnten? Eine merkwürdige Ausdrucksweise! Solltest du fürchten, die Wahrheit herauszufinden?»

Wie von einer Wespe gestochen, sprang der Mann auf.

«Natürlich nicht! Ich...»

«Setz dich und hör mir aufmerksam zu. Ich habe den Eindruck, als solle dieser Vorfall totgeschwiegen und heruntergespielt werden. Ramses hat überlebt, sein Angreifer ist tot, und der Auftraggeber ist verschwunden. Warum also noch weitersuchen? Trotz der Beharrlichkeit meines Sohnes wird nichts Neues zutage gefördert. Leben wir hier in einem barbarischen Königreich, wo der Begriff Gerechtigkeit jeden Sinn verloren hat?»

«Majestät kennt doch die Einsatzbereitschaft der Wachen, ihr...»

«Ich stelle ihr Versagen fest und hoffe, daß dies sich ändern wird. Sollte jemand die Nachforschungen zu verhindern suchen, werde ich ihm auf die Schliche kommen. Mit anderen Worten, du wirst mir sagen, wer es ist.»

«Ich? Aber...»

«Es gibt keine bessere Stellung als die deine, um einer Sache schnell und taktvoll auf den Grund zu gehen. Finde den Wagenlenker, der Ramses in die Falle gelockt hat, und bring ihn vor Gericht.»

«Majestät, ich...»

«Irgendwelche Einwände?»

Der Oberste Palastwächter war am Boden zerstört und fühlte sich durchbohrt von einem der Pfeile Sachmets. Wie sollte er die Königin zufriedenstellen, ohne sich selbst in Gefahr zu bringen und das Mißfallen eines anderen zu erregen? Und wenn der für den Anschlag tatsächlich Verantwortliche eine hochgestellte Persönlichkeit wäre? Und vielleicht noch unbarmherziger als Tuja...? Sie aber duldete keinen Mißerfolg.

«Nein, natürlich nicht, aber leicht wird es nicht sein.»

«Das sagtest du bereits, ich wende mich ja an dich, weil es keine der üblichen Aufgaben ist. Und noch eine zweite Aufgabe will ich dir übertragen, die weitaus einfacher ist.»

Tuja sprach von den minderwertigen Tintensteinen und der zwielichtigen Werkstatt, wo sie hergestellt wurden. Dank der Hinweise von Ramses vermochte sie ihm zu sagen, wo sie sich befand, wissen wollte sie den Namen des Besitzers.

«Besteht zwischen den beiden Fällen ein Zusammenhang, Majestät?»

«Unwahrscheinlich, aber wer weiß? Dein Fleiß wird uns Klarheit verschaffen.»

«Gewiß, Majestät.»

«Ich bin entzückt. An die Arbeit!»

Die Königin zog sich zurück.

Niedergeschlagen, von Kopfschmerz geplagt, fragte sich der Würdenträger, ob ihm überhaupt noch etwas anderes blieb als die Magie.

Chenar strahlte.

Um den älteren Sohn des Pharaos scharten sich in einem der Empfangssäle des Palastes Dutzende von Händlern aus aller Welt. Zyprioten, Phönizier, Ägäer, Syrer, Libanesen, Afrikaner, Orientalen mit gelber Haut und Bleichgesichter aus den Nebeln des Nordens waren seinem Ruf gefolgt. Ägypten unter Sethos besaß weltweite Ausstrahlung, und eine Einladung an diesen Hof galt jedem als Ehre. Allein die Hethiter hatten niemanden entsandt, bekundeten also auch hiermit ihre wachsende Feindseligkeit gegenüber dem Pharao und seiner Politik.

Für Chenar lag die Zukunft in weltweiten Handelsbeziehungen. In den phönizischen Häfen, in Byblos, in Uggrit, liefen bereits Schiffe aus Kreta, aus Afrika oder dem fernen Orient ein. Warum sollte Ägypten sich der Ausweitung dieser Handelsbeziehungen widersetzen unter dem Vorwand, seine Identität und seine Traditionen wahren zu wollen? Chenar bewunderte seinen Vater, machte ihm aber den Vorwurf, kein Mann des Fortschritts zu sein. An seiner Stelle hätte er längst mit der Trockenlegung des größten Teils des Deltas begonnen und an der Mittelmeerküste zahlreiche Handelshäfen angelegt. Aber wie seine Ahnen war auch Sethos nur auf die Sicherheit der Zwei Länder bedacht. Wäre es nicht gescheiter, anstatt die Verteidigungsstellungen auszubauen und die Armee auf einen Krieg vorzubereiten, mit den Hethitern Handel zu treiben und die kriegslüsternsten zu befrieden, indem man ihnen zu Reichtum verhalf?

Bei seiner Thronbesteigung würde er, Chenar, erst einmal die Gewalt abschaffen. Er haßte die Armee, die Generäle und die Soldaten, die Engstirnigkeit dieser Haudegen, diese Machtausübung mittels roher Gewalt. Sollte diese Macht von Dauer sein, durfte man sie so nicht einsetzen. Über kurz oder lang würde sich ein besiegtes Volk gegen den Besatzer auflehnen und zum Sieger werden. Bände man es hingegen ein in ein dichtgeknüpftes Netz von Gesetzen, die die Wirtschaftsbeziehungen regeln und die nur von wenigen verstanden und gesteuert wurden, dann wäre jeder Widerstand schnell im Keime erstickt.

Chenar dankte dem Schicksal, daß es ihm die Stellung des älteren Sohnes und zukünftigen Thronfolgers beschert hatte. Dieser hitzköpfige und ahnungslose Ramses würde ihn gewiß nicht daran hindern, seine grandiosen Träume in die Tat umzusetzen. Ein weltweites Handelsnetz unter zivilisierten Völkern, mit ihm als uneingeschränktem Herrscher, Bündnisse zur Verfolgung seiner Absichten, eine Nation, die alle vereinen würde... Gab es einen berauschenderen Plan?

Was war schon Ägypten? Gewiß, hier würde alles beginnen, aber bald schon die Grenzen sprengen. Der in seinen Traditionen verhaftete Süden hatte keine Zukunft. Nach seinem Erfolg würde er, Chenar, sich in einem lieblichen Land niederlassen und von dort aus sein Reich regieren.

Für gewöhnlich wurden fremdländische Händler nicht bei Hof empfangen. Durch diese Einladung unterstrich Sethos' Nachfolger die Bedeutung, die er ihnen zumaß. So bereitete er eine Zukunft vor, die er sich herbeiwünschte. Sethos zu überzeugen, seinen Kurs zu ändern, würde keine leichte Aufgabe sein, aber war ein der Maat Respekt schuldender Herrscher nicht gehalten, sich der Notwendigkeit des Augenblicks zu beugen? Chenar traute sich zu, für alles eine Rechtfertigung zu finden.

Der Empfang war ein voller Erfolg. Die ausländischen Händler versprachen Chenar die schönsten Vasen ihrer jeweiligen Handwerker als Geschenke. Damit würde er seine im ganzen Vorderen Orient berühmte Sammlung anreichern können. Er hätte alles gegeben für eine vollendete Vase, kunstvoll geschwungen, in berükkenden Farben! Die Freude am Besitz wurde durch die des Betrachtens gesteigert. Die Lust, der er sich hingab, wenn er ungestört seinen Schätzen gegenübersaß, würde ihm niemand rauben können.

Einer seiner Zuträger trat an ihn heran, nachdem er das herzliche Gespräch mit einem ausländischen Händler unterbrochen hatte.

«Etwas Unangenehmes», murmelte der Gewährsmann.

«Welcher Art?»

«Deine Mutter gibt sich mit den Ergebnissen der amtlichen Nachforschungen nicht zufrieden.»

Chenar verzog das Gesicht.

«Nur eine Laune?»

«Weit mehr.»

«Will sie etwa selbst nachforschen?»

«Sie hat den Obersten Palastwächter beauftragt.»

«Ein Schwachkopf.»

«In die Enge getrieben, könnte er unangenehm werden.»

«Lassen wir ihn erst einmal strampeln.»

«Und wenn er etwas herauskriegt?»

«Das ist unwahrscheinlich.»

«Wäre es nicht ratsam, ihm eine Warnung zu verpassen?»

«Da fürchte ich eher eine unvorhersehbare Reaktion. Dummköpfe bringt man nicht so leicht zur Vernunft. Außerdem wird er keine heiße Spur finden.»

«Wie lautet dein Befehl?»

«Beobachte ihn und halte mich auf dem laufenden.»

Der Mann ging, und Chenar wandte sich wieder seinen Gästen zu. Trotz seines Unbehagens machte er eine gute Figur.

SIEBZEHN

Die Flussstreife überwachte die Einfahrt in den Nordhafen von Memphis, um Unfälle zu vermeiden. Jedes Schiff mußte sich ausweisen und, wenn großer Andrang herrschte, warten, bevor es an dem zugewiesenen Platz anlegen durfte.

Der Oberaufseher der Hauptfahrrinne beobachtete das Geschehen. Jetzt, um die Mittagszeit, lichtete sich der Verkehr, da konnte er sich schon etwas Zerstreuung gönnen. Von der Spitze des weißen Turms betrachtete der Mann nicht ohne Stolz den Nil, die Kanäle und das grünende Land, das sich weit geöffnet dem Delta entgegenstreckte. In weniger als einer Stunde, sobald die Sonne den Zenit überschritten hatte, würde er heimgehen in den südlichen Vorort der Stadt, sich ein erquickendes Schläfchen gönnen und dann mit seinen Kindern spielen.

Sein Magen meldete Hunger, er genehmigte sich einen mit frischem Salat gefüllten Fladen. Seine Arbeit war anstrengender, als es schien, denn sie verlangte große Achtsamkeit.

Aber was war denn das? Das war doch merkwürdig!

Zuerst glaubte er an ein Trugbild, an das Spiel des Sommerlichts auf dem Blau des Flusses. Dann aber vergaß er sogar sein Essen und heftete den Blick auf dieses unglaubliche Boot, das sich zwischen zwei Lastkähnen, die Amphoren und Getreidesäcke geladen hatten, hindurchschlängelte.

Das war doch tatsächlich ein Papyrusboot... Und an Bord ein kräftiger junger Mann, der mit erstaunlicher Geschwindigkeit die Ruder durchs Wasser zog.

Für gewöhnlich kam solch ein Nachen nicht aus dem Wasserlabyrinth des Deltas. Vor allem aber war er nicht eingetragen in die Liste der Schiffe, die an diesem Tag verkehren durften! Mit einem Spiegel gab der Aufseher seiner Eingreiftruppe ein Lichtsignal.

Drei schnelle Boote mit gut ausgebildeter Rudermannschaft jagten dem Eindringling entgegen und zwangen ihn zum Halt. Prinz Ramses ging, begleitet von zwei Wachleuten, an Land.

Iset, die Schöne, ließ ihrem Zorn freien Lauf.

«Wieso weigert sich Ramses, mich zu empfangen?»

«Ich weiß es nicht», erwiderte Ameni, dessen Kopf noch schmerzte.

«Ist er krank?»

«Ich hoffe nicht.»

«Hat er mit dir über mich gesprochen?»

«Nein.»

«Du könntest ruhig etwas redseliger sein, Ameni!»

«Das verträgt sich nicht mit meinem Amt.»

«Ich werde morgen wiederkommen.»

«Wie beliebt.»

«Versuche, etwas zuvorkommender zu sein. Wenn du mir seine Tür öffnest, wirst du belohnt werden.»

«Mein Lohn hier genügt mir.»

Die junge Frau zuckte mit den Achseln und ging.

Ameni war ratlos. Seit Ramses aus dem Delta zurück war, hatte er sich in seinem Zimmer eingeschlossen und noch kein Wort gesprochen. Er nippte nur an den Mahlzeiten, die sein Freund ihm brachte, las wieder in den Lehren des weisen Ptah-hotep oder saß einfach auf der Terrasse, von wo aus er die Stadt und in der Ferne die Pyramiden von Gizeh und Sakkara betrachtete.

Da es Ameni nicht gelang, seine Aufmerksamkeit zu wecken, hatte er Ramses zumindest das Ergebnis seiner Nachforschungen mitgeteilt. Wie aus Urkunden hervorging, gehörte die Werkstatt ohne jeden Zweifel einer hochgestellten Persönlichkeit, die zahlreiche Handwerker beschäftigte. Insgesamt aber stieß Ameni gegen eine Mauer des Schweigens, die er nicht zu durchbrechen vermochte.

Wächter hatte seinen Herrn überglücklich empfangen und wich nicht mehr von seiner Seite, aus Angst, ihn von neuem zu verlieren. Er bettelte um Liebkosungen oder legte sich dem Prinzen zu Füßen. Dieser goldgelbe Hund mit den Hängeohren und dem Ringelschwanz nahm seine Wächterrolle unvermindert ernst. Er allein erfuhr Vertraulichkeiten von Ramses.

Am Abend vor dem Nilschwellenfest, mit dem das neue Jahr eingeleitet wurde, verlor Iset die Geduld und begab sich trotz des Verbots ihres Geliebten zu ihm auf die Terrasse, wo er in Gesellschaft des Hundes seinen Gedanken nachhing. Wächter bleckte die Zähne, knurrte und stellte die Ohren auf.

«Ruf dieses Tier zur Ruhe!»

Der eisige Blick von Ramses gebot der jungen Frau Einhalt.

«Was ist los? Sag es doch, ich flehe dich an!»

Ungerührt wandte Ramses sich ab.

«Du hast kein Recht, mich so zu behandeln. Ich habe Angst um dich gehabt, ich liebe dich, und du siehst mich nicht einmal an!»

«Laß mich allein.»

Flehentlich kniete sie nieder.

«Sag doch endlich etwas!»

Wächter schien nicht mehr ganz so feindselig.

«Was erwartest du von mir?»

«Schau den Nil an, Iset.»

«Darf ich mich neben dich setzen?»

Er antwortete nicht, sie wagte sich zu ihm, der Hund rührte sich nicht.

«Der Stern Sothis wird bald aus der Finsternis hervortreten», erklärte Ramses, «morgen wird er mit der Sonne im Osten aufgehen und den Beginn der Überschwemmungen ankündigen.»

«Ist das nicht jedes Jahr so?»

«Verstehst du nicht, daß dieses Jahr mit keinem anderen vergleichbar ist?»

Der feierliche Ton beeindruckte Iset, die Schöne. Sie hatte nicht die Kraft, zu lügen.

«Nein, das begreife ich nicht.»

«Schau den Nil an.»

Zärtlich umfaßte sie seinen Arm.

«Sei doch nicht so rätselhaft. Ich bin doch nicht deine Feindin. Was ist dir im Delta zugestoßen?»

«Mein Vater hat mich mir selbst gegenübergestellt.»

«Was willst du damit sagen?»

«Ich habe nicht das Recht zu fliehen, mich zu verbergen wäre nutzlos.»

«Ich glaube an dich, Ramses, was immer dir bestimmt sein mag.»

Zärtlich strich er ihr übers Haar. Sprachlos blickte sie ihn an. Was er dort in den Gefilden des Nordens erlebt hatte, hatte ihn verändert.

Der Jüngling war zum Mann geworden.

Zu einem Mann von herrlicher Schönheit, zu einem Mann, in den sie unsterblich verliebt war.

Die Kundigen hatten sich nicht geirrt, als sie den Tag nannten, da die Flut die Ufer bei Memphis erobern würde.

Sogleich wurden Vorbereitungen für das Fest getroffen. Überall rief man sich zu, Göttin Isis habe nach langer Suche Osiris gefunden und wiedererweckt. Gleich nach Tagesanbruch wurde der Deich vor dem Hauptkanal, der die Stadt mit Wasser versorgte, geöffnet, und schon stürmte die schwellende Flut herein. Damit sie keine Zerstörungen anrichtete, wurden Tausende von kleinen Statuen ins Wasser geworfen. Sie stellten Hapi, den «Bringer von Nahrung», dar, einen Mann mit hängenden Brüsten und einem Papyrusgestrüpp auf dem Kopf, der mit Speisen überhäufte Platten vor sich hertrug. Jede Familie würde sich einen Tonkrug voll Schwellwasser holen und ihn sorgsam aufbewahren, denn er versprach Wohlstand.

Im Palast herrschte Geschäftigkeit. In weniger als einer Stunde mußte die Prozession beginnen, bei der der Pharao an der Spitze des Zuges zum Nil hinunterschreiten und den Opferritus zelebrieren würde. Jeder fragte sich, welcher Platz in der Rangfolge ihm wohl zugewiesen würde, denn das wußte das Volk zu deuten.

Chenar drehte sich im Kreis. Zum zehntenmal befragte er den Hofkämmerer.

«Hat mein Vater meinen Platz jetzt bestätigt?»

«Noch nicht.»

«Das ist ja zum Verrücktwerden! Frag bei dem Zeremonienmeister nach!»

«Der König wird die Rangfolge bestimmen, wenn er die Prozession anführt.»

«Die kennt inzwischen doch jeder!»

«Verzeih, mehr weiß auch ich nicht.»

Nervös zupfte Chenar an den Falten seines langen Leinengewandes und nestelte an der dreireihigen Halskette aus Karneolperlen. Er hätte es gern noch prächtiger gehabt, aber er durfte ja seinen Vater nicht ausstechen. So bestätigten sich also die Gerüchte. Sethos beabsichtigte tatsächlich, in Absprache mit der Königin das Protokoll in einigen Punkten zu ändern. Aber warum war er nicht eingeweiht? Wenn das königliche Paar ihn derart vor den Kopf stieß, zeichnete sich Ungnade am Horizont ab. Und wer konnte das wohl veranlaßt haben, wenn nicht der ehrgeizige Ramses?

Seinen kleinen Bruder zu unterschätzen war vermutlich unklug gewesen. Diese Schlange intrigierte unermüdlich gegen ihn, hinter seinem Rücken, und glaubte jetzt sicher, ihm den entscheidenden Hieb versetzt zu haben, indem er ihn verleumdete. Tuja hatte sich diese Lügen angehört und ihren Gatten beeinflußt.

Ja, das war Ramses' Plan: bei einer großen öffentlichen Zeremonie den ersten Platz hinter dem königlichen Paar einzunehmen und damit zu zeigen, daß er den älteren Bruder ausgestochen hatte.

Chenar bat um eine Audienz bei seiner Mutter.

Zwei Priesterinnen hatten die große königliche Gemahlin soeben fertig angekleidet. Der Kopfputz, eine Krone mit zwei langen Federn, machte deutlich, daß sie den das ganze Land befruchtenden Lebensodem verkörperte. Durch ihre Anwesenheit würde die Trockenheit besiegt und die Fruchtbarkeit zurückkehren.

Chenar verneigte sich vor seiner Mutter.

«Warum bist du so unentschlossen, was mich betrifft?»

«Worüber beklagst du dich?»

«Sollte ich meinem Vater nicht zur Hand gehen beim Opferritual am Nil?»

«Das wird er entscheiden.»

«Kennst du seine Entscheidung nicht?»

«Solltest du kein Vertrauen mehr haben zu deinem Vater? Für gewöhnlich bist du doch der erste, der die Weisheit seiner Entscheidungen rühmt.»

Chenar verstummte, er bedauerte sein Vorgehen. Wie er hier vor seiner Mutter stand, fühlte er sich unbehaglich. Ohne ihn geradewegs anzugreifen, bohrte sie mit erschreckender Zielsicherheit ein Loch in seinen Panzer und traf die empfindliche Stelle.

«Ich heiße sie auch weiterhin gut, das versichere ich.»

«Wenn dem so ist, warum bist du dann besorgt? Sethos wird tun, was für Ägypten das Beste ist. Kommt es nicht allein darauf an?»

Um Kopf und Hände zu beschäftigen, schrieb Ramses einen Lehrsatz der Ptah-hotep auf Papyrus: «Wenn du eine Leitfigur bist, die für eine große Zahl Menschen Regeln aufzustellen hat, dann suche nach jeder Gelegenheit, dich zu beweisen, damit deine Art zu regieren makellos sei.» Der Prinz prägte sich diesen Gedanken ein, als richte sich dieser vor Jahrhunderten geschriebene Satz unmittelbar an ihn.

In knapp einer Stunde würde ein Zeremonienmeister ihn abholen und ihm seinen Platz in der Prozession zuweisen. Wenn sein Gefühl ihn nicht trog, würde es der Platz sein, der üblicherweise Chenar vorbehalten war. Die Vernunft gebot, daß Sethos die geltende Ordnung nicht umstieß, aber warum dann dieses geheimnisvolle Getue um die Rangfolge, die der Menschenmenge an den Ufern des Nils kundgetan werden würde? Der Pharao bereitete einen Staatsstreich vor. Und dieser Staatsstreich war der Platzwechsel zwischen Chenar und Ramses.

Kein Gesetz zwang den König, seinen älteren Sohn zum Nachfolger zu bestimmen. Er mußte ihn nicht einmal unter die Würdenträger wählen. Etliche Pharaonen und Königinnen hatte es schon gegeben, die nicht höchsten Kreisen entstammten. Tuja selbst kam aus der Provinz und war unvermögend gewesen.

Ramses führte sich noch einmal vor Augen, was er in letzter Zeit mit seinem Vater erlebt hatte. Nichts davon war aus dem Zufall geboren. Schlagartig, schonungslos hatte Sethos ihn zur Vernunft gebracht, ihn seiner Illusionen beraubt, um seine wahre Natur hervorzukehren. Wie ein Löwe geboren wurde, um Löwe zu sein, fühlte Ramses sich geboren, um zu herrschen.

Ganz anders, als er geglaubt hatte, verfügte er über keinerlei Freiheit, das Schicksal zeichnete den Weg vor, und Sethos wachte darüber, daß er keinen Fußbreit davon abwich.

Zahlreiche Schaulustige drängten sich am Rande der Straße, die vom Palast zum Fluß hinunterführte. Dies war eine der seltenen Gelegenheiten, da man den Pharao, seine Gemahlin, ihre Kinder und die höchsten Würdenträger zu Gesicht bekam, weil der Beginn des neuen Jahres und die Wiederkehr der Flut schließlich für alle ein Fest war, das gebührend gefeiert werden mußte.

Vom Fenster seiner Gemächer aus blickte Chenar auf die Neugierigen, die in wenigen Minuten seiner Demütigung beiwohnen würden. Sethos hatte ihm nicht einmal die Huld gewährt, sich zu verteidigen und darzulegen, warum Ramses unfähig war, König zu werden. Da er die Zusammenhänge nicht verstand, verfuhr der König nach einer Entscheidung, die mehr als zweifelhaft und ungerecht war.

Etliche unter den Höflingen würden damit nicht einverstanden sein. Chenar brauchte sie nur um sich zu scharen und den Widerstand zu schüren, dann würde Sethos es schon zu spüren bekommen. Zahlreiche Würdenträger vertrauten Chenar. Ramses brauchte nur ein paar Ungeschicklichkeiten zu begehen, und schon wäre sein Bruder wieder der Überlegene. Und wenn er sie nicht aus eigenem Antrieb beging, würde Chenar eben ein paar Fallstricke legen, in die er unweigerlich hineintappen mußte.

Der Oberste Zeremonienmeister bat den älteren Sohn des Königs, ihm zu folgen, die Prozession werde sich jeden Augenblick in Bewegung setzen.

Ramses folgte dem Zeremonienmeister.

Der Zug erstreckte sich vom Tor des Palastes bis zum Außenportal des Tempelbezirks. Der Prinz wurde bis zur Spitze geleitet, wo das königliche Paar dem «Wegöffner» folgte. Die weißgekleideten Priester mit dem kahlgeschorenen Schädel sahen den jüngeren Sohn des Sethos vorübergehen und bewunderten sein stattliches Auftreten. Andere sahen in ihm immer noch den Jüngling, der an allerlei Spiel und Vergnügen Gefallen fand und ein beschauliches und unbeschwertes Leben vor sich hatte.

Ramses schritt voran.

Es ging an einigen einflußreichen Höflingen vorbei und an so manchen hohen Frauen im Festtagsstaat. Zum erstenmal erschien der jüngere Prinz in der Öffentlichkeit. Nein, er hatte nicht geträumt, an diesem Neujahrstag werde sein Vater ihn neben sich thronen lassen.

Plötzlich ging es nicht mehr vorwärts.

Der Zeremonienmeister wies ihm seinen Platz zu: hinter dem Hohenpriester des Ptah, weit hinter dem königlichen Paar, weit hinter Chenar, der sich zur Rechten des Vaters noch immer als der künftige Nachfolger Sethos' brüstete.

ACHTZEHN

ZWEI TAGE LANG weigerte sich Ramses, zu essen und mit wem auch immer ein Wort zu sprechen.

Ameni, dem bewußt war, wie tief enttäuscht sein Freund war, machte sich unsichtbar und schwieg. Wie ein Schatten wachte er über den Prinzen, ohne ihn zu stören. Gewiß, Ramses war herausgetreten aus der Anonymität und gehörte von nun an zu jenen Persönlichkeiten des Hofes, die bei Staatsritualen zugelassen waren. Aber durch den Platz, der ihm zugewiesen worden war, wurde er zum bloßen Statisten. In aller Augen blieb Chenar der Erbe der Krone.

Der goldgelbe Hund verspürte die Traurigkeit seines Herrn und bettelte weder um Spaziergang noch Spiel. Dieser Zutraulichkeit war es zu verdanken, daß der Prinz aus dem selbstgewählten Gefängnis dann doch hervorkam. Weil er Wächter füttern mußte, willigte er schließlich ein, die Mahlzeit, die Ameni ihm anbot, zu sich zu nehmen.

«Ich bin ein Dummkopf und ein eitler Fant, Ameni. Mein Vater hat mir eine gute Lehre erteilt.»

«Was nützt es, daß du dich so quälst?»

«Ich hielt mich nicht für so dumm.»

«Ist Macht denn so wichtig?»

«Macht? Nein, aber seiner wahren Natur zu entsprechen, das

ist wichtig! Und ich war überzeugt, meine wahre Natur bestimme mich zum Regieren. Mein Vater versperrte mir den Thron, und ich war blind.»

«Wirst du dich jetzt in dein Los fügen?»

«Habe ich denn überhaupt eins?»

Ameni fürchtete, Ramses würde eine Verzweiflungstat begehen. Die Enttäuschung des Prinzen war so groß, daß er sich durchaus kopflos in ein Abenteuer stürzen und darin willentlich zugrunde gehen könnte. Nur die Zeit würde den Schmerz lindern, doch Geduld war eine Tugend, die der Prinz nicht kannte.

«Sary hat uns zum Angeln eingeladen», murmelte Ameni, «willst du diese Zerstreuung annehmen?»

«Wie du willst.»

Der junge Schreiber unterdrückte seinen Jubel. Wenn Ramses an den alltäglichen Vergnügungen erst einmal wieder Freude fand, könnte es mit der Genesung schnell gehen.

Ramses' ehemaliger Erzieher und seine Gattin hatten die pfiffigsten jungen Leute aus gutem Hause eingeladen, um sie das Angeln zu lehren. Das war ein Vergnügen besonderer Art. In einem Wasserbecken wimmelte es von Zuchtfischen, jeder Teilnehmer bekam einen dreibeinigen Hocker und eine Angelrute aus Akazienholz. Der Geschickteste in diesem Wettkampf würde als Sieger gefeiert und einen herrlichen Papyrus mit den Abenteuern Sinuhes erhalten, an denen Generationen von Gebildeten sich schon erfreut hatten.

Ramses überließ seinen Platz Ameni, der sich an diesem unbekannten Spiel ergötzte. Wie sollte er auch verstehen, daß weder seine Freundschaft noch Isets Liebe das Feuer zu löschen vermochten, das Ramses' Seele verzehrte. Die Zeit würde diese unersättliche Flamme, die nach Nahrung gierte, nur noch heftiger entfachen. Ob es seine Bestimmung war oder nicht, ein Leben in Mittelmäßigkeit würde er nicht hinnehmen. Nur zwei Wesen konnten ihn beeindrucken: sein Vater, der König, und seine Mutter, die Königin. Ihre Vorstellungen hätte er teilen wollen, keine anderen.

Liebevoll legte Sary seinem früheren Schüler die Hand auf die Schulter.

«Langweilt dich dieses Spiel?»

«Es ist ein gelungenes Fest.»

«Gelungen dank deiner Anwesenheit.»

«Willst du mich verspotten?»

«Das ist nicht meine Absicht, deine Stellung ist doch nun klar. Viele der Höflinge fanden dich prachtvoll bei der Prozession.»

Der leutselige Sary wirkte aufrichtig. Er zog Ramses unter ein Zeltdach, wo frisches Bier ausgeschenkt wurde.

«Das Amt des königlichen Schreibers ist etwas, um das dich jeder beneidet», erklärte er mit Begeisterung. «Du erwirbst das Vertrauen des Königs, hast Zugang zu den Schatzkammern und den Kornspeichern, erhältst einen beachtlichen Anteil der Opfergaben im Anschluß an die Weihung im Tempel, bist gut gekleidet, besitzt Pferde und ein Boot, bewohnst ein schönes Haus, ziehst Erträge aus deinen Feldern, und eifrige Diener kümmern sich um dein Wohlergehen. Deine Arme ermüden nicht, deine Hände bleiben zart und weiß, dein Rücken ist kräftig, du hast keine schweren Lasten zu tragen, du schwingst weder Hacke noch Grabscheit, schwere Arbeit wird dir erspart, und deine Befehle werden eilfertig ausgeführt. Palette, Farbpigmente und Papyrusrolle sorgen für deinen Wohlstand und machen dich zu einem reichen und geachteten Mann. Und der Ruhm, wirst du jetzt fragen? Der wird sich einstellen! Die Zeitgenossen des gelehrten Schreibers sind in Vergessenheit geraten, doch den Ruhm des Schreibers singt die Nachwelt.»

«Sei Schreiber», rezitierte Ramses mit tonloser Stimme, «denn ein Buch ist von längerer Dauer als eine Stele oder eine Pyramide. Es bewahrt deinen Namen länger als jedwedes Bauwerk. Die Nachfahren der Schreiber sind ihre Weisheitsbücher, die Priester, die ihre Totengedenkfeiern zelebrieren, sind ihre Schriften. Ihr Sohn ist das Täfelchen, auf dem sie schreiben, der mit Hieroglyphen bedeckte Stein ihre Gemahlin. Die mächtigsten Bauten zerfallen, das Werk der Schreiber überdauert die Zeiten.»

«Großartig!» rief Sary. «Du hast nicht vergessen, was ich dich gelehrt habe.»

«Das haben uns die Väter gelehrt.»

«Gewiß, gewiß, aber ich habe es an dich weitergegeben.»

«Meinen Dank.»

«Ich bin stolz auf dich, von Tag zu Tag mehr! Sei ein guter königlicher Schreiber, und träume nicht von Höherem.»

Andere Gäste verlangten nach dem Hausherrn. Man plauderte, trank, angelte, erzählte sich scheinheilig Vertraulichkeiten, doch Ramses langweilte sich. Dieses Volk in seinem Dünkel, das sich mit seinen Privilegien begnügte, war ihm unverständlich.

Seine ältere Schwester nahm ihn zärtlich am Arm.

«Bist du glücklich?» fragte Dolente.

«Sieht man das nicht?»

«Bin ich hübsch?»

Er trat etwas zurück und sah sie an. Ihr Kleid war eher fremdländisch, zu grell in den Farben, die Perücke zu gekünstelt, aber sie selbst wirkte nicht ganz so träge wie früher.

«Du bist eine vollendete Gastgeberin.»

«Ein Kompliment von dir, eine Seltenheit!»

«Also um so kostbarer.»

«Beim Opferritual am Nil wurde dein Auftreten bewundert.»

«Ich habe doch unbeweglich ausgeharrt und kein Wort gesagt.»

«Genau. Das war eine gelungene Überraschung! Der Hof war auf eine andere Reaktion gefaßt.»

«Auf welche?»

In Dolentes stechendem Blick flackerte ein böses Licht.

«Empörung, vielleicht sogar Angriffslust. Wenn du nicht bekommst, was du willst, bist du für gewöhnlich viel heftiger. Sollte der Löwe sich etwa zum Lamm gewandelt haben?»

Ramses ballte die Fäuste, um sie nicht zu ohrfeigen.

«Weißt du denn, was ich will, Dolente?»

«Was dein Bruder besitzt und du nie haben wirst.»

«Du irrst, ich bin nicht neidisch. Ich suche meinen Weg und nichts anderes.»

«Die Ferienzeit ist angebrochen, Memphis wird unerträglich. Komm mit in unsere Residenz im Delta! Du kannst uns Bootfahren lehren, wir werden schwimmen und dicke Fische fangen.»

«Mein Amt…»

«Komm, Ramses, jetzt ist doch alles geklärt, widme dich ein Weilchen deinen Angehörigen, und laß dich von ihnen verwöhnen.»

Der Sieger des Angelwettbewerbs stieß einen Freudenschrei aus. Die Gastgeberin mußte ihn beglückwünschen und der Hausherr ihm die Papyrusrolle mit den abenteuerlichen Schilderungen Sinuhes überreichen.

Ramses gab Ameni ein Zeichen.

«Meine Angel ist zerbrochen», gestand der junge Schreiber.

«Gehen wir.»

«Schon?»

«Das Spiel ist aus, Ameni.»

Ein prachtvoll gekleideter Chenar kam auf Ramses zu.

«Ich bedaure, so spät zu kommen, nun konnte ich deine Geschicklichkeit gar nicht bewundern.»

«Ameni hat an meiner Stelle teilgenommen.»

«Bist du denn müde? Das geht wohl vorüber.»

«Deute es, wie du willst.»

«Bravo, Ramses, du erkennst deine Grenzen von Tag zu Tag besser. Dennoch hätte ich ein paar Worte des Dankes erwartet.»

«Wofür?»

«Mir hast du es zu verdanken, daß du teilnehmen durftest an dieser großartigen Prozession. Sethos wollte dich ausschließen. Er fürchtete zu Recht, du würdest nicht Haltung bewahren. Aber zum Glück hast du dich gut benommen. Mach weiter so, dann werden wir miteinander auskommen.»

Eine Horde Beflissener folgte Chenar, als er davonging. Sary und seine Gemahlin verneigten sich vor ihm, entzückt über die Ehre seiner unverhofften Anwesenheit.

Ramses kraulte seinen Hund am Kopf, verzückt schloß Wächter die Augen. Der Prinz betrachtete die Zirkumpolarsterne, von denen es heißt, sie gingen nicht unter. Die Weisen sagten, diese Sterne bildeten im Jenseits das Herz des wiedererweckten Pharaos, sobald er vom göttlichen Gericht als «Hüter der Wahrheit» befunden ward.

Iset, die Schöne, schlang Ramses die Arme um den Hals; sie war nackt.

«Vergiß doch ein bißchen diesen Hund, ich werde sonst eifersüchtig. Du liebst mich, und gleich darauf verläßt du mich!»

«Du warst eingeschlafen, und ich war nicht müde.»

«Wenn du mir einen Kuß gibst, werde ich dir ein Geheimnis verraten.»

«Das ist Erpressung, und das kann ich nicht leiden.»

«Es ist mir gelungen, mich von deiner älteren Schwester einladen zu lassen. So wirst du nicht ganz so allein sein mit deiner lieben Familie, und da uns alle schon für Mann und Frau halten, liefern wir den Gerüchten neue Nahrung.»

Sie wurde so zärtlich und so schmeichelnd, daß der Prinz sich ihren Liebkosungen nicht mehr zu entziehen vermochte. Er nahm sie in den Arm, verließ die Terrasse, bettete sie aufs Lager und legte sich zu ihr.

Ameni war glücklich, denn Ramses hatte wieder unbändigen Appetit.

«Alles ist bereit, wir können abreisen», erklärte er stolz, «ich habe das Gepäck selbst überprüft. Die Ferien werden uns guttun.»

«Du hast sie verdient. Willst du etwas schlafen?»

«Wenn ich eine Arbeit angefangen habe, kann ich nicht mehr aufhören.»

«Bei meiner Schwester wirst du nichts zu tun haben.»

«Das glaube ich nicht, dein Amt beinhaltet die Kenntnis unzähliger Vorgänge und...»

«Ameni! Weißt du eigentlich, was Entspannung ist?»

«Sollte der Knecht es seinem Herrn nicht gleichtun?»

Ramses faßte ihn um die Schultern.

«Du bist nicht mein Knecht, sondern mein Freund. Folge meinem Rat und ruh dich ein paar Tage aus.»

«Ich will's versuchen, aber...»

«Quält dich eine Sorge?»

«Diese verflixten Tintensteine, diese zwielichtige Werkstatt... Ich will die Wahrheit herausfinden.»

«Wird uns das vergönnt sein?»

«Weder Ägypten noch wir selbst können einen solchen Betrug dulden.»

«Solltest du das Zeug zu einem Staatsmann haben?»

«Du denkst wie ich, das weiß ich.»

«Ich habe meine Mutter gebeten, uns zu helfen.»

«Das ist – das ist ja wunderbar!»

«Bis jetzt haben wir noch kein Ergebnis.»

«Wir werden ans Ziel gelangen.»

«Diese Tintensteine und diese Werkstatt sind mir eigentlich gar nicht so wichtig, aber den Mann, der dich zu töten versucht, und den, der den Befehl dazu gab, die will ich vor mir sehen.»

Ramses' Entschlossenheit ließ Ameni erschaudern.

«Mein Gedächtnis, Ameni, läßt mich nie im Stich.»

Sary hatte ein prächtiges Schiff angemietet, auf dem etwa dreißig Personen bequem Platz fanden. Er erfreute sich an dem Gedanken, auf diesem Meer zu fahren, das die Überschwemmung bewirkt hatte, und eine Residenz mit allen Annehmlichkeiten zu beziehen, die hoch auf einem Hügel inmitten von Palmen lag. Dort dürfte die Hitze erträglicher sein, und die Tage würden verstreichen in Muße und Verzückung.

Der Schiffsführer hatte es eilig, die Taue zu lösen, die Flußwache hatte ihm soeben das Auslaufen gestattet. Wenn er nicht gleich ablegte, würde er zwei oder drei Stunden warten müssen.

«Ramses ist noch nicht da», bedauerte seine Schwester.

«Aber Iset ist bereits an Bord», bemerkte Sary.

«Und das Gepäck?»

«Wurde schon im Morgengrauen verladen, vor der großen Hitze.»

Dolente trat von einem Fuß auf den anderen.

«Da kommt sein Schreiber!»

Ameni rannte mit hastigen Schrittchen. Da er solche Anstrengung nicht gewohnt war, mußte er erst einmal Luft holen, bevor er reden konnte.

«Ramses ist verschwunden», bekannte er dann.

NEUNZEHN

Der Wanderer, begleitet von einem goldgelben Hund, trug auf dem Rücken eine gerollte und mit einem Riemen verschnürte Matte, in der linken Hand einen Lederbeutel, in dem ein Schurz und Sandalen steckten, in der rechten einen Stock. Wenn er anhielt, um zu rasten, entrollte er die Matte im Schatten eines Baumes und schlief sofort ein, sein getreuer Gefährte schützte ihn.

Prinz Ramses hatte den ersten Teil seiner Reise im Boot und den zweiten zu Fuß zurückgelegt. Da er die Pfade über die Hügel oberhalb des Stroms gewählt hatte, war er durch viele kleine Dörfer gekommen, wo er sich bei den Bauern erfrischen konnte. Der Stadt überdrüssig, entdeckte er hier eine friedliche, sich immer gleichbleibende Welt, die im Rhythmus der Jahreszeiten und Feste lebte.

Ramses hatte weder Ameni noch Iset verständigt, denn er wollte allein reisen, wie ein gewöhnlicher Ägypter, der die Verwandtschaft besuchte oder zur Arbeit auf einer der zahlreichen Baustellen, die während der Überschwemmungszeit gut zu tun hatten, aufbrach.

An einigen Orten hatte er den Fährmann gerufen, der arme Leute und solche, die kein Boot besaßen, nicht einmal ein notdürftig zusammengezimmertes, über den Fluß zu setzen pflegte. Auf der wogenden Wasseroberfläche kreuzten Dutzende von Kähnen unterschiedlicher Größe, einige hatten Kinder an Bord, die so wild herumfuchtelten, daß sie ins Wasser plumpsten und sogleich Wettschwimmen veranstalteten.

Erholung, Spiele und Reisen... Ramses spürte den Atem des ägyptischen Volkes, seine tiefe und gelassene Freude, verankert im Vertrauen zum Pharao. Hier und dort wurde mit Hochachtung und Bewunderung von Sethos gesprochen. Sein Sohn empfand Stolz und schwor sich, sich seiner würdig zu erweisen, selbst wenn er ein einfacher königlicher Schreiber bleiben sollte, der über das Einbringen des Korns oder die Eintragung der Erlässe zu wachen hatte.

Am Eingang des Fayum, dieser grünenden Provinz, wo Sobek, der Krokodilgott, herrschte, erstreckte sich über weite, von ausgesuchten Gärtnern gehegte Flächen der königliche Harim Mer-Our, was «Reich an Liebe» bedeutet. Ein klug angelegtes Kanalnetz versorgte das ausgedehnte herrschaftliche Anwesen, das vielen als das schönste Ägyptens galt. In die Jahre gekommene edle Damen genossen dort einen ruhigen Lebensabend und bewunderten die herrlichen jungen Frauen, die in den Webereien arbeiteten oder in den Schulen sich der Poesie, der Musik und dem Tanz widmen durften. Andere vervollkommneten ihre Kenntnisse der Emailherstellung, und wieder andere entwarfen Schmuck. Der Harim war ein wahrer Bienenkorb, in dem unermüdliches Treiben herrschte.

Bevor Ramses sich am Eingangstor des Anwesens meldete, tat er einen sauberen Schurz um, schlüpfte in die Sandalen und klopfte seinem Hund den Staub aus dem Fell. Nun konnte er sich zeigen. Er ging auf einen Aufseher zu, der grimmig dreinblickte.

«Ich komme einen Freund besuchen.»

«Dein Empfehlungsschreiben, junger Mann?»

«Ich brauche keins.»

Der Aufseher warf sich in die Brust.

«Was soll dieses Gehabe?»

«Ich bin Prinz Ramses, Sohn des Sethos.»

«Du machst dich wohl lustig über mich! Ein Königssohn reist mit Begleitern.»

«Mein Hund genügt mir.»

«Geh deines Weges, Junge, ich schätze deine Späße nicht.»

«Ich befehle dir, den Weg frei zu machen.»

Der keinen Widerspruch duldende Ton und der scharfe Blick verblüfften den Aufseher. Sollte er diesen Hochstapler kurzerhand fortschaffen oder lieber Vorsicht walten lassen?

«Wie lautet der Name deines Freundes?»

«Moses.»

«Gedulde dich hier.»

Wächter setzte sich im Schatten einer Persea auf die Hinterpfoten. Die Luft war von Düften erfüllt, Hunderte von Vögeln nisteten in den Bäumen. Gab es ein süßeres Leben?

«Ramses!»

Moses stieß den Aufseher beiseite und lief auf Ramses zu. Die beiden Freunde umarmten sich, gingen durchs Tor, und hinter ihnen trottete Wächter, der gar nicht mehr wußte, wo er noch schnüffeln sollte bei all den Düften, die jetzt aus der Küche des Aufsehers drangen und ihm so verlockend schienen.

Moses und Ramses schritten durch eine mit Steinplatten belegte Allee, die sich unter Sykomoren dahinschlängelte, und gelangten an ein Wasserbecken, in dem zwischen breiten, ausladenden Blättern weiße Lotosblüten prangten. Sie setzten sich auf eine Bank aus drei Kalksteinblöcken.

«Welch wunderbare Überraschung, Ramses! Hat man dir dieses Amt hier zugewiesen?»

«Nein, ich wollte dich wiedersehen.»

«Bist du allein gekommen, ganz ohne Begleitschutz?»

«Was ist dabei?»

«Das sieht dir ähnlich! Was hast du getrieben, seit unser Kreis sich zerstreut hat?»

«Ich bin zum königlichen Schreiber aufgestiegen und hatte geglaubt, mein Vater habe mich zum Nachfolger bestimmt.»

«Mit Chenars Einverständnis?»

«Es war natürlich nur ein Traum, aber ich hatte es mir in den Kopf gesetzt. Als mein Vater mich dann öffentlich der Schmach aussetzte, war die Illusion schnell verflogen, aber...»

«Aber?»

«Aber diese Kraft, dieselbe Kraft, die mich über meine Fähigkeiten getäuscht hat, sie ist noch in mir. Wie ein Narr vor mich hin zu dösen widert mich an. Was sollen wir mit unserem Leben anfangen, Moses?»

«Das ist die entscheidende Frage, da stimme ich dir zu.»

«Und welche Antwort hast du gefunden?»

«Eine ebenso unbefriedigende wie du. Ich bin einer der vielen Gehilfen des Leiters dieses Harim, arbeite in einer Weberei, überwache die Arbeit der Töpfer, verfüge über ein Haus mit fünf Räumen, über einen Garten und erlesene Kost. Dank der hier gesammelten Schriften kenne ich, der Hebräer, mich jetzt bestens aus in der Weisheit Ägyptens. Was kann man sich sonst noch wünschen?»

«Eine hübsche Frau.»

Moses lächelte.

«Daran mangelt es hier nicht. Bist du verliebt?»

«Vielleicht.»

«Wer ist es?»

«Iset, die Schöne.»

«Ein Prachtweib, wie es heißt. Da könnte ich schon neidisch werden. Doch warum sagst du ‹vielleicht›?»

«Sie ist wunderbar, wir verstehen uns herrlich, aber ich glaube nicht, daß ich sie liebe. Die Liebe habe ich mir immer anders vorgestellt, tiefer, verzehrender, viel...»

«Quäl dich nicht und genieße den Augenblick, sind das nicht die Worte der Harfenspieler, die beim Festmahl unsere Ohren bezaubern?»

«Und du, hast du die Liebe gefunden?»

«Liebschaften, gewiß, aber keine, die mir wahre Befriedigung schenkt. Auch in mir brennt ein Feuer, das ich nicht zu benennen weiß. Soll man es ersticken oder lieber schüren?»

«Wir haben keine Wahl, Moses; wenn wir fliehen, vergehen wir wie unselige Schatten.»

«Glaubst du, diese Welt besteht aus Licht?»

«Das Licht ist in dieser Welt.»

Moses wandte die Augen gen Himmel.

«Verbirgt es sich nicht im Herzen der Sonne?»

Ramses riet seinem Freund, den Blick zu senken.

«Blick ihr nicht direkt ins Antlitz, sie könnte dich blenden.»

«Was verborgen ist, werde ich enthüllen.»

Ein Entsetzensschrei unterbrach ihr Zwiegespräch, in einer der anderen Alleen liefen zwei Weberinnen um ihr Leben.

«Jetzt habe ich eine Überraschung für dich», sagte Moses, «komm, bestrafen wir den Dämon, der diese beiden in Schrecken versetzt.»

Der Störenfried hatte gar nicht versucht, sich aus dem Staub zu machen. Er kniete mit einem Bein am Boden und fing ein schönes dunkelgrünes Reptil ein, das er in seinen Beutel steckte.

«Setaou!»

Der Schlangenkundige ließ sich die Wiedersehensfreude nicht

anmerken. Als Ramses seinem Erstaunen, ihn hier zu finden, Ausdruck verlieh, erklärte er nur, er verkaufe Gift an die hiesige Arzneikammer und könne sich somit ein unabhängiges Leben gestatten. Auch sei es ihm eine große Freude, hin und wieder ein paar Tage mit Moses zu verbringen. Dann machten sie sich ein Weilchen ein schönes Leben, bevor ihre Wege wieder auseinandergingen.

«Ich habe Moses ein paar Grundbegriffe meiner Kunst beigebracht. Schließ die Augen, Ramses.»

Als der Prinz die Augen wieder öffnen durfte, hielt Moses, der mit den Beinen fest auf dem Boden stand, einen spindeldürren dunkelbraunen Stab in der rechten Hand.

«Das ist keine besondere Leistung.»

«Schau genauer hin», riet Setaou.

Der Stab bewegte sich, wand sich, und Moses warf eine Schlange von beachtlicher Größe zu Boden, die Setaou sofort wieder einfing.

«Ist das nicht ein wunderbar einfaches Zauberkunststück? Etwas Kaltblütigkeit, und schon gelingt es einem, jedermann in Erstaunen zu versetzen, sogar einen Königssohn!»

«Mir mußt du diesen Stockzauber auch beibringen.»

«Warum nicht?»

Die drei Freunde zogen sich in einen Obstgarten zurück, wo Setaou ihnen eine Lehrstunde in Zauberei erteilen wollte, denn um ein lebendes Reptil gefügig zu machen, brauchte man Fingerspitzengefühl.

Schlanke junge Mädchen übten sich in einem Tanz, der völlige Körperbeherrschung erforderte. Sie trugen einen engen, halblangen Rock mit gekreuzten Bändern über Brust und Rücken und das Haar hoch am Hinterkopf zum Pferdeschwanz gerafft, an dessen Ende eine kleine Holzkugel baumelte. Sie vollführten kunstvolle Figuren.

Ramses genoß das Schauspiel, bei dem er zugegen sein durfte, weil Moses ein sehr gutes Verhältnis zu den Tänzerinnen hatte. Dessen Stimmung dagegen wurde zunehmend düsterer. Setaou waren die Qualen seiner beiden Freunde fremd. Das ständige Zusammensein mit den Schlangen, die einen plötzlichen und gnadenlosen Tod bewirken konnten, erfüllte sein Leben mit Sinn. Auch Moses hätte sich gern einer solchen Leidenschaft gewidmet, aber er war eingespannt in ein Netz von Verwaltungsaufgaben, die er so gewissenhaft erledigte, daß er wohl bald zum Leiter eines Harim befördert werden würde.

«Eines Tages», sagte er zu Ramses, «werde ich all das verlassen.»

«Was willst du damit sagen?»

«Ich weiß es selbst noch nicht, aber ein solches Dasein wird mir in zunehmendem Maße unerträglich.»

«Dann gehen wir zusammen.»

Eine Tänzerin – ihr Körper duftete betörend – strich an den beiden Freunden vorbei, doch auch ihr gelang es nicht, sie heiter zu stimmen. Als die Vorführung zu Ende ging, ließen sie sich aber doch überreden, mit den jungen Frauen zu speisen, die sich neben einem Bassin mit blauschimmerndem Wasser niedergelassen hatten. Prinz Ramses mußte etliche Fragen beantworten, über den Hof, sein Amt als königlicher Schreiber und seine Zukunftspläne. Er antwortete ausweichend, ruppig, fast rüpelhaft. Enttäuscht überboten sich die jungen Frauen schließlich mit poetischen Zitaten, womit sie ihre umfassende Bildung unter Beweis stellten.

Ramses fiel auf, daß eine von ihnen nichts sagte. Sie war entzükkend mit ihren glänzenden tiefschwarzen Haaren, den blaugrünen Augen und schien jünger als ihre Gefährtinnen.

«Wie ist ihr Name?» fragte er Moses.

«Nefertari.»

«Warum ist sie so schüchtern?»

«Sie stammt aus einer bescheidenen Familie und ist erst seit kurzem hier, sie fiel uns auf, weil sie so gut weben konnte. In allen Bereichen ist sie bereits die Beste ihrer Gruppe, und das verzeihen ihr die Mädchen aus reichen Häusern nicht.»

Einige der Tänzerinnen gingen wieder zum Angriff über und bemühten sich, die Gunst des Prinzen zu erobern. Das Gerücht sprach von einer Heirat mit Iset, der Schönen, doch hatte ein Königssohn nicht ein größeres Herz als andere Männer? Ramses ließ die Schmachtenden stehen und setzte sich neben Nefertari.

«Ist dir meine Anwesenheit unangenehm?»

Die Angriffslust, die in dieser Frage steckte, entwaffnete sie. Verwirrt blickte sie zu Ramses auf.

«Verzeih meine Grobheit, aber du scheinst mir so einsam.»

«Ich... ich dachte nach.»

«Welche Sorge beschäftigt dich?»

«Wir sollen uns einen Lehrsatz des Weisen Ptah-hotep wählen und ihn erläutern.»

«Ich verehre diesen Mann, welchen Satz wirst du wählen?»

«Ich bin noch unschlüssig.»

«Wozu fühlst du dich berufen, Nefertari?»

«Zum Blumenbinden, gern würde ich die Kränze für die Götter binden und den größten Teil des Jahres im Tempel verbringen.»

«Ist das nicht ein sehr karges Dasein?»

«Ich liebe die Meditation, aus ihr schöpfe ich meine Kraft. Steht nicht geschrieben, die Stille lasse die Seele wachsen wie einen blühenden Baum?»

Die Aufseherin rief die Mädchen zusammen, sie sollten sich

umkleiden und dann zum Grammatikunterricht kommen. Nefertari erhob sich.

«Einen Augenblick noch! Würdest du mir eine Gunst erweisen?»

«Die Aufseherin ist streng und duldet keine Verspätung.»

«Welchen Lehrsatz wirst du wählen?»

Ihr Lächeln hätte auch den zornigsten Krieger besänftigt.

«Ein wahres Wort ist verborgener als der grüne Stein; doch man findet es bei den Mägden, die am Mühlstein arbeiten.»

Wie eine Luftgestalt, wie eine Lichtgestalt enteilte sie.

ZWANZIG

RAMSES VERWEILTE eine Woche im Harim Mer-Our, doch Nefertari sah er nicht wieder. Moses, von seinem Vorgesetzten, der seinen Eifer schätzte, mit Arbeit überhäuft, konnte seinem Freund nur wenig Zeit widmen. Dennoch schöpften sie aus ihren Gesprächen neue Kraft und schworen sich, nicht dahinzudämmern im Schlaf des Gerechten.

Recht schnell wurde die Anwesenheit des jüngeren Sohns des Sethos zu einem Ereignis. Ältere Damen von Stand suchten das Gespräch mit ihm, einige überschütteten ihn mit Erinnerungen und guten Ratschlägen, etliche Handwerker und Beamte buhlten um sein Wohlwollen, und der Leiter des Harim bezeigte ihm unermüdlich größte Zuvorkommenheit, damit er Sethos berichte, wie vollendet dieser Harim geführt war. Sich in einen Garten zurückzuziehen, um in Frieden die Schriften der Alten zu lesen, geriet zu einem Kunststück. Bald fühlte er sich als Gefangener in diesem Paradies, daher nahm er seinen Reisesack, seine Matte und seinen Stock und machte sich davon, ohne jemandem ein Wort zu sagen. Moses würde es schon verstehen.

Wächter war dick geworden, ein paar Tage Fußmarsch würden ihm guttun.

Der Oberste Palastwächter war am Ende seiner Kräfte. In seinem ganzen Leben hatte er noch nie soviel gearbeitet. Er war hierhin und dorthin geeilt, hatte Dutzende von Gewährsleuten zusammengetrommelt, war jeder Einzelheit nachgegangen, hatte die Befragungen wiederaufgenommen und den Befragten schreckliche Strafen angedroht.

Versuchte jemand, die Nachforschungen zu erschweren, oder war das Räderwerk des Gemeinwesens von allein ins Stocken geraten? Das war nicht einfach zu beantworten. Gewiß, etwas Druck war schon ausgeübt worden auf ihn, den hohen Beamten, aber von wem das kam, hatte er nicht herauszufinden vermocht, und außerdem konnte ihm kein noch so blutrünstiger Höfling so viel Furcht einflößen wie die Königin.

Als er sicher war, alle seine Möglichkeiten ausgeschöpft zu haben und nun nicht weiter vorankommen zu können, ließ er sich bei Tuja melden.

«Ich versichere Majestät meiner tiefsten Ergebenheit.»

«Deine Tüchtigkeit wolltest du beweisen.»

«Majestät hatte mir befohlen, die Wahrheit herauszufinden.»

«In der Tat.»

«Majestät dürfte nicht enttäuscht sein, denn...»

«Überlaß mir das Urteil, und nenn mir die Tatsachen.»

Der Beamte zögerte.

«Ich möchte noch vorausschicken, daß meine Verantwortung...»

Der Blick der Königin untersagte ihm weiteres Eigenlob.

«Die Wahrheit, Majestät, hört man häufig ungern.»

«Ich höre.»

Der Mann schluckte.

«Nun gut, ich melde Majestät ein zweifaches Unglück.»

Ameni schrieb sorgfältig die Verfügungen ab, die jeder königliche Schreiber zur Kenntnis zu nehmen hatte. Obwohl es ihn betrübte, daß Ramses ihm offensichtlich nicht vertraute, wußte er, daß der Prinz wiederkommen würde. Folglich fuhr er mit seiner Arbeit fort, als sei nichts geschehen.

Als Wächter ihm auf den Schoß sprang und ihm mit sanfter und feuchter Zunge die Wangen leckte, vergaß Ameni die Vorwürfe und hieß Ramses freudig willkommen.

«Ich war überzeugt, deine Schreibstube leer zu finden», bekannte der Prinz.

«Und wer hätte wohl die laufenden Geschäfte erledigt?»

«Ich an deiner Stelle hätte eine solche Vernachlässigung nicht hingenommen.»

«Du hast deinen Platz, ich den meinen. Die Götter haben es so gewollt, und ich begnüge mich damit.»

«Verzeih mir, Ameni.»

«Ich habe geschworen, dir treu zu dienen, und werde mein Wort halten, sonst werden die Dämonen der Hölle mir die Gurgel durchschneiden! Du siehst, ich handle aus reinem Eigennutz. War's eine angenehme Reise?»

Ramses erzählte ihm vom Harim, von Moses und Setaou, sparte aber seine Begegnung mit Nefertari aus. Das war ein Augenblick der Gnade gewesen, den sein Gedächtnis bewahren würde wie ein Juwel.

«Du kommst gerade im rechten Augenblick», bekannte Ameni, «die Königin wünscht dich so schnell wie möglich zu sehen, und Acha hat uns zum Abendessen eingeladen.»

Acha empfing Ramses und Ameni in seinem Amtssitz mitten in der Stadt, unweit seiner Dienststelle und ihrer Verwaltung. Trotz seines jugendlichen Alters ähnelte er mit seinem schmeichlerischen Gebaren und dem verbindlichen Ton bereits einem erfahrenen Gesandten. Auf sein Erscheinungsbild bedacht, kleidete er sich nach der neuesten memphitischen Mode, dieser Mischung aus bewährten Formen und greller Farbenpracht. Zu der angeborenen Vornehmheit war jetzt eine Selbstsicherheit im Auftreten gekommen, die Ramses noch nicht an ihm kannte. Augenscheinlich hatte Acha seinen Weg gefunden.

«Du scheinst glücklich mit deinem Los», bemerkte Ramses.

«Ich wurde gut angeleitet, und das Glück war mir hold. Mein Bericht über den Trojanischen Krieg wurde als der zutreffendste gewertet.»

«Ach ja, wie steht's damit?»

«Die Niederlage der Troer ist unabwendbar. Im Gegensatz zu denen, die auf Agamemnons Milde bauen, sage ich ein Gemetzel und die Zerstörung der Stadt voraus. Dennoch werden wir nicht einschreiten, Ägypten betrifft dieser Zwist in keiner Weise.»

«Den Frieden zu bewahren ist Sethos' Hauptanliegen.»

«Daher seine Besorgnis.»

Ramses und Ameni stellten dieselbe bange Frage:

«Befürchtest du etwa einen Krieg?»

«Die Hethiter beginnen sich erneut aufzulehnen.»

Gleich im ersten Regierungsjahr hatte Sethos einem Beduinenaufstand zu trotzen gehabt. Angestachelt von den Hethitern, hatten sie Palästina überrannt und ein unabhängiges Königreich ausgerufen, wo verschiedene Stämme sofort übereinander hergefallen waren. Als wieder Ruhe herrschte, war der Pharao ausgezogen, Kanaan zu befrieden, den Süden Syriens an sich zu binden und die phönizischen Häfen seiner Oberhoheit zu unterstellen. Im dritten Regierungsjahr hatte jedermann an ein Kräftemessen mit den hethitischen Streitkräften geglaubt, aber die aufmarschierten Heere hatten nur ihre jeweiligen Stellungen gehalten und sich dann in ihre Ausgangslager zurückgezogen.

«Weißt du Genaueres?» fragte Ramses.

«Das ist streng vertraulich, und obgleich du königlicher Schreiber bist, gehörst du nicht zum diplomatischen Dienst.»

Mit dem rechten Zeigefinger strich Acha sich über den tadellos gestutzten Lippenbart. Ramses fragte sich, ob seine Worte ernst gemeint waren, doch ein spöttisches Funkeln in den blitzenden Augen seines Freundes gab ihm Gewißheit.

«Die Hethiter schüren Unruhe in Syrien, und gewisse phönizische Prinzen sind gegen ein beachtliches Entgelt bereit, ihnen zu helfen. Die Militärberater des Königs drängen auf ein schnelles Eingreifen, nach jüngsten Gerüchten hält Sethos es für unumgänglich.»

«Wirst du dabeisein?»

«Nein.»

«Bist du etwa in Ungnade gefallen?»

«Eigentlich nicht.»

Das feine Gesicht Achas verkrampfte sich ein wenig, als fände er Ramses' Fragen unangemessen.

«Man hat mir eine andere Aufgabe übertragen.»

«Worum geht es?»

«Hierüber muß ich wirklich Stillschweigen bewahren.»

«Eine geheime Mission», jubelte Ameni. «Aufregend, aber gefährlich.»

«Ich stehe im Dienste des Staates.»

«Kannst du uns wirklich nichts verraten?»

«Ich werde in den Süden aufbrechen, und nun bedrängt mich nicht mit weiteren Fragen.»

Wächter wußte das ihm zugebilligte Privileg zu schätzen, ein üppiges Mahl im Garten der Königin. Belustigt hatte Tuja die mit liebevoller Zunge vorgebrachten Zärtlichkeitsbezeigungen des Hundes entgegengenommen, während Ramses voller Ungeduld an einem Halm kaute.

«Du hast einen treuen Hund, mein Sohn, das ist ein großes Glück, das du schätzen solltest.»

«Du wünschtest mich zu sehen, hier bin ich.»

«Wie ist dein Aufenthalt im Harim Mer-Our verlaufen?»

«Du weißt aber auch alles!»

«Muß ich nicht den Pharao beim Regieren unterstützen?»

«Und was machen die Nachforschungen?»

«Der Oberste Palastwächter hat sich als tüchtiger erwiesen, als ich vermutet hatte. Wir haben Fortschritte gemacht, aber die Nachrichten sind nicht sonderlich gut. Der Wagenlenker, der dich in eine Falle gelockt hat, wurde tot aufgefunden. Seine Leiche lag in einer verlassenen Scheune im Süden von Memphis.»

«Wie ist er dort hingekommen?»

«Darüber gibt es keine verläßliche Zeugenaussage. Und was die Werkstatt betrifft, die Tintensteine herstellt, da scheint es unmöglich, den Besitzer auszumachen. Der Papyrus, der seinen Namen trug, ist in den Archiven zerstört worden.»

«Solch ein Verbrechen konnte nur ein Würdenträger vollbringen!»

«Du hast recht. Und zwar ein Würdenträger, der reich und mächtig genug war, Mittelsmänner zu dingen.»

«Dieser moralische Verfall ekelt mich an... Das dürfen wir nicht hinnehmen!»

«Solltest du mir etwa Feigheit zutrauen?»

«Mutter!»

«Ich liebe deine Auflehnung. Dulde niemals Ungerechtigkeit!»

«Wie können wir jetzt weiter verfahren?»

«Der Oberste Palastwächter kann nicht mehr weiter vordringen, daher übernehme jetzt ich den Fall.»

«Verfüge über mich, befiehl, und ich werde gehorchen.»

«Wärest du zu solch einem Opfer bereit um der Wahrheit willen?»

Das Lächeln der Königin war spöttisch und zärtlich zugleich.

«Ich bin nicht einmal fähig, der Wahrheit in mir ans Licht zu verhelfen.»

Ramses wagte nicht, noch mehr preiszugeben, schließlich wollte er sich in den Augen Tujas nicht lächerlich machen.

«Ein echter Mann begnügt sich nicht mit Hoffen, er handelt.»

«Selbst wenn das Schicksal gegen ihn zu sein scheint?»

«Dann muß er es ändern, und ist er dazu nicht fähig, darf er die Schuld nur bei seiner eigenen Mittelmäßigkeit suchen und sein Unglück keinem anderen anlasten.»

«Nimm einmal an, Chenar habe die Fäden gezogen beim Versuch, mich zu vernichten.»

Ein Ausdruck von Trauer überzog das Antlitz der Königin.

«Das ist eine grauenvolle Beschuldigung.»

«Dieser Verdacht hat dir wohl auch ins Herz geschnitten, nicht wahr?»

«Ihr seid meine Söhne, und ich liebe euch beide. Selbst wenn ihr charakterlich so verschieden seid und selbst wenn ihr beide ehrgeizig seid, darf man deinem Bruder solch eine Niedertracht doch wohl nicht unterstellen.»

Ramses war erschüttert. Seine Sehnsucht, eines Tages Pharao zu sein, hatte ihn so blind gemacht, daß er ringsum finstere Machenschaften vermutete.

«Mein Freund Acha fürchtet, der Frieden sei bedroht.»

«Er ist gut unterrichtet.»
«Ist mein Vater entschlossen, die Hethiter zu bekämpfen?»
«Die Lage zwingt ihn dazu.»
«Dann will ich mit ihm gehen und für mein Land kämpfen.»

EINUNDZWANZIG

In dem Flügel des Palastes, der Chenar vorbehalten war, herrschte Mißmut unter den Bediensteten und der Beamtenschaft. Jeder schlich an den Wänden entlang, tat seine Arbeit und hielt sich streng an die Anweisungen, doch niemand lachte, niemand plauderte, man war bedrückt.

Die Nachricht war am Spätvormittag eingetroffen: sofortige Einberufung zweier Eliteregimenter für einen Dringlichkeitseinsatz, mit anderen Worten: Man befand sich im Krieg mit den Hethitern! Chenar war am Boden zerstört. Diese heftige Reaktion brachte seine Handelspolitik, die er gerade erst eingefädelt hatte und deren erste Früchte er bald zu ernten gedachte, ins Wanken.

Dieses unkluge Auftrumpfen würde doch nur wieder ein Gefühl der Bedrohung wecken, und das war äußerst schädlich für die Handelsbeziehungen. Wie schon so viele vor ihm würde Sethos in eine Zwickmühle geraten. Was sollte diese veraltete Moralvorstellung, dieser Wille, den ägyptischen Herrschaftsbereich zu bewahren, die Größe einer Kultur herauszustreichen und dabei Kräfte zu vergeuden, die anderswo so nützlich eingesetzt werden konnten! Chenar war keine Zeit geblieben, den Ruf der militärischen Berater des Königs zu untergraben und ihre Verstocktheit zu beweisen. Diese Haudegen hatten doch nichts anderes im Kopf, als loszuschlagen. Sie hielten sich für Eroberer, vor denen alle anderen Völker sich zu verneigen hatten. Sollte dieser Krieg in einer Niederlage enden, würde Chenar diese Versager aus dem Palast verjagen, das schwor er sich.

Wer, wenn nicht Königin Tuja, würde über das Land herrschen, solange der Pharao, sein Wesir und sein Oberster Heerführer abwesend waren? Auch wenn ihre Gespräche mit Chenar seltener wurden und manchmal in Bitterkeit endeten, empfanden sie doch echte Zuneigung füreinander. Die Stunde für eine offene Aussprache war gekommen. Tuja würde ihn verstehen und zudem ihren Einfluß geltend machen, damit Sethos den Frieden bewahrte. Daher beharrte er auf seiner Bitte, sie so bald wie möglich zu sehen.

Tuja empfing ihn am Nachmittag in ihrem Audienzsaal.

«Das ist ein recht feierlicher Rahmen, liebe Mutter!»

«Ich vermute, dein Anliegen ist nicht privater Natur.»

«Du hast es erraten, wie immer. Woher hast du bloß diesen sechsten Sinn?»

«Ein Sohn darf seiner Mutter nicht schmeicheln.»

«Du liebst den Krieg doch nicht, nicht wahr?»

«Wer liebt schon den Krieg?»

«Ist der Entschluß meines Vaters dann nicht etwas übereilt?»

«Glaubst du etwa, er handle kopflos?»

«Gewiß nicht, doch die Kriegserklärung an die Hethiter...»

«Findest du Gefallen an schönen Gewändern?»

Chenar stutzte.

«Gewiß, aber...»

«Folge mir.»

Tuja führte ihren Ältesten in ein Nebengemach. Auf einem niedrigen Tisch lagen eine Langhaarperücke, ein Hemd mit weiten Ärmeln, ein langer, gefältelter und mit Fransen gesäumter Schurz sowie eine Schärpe, die unter der Taille gekreuzt wurde und das Kleidungsstück festhielt.

«Prächtig, nicht wahr?»

«Eine wundervolle Arbeit.»

«Diese Gewänder sind für dich, denn dein Vater hat dich zum Bannerträger für den bevorstehenden Feldzug gegen Syrien bestimmt. Du wirst zu seiner Rechten ziehen.»

Chenar erbleichte.

Der Bannerträger zur Rechten des Königs hatte die Lanze mit Widderkopf zu tragen, eines der Symbole Amuns, des siegreichen Gottes. Der ältere Sohn des Pharaos zog also mit seinem Vater in die Schlacht und stünde im Kampf an vorderster Front.

Ramses fieberte vor Ungeduld.

Warum kam Ameni nicht endlich mit der Liste derer, die Sethos mitzunehmen gedachte? Er wollte doch wissen, welcher Rang unter den hochgestellten Persönlichkeiten des Palastes ihm zugedacht war! Auf einen ehrenvollen Titel kam es ihm nicht an, kämpfen zu dürfen war ihm das wichtigste.

«Da bist du ja endlich! Was sagt diese Liste?»

Ameni senkte den Kopf.

«Lies selbst.»

Laut königlichem Beschluß war Chenar zum Bannerträger zur Rechten des Pharaos ernannt, Ramses' Name war nicht einmal erwähnt.

In allen Kasernen von Memphis herrschte Aufbruchstimmung. Gleich am nächsten Morgen sollten die Fußtruppen und die Streitwagen nach Syrien ausrücken, angeführt vom Pharao selbst.

Ramses verbrachte den Tag im Hof der größten Kaserne. Als sein Vater bei Einbruch der Nacht den Kriegsrat verließ, wagte er sich an ihn heran.

«Darf ich eine Bitte vortragen?»

«Ich höre.»

«Ich möchte mit euch ziehen.»

«Mein Erlaß ist endgültig.»

«Einen Offiziersrang begehre ich nicht, ich möchte nur den Feind niedermachen.»

«Mein Entschluß war also richtig.»

«Ich … ich verstehe nicht recht.»

«Dein wahnwitziges Begehren ist nichts weiter als Eitelkeit. Um einen Feind niederzumachen, bedarf es besonderer Fähigkeiten, und die besitzt du nicht, Ramses.»

Nachdem er Wut und Enttäuschung überwunden hatte, war Chenar nicht unzufrieden mit seinem neuen Amt, da es eine ganze Reihe von Ehrungen, die ihm zuteil geworden waren, noch ergänzte. Ein Thronerbe mußte in der Tat seine Fähigkeiten als Krieger unter Beweis gestellt haben, das war anders nicht denkbar. Von den ersten Königen Thebens an hatte der Herrscher zu beweisen, daß er sein Land zu verteidigen und den Feind zurückzuschlagen verstand. Chenar beugte sich also dieser, wie er fand, albernen Tradition, da sie in den Augen des Volkes entscheidend war. Ja, sie belustigte ihn sogar, als er den enttäuschten Blick seines Bruders auffing, während die Vorhut, mit ihm als Bannerträger, vorbeizog.

Der Aufbruch des Heers in einen Feldzug bot Anlaß zu einem Fest. Die Bevölkerung erhielt einen arbeitsfreien Tag und ertränkte ihre Sorgen wie immer in Bier. Wer zweifelte denn ernsthaft an Sethos' Sieg?

Trotz seines persönlichen Triumphs war Chenar nicht frei von Angst. Im Kampf konnte es immer auch den besten Soldaten treffen. Der Gedanke, er könne verwundet oder verunstaltet werden, verursachte ihm Übelkeit. An der Front würde er vor allem darauf bedacht sein, sich selbst zu schützen, und die gefährlichen Aufgaben lieber anderen überlassen.

Wieder einmal war das Glück auf seiner Seite, denn während dieses Feldzugs würde er Gelegenheit haben, mit seinem Vater zu sprechen und seine Zukunft zu entwerfen. Diese Aussicht lohnte die Anstrengung, wenn es auch hart war, auf die Annehmlichkeiten des Palastlebens zu verzichten.

Ramses' Enttäuschung war das beste Antriebsmittel.

Dieser Haufen Provinzler mißfiel Bakhen. Wenn Krieg drohte, wurden Soldaten ausgebildet, Freiwillige, die von Heldentaten in fernen Ländern träumten. Doch dieser Trupp grobschlächtiger Bauerntölpel würde über die Vororte von Memphis nicht hinauskommen und schleunigst auf die Felder zurückkehren. Bakhen, der Aufseher der Stallungen des ganzen Königreichs, mußte eben auch junge Rekruten ausbilden.

Mit seiner tiefen und heiseren Stimme befahl er ihnen, einen Sack Steine vom Boden zu heben, ihn sich auf die rechte Schulter zu schwingen und an den Kasernenmauern entlangzulaufen, bis er Einhalt gebot.

So ging das Aussieben zwar brutal, aber schnell vonstatten. Die meisten hatten ihre Kräfte falsch eingeschätzt. Atemlos setzten sie ihre Last ab. Bakhen geduldete sich ein Weilchen und brach den Drill ab, als noch etwa fünfzig Anwärter im Rennen waren.

Erstaunt vermeinte er einen von ihnen schon einmal gesehen zu haben. Er war gut einen Kopf größer als seine Kameraden und offensichtlich noch erstaunlich frisch.

«Prinz Ramses! Dein Platz ist nicht hier.»

«Ich möchte diese Ausbildung durchstehen und meine Befähigung bestätigt bekommen.»

«Aber so etwas brauchst du doch nicht! Es genügt, daß du...»

«Auf Papyrus kann man keinen Soldaten ausbilden, das weißt du selbst am besten!»

Überrumpelt drehte Bakhen an den Lederbändern, die seine Armmuskeln noch betonten.

«Das ist eine heikle...»

«Hast du etwa Angst, Bakhen?»

«Ich und Angst? Also, angetreten!»

Drei endlose Tage lang drillte Bakhen die Männer und forderte dabei ihre Kräfte bis aufs äußerste. Dann sonderte er die zwanzig Zähesten aus: Ramses war unter ihnen.

Am vierten Tag begann die Ausbildung an den Waffen: Knüppel, Kurzschwert, Schild. Bakhen gab nur ein paar Hinweise und hetzte die jungen Männer gegeneinander.

Sobald einer von ihnen am Arm verletzt wurde, legte Ramses sein Schwert auf den Boden. Die Kameraden machten es ihm nach.

«Was fällt euch ein?» brüllte Bakhen. «Los, weiter! Sonst könnt ihr gleich das Feld räumen!»

Die Rekruten beugten sich den Forderungen des Ausbilders, Schwächlinge und Tolpatsche wurden ausgesondert. Am Ende blieben nur zwölf Freiwillige übrig, die er für fähig hielt, Berufssoldaten zu werden.

Ramses hielt durch, zehn Tage Drill hatten seine Begeisterung nicht zu schmälern vermocht.

«Ich brauche einen Offizier», erklärte Bakhen am Morgen des elften Tages.

Mit einer Ausnahme bewiesen alle Kandidaten gleiches Geschick im Umgang mit dem Akazienholzbogen, dessen Pfeile in gerader Linie hundert Ellen weit flogen.

Bakhen war zufrieden und erstaunt und zeigte ihnen daraufhin einen sehr großen Bogen, dessen Innenseite mit Horn überzogen war. Dann brachte er in dreihundert Ellen Entfernung von den Schützen eine Kupferplatte an.

«Nehmt diese Waffe und durchbohrt diese Scheibe.»

Den meisten gelang es nicht einmal, den Bogen zu spannen. Zweien gelang ein Schuß, doch ihre Pfeile flogen nicht weiter als zweihundert Ellen.

Ramses trat als letzter an, spöttisch von Bakhen beäugt. Drei Pfeile standen ihm zu, wie seinen Kameraden.

«Ein Prinz sollte sich nie der Lächerlichkeit preisgeben. Es haben schon Stärkere als du versagt.»

Ramses hatte nur Augen für die Zielscheibe, nichts anderes war ihm mehr wichtig.

Den Bogen zu spannen verlangte schon unermeßliche Kräfte; mit schmerzenden Muskeln bezwang er die Sehne aus Ochsendarm.

Der erste Pfeil schoß links am Ziel vorbei. Bakhen lachte höhnisch.

Ramses hielt den Atem an und schoß den zweiten Pfeil ab. Er flog über die Kupferscheibe hinaus.

«Dein letzter Versuch», verkündete Bakhen.

Der Prinz schloß die Lider und hielt sie eine Weile fest geschlossen, um sich das Ziel innerlich vor Augen zu führen. Er redete sich ein, es sei ganz nah und er selbst sei nun der Pfeil, der den heftigen Wunsch verspüre, sich mit dem Kupfer zu vereinen.

Der letzte Schuß kam einer Befreiung gleich. Der Pfeil sirrte durch die Luft wie eine kampflustige Hornisse und durchbohrte die Scheibe.

Die Rekruten beklatschten den Sieger, Ramses gab Bakhen den Bogen zurück.

«Noch eine letzte Prüfung», befand der Ausbilder, «ein Ringkampf, bei dem du gegen mich antreten wirst.»

«Gehört das dazu?»

«Bei mir gehört es dazu. Solltest du Angst haben, gegen mich anzutreten?»

«Ernenne mich zum Offizier.»

«Schlag dich, beweise, daß du fähig bist, gegen einen echten Soldaten anzutreten!»

Ramses war zwar größer als Bakhen, aber nicht so muskulös und längst nicht so geübt. Daher mußte er auf die Schnelligkeit seiner Reflexe setzen. Der Ausbilder griff ohne Vorwarnung an, der Prinz wich aus, und Bakhens Faust streifte seine linke Schulter. Fünfmal nacheinander gingen die Angriffe des Ausbilders ins Leere, dann gelang es ihm, das linke Bein seines Gegners zu pakken und ihn aus dem Gleichgewicht zu bringen. Mit einem Fußtritt ins Gesicht befreite Ramses sich jedoch und hieb mit der Handkante auf Bakhens Nacken ein.

Ramses glaubte den Zweikampf schon gewonnen, als Bakhen, wütend und in seinem Stolz verletzt, auf die Beine sprang und seinen gesenkten Kopf dem Prinzen in die Brust rammte.

Iset, die Schöne, betupfte die Brust ihres Geliebten mit einem Balsam, der den Schmerz sogleich linderte.

«Besitze ich nicht heilende Hände?»

«Wie dumm ich war», murmelte Ramses.

«Dieses Ungeheuer hätte dich töten können.»

«Er tat nur seine Arbeit. Ich habe einen Fehler gemacht, weil ich glaubte, ihn besiegt zu haben. An der Front wäre ich jetzt längst tot.»

Isets Hände wurden noch zärtlicher und noch leidenschaftlicher.

«Ich bin so glücklich, daß du hiergeblieben bist! Krieg ist ein Greuel.»

«Manchmal ist er notwendig.»

«Du weißt gar nicht, wie sehr ich dich liebe.»

Mit der Geschmeidigkeit einer Katze legte sich die junge Frau über ihren Geliebten.

«Vergiß Kampf und Gewalt, bin ich denn nicht viel angenehmer?»

Ramses stieß sie nicht zurück und ließ der Lust, die sie ihm schenkte, freien Lauf. Dabei empfand er noch ein tieferes Glück, von dem er nichts sagte: er hatte sein Offizierspatent erworben.

ZWEIUNDZWANZIG

Die Heimkehr der ägyptischen Armee wurde prunkvoll gefeiert. Im Palast hatte man ihr Vorankommen angstvoll verfolgt. Die Libanesen hatten nur wenige Tage Widerstand geleistet und sehr bald dem Pharao ihre unverbrüchliche Treue und ihre unbeirrbare Ergebenheit bekundet. Als Tribut hatte Sethos Zedern erster Güte gefordert, um neue Masten vor den Tempeln zu errichten und etliche Götterbarken anfertigen zu lassen, die in der Prozession mitgeführt werden sollten. Einstimmig erklärten die Fürsten des Libanon den Pharao zur Inkarnation von Re, dem göttlichen Licht, das auch ihnen Leben spendete.

Dank seines schnellen Eingreifens war Sethos, ohne auf Widerstand zu stoßen, in Syrien eingedrungen. Der Hethiterkönig Muwatalli hatte keine Zeit gefunden, erfahrene Soldaten zusammenzutrommeln, und hatte es vorgezogen, die Lage aus der Ferne zu beobachten. Daher standen die Tore der befestigten Stadt Kadesch offen, obgleich sie die Macht der Hethiter verkörperte; doch da man unvorbereitet war, hätte sie mehreren Angriffswellen nicht standgehalten. Zum Erstaunen seiner Generäle hatte Sethos nichts weiter getan, als mitten in Kadesch eine Stele zu errichten, anstatt die Festung niederzureißen. Unterschwellig war Unmut laut geworden, und man fragte sich, worauf dieses unglaubliche Verfahren wohl hinauslaufen sollte.

Sobald die ägyptische Armee aus Kadesch abgerückt war, zog Muwatalli mit einem mächtigen Heer von neuem in die Festung ein und unterstellte sie wieder hethitischer Oberhoheit.

Dann wurden Verhandlungen aufgenommen. Um einen blutigen Zusammenstoß zu vermeiden, kamen die beiden Herrscher durch Vermittlung ihrer Gesandten überein, daß die Hethiter im Libanon und in den phönizischen Häfen keinen Aufruhr mehr schüren und die Ägypter Kadesch und das Umland nicht mehr angreifen würden.

So herrschte vorerst Frieden zwischen den Ländern.

Als künftiger Thronfolger und neuer Kriegsherr hatte Chenar den Vorsitz bei einem Festmahl, zu dem mehr als tausend Gäste geladen waren. Genüßlich ergötzte man sich an dem köstlichen Essen, an dem hervorragenden Wein und am Anblick der graziösen Körper junger, nackter Tänzerinnen, die sich im Klang der Flöten und Harfen wiegten.

Der König trat nur kurz in Erscheinung und überließ seinem älteren Sohn den Ruhm des siegreich verlaufenen Waffengangs. Als ehemalige Schüler des Kap befanden sich auch Moses, Ameni und sogar Setaou, dem Ramses für diesen Anlaß ein prächtiges Gewand geschenkt hatte, unter den Gästen.

Ameni unterhielt sich mit den Würdenträgern von Memphis und fragte ganz beiläufig nach den seit kurzem geschlossenen Tintenstein-Werkstätten. Doch seine Hartnäckigkeit wurde auch diesmal nicht belohnt.

Plötzlich rief Chenars Kämmerer dringend nach Setaou. In einer der Kammern, wo die Milchkrüge bereitstanden, war eine Schlange gesichtet worden. Der junge Mann machte das verdächtige Loch ausfindig, steckte Knoblauch hinein und verstopfte es mit einem gepökelten Fisch. Der Kämmerer atmete auf, das unselige Reptil würde nicht mehr aus seinem Versteck hervorkommen. Doch die Freude des Hausverwesers, der in Setaous Augen ein viel zu eitler Geck war, währte nicht lange. Als der Schlangenkundige ein rotweiß geringeltes Tier hervorzog, dessen Fangzähne hinten im Kieferknochen saßen, ergriff er die Flucht. «So ein Esel», dachte Setaou bei sich, «dabei sieht doch jeder, daß diese Art völlig harmlos ist.»

Moses war von hübschen Frauen umringt, denen sein stattliches Auftreten und seine Männlichkeit gefielen. Die meisten von ihnen hätten sich nur allzugern Ramses genähert, doch Iset, die Schöne, war auf der Hut. Das Ansehen der beiden jungen Männer wurde immer schmeichelhafter. Moses war gewiß für hohe Verwaltungsaufgaben bestimmt, während Ramses' Mut so beeindruckend war, daß er die Aufgabe, die man ihm bei Hofe vorenthielt, gewiß im Heer zugewiesen bekäme.

Es gelang den beiden Freunden, sich zwischen zwei Tänzen davonzustehlen und sich im Garten unter einer Persea zu treffen.

«Hast du Chenars Rede gehört?»

«Nein, meine süße Verlobte hatte andere Pläne.»

«Dein Bruder erklärt jedem, der es hören will, er sei der große Sieger dieses Feldzuges. Ihm sei es zu verdanken, daß die Verluste auf seiten der Ägypter verschwindend gering ausgefallen seien und Diplomatie über Gewalt gesiegt habe. Außerdem verbreitet er das Gerücht, Sethos wirke sehr müde, die Macht höhle ihn aus, und es sei bald mit seiner eigenen Ernennung zum König zu rechnen. Er entwirft bereits Pläne für den Ausbau weltweiter Handelsbeziehungen und für wirtschaftliche Bündnisse mit unseren schlimmsten Feinden.»

«Er ekelt mich an.»

«Eine Zierde ist er nicht gerade, das gebe ich zu, doch seine Pläne verdienen Beachtung.»

«Moses, streck den Hethitern die Hand hin, und sie werden dir den Arm abhacken!»

«Krieg ist aber doch auch keine Lösung.»

«Chenar wird aus Ägypten ein unterjochtes und zerstörtes Land machen. Das Land der Pharaonen ist eine eigene Welt. Als es schwach oder arglos war, wurde es von Osten her überrannt. Es bedurfte großen Heldenmuts, um den Besatzer zu verjagen und ihn weit hinter die Grenzen zurückzuwerfen. Wenn wir die Waffen strecken, werden wir bald ausgerottet sein.»

Ramses' Wildheit überraschte Moses.

«Das sind Worte eines klugen Herrschers, aber ist es der richtige Weg?»

«Es gibt keinen anderen Weg, um unser Reich zu schützen, damit es den Göttern als Wohnsitz auf Erden dient.»

«Die Götter? Gibt es die denn überhaupt?»

«Was willst du damit sagen?»

Moses blieb keine Zeit, zu antworten. Eine Schar junger Mädchen schob sich zwischen ihn und Ramses und stellte tausenderlei Fragen zu beider Zukunft. Iset, die Schöne, war bald zur Stelle, um ihren Geliebten zu befreien.

«Dein Bruder hat mich aufgehalten», bekannte sie.

«Unter welchem Vorwand?»

«Er will noch immer, daß ich seine Frau werde. Der Hof ist einmütig, und die Gerüchte gehen in die gleiche Richtung: Sethos wird schon bald Chenar neben sich auf den Thron berufen. Und er will mich zur großen königlichen Gemahlin machen.»

Da geschah etwas Merkwürdiges: Ramses' Gedanken verließen urplötzlich Memphis und flogen zum Harim Mer-Our, um dort ein eifriges junges Mädchen zu betrachten, das im Schein einer Öllampe die Lehrsätze des Ptah-hotep abschrieb.

Iset bemerkte die Verwirrung ihres Geliebten.

«Bist du krank?»

«Wisse, daß ich nicht weiß, was Krankheit ist», erwiderte er barsch.

«Du wirktest so abwesend...»

«Ich war in Gedanken. Wirst du annehmen?»

«Ich habe bereits geantwortet.»

«Meinen Glückwunsch, Iset, so wirst du meine Königin und ich dein Diener sein.»

Sie trommelte ihm mit der Faust gegen die Brust, er packte ihre Handgelenke.

«Ich liebe dich, Ramses, und ich möchte mit dir leben. Wie kann ich dir das nur begreiflich machen?»

«Bevor ich Gatte und Vater werde, muß ich mir erst klarwerden über den Weg, den ich einschlagen will, gib mir noch Zeit.»

In der von Wohlgerüchen durchdrungenen Nacht wurde es still. Musikantinnen und Tänzerinnen hatten sich zurückgezogen, desgleichen die betagten Höflinge. Hier und da, im weitläufigen Palastgarten, wurden Mitteilungen ausgetauscht und schamlose Ränke geschmiedet, um Rivalen auszuschalten.

Da hallte von den Küchen her ein gellender Schrei und zerriß die Besinnlichkeit des Augenblicks.

Ramses war als erster zur Stelle. Mit einem Schürhaken schlug der Hausverweser auf einen alten Mann ein, der sich schützend die Hände vors Gesicht hielt. Der Prinz packte zu wie ein Schraubstock. Der Kämmerer ließ die Waffe fallen, sein Opfer floh und fand Unterschlupf bei den Geschirrwäschern.

Moses mahnte:

«Du wirst ihn umbringen!»

Ramses lockerte seinen Griff, und der Hausverweser, dessen Gesicht rot angelaufen war, schöpfte mühsam Atem.

«Dieser Alte war doch nur ein gefangener Hethiter», erklärte er, «den muß ich doch erziehen.»

«Ist das deine Art, Untergebene zu behandeln?»

«Nur die Hethiter!»

Chenar, der in seinem Festputz ungeheuren Reichtum zur Schau stellte und die elegantesten Höflinge ausstach, schob die Schaulustigen beiseite.

«Macht Platz, das übernehme ich.»

Ramses packte den Hausverweser bei den Haaren und schleuderte ihn zu Boden.

«Ich klage diesen Feigling der Quälerei an.»

«Ruhig Blut, lieber Bruder! Nicht so heftig, mein Hausverweser ist manchmal ein wenig streng, aber...»

«Ich reiche Klage ein und werde vor Gericht aussagen.»

«Du, der die Hethiter verabscheut?»

«Der alte Mann ist kein Feind mehr, er arbeitet bei uns und verdient Achtung. So will es das Gesetz der Maat.»

«Keine großen Worte! Vergiß diesen Zwischenfall, ich werde es dir danken.»

«Ich werde auch aussagen», erklärte Moses, «denn nichts vermag ein solches Handeln zu rechtfertigen.»

«Ist es nötig, die Stimmung zu vergiften?»

«Nimm diesen Kämmerer mit», sagte Ramses zu Moses, «und übergib ihn unserem Freund Setaou. Gleich morgen werde ich darum ersuchen, daß ihm der Prozeß gemacht wird.»

«Das ist Freiheitsberaubung!»

«Verpflichtest du dich, deinen Hausverweser dem Gericht vorzuführen?»

Chenar beugte sich. Zu viele gewichtige Zeugen waren zugegen. Es war klüger, auf einen von Anfang an verlorenen Kampf zu verzichten. Der Schuldige würde in die Oasen verbannt werden.

«Das Recht ist eine schöne Sache», sagte Chenar abschließend, um Verbindlichkeit bemüht.

«Es zu achten ist die Grundlage unseres Gesellschaftsgefüges.»

«Wer behauptet das Gegenteil?»

«Wenn du das Land mit solchen Methoden regierst, wirst du in mir einen unerbittlichen Widersacher haben.»

«Was stellst du dir denn da schon wieder vor?»

«Ich stelle mir nichts vor, ich beobachte. Lassen große Pläne sich verwirklichen, wenn man seinen Nächsten verachtet?»

«Sei nicht so verstiegen, Ramses! Du schuldest mir Respekt!»

«Noch ist Sethos Pharao, Herr über Ober- und Unterägypten, wenn ich nicht irre.»

«Der Spott hat seine Grenzen, morgen wirst du mir gehorchen müssen.»

«Morgen ist noch weit.»

«Dein Irrtum wird dein Untergang sein.»

«Beabsichtigst du, auch mich wie einen hethitischen Gefangenen zu behandeln?»

Empört brach Chenar das Gespräch ab.

«Dein Bruder ist ein mächtiger und gefährlicher Mann», bemerkte Moses, «hältst du es für nötig, ihn derart herauszufordern?»

«Er erschreckt mich nicht. Was wolltest du vorhin sagen, in bezug auf die Götter?»

«Ich weiß selbst nicht so recht, seltsame Gedanken gehen mir durch den Kopf und quälen mich. Solange ich ihr Geheimnis nicht entschlüsselt habe, werde ich keinen Frieden finden.»

DREIUNDZWANZIG

AMENI LIESS NICHT locker. Als rechte Hand des königlichen Schreibers Ramses hatte er Zugang zu zahlreichen Verwaltungsdienststellen, wo er Freunde zu gewinnen wußte, die ihm bei seinen Nachforschungen halfen. So ging er die ganze Liste der Werkstätten durch, die Tintensteine herstellten, und ließ sich die Namen der Besitzer nennen. Wie Königin Tuja schon zu Ramses gesagt hatte, waren die Angaben zu dieser verdächtigen Werkstatt tatsächlich verschwunden.

Da diese Spur nun im Sande verlief, legte Ameni einen wahren Ameisenfleiß an den Tag. Er mußte jene Würdenträger ausfindig machen, die mit den Schreibern in unmittelbarem Kontakt standen, deren Hab und Gut auflisten und dabei hoffentlich auf die Werkstatt stoßen. Aber auch diese Spur führte trotz tagelanger Suche nicht weiter.

Jetzt blieb nur noch eines zu tun: die Abfallhalden nach Scherben durchzukämmen, angefangen bei der Halde, wo er selbst fast zu Tode gekommen wäre. Bevor ein Schreiber irgend etwas auf Papyrus übertrug, benutzte er, wenn er seine Arbeit gewissenhaft tat, erst einmal eine Kalksteinscherbe für den Entwurf. Diese wanderte dann mit unzähligen anderen in ein großes Loch, das sich auffüllte im Rhythmus der Schriftstücke, die diese Behörde zu liefern hatte.

Ameni war sich nicht einmal sicher, daß es eine zweite Ausfertigung der Besitzurkunde dieser Werkstatt gab. Dennoch widmete er dieser Wühlarbeit zwei Stunden täglich und fragte nicht nach der Aussicht auf Erfolg.

Iset betrachtete die Freundschaft zwischen Moses und Ramses mit Argwohn. Der Hebräer, ein gequälter Geist, der seinen Weg noch nicht gefunden hatte, übte einen schlechten Einfluß auf den Ägypter aus. Daher zog die junge Frau ihren Geliebten in einen Wirbel von Vergnügungen und sprach vorsichtshalber nicht mehr von ihrem Heiratswunsch. Ramses ging ihr in die Falle. Von Haus zu Haus, von Garten zu Garten, von Empfang zu Empfang führte er das müßige Leben eines Adeligen und überließ Ameni die Erledigung der laufenden Geschäfte.

Ägypten war ein Traum, der Wirklichkeit geworden war. Ein Paradies, das Tag um Tag neue Wunder darbot: Beglückung im Überfluß für den, der den Schatten eines Palmenhains, den Honig einer Dattel, das Lied des Windes, die Schönheit des Lotos oder den Duft der Lilien zu würdigen wußte. Und war es nicht vollkommenes Glück, wenn dazu noch die Leidenschaft einer liebenden Frau hinzukam?

Iset, die Schöne, wiegte sich im Glauben, Ramses' Gedanken kreisten nur um sie. Ihr Geliebter war fröhlich und stürmisch wie kein anderer. Ihre Liebesspiele nahmen kein Ende, die Lust war ihnen gemeinsam und feuerte sie an. Wächter entwickelte sich zum Leckermaul bei all den Köstlichkeiten, die die Köche der nobelsten Familien von Memphis zubereiteten.

Ganz offensichtlich war den beiden Söhnen des Sethos der Weg vom Schicksal vorgezeichnet: für Chenar die Staatsgeschäfte, für Ramses ein ruhiges, aber glanzvolles Leben. Iset war mit dieser Aufgabenteilung vollauf zufrieden.

Eines Morgens war das Schlafzimmer leer, Ramses war schon aufgestanden. Beunruhigt lief sie in den Garten. Sie rief nach ihrem Geliebten, doch er antwortete nicht. Sie wurde fast wahnsinnig, entdeckte ihn dann aber am Brunnen, wo er mitten in einem Irisbeet saß und meditierte.

«Was ist los mit dir? Ich bin vor Angst fast gestorben!»

Sie kniete sich neben ihn.

«Gibt es eine neue Sorge, die dich quält?»

«Für ein Leben an deiner Seite bin ich nicht geschaffen.»

«Du irrst dich, sind wir denn nicht glücklich?»

«Diese Art Glück genügt mir nicht.»

«Verlang nicht zuviel vom Leben, es könnte sich letztlich gegen dich wenden.»

«Ein schönes Kräftemessen, das du mir da verheißt.»

«Ist Hochmut etwa eine Tugend?»

«Wenn er einem etwas abverlangt und man über sich hinauswächst, dann schon. Ich muß mit meinem Vater sprechen.»

Seit zwischen Ägyptern und Hethitern Waffenruhe herrschte, waren die Kritiker verstummt. Man war sich einig, daß Sethos weise gehandelt hatte, keinen Krieg mit ungewissem Ausgang heraufzubeschwören, selbst wenn das ägyptische Heer in der Lage schien, die hethitischen Truppen zu besiegen.

Obwohl Chenar kräftig auftrumpfte, glaubte ihm niemand. Laut Aussage der hohen Offiziere hatte der ältere Sohn des Königs an keiner Auseinandersetzung wirklich teilgenommen, sondern nur aus sicherer Entfernung die Scharmützel beobachtet.

Der Pharao hörte zu und handelte entsprechend.

Er hörte seine Berater an, von denen einige es ehrlich meinten, verglich die Aussagen, trennte die Spreu vom Weizen und traf keinerlei übereilte Entscheidung.

Er arbeitete in dem weitläufigen Raum des Hauptpalastes von Memphis. Aus drei hohen holzvergitterten Fenstern fiel das Licht herein, die Wände waren weiß und durch keinerlei Schmuck aufgelockert. Die schlichte und karge Einrichtung bestand aus einem großen Tisch, einem Sessel mit gerader Rückenlehne für den Herrscher und Rohrgeflechtstühlen für die Besucher sowie einem Schrank für Papyri.

Hier, in dieser Einsamkeit und Stille, entwarf der Herr beider Länder die Zukunft des mächtigsten Landes der Welt und versuchte, es auf dem von der Maat vorgezeichneten Weg zu halten, denn die Maat war die Verkörperung der Weltordnung.

In diese Stille drang plötzlich Geschrei. Es kam vom Innenhof her, wo die dem König und seinen Beratern vorbehaltenen Wagen standen.

Aus einem der Fenster erblickte Sethos ein Pferd, das plötzlich irrsinnig geworden zu sein schien. Nachdem es den Strick zerrissen hatte, mit dem es an einen Pfosten gebunden war, galoppierte es kopflos umher und gefährdete jeden, der sich ihm zu nähern wagte. Es keilte aus und warf einen Aufseher zu Boden, schlug abermals aus und traf einen betagten Schreiber, der sich zu spät in Sicherheit gebracht hatte.

In dem Augenblick, da das Tier neuen Atem schöpfte, trat Ramses hinter einem Pfeiler hervor, schwang sich auf den Rücken des Pferdes und zog die Zügel an. Das verängstigte Tier stieg und versuchte vergeblich, den Reiter loszuwerden. Schließlich gab es sich geschlagen, schnaubte, wieherte und beruhigte sich langsam.

Ramses sprang zu Boden, ein Soldat der königlichen Leibgarde trat zu ihm hin.

«Dein Vater wünscht dich zu sehen.»

Zum erstenmal wurde der Prinz in das Arbeitszimmer des Pharaos vorgelassen. Die Kargheit des Raumes überraschte ihn. Er hatte erlesene Kostbarkeiten erwartet, doch der Raum war fast leer und ohne jeglichen Schmuck. Dort saß der König, einen entrollten Papyrus vor sich.

Da er nicht wußte, wie er sich zu verhalten hatte, blieb Ramses in angemessener Entfernung stehen. Sethos bot ihm keinen Platz an.

«Du hast dich großen Gefahren ausgesetzt.»

«Wie man's nimmt. Ich kenne dieses Pferd gut, es ist nicht bösartig. Die Sonne dürfte ihm zugesetzt haben.»

«Dennoch hast du dich zu großer Gefahr ausgesetzt, meine Leibwache hätte es schon bezwungen.»

«Ich glaubte das Richtige zu tun.»

«Mit der Absicht, die Aufmerksamkeit auf dich zu lenken?»

«Nun...»

«Sei ehrlich.»

«Ein verrücktes Pferd zu bezwingen ist keine leichte Aufgabe.»

«Soll ich daraus schließen, daß du diesen Zwischenfall selbst herbeigeführt hast, um Vorteile daraus zu ziehen?»

Ramses errötete vor Empörung.

«Vater! Wie kannst du nur...»

«Ein Pharao muß ein guter Stratege sein.»

«Hättest du ein derartiges Vorgehen gutgeheißen?»

«In deinem Alter hätte ich darin etwas Doppelbödiges gesehen, das für die Zukunft nichts Gutes verheißt. Doch dein Verhalten überzeugt mich von deiner Aufrichtigkeit.»

«Ich suchte allerdings nach einer Möglichkeit, dich zu sprechen.»

«Weswegen?»

«Als ihr nach Syrien aufbracht, machtest du mir den Vorwurf, noch nicht fähig zu sein, wie ein Soldat zu kämpfen. Während deiner Abwesenheit habe ich diesen Mangel behoben, und mittlerweile bin ich Offizier.»

«Wie man mir sagte, hast du diesen Rang in hartem Kampf erworben.»

Ramses konnte sein Erstaunen nur schwer verhehlen.

«Du hast es gewußt?»

«So bist du nun also Offizier.»

«Ich kann reiten, mit Schwert, Lanze und Schild kämpfen und weiß mit dem Bogen umzugehen.»

«Liebst du den Krieg, Ramses?»

«Ist er nicht eine Notwendigkeit?»

«Krieg bringt viel Leid, möchtest du das vermehren?»

«Gibt es ein anderes Mittel, um unserem Land Freiheit und Wohlstand zu bewahren? Wir greifen niemanden an, aber wenn man uns bedroht, schlagen wir zurück. Und das ist gerecht.»

«Hättest du an meiner Stelle die Festung Kadesch niedergerissen?»

Der junge Mann überlegte.

«Mir fehlt die genaue Kenntnis, um mich zu äußern. Ich weiß nichts von eurem Feldzug, nur daß der Friede erhalten wurde und das ägyptische Volk frei atmen kann. Wollte ich eine Meinung äußern ohne Begründung, wäre das ein Beweis für Dummheit.»

«Möchtest du nicht noch auf etwas anderes zu sprechen kommen?»

Tage- und nächtelang hatte Ramses sich gefragt und seine Ungeduld kaum zu zügeln vermocht. Sollte er seinem Vater von seiner Auseinandersetzung mit Chenar berichten und ihm enthüllen, daß der Bruder sich mit einem Sieg brüstete, den er nicht errungen hatte? Er wüßte schon die richtigen Worte zu finden und seiner Empörung mit so viel Kraft Ausdruck zu verleihen, daß dem

Vater endlich klarwerden würde, daß er eine Schlange an seinem Busen nährte.

Doch Aug in Aug mit dem Pharao erschien ihm ein solches Vorgehen albern und ehrlos. Er in der Rolle eines Zuträgers, der sich anmaßte, hellsichtiger zu sein als Sethos?

Zur Lüge war er allerdings auch nicht imstande.

«Es stimmt, ich wollte dir anvertrauen...»

«Warum zögerst du?»

«Was unseren Mund verläßt, kann uns besudeln.»

«Werde ich also nicht mehr erfahren?»

«Was ich sagen wollte, weißt du bereits. Und wenn dem nicht so sein sollte, dann verdienen meine Überlegungen keinerlei Beachtung.»

«Fällst du nicht von einer Maßlosigkeit in die andere?»

«Ein Feuer wütet in mir, ein Verlangen, das ich nicht zu benennen vermag. Weder Liebe noch Freundschaft vermögen es zu löschen.»

«Wie entschlossen du sprichst, in deinem Alter!»

«Wird das Gewicht der Jahre mir Frieden bringen?»

«Verlaß dich auf niemand anderen als dich selbst, dann wird das Leben sich manchmal als großzügig erweisen.»

«Was ist das für ein Feuer, Vater?»

«Du mußt die Frage anders stellen, dann wirst du Antwort erhalten.»

Sethos beugte sich über den Papyrus, an dem er arbeitete. Die Unterredung war beendet.

Ramses verneigte sich. Als er gehen wollte, hielt die wohlklingende Stimme des Vaters ihn zurück.

«Du bist im richtigen Augenblick erschienen, denn ich wollte dich ohnehin heute rufen lassen. Morgen früh brechen wir auf zu den Türkisgruben der Sinaihalbinsel.»

VIERUNDZWANZIG

In diesem achten Regierungsjahr Sethos' beging Ramses seinen sechzehnten Geburtstag in jenem Teil der östlichen Wüste, der zu den berühmten Bergwerken von Serabit el-Khadim führt. Trotz aller Wachsamkeit blieb der Weg gefährlich, und niemand wagte sich gern in diese öde, von unheimlichen Geistern und räuberischen Beduinen bevölkerte Gegend vor. Trotz Festnahmen und Verurteilungen griffen sie immer wieder Karawanen an, die die Sinaihalbinsel durchqueren mußten.

Obwohl die Expedition keinen kriegerischen Charakter hatte, sicherten eine Reihe von Soldaten den Schutz des Pharaos und der Minenarbeiter. Die Anwesenheit des Königs machte aus dieser Reise ein außergewöhnliches Ereignis, von dem der Hof erst abends zuvor in Kenntnis gesetzt worden war. Während der Abwesenheit des Königs würde Königin Tuja das Steuer des Staatsschiffes übernehmen.

Ramses erhielt sein erstes bedeutendes Amt. Man ernannte ihn zum Kommandanten der Fußtruppe unter Bakhens Oberbefehl. Bakhen war zum Befehlshaber der Expedition befördert worden. Ihre Begegnung im Augenblick des Abmarsches war eisig gewesen, doch keiner von beiden konnte unter den Augen des Königs einen Zusammenstoß vom Zaun brechen. Während der Dauer ihrer Mission mußte sich jeder mit dem Charakter des anderen abfinden. Bakhen klärte sofort die Rangfolge, indem er Ramses befahl, die Nachhut zu übernehmen, wo nach seinen Worten «ein Neuling die geringste Gefahr für seine Untergebenen darstellte».

Mehr als sechshundert Mann bildeten die Truppe, die auszog, Türkise heranzuschaffen, den Stein der himmlischen Hathor, die im Herzen eines kargen und wüsten Landes sich diese Gestalt erwählt hatte.

Der Weg durch die Wüste bereitete kaum Schwierigkeiten. Er war gut gespurt, wurde regelmäßig gewartet und war gesäumt von kleinen Festungsanlagen und Wasserstellen. Allerdings verlief er durch feindliche Landstriche, wo rote und gelbe Berge aufragten, deren Höhe die Neulinge verblüffte. Einige bekamen Angst, diese Gipfel könnten Dämonen ausspucken, die sich ihrer Seele bemächtigten, doch dank der Anwesenheit des Pharaos und der Selbstsicherheit seines Sohnes ließen sie sich beruhigen.

Ramses hatte auf eine schwere Prüfung gehofft, um seinem Vater sein Können zu beweisen. Daher beklagte er innerlich seine so einfache Aufgabe. Dieser dreißig Mann starke, seinem Befehl unterstellte Fußtrupp ließ sich von seiner Autorität mühelos beeindrucken. Alle hatten schon von seinem Ruf als begnadeter Bogenschütze und Pferdebändiger gehört und hofften, hätten sie erst einmal unter ihm gedient, auf eine Beförderung.

Nach eindringlichem Zureden von Ramses hatte Ameni auf dieses Abenteuer verzichtet. Seine schwache Konstitution untersagte ihm eine so große körperliche Anstrengung, und außerdem hatte er in einer Müllhalde nördlich der verdächtigen Werkstatt soeben eine Kalksteinscherbe entdeckt, die eine merkwürdige Inschrift trug. Es war noch zu früh, zu behaupten, dies sei die richtige Spur, doch der junge Schreiber verfolgte sie verbissen.

Ramses beschwor ihn, vorsichtig zu sein. Zu seinem Schutz ließ er ihm Wächter da und gab ihm den Rat, sich im Notfall an Setaou zu wenden, der mit dem Verkauf von Gift an die Arzneikammern der Tempel und dem Vertreiben unerwünschter Kobras aus den Häusern der Reichen allmählich zu Wohlstand gelangte.

Der Prinz hielt die Augen offen. Er, der die Wüste so liebte, obgleich er beinahe darin umgekommen wäre, schätzte die des Sinai ganz und gar nicht. Es gab hier zu viele stumme Felsen, zu viele beunruhigende Schatten, zu viel Chaos. Bakhen beschwichtigte ihn zwar, doch Ramses befürchtete immer noch einen Beduinenüberfall. Gewiß, die große Zahl der Ägypter würde sie wohl abhalten, anzugreifen, aber was hinderte sie, einen Nachzügler auszurauben oder, noch schlimmer, sich nachts in das Zeltlager einzuschleichen? Man konnte nicht vorsichtig genug sein, mußte Umsicht walten lassen. Nach einem kurzen Zwist mit Bakhen wurde beschlossen, daß letzterer die Sicherheitsvorkehrungen zwar befehligen, Ramses' Vorschläge aber berücksichtigen werde.

Eines Abends entfernte der Sohn des Pharaos sich von seiner Nachhut und ging von Zelt zu Zelt bis zur Spitze der Kolonne, um etwas Wein zu holen für seine Männer, die von der Versorgungseinheit benachteiligt wurden. Man verwies ihn an den Verantwortlichen, der in seinem Zelt bei der Arbeit saß. Ramses hob einen Zipfel der Leinwand, bückte sich und entdeckte verblüfft einen Mann in Schreiberhaltung, der im Lampenschein eine Karte studierte.

«Moses! Du hier?»

«Befehl des Pharaos. Ich habe den Auftrag, die Versorgung zu gewährleisten und eine genauere Karte der Gegend zu erstellen.»

«Und ich befehlige die Nachhut.»

«Ich wußte nicht, daß du dabei bist. Bakhen redet offensichtlich nicht gern von dir.»

«Allmählich verstehen wir uns besser.»

«Gehen wir nach draußen, hier ist es zu eng.»

Die beiden jungen Männer hatten fast den gleichen Körperbau, ihre kräftige Gestalt und ihre natürliche Stärke ließen sie älter erscheinen. Sie wirkten nicht mehr wie Jünglinge, sondern wie erwachsene Männer.

«Das war eine schöne Überraschung», bekannte Moses, «ich langweilte mich im Harim, und da kam diese Einberufung. Ohne endlich wieder frischen Wind um die Ohren zu bekommen, hätte ich wohl bald Reißaus genommen.»

«Ist Mer-Our denn kein wundervoller Ort?»

«Nicht für mich, die launischen Mädchen ärgern mich, die Handwerker hocken auf ihren Geheimnissen, und eine Verwalterstelle ist nichts für mich.»

«Und hast du's jetzt besser getroffen?»

«Zweifellos! Ich liebe diese Gegend mit ihren unbestechlichen Bergen, diese Landschaft, die etwas Geheimnisvolles ausstrahlt. Hier fühle ich mich daheim.»

«Und das Feuer, das in dir lodert, wird es schwächer?»

«Ja, es ist nicht mehr ganz so verzehrend. In diesen verbrannten Felsen und diesen geheimen Schluchten verbirgt sich das, was mich heilen wird.»

«Das glaube ich nicht.»

«Vernimmst du denn den Ruf nicht, der aus diesem vergessenen Boden aufsteigt?»

«Ich verspüre eher eine Bedrohung.»

Moses ereiferte sich.

«Eine Bedrohung! Spricht aus dir der Soldat?»

«Als Versorgungsmann vernachlässigst du die Nachhut, meine Männer haben keinen Wein bekommen.»

Der Hebräer lachte schallend.

«In der Tat bin ich dafür verantwortlich. Nichts darf ihre Wachsamkeit beeinträchtigen.»

«Eine geringe Menge würde den Kampfgeist der Truppe beleben.»

«Da haben wir also unseren ersten Streit», stellte Moses fest; «wer soll recht bekommen?»

«Keiner von uns beiden, es geht nur um das Wohl der Truppe.»

«Fliehst du damit nicht vor dir selbst, indem du dich hinter einer Pflicht versteckst, die man dir von außen aufgezwungen hat?»

«Hältst du mich für so feige?»

Moses blickte Ramses in die Augen.

«Du sollst etwas Wein bekommen, aber bemühe dich, die Berge des Sinai zu lieben.»

«Dies ist nicht Ägypten.»

«Ich bin kein Ägypter.»

«Doch, das bist du.»

«Du irrst.»

«Du bist in Ägypten geboren, wurdest dort erzogen und wirst dir dort deine Zukunft aufbauen.»

«So spricht ein Ägypter, kein Hebräer. Meine Ahnen sind nicht die deinen. Vielleicht haben sie hier gelebt, hier bin ich auf ihrer Spur, hier kann ich ihre Hoffnungen nachempfinden, auch ihre Niederlagen.»

«Sollte dir der Sinai den Kopf verdrehen?»

«Das kannst du nicht verstehen.»

«Solltest du das Vertrauen verloren haben?»

«Natürlich nicht.»

«Ich liebe Ägypten mehr als mich selbst, Moses. Nichts ist mir kostbarer als mein Vaterland. Wenn du deines entdeckt zu haben glaubst, kann ich deine Rührung durchaus verstehen.»

Der Hebräer setzte sich auf einen Felsbrocken.

«Ein Vaterland? Nein, diese Wüste ist kein Vaterland. Ich liebe

Ägypten ebenso wie du. Ich schätze die Freuden, die es mir bietet, aber ich verspüre einen Ruf von anderswo.»

«Und kaum bist du anderswo, wirst du schwankend!»

«Da hast du nicht unrecht.»

«Gemeinsam werden wir noch andere Wüsten durchqueren, und du wirst zurückkehren nach Ägypten, weil dort ein einzigartiges Licht leuchtet.»

«Wie kannst du deiner so gewiß sein?»

«Weil ich in der Nachhut keine Zeit mehr habe, mich um die Zukunft zu sorgen.»

In der dunklen Nacht des Sinai stieg zweistimmiges Lachen zu den Sternen empor.

Die Esel gaben den Takt an, die Männer folgten. Jeder trug eine seinen Kräften gemäße Last, keinem fehlte es an Wasser oder Nahrung. Mehrmals gebot der König dem Zug Einhalt, damit Moses eine genaue Karte des Sinai erstellen konnte. Unterstützt von Landvermessern, stieg der Hebräer bis zur Quelle der ausgetrockneten Wadis hinauf, erklomm Abhänge, bestimmte neue Orientierungspunkte und erleichterte den Fachleuten somit die Arbeit.

Ramses verspürte immer noch diese dumpfe Unruhe. Daher stand er mit drei erfahrenen Soldaten unausgesetzt Wache, damit sein Freund nicht von plündernden Beduinen angegriffen wurde. Moses wäre wohl in der Lage gewesen, sich selbst zu verteidigen, aber er konnte ihnen auch in eine Falle gehen. Doch nichts Aufregendes geschah, und Moses leistete fabelhafte Arbeit, die für spätere Bergbauarbeiter oder Karawanen alles leichter machen würde.

Nach dem Abendessen saßen die beiden Freunde noch lange um die Feuerstelle und plauderten. An das Kichern der Hyänen und das Knurren der Leoparden waren sie gewöhnt. Ihnen behagte dieses rauhe Leben fernab der Bequemlichkeit des Palastes von Memphis und des Harim von Mer-Our. Mit derselben Begeisterung erwarteten sie den Morgen, der ihnen, davon waren sie überzeugt, neue Einblicke gewähren würde in das Geheimnis, das sie beharrlich zu ergründen suchten. Manchmal sprachen sie kein Wort und lauschten nur in die Nacht. Raunte sie ihnen nicht zu, ihre Jugend würde alle Hindernisse bezwingen?

Der lange Zug kam zum Stillstand.

Noch am Vormittag? Das war ungewöhnlich. Ramses befahl seinen Männern, ihr Gepäck abzulegen und sich auf den Kampf vorzubereiten.

«Ruhig Blut», empfahl ein Soldat, über dessen Brust eine lange Narbe verlief. «Bei allem Respekt, Kommandant, wir sollten lieber ein Friedensgebet sprechen.»

«Woher nimmst du deine Gelassenheit?»

«Weil wir am Ziel sind.»

Ramses trat ein paar Schritte seitwärts. Ein Felsplateau, das unzugänglich schien, zeichnete sich in der Sonne ab.

Vor ihnen lag Serabit el-Khadim, Herrschaftsgebiet der Göttin Hathor, Herrin des Türkislandes.

FÜNFUNDZWANZIG

CHENAR WAR ZORNIG.

Zum zehntenmal hatte die Königin es abgelehnt, ihn an der Führung der Staatsgeschäfte zu beteiligen, und das unter dem Vorwand, sein Vater habe dafür keinerlei Weisung erteilt. Seine Stellung als Nachfolger des Pharaos verlieh ihm noch lange nicht das Recht, sich einzumischen in Dinge, die für ihn noch zu schwierig waren.

Der ältere Sohn des Königs beugte sich dem Willen seiner Mutter und verbarg seinen Unwillen, aber er begriff, daß sein Netz von Freunden und Zuträgern noch zu schwach war, um Tuja wirksam entgegenzuarbeiten. Daher beschloß Chenar, anstatt sich zu grämen, lieber auf seinen eigenen Vorteil hinzuwirken.

Ohne große Worte bat er etliche einflußreiche Persönlichkeiten, denen Traditionen etwas bedeuteten, zum Abendessen und spielte den bescheidenen, ratsuchenden Gastgeber. Da er auf jegliche Überheblichkeit verzichtete, glaubte man ihm die Rolle des mustergültigen Sohnes, dessen einziger Ehrgeiz darin bestand, in die Fußstapfen seines Vaters zu treten. Seine Worte fanden Gefallen, und so gewann Chenar, dessen Zukunft ja vorgezeichnet war, zahlreiche Anhänger.

Allerdings mußte Chenar feststellen, daß die Außenpolitik ihm entglitt, doch sein Hauptanliegen galt ja ohnehin den Handelsbeziehungen mit anderen, selbst mit feindlich gesinnten Ländern. Aber wie sollte man den tatsächlichen Stand der diplomatischen Beziehungen kennen, ohne einen sachkundigen und willigen Mann in seinen Reihen zu haben? Es genügte nicht, bei den Händlern Gehör zu finden. Ihnen fehlte ja der Weitblick und vor allem der Einblick in die Pläne ihrer Herrscher.

Man müßte einen Gesandten, der Sethos nahestand, für sich gewinnen. Das war die ideale Lösung, doch sie schien unerreichbar. Chenar benötigte Auskünfte aus erster Hand, um seine eigene Strategie zu entwickeln und im geeigneten Moment die ägyptische Politik von Grund auf zu ändern.

Das Wort «Verrat» kam ihm in den Sinn, aber es entrang ihm nur ein müdes Lächeln. Wen würde er denn schon verraten? Höchstens das Vergangene und Überkommene.

Von der Höhe der Felsterrasse Serabit el-Khadims aus überblickte man eine Kette von Bergen und Tälern, deren ungeordnetes Gefüge die Seele verwirrte. In diesem Chaos, wo Feindseligkeit spürbar war, bot nur der Türkisberg beschaulichen Frieden.

Ramses betrachtete die Berglandschaft zu seinen Füßen: das kostbare blaue Gestein schien greifbar nahe in all den Adern der Felsnase! Doch so leicht war es nicht immer zu packen. Generationen von Bergleuten hatten unterirdische Gänge und Stollen gegraben und ihr Werkzeug zurückgelassen. Hier war kein Dauerquartier errichtet worden, denn Türkis konnte nur in der warmen Jahreszeit abgebaut werden, weil er sonst seine Farbe und seine Reinheit eingebüßt hätte.

Die erfahrenen Steinhauer nahmen die Neulinge in die Mitte, und dann machte man sich schnell ans Werk, um so kurz wie möglich an diesem abgelegenen Ort zu verweilen. Man bezog steinerne Hütten, die mehr oder minder vor Nachtfrost schützten, und besserte sie sorgfältig aus. Bevor er den Befehl gab, mit der Arbeit zu beginnen, zelebrierte der Pharao ein Ritual im kleinen Hathor-Tempel, um die Himmelsgöttin um Hilfe und Schutz zu ersuchen. Die Ägypter seien nicht gekommen, um dem Berg Wunden zu schlagen, sondern um die Frucht ihres Leibes zu ernten, die in den Tempeln geopfert werden sollte und, verarbeitet zu Schmuckstücken, der Nachwelt von der ewigen und erneuernden Schönheit der Herrin der Sterne künden werde.

Bald schon hallte der Klang von Meißel, Hammer und Steinschere durch die Berge, nur übertönt vom Gesang der Bergleute, die in Grüppchen eingeteilt waren. Sethos selbst feuerte sie an. Ramses stattete den hier errichteten Stelen einen Besuch ab, um den geheimen Mächten des Himmels und der Erde zu huldigen und an die Leistungen derer zu erinnern, die Jahrhunderte früher riesige Edelsteine entdeckt hatten.

Moses nahm seine Aufgabe sehr ernst und vergewisserte sich des Wohlergehens jedes einzelnen. Kein Arbeiter litt Hunger oder Durst, und kein Altar entbehrte des Weihrauchs. Weil die Männer den Göttern huldigten, schenkten diese ihnen Wunder wie diesen riesigen Türkis, den ein junger Arbeiter mit begnadeten Händen vorzeigte und emporhielt.

In der unwegsamen Berglandschaft hatte die Expedition keinen Überraschungsangriff zu fürchten. Niemand konnte diese steilen Hänge erklimmen, ohne von den Spähern gesichtet zu werden, daher war Ramses' Aufgabe ungemein leicht. An den ersten Tagen ließ er noch eiserne Disziplin walten, die aber bald schon übertrieben erschien. Er wahrte zwar gewisse Sicherheitsvorkehrungen, gestattete aber den Soldaten auch Muße und ausgedehnte Mittagsruhe, die sie über alles schätzten.

Da er selbst keinen Müßiggang ertragen konnte, versuchte er Moses zu helfen. Doch sein Freund ließ nicht mit sich reden, er wollte seinen Pflichten allein nachkommen. Auch bei den Bergleuten hatte der Prinz keinen Erfolg. Sie rieten ihm ab, sich allzu lange in den Stollen aufzuhalten. Schließlich befahl ihm ein zornentbrannter Bakhen, sich zufriedenzugeben mit dem ihm zugeteilten Posten und den Arbeitsablauf im Steinbruch nicht zu stören.

Also widmete Ramses sich ganz seinen Untergebenen. Er befragte sie über ihren beruflichen Werdegang, ihre Familien, hatte ein Ohr für ihre Klagen, verwarf die eine oder andere Kritik und hieß wieder andere gut. Sie wünschten sich einen besser entlohnten Lebensabend und mehr Anerkennung gemäß den geleisteten Diensten unter oft schwierigen Umständen, fern ihres heimatlichen Bodens. Wenige von ihnen hatten Gelegenheit gehabt, sich im Kampf zu beweisen, aber alle hatten in den Steinbrüchen, auf großen Baustellen oder auf Expeditionen wie dieser Dienst getan. Obwohl sie es nicht leicht hatten, waren sie doch stolz auf ihre Arbeit. Und welch herrliche Geschichten wußten jene zu berichten, die das Glück gehabt hatten, mit dem Pharao durchs Land zu ziehen!

Ramses beobachtete.

Er lernte den Alltag des Abbaubetriebs kennen, erkannte die Notwendigkeit einer Rangordnung, die auf Kenntnissen und nicht auf Rechten fußte, unterschied zwischen Arbeitseifrigen und Müßiggängern, zwischen Ausdauer und Flatterhaftigkeit, zwischen Schweigern und Schwätzern. Und stets kehrte sein Blick zu den Stelen zurück, die die Vorfahren errichtet hatten, zu dieser Geradlinigkeit, die jenes Wesen verlangt hatte, das auch der Wüste etwas Heiliges ins Herz pflanzte.

«Sie sind überwältigend, nicht wahr?»

Sein Vater hatte ihn überrascht.

In dem schlichten Schurz, wie ihn auch seine Vorgänger im

Alten Reich getragen hatten, verkörperte er dennoch den Pharao. Von ihm ging eine Kraft aus, die Ramses bei jeder Begegnung von neuem beeindruckte. Sethos bedurfte keiner Herrschaftszeichen, seine Gegenwart reichte aus, um seine Macht herauszustellen. Kein anderer verfügte über solch magische Kräfte. Die anderen nutzten Kunstkniffe oder gekünsteltes Gehabe, Sethos brauchte nur zu erscheinen, und schon wurde aus Chaos Ordnung.

«Sie stimmen mich besinnlich», bekannte Ramses.

«Sie sind lebendige Sprache. Anders als die Menschen lügen und verraten sie nie. Die Bauwerke eines Tyrannen werden zerstört, die Taten eines Lügners sind vergängliche Werke. Des Pharaos Stärke beruht allein auf dem Gesetz der Maat.»

Ramses war erschüttert, galten diese Worte ihm? Hatte er zerstört, verraten oder gelogen? Er wollte aufspringen, bis zum Rand der Hochebene laufen, den Abhang hinunter und in der Wüste untertauchen. Welchen Fehler hatte er bloß begangen? Er erwartete eine genauere Beschuldigung, aber sie kam nicht. Der König richtete den Blick in die Ferne.

Chenar! Natürlich, sein Vater spielte auf Chenar an, ganz sicher, er nannte ihn nur nicht beim Namen! Er hatte seine Schliche durchschaut und deutete Ramses hiermit seinen wahren Rang an. Wieder würde sich das Schicksal wandeln! Der Prinz war überzeugt, diese Worte waren ein Lob für ihn, und er schwankte zwischen Hoffnung und Enttäuschung.

«Welches Ziel hat diese Expedition?»

Ramses zögerte, verbarg sich hinter dieser einfachen Frage vielleicht eine Falle?

«Türkise heimzubringen für die Götter.»

«Sind sie unerläßlich für den Wohlstand des Landes?»

«Nein, aber wie könnten wir ihrer Schönheit entsagen?»

«Gewinn soll nicht unseren Reichtum begründen, er würde ihn von innen her zerstören. Erkenne in jedem Wesen und in jedem Ding das, was seinen Ruhm ausmacht, das heißt seine Beschaffenheit, seinen Wert, seine Ausstrahlung und seinen Geist. Suche, was sich nicht ersetzen läßt.»

Ramses war, als dringe ein Licht in ihn ein, das seinem Herzen Kraft verlieh. Sethos' Worte prägten sich ihm ein für ewig.

«Der Kleine wie der Große erhalte vom Pharao seinen Lebensunterhalt, und die Zuteilung muß gerecht sein. Vernachlässige nicht den einen auf Kosten des anderen, wisse sie zu überzeugen, daß die Gemeinschaft wichtiger ist als der einzelne. Was dem Bienenstock nutzt, nutzt der Biene, und die Biene hat dem Bienenstock, dem sie ihr Leben verdankt, zu dienen.»

Die Biene, sie war eines der Schriftzeichen für den Pharao! Sethos sprach über die Ausübung des höchsten Amtes, und nach und nach enthüllte er Ramses die Geheimnisse des äpyptischen Königtums.

Erneut befiel ihn Schwindel.

«Erzeugen ist wichtig», fuhr Sethos fort, «verteilen noch wichtiger. Ein Überfluß an Reichtümern auf seiten einer Kaste zieht Unglück und Zwietracht nach sich, eine gerecht verteilte kleine Menge spendet Freude. Die Geschichte einer Regentschaft soll eine Geschichte von Festlichkeit sein. Damit dies gelingt, darf kein Bauch Hunger leiden. Beobachte, mein Sohn, laß nicht ab, beobachte gut. Denn wenn du nicht zum Seher wirst, wirst du den Sinn meiner Worte nicht erkennen.»

Ramses verbrachte eine schlaflose Nacht, er starrte auf eine blaue Gesteinsader, die am Rande der Hochebene zutage trat. Er bat Hathor, die Finsternis zu zerstreuen, in der er sich verfangen hatte und nicht mehr wog als ein Strohhalm.

Sein Vater verfolgte einen genauen Plan, aber welchen? Ramses hatte aufgehört, an eine Zukunft als König zu glauben. Aber wieso beschenkte Sethos, der doch berühmt dafür war, mit Vertraulichkeiten zu geizen, ihn mit Lehrsätzen wie diesen? Moses hätte die Absichten des Herrschers vielleicht eher begriffen, aber er als Prinz mußte allein kämpfen und seinen eigenen Weg entwerfen.

Kurz vor Morgengrauen trat ein Schatten aus dem Hauptstollen. Ohne das Licht des sterbenden Mondes hätte Ramses an die Erscheinung eines Dämons geglaubt, der es eilig hatte, in ein anderes Schlupfloch zu flüchten. Aber dieser Dämon hatte eine menschliche Gestalt und preßte einen Gegenstand an sich.

«Wer bist du?»

Der Mann blieb kurz stehen, wandte den Kopf in Richtung des Prinzen und lief dann zum abschüssigen Teil des Plateaus, wo die Grubenarbeiter nur eine Bauhütte erstellt hatten.

Ramses heftete sich dem Flüchtenden an die Fersen.

«Bleib stehen!»

Der Mann lief schneller, Ramses ebenfalls. Er gewann an Boden und erreichte die fremde Gestalt kurz vor dem Steilhang.

Der Prinz machte einen Satz und packte ihn an den Beinen. Der Dieb stürzte, ohne seine Beute loszulassen, griff mit der Linken nach einem Stein und versuchte, seinem Angreifer den Schädel einzuschlagen. Mit einem Ellbogenhieb in den Brustkasten verschlug Ramses ihm den Atem. Dem Mann gelang es trotzdem, sich aufzurichten, doch er verlor das Gleichgewicht und stürzte rücklings.

Ein Schmerzensschrei, dann noch einer und dann das Geräusch eines von Fels zu Fels stürzenden Körpers, der unten am Hang liegenblieb.

Als Ramses bei ihm ankam, war der Mann tot, aber den Sack voller Türkise preßte er nach wie vor gegen seine Brust.

Dieser Dieb war kein Unbekannter. Es war der Wagenlenker, der Ramses bei der Wüstenjagd in die Falle gelockt hatte, die ihn das Leben hatte kosten sollen.

SECHSUNDZWANZIG

KEIN GRUBENARBEITER kannte den Dieb. Es war seine erste Expedition gewesen, und er hatte sich mit niemandem angefreundet. Er war ein harter Arbeiter gewesen, hatte Stunden in den unzugänglichsten Stollen verbracht und sich Achtung bei den Kameraden erworben.

Der Diebstahl von Türkisen stand unter schwerer Strafe, aber ein solches Verbrechen war seit Urzeiten nicht begangen worden. Die Expeditionsteilnehmer beklagten den Tod des Schuldigen nicht. Das Gesetz der Wüste hatte eine gerechte Strafe verhängt. Wegen seiner schweren Schuld wurde der Wagenlenker ohne Totenfeier beerdigt. Das bedeutete, daß sein Mund und seine Augen nicht offen in der anderen Welt wären, und die vielen Pforten würde er nicht durchwandern können und somit ein Opfer des verschlingenden Ungeheuers werden.

«Wer hat diesen Mann eingestellt?» fragte Ramses Moses.

Der Hebräer sah seine Listen durch.

«Ich.»

«Wie, du?»

«Der Harimsleiter hat mir mehrere Arbeiter empfohlen, die für diese Arbeit geeignet sind. Daher habe ich nur noch unterschrieben.»

Ramses atmete auf.

«Dieser Dieb war der Wagenlenker, der den Auftrag erhalten hatte, mich in den Tod zu befördern.»

Moses wurde aschfahl.

«Du hast doch nicht etwa vermutet...»

«Keine Sekunde, aber auch du bist in eine Falle getappt.»

«Der Harimsleiter? Der ist ein Schwächling, den der geringste Zwischenfall in Angst versetzt.»

«Um so leichter ist er zu beeinflussen. Ich möchte so bald wie möglich nach Ägypten zurück, Moses, und herausfinden, wer sich hinter diesem Strohmann verbirgt.»

«Hast du nicht Abstand genommen vom Weg zur Macht?»

«Das spielt keine Rolle, ich will die Wahrheit wissen.»

«Selbst wenn sie unangenehm für dich wäre?»

«Weißt du vielleicht Genaueres?»

«Nein, nichts, das schwöre ich dir. Aber wer sollte es denn wagen, den jüngeren Sohn des Pharaos zur Zielscheibe zu nehmen?»

«Vielleicht mehr Menschen, als du dir vorstellen kannst.»

«Wenn es eine Verschwörung ist, wird der Anstifter im dunkeln bleiben.»

«Gibst du jetzt schon auf, Moses?»

«Dieser Irrsinn betrifft uns doch nicht. Da du Sethos nicht nachfolgst, wer sollte dir dann noch schaden wollen?»

Ramses sagte seinem Freund nichts vom Inhalt seiner Gespräche mit seinem Vater. Waren sie nicht ein Geheimnis, das er zu wahren hatte, solange er ihre Bedeutung nicht verstand?

«Wirst du mir beistehen, Moses, wenn ich dich brauche?»

«Wieso fragst du so etwas?»

Trotz des Vorfalls änderte Sethos nichts am Ablauf der Expedition. Als dem König die dem Berg entlockte Zahl von Türkisen ausreichend erschien, gab er das Zeichen zur Heimkehr nach Ägypten.

Der Oberste Palastwächter eilte im Laufschritt zum Audienzsaal der Königin. Tujas Bote hatte ihm die Vorladung der großen königlichen Gemahlin überbracht und ihm keinerlei Aufschub gewährt.

«Hier bin ich, Majestät.»

«Wie steht es mit den Nachforschungen?»

«Ja, aber... sie waren doch abgeschlossen!»

«Tatsächlich!»

«Mehr ist nicht herauszukriegen.»

«Sprechen wir über den Wagenlenker. Du sagtest doch, er sei tot?»

«Leider ja, dieser elende...»

«Wie konnte dieser Tote dann die Kraft finden, in die Türkissteinbrüche aufzubrechen und dort Steine zu entwenden?»

Der Beamte sackte in sich zusammen.

«Das ist – das ist unmöglich!»

«Hältst du mich für eine Lügnerin?»

«Majestät!»

«Es gibt Möglichkeiten: Entweder bist du bestochen worden oder unfähig, oder beides zusammen.»

«Majestät...»

«Du hast mich zum Narren gehalten.»

Der hohe Beamte warf sich der Königin zu Füßen.

«Man hat mich benutzt; man hat mich belogen, ich verspreche Majestät...»

«Ich verabscheue liebedienerische Kreaturen. In wessen Sold stehst du, Verräter?»

Aus dem unzusammenhängenden Gestammel des Mannes wurde all seine Unfähigkeit deutlich, die er bisher durch geheuchelte Gutmütigkeit kaschiert hatte. Aus Angst, seine Stellung zu verlieren, hatte er sich nicht weiter vorgewagt. In der Überzeugung, richtig gehandelt zu haben, flehte er um Gnade.

«Von nun an wirst du Dienst tun als Pförtner des Anwesens meines älteren Sohnes. Vielleicht gelingt es dir dort, zumindest ein paar Störenfriede fernzuhalten.»

Der Beamte erging sich in honigsüßen Dankesworten, während die große königliche Gemahlin den Audienzsaal längst verlassen hatte.

Ramses und Moses jagten mit ihrem Gespann in den Hof des Harim Mer-Our und hielten vor dem Verwaltungsgebäude. Abwechselnd hatten die beiden Freunde die Zügel geführt und sich dabei überboten an Geschicklichkeit und Eifer. Mehrmals hatten sie die Pferde gewechselt und den Weg von Memphis zum Harim im Flug zurückgelegt.

Die lärmende Ankunft störte die Ruhe der Anlage, riß den Vorsteher aus seinem Mittagsschlaf und ließ ihn zur Tür laufen.

«Seid ihr verrückt geworden? Dies ist doch keine Kaserne!»

«Die große königliche Gemahlin hat mich mit einer Mission betraut», erklärte Ramses.

Der Harimsvorsteher umfaßte mit zitternden Händen seinen vorquellenden Bauch.

«Ach so... Aber was rechtfertigt diesen Lärm?»

«Es ist besonders dringlich.»

«Ein dringlicher Fall, hier, in dem mir unterstellten Anwesen?»

«Genau hier, und der dringliche Fall bist du selbst.»

Moses nickte bestätigend. Der Harimsvorsteher wich zwei Schritte zurück.

«Das ist bestimmt ein Irrtum.»

«Du hast mich veranlaßt, für die Expedition in die Türkisgruben einen Verbrecher einzustellen», betonte der Hebräer.

«Ich? Du phantasierst!»

«Wer hatte ihn empfohlen?»

«Ich weiß nicht, von wem du redest!»

«Sehen wir in den Archiven nach», sagte Ramses fordernd.

«Könnt ihr einen schriftlichen Befehl vorweisen?»

«Wird das Siegel der Königin genügen?»

Der Beamte wehrte sich nicht länger. Ramses war in Hochstimmung, da er überzeugt war, am Ziel zu sein. Moses war zurückhaltender, doch auch ihm lag daran, der Wahrheit zum Sieg zu verhelfen.

Die Angaben über den Türkisräuber waren eine Enttäuschung, denn der Mann hatte sich nicht als Wagenlenker beworben, sondern als erfahrener Grubenarbeiter, der schon an mehreren Expeditionen teilgenommen hatte und in Mer-Our den Schmuckherstellern die Bearbeitung der Türkise beibringen sollte. Daher hatte der Vorsteher gleich an ihn gedacht, als er erfuhr, daß Moses diesen Trupp leiten sollte.

Ganz offensichtlich war dieser Beamte hintergangen worden, und nachdem nun der Stallknecht und auch der Wagenlenker tot waren, verlor sich die Spur des Anstifters dieser Verschwörung tatsächlich im Sande.

Mehr als zwei Stunden lang hatte Ramses sich im Bogenschießen geübt und Scheibe um Scheibe durchbohrt. Er zwang sich, seinen Zorn zu nutzen, um sich zu sammeln und seine Kraft zu bündeln, anstatt sie zu vergeuden. Als seine Muskeln schmerzten, begann er einen langen, einsamen Lauf durch die Blumen- und Obstgärten des Harim. Zu viele unklare Gedanken verwirrten seinen Kopf, und wenn der Geist sich wie ein wilder Affe gebärdete, half nur noch körperliche Anstrengung.

Müdigkeit kannte der Prinz nicht. Seine Amme, die ihn mehr als drei Jahre lang gestillt hatte, hatte noch nie ein so widerstandsfähiges Kind erlebt. Nie wurde er krank, Kälte und Hitze waren ihm gleich lieb, und er schlief ausreichend und aß mit wildem Appetit. Von seinem zehnten Lebensjahr an entwickelte er sich mehr und mehr zu einem kräftigen Jüngling, den tägliche körperliche Beanspruchung stählten.

Als er durch eine Tamariskenallee lief, vermeinte er einen Gesang zu hören, der nicht einer Vogelkehle entstammte. Er blieb stehen und spitzte die Ohren.

Das war eine Frauenstimme, und sie war entzückend. Lautlos folgte er ihr – und da sah er sie.

Im Schatten einer Weide saß Nefertari und spielte auf einer asiatischen Laute eine Melodie. Ihre Stimme, süß wie eine Frucht, vereinte sich mit dem Windhauch, der durch die Blätter des Baumes tänzelte. Neben der jungen Frau lag ein Schreibertäfelchen voller Zahlen und geometrischer Figuren.

Ihre Schönheit war fast unwirklich, und einen Augenblick lang fragte Ramses sich, ob er nicht träumte.

«Komm ruhig näher, oder hast du Angst vor der Musik?»

Er schob die Äste des Strauchs, hinter dem er sich verborgen hatte, auseinander.

«Warum versteckst du dich?»

«Weil...»

Er brachte keine Erklärung zustande, seine Verwirrung machte sie lächeln.

«Du bist schweißnaß, bist du etwa gelaufen?»

«Ich hatte gehofft, hier den Namen des Mannes zu finden, der mich umzubringen versucht hat.»

Nefertaris Lächeln erstarb, doch ihr Ernst bezauberte Ramses.

«Es ist dir also nicht gelungen.»

«Nein, leider nicht.»

«Gibt es keine Hoffnung mehr, ihn zu finden?»

«Ich fürchte, nein.»

«Du wirst aber nicht aufgeben.»

«Woher weißt du das?»

«Weil du niemals aufgibst.»

Ramses beugte sich über das Täfelchen.

«Lernst du jetzt Mathematik?»

«Ich berechne Raummaße.»

«Willst du Landvermesser werden?»

«Ich lerne gern, auch ohne bestimmtes Ziel.»

«Gönnst du dir auch manchmal Zerstreuung?»

«Die Einsamkeit ist mir lieber.»

«Bist du nicht zu streng mit dir selbst?»

Die blaugrünen Augen blickten ernst.

«Ich wollte dir nicht zu nahe treten, verzeih.»

Auf den leicht geschminkten Lippen erschien ein nachsichtiges Lächeln.

«Verweilst du einige Zeit im Harim?»

«Nein, ich breche morgen nach Memphis auf.»

«Mit der festen Absicht, die Wahrheit zu entdecken, nicht wahr?»

«Sollte das ein Vorwurf sein?»

«Ist es nötig, sich so vielen Gefahren auszusetzen?»

«Ich will die Wahrheit wissen, Nefertari, und ich werde nicht lockerlassen, um keinen Preis.»

In ihrem Blick las er ermunternde Zustimmung.

«Solltest du nach Memphis kommen, würde ich dich gerne zum Essen einladen.»

«Ich muß noch einige Monate im Harim bleiben, um meine Kenntnisse zu vervollkommnen. Anschließend kehre ich nach Hause zurück, aufs Land.»

«Wartet dort ein Verlobter?»

«Du bist in der Tat recht neugierig.»

Ramses kam sich töricht vor. Diese so ruhige, so beherrschte junge Frau brachte ihn aus der Fassung.

«Werde glücklich, Nefertari.»

SIEBENUNDZWANZIG

DER ALTE GESANDTE war stolz, seinem Land so viele Jahre gedient und mit seinem Rat drei Pharaonen geholfen zu haben, zwischen Ägypten und den Fremdländern zu vermitteln. Er schätzte Sethos' Umsicht, weil der Erhalt des Friedens ihm wichtiger war als kriegerische Heldentaten, die zu nichts führten.

Bald würde er sich in Theben zur Ruhe setzen, unweit des Tempels von Karnak, und sich seiner Familie widmen, die er wegen seiner ständigen Reisen ohnehin zu sehr vernachlässigt hatte. Eine Freude war ihm noch beschert worden in diesen letzten Tagen: Er durfte den jungen, hochbegabten Acha ausbilden. Dieser junge Mann lernte schnell und merkte sich, was wichtig war. Aus Oberägypten zurückgekehrt, wo er eine heikle Kundschaftertätigkeit mit erstaunlichem Fingerspitzengefühl gemeistert hatte, war er aus eigenem Antrieb gekommen, um bei dem erfahrenen Gesandten Unterricht zu nehmen. Dieser hatte ihn sofort wie einen Sohn aufgenommen, ihn nicht nur theoretisch unterwiesen, sondern ihm auch die geheimen Kanäle genannt und gewisse Kniffe verraten, die man nur durch Erfahrung erwirbt. Manchmal war Acha ihm sogar schon einen Gedanken voraus. Bei seiner Einschätzung der Beziehungen zwischen den Ländern bewies er einen ausgeprägten Sinn für die Gegebenheiten und die Zukunftsaussichten.

Der Sekretär des Gesandten meldete den Besuch Chenars, der ehrerbietig um ein Gespräch bat. Den älteren Sohn des Pharaos und designierten Nachfolger wies man nicht ab. Daher empfing der hohe Beamte, obwohl er sich müde fühlte, den rundgesichtigen, dünkelhaften Besucher. Die kleinen braunen Augen zeugten allerdings von einem wachen Geist; ihn für einen ungefährlichen Gegner zu halten wäre ein schwerer Fehler gewesen.

«Dein Kommen ehrt mich.»

«Ich empfinde tiefe Bewunderung für dich», erklärte Chenar herzlich. «Wie jeder weiß, berätst du meinen Vater in allen diplomatischen Angelegenheiten.»

«Das ist zuviel gesagt, der Pharao entscheidet selbst.»

«Dank deiner nützlichen Auskünfte.»

«Die Diplomatie ist eine Kunst, die Fingerspitzengefühl erfordert; ich versuche, sie so gut wie möglich zu beherrschen.»

«Mit großem Erfolg.»

«Sofern die Götter mir gewogen sind. Möchtest du ein Süßbier?»

«Mit Vergnügen.»

Die beiden Männer setzten sich in eine Laube, in die der Nordwind Kühlung brachte. Eine graue Katze sprang dem alten Gesandten auf den Schoß, rollte sich zusammen und schlief ein.

Der Diener füllte zwei Schalen mit bekömmlichem Bier und entfernte sich dann.

«Überrascht dich mein Besuch nicht?»

«Ein wenig, das gebe ich zu.»

«Ich wünsche, daß unser Gespräch vertraulich bleibt.»

«Das versteht sich von selbst.»

Chenar sammelte sich, der alte Diplomat dagegen war eher belustigt. Wie oft schon hatte er es mit Bittstellern zu tun gehabt, die um seine Dienste ersuchten. Je nachdem half oder riet er ab. Daß ein Königssohn sich so weit herabließ, schmeichelte ihm.

«Es heißt, du beabsichtigst, dich zurückzuziehen.»

«Das ist kein Geheimnis. In ein oder zwei Jahren werde ich mich mit dem Einverständnis des Königs aus den Amtsgeschäften zurückziehen.»

«Bedauerst du es?»

«Ich fühle mich allmählich matt, das Alter wird hinderlich.»

«Der Schatz der Erfahrung ist unbezahlbar.»

«Deshalb verschenke ich ihn auch an junge Leute wie Acha; morgen werden sie in die Diplomatie eingeführt.»

«Kannst du Sethos' Entscheidungen uneingeschränkt gutheißen?»

Der alte Diplomat fühlte sich unbehaglich.

«Ich verstehe deine Frage nicht recht.»

«Ist unsere feindliche Haltung den Hethitern gegenüber noch gerechtfertigt?»

«Du kennst sie nicht.»

«Sind sie nicht darauf bedacht, mit uns Handel zu treiben?»

«Die Hethiter wollen Ägypten an sich reißen, und diesen Plan werden sie niemals aufgeben. Es gibt keine andere Möglichkeit als die vom König verfolgte Politik der aktiven Verteidigung.»

«Und wenn ich eine andere vorschlüge?»

«Darüber sprich mit deinem Vater, nicht mit mir.»

«Aber genau mit dir und niemand anderem möchte ich darüber sprechen.»

«Du erstaunst mich.»

«Teil mir alles mit, was du über die Fürstentümer der fremden Länder weißt, ich werde es dir danken.»

«Dazu bin ich nicht befugt. Was im Rat gesprochen wird, muß streng geheim bleiben.»

«Genau das möchte ich aber erfahren.»

«Beharr nicht darauf.»

«Morgen werde ich König sein, bedenk das.»

Dem alten Diplomaten stieg die Röte ins Gesicht.

«Soll das eine Drohung sein?»

«Du bist noch nicht im Ruhestand, ich benötige deine Erfahrung. Die Politik der Zukunft wird mein Siegel tragen. Sei mein geheimer Verbündeter, du wirst es nicht zu bereuen haben.»

Der alte Gesandte pflegte seinem Zorn nicht leicht nachzugeben, doch diesmal siegte die Empörung.

«Wer auch immer du bist, deine Forderungen sind unannehmbar! Wie kann der Sohn des Pharaos überhaupt den Gedanken hegen, seinen Vater zu verraten?»

«Beruhige dich, ich bitte darum.»

«Nein, ich werde mich nicht beruhigen! Dein Benehmen ist eines zukünftigen Königs unwürdig. Dein Vater muß davon in Kenntnis gesetzt werden.»

«Wag dich nicht zu weit vor.»

«Verlaß mein Haus!»

«Solltest du vergessen haben, mit wem du sprichst?»

«Mit einem schändlichen Menschen!»

«Ich verlange Stillschweigen.»

«Kommt nicht in Frage.»

«Dann werde ich dich mundtot machen.»

«Mich, mundtot...?»

Dem alten Diplomaten verschlug es den Atem, er preßte seine Hände aufs Herz und brach zusammen. Chenar rief nach den Dienern, der Würdenträger wurde auf ein Lager gebettet und ein Arzt herbeigerufen, der jedoch nur noch den Tod feststellen konnte, ausgelöst von einem plötzlichen Herzanfall.

Chenar hatte Glück gehabt. Sein gewagter Vorstoß nahm eine glückliche Wendung.

Iset, die Schöne, schmollte.

Sie hielt sich im Haus ihrer Eltern verborgen und weigerte sich, Ramses zu empfangen. Sie gab vor, Müdigkeit verunstalte ihre Gesichtszüge. Diesmal würde sie ihm sein überstürztes Verschwinden und seine lange Abwesenheit heimzahlen. Hinter einem Vorhang im oberen Geschoß belauschte sie den Wortwechsel zwischen ihrer Zofe und dem Prinzen.

«Übermittle deiner Herrin meine Wünsche zu baldiger Genesung», sagte Ramses, «und melde ihr auch, daß ich nicht nochmals komme.»

«Nein!» schrie sie auf.

Sie schob den Vorhang zur Seite, rannte die Stufen hinunter und warf sich ihrem Geliebten in die Arme.

«Es geht dir anscheinend schon wieder viel besser.»

«Geh nicht fort, sonst werde ich wirklich krank.»

«Willst du von mir verlangen, dem König nicht zu gehorchen?»

«Diese Expeditionen sind widerlich, und ohne dich langweile ich mich.»

«Solltest du Einladungen abgelehnt haben?»

«Nein, aber da muß ich dauernd die Angebote junger Adeliger zurückweisen. Wenn du dabei wärst, würde man mich nicht so belästigen.»

«Manchmal ist Reisen gar nicht so nutzlos, wie du denkst.»

Ramses machte sich los und zeigte der jungen Frau eine Schatulle. Erstaunt riß sie die Augen auf.

«Öffne sie.»

«Ist das ein Befehl?»

«Tu, was dir beliebt.»

Iset hob den Deckel. Was sie da vor sich sah, entlockte ihr einen Schrei der Bewunderung.

«Ist das für mich?»

«Mit Erlaubnis des Expeditionsleiters.»

Stürmisch umarmte sie ihn.

«Leg es mir um den Hals.»

Ramses kam ihrem Wunsch nach. Die Kette aus Türkisen zauberte einen funkelnden Glanz in die grünen Augen der jungen Frau. Damit würde sie alle ihre Rivalinnen ausstechen.

Ameni durchwühlte immer noch die Scherbenhaufen. Kein Mißerfolg vermochte seine Hartnäckigkeit zu mindern. Noch gestern hatte er mehrere Mosaiksteinchen des Rätsels zu entdecken geglaubt, hatte gehofft, einen Zusammenhang herstellen zu können zwischen der Werkstatt und ihrem Eigner. Aber er mußte aufgeben, die Inschrift war unleserlich, und es fehlten Schriftzeichen.

Diese Suche hinderte den jungen Schreiber aber nicht daran, seine Arbeit gewissenhaft auszuführen. Ramses erhielt jetzt mehr und mehr Schriftstücke, die beantwortet werden mußten, und zwar mit den jeweils angemessenen Höflichkeitsformeln. Der Ruf des Prinzen, das war ihm wichtig, sollte untadelig sein. Gerade hatte Ameni letzte Hand an den Bericht über die Expedition in die Türkisberge gelegt.

«Dein Ansehen wächst», bemerkte Ramses.

«Das Hintertreppengemunkel beeindruckt mich nicht.»

«Man ist der Meinung, du verdientest ein besseres Amt.»

«Ich habe es mir zur Aufgabe gemacht, dir zu dienen.»

«Denk auch an deine Laufbahn, Ameni.»

«Sie ist längst vorgezeichnet.»

Diese unbeirrbare Freundschaft erfüllte das Herz des Prinzen mit Freude. Doch würde er es verstehen, sich ihrer immer würdig zu erweisen? Ameni war jemand, der hohe Ansprüche stellte.

«Bist du bei deinen Nachforschungen vorangekommen?»

«Nein, aber ich gebe die Hoffnung nicht auf. Und du?»

«Obwohl die Königin sich eingeschaltet hat, gibt es keine ernstzunehmende Spur.»

«Weil es einen Namen gibt, den niemand auszusprechen wagt», meinte Ameni.

«Zu Recht, das glaubst du doch auch? Eine Anklage ohne Beweise wäre ein schweres Vergehen.»

«Das höre ich gern aus deinem Mund. Weißt du eigentlich, daß du Sethos immer ähnlicher wirst?»

«Ich bin sein Sohn.»

«Chenar ebenfalls, auch wenn man daran zweifeln möchte.»

Ramses war nervös. Wieso war Moses kurz vor seiner Abreise zum Harim Mer-Our in den Palast bestellt worden? Während der Expedition hatte der Freund keinen Fehler begangen. Im Gegenteil, Grubenarbeiter wie Offiziere waren des Lobes voll gewesen für den jungen Versorgungsbeamten und hatten ihn den anderen als Vorbild hingestellt. Aber üble Nachrede und Verleumdung gab es ja immer. Seine Beliebtheit hatte vielleicht einen hochgestellten Dummkopf in den Schatten gestellt.

Ameni schrieb unbeirrbar weiter.

«Bist du nicht besorgt?»

«Wegen Moses? Nein. Er ist von deiner Art: je mehr man ihm abverlangt, desto stärker wird er.»

Diese Behauptung vermochte Ramses nicht zu beruhigen. Der Hebräer hatte einen so ausgeprägten Charakter, daß er eher Eifersucht als Hochachtung weckte.

«Anstatt zu grübeln», riet Ameni, «solltest du lieber die letzten königlichen Verfügungen lesen.»

Der Prinz machte sich mit Eifer an die Arbeit, konnte sich jedoch nur schwer konzentrieren. Immer wieder sprang er auf und lief auf der Terrasse hin und her.

Kurz vor Mittag sah er Moses aus dem Verwaltungsgebäude, wohin er bestellt worden war, herauskommen. Da er es nicht mehr erwarten konnte, rannte er die Treppe hinab und eilte ihm entgegen.

Der Hebräer wirkte fassungslos.

«Los, sag schon!»

«Man bietet mir den Posten eines Vorarbeiters auf den königlichen Baustellen an.»

«Dann ist es also aus mit dem Harim?»

«Ich werde von Stadt zu Stadt ziehen und unter Leitung eines Baumeisters die Arbeiten an Tempel- und Palastbauten überwachen.»

«Hast du angenommen?»

«Ist das denn nicht besser als das einlullende Dasein im Harim?»

«Dann ist es ja eine Beförderung! Acha ist in der Stadt, Setaou ebenfalls, also werden wir heute abend feiern.»

ACHTUNDZWANZIG

DIE EHEMALIGEN SCHÜLER des Kap verbrachten einen angeregten Abend. Tänzerinnen vertrieben den jungen Männern die Zeit. Wein, duftende Braten und Süßspeisen wurden gereicht. Setaou erzählte ein paar Schlangenanekdoten und verriet, wie er schöne Frauen verführte, indem er sie vor einem Reptil rettete, das er zuvor selbst in ihre Privatgemächer eingeschleust hatte. Dieses, wie er selbst fand, etwas ungehörige Verfahren ersparte ihm endloses Vorgeplänkel.

Jeder erzählte, was ihm bevorstand: Ramses würde zur Armee gehen, Ameni die Schreiberlaufbahn fortsetzen, Acha Diplomat werden, Moses die öffentlichen Bauvorhaben überwachen, und Setaou würde sich weiterhin seinen geliebten Kriechtieren widmen. Wann würden sie sich wohl wiedersehen, so glücklich und siegesgewiß?

Setaou zog sich als erster zurück, in Begleitung einer nubischen Tänzerin, die ihm rührende Blicke zugeworfen hatte. Moses mußte noch ein paar Stündchen schlafen, bevor er nach Karnak aufbrach, wo Sethos ein riesiges Bauvorhaben geplant hatte. Ameni, der das Trinken nicht gewohnt war, schlummerte auf weichen Kissen. Die Nacht war erfüllt von Duft.

«Eigenartig», sagte Acha zu Ramses, «die Stadt scheint so friedlich.»

«Sollte es denn anders sein?»

«Meine Reisen durch den Osten und Nubien haben mir die Augen geöffnet. Wir leben und wiegen uns in Sicherheit. Doch im Norden wie im Süden haben mehr oder minder furchterregende Völker nichts anderes im Sinn, als sich unserer Reichtümer zu bemächtigen.»

«Im Norden sind es die Hethiter, aber wer lauert im Süden?»

«Solltest du die Nubier vergessen haben?»

«Die sind doch schon seit langer Zeit unsere Untertanen.»

«Das glaubte ich auch, bis ich dorthin kam, mit dem Auftrag, den Stand der Dinge etwas genauer zu erforschen. Die Zungen lösten sich, und ich hörte, was hinter den Kulissen geredet wurde, und kam einer Wirklichkeit nahe, die ganz anders ist, als man hier bei Hof glaubt.»

«Du drückst dich recht rätselhaft aus.»

Der vornehme und elegante Acha schien so gar nicht geschaffen für lange Reisen durch unwirtliche Landstriche. Dennoch war er stets ausgeglichen, wurde nie laut und legte eine unerschütterliche Ruhe an den Tag. Seine innere Kraft und seine geistige Regsamkeit erstaunten einen jeden. Jetzt wurde auch Ramses klar, daß er niemals eine von Acha vorgetragene Meinung überhören durfte. Seine Vornehmheit war trügerisch, hinter dem Erscheinungsbild eines Mannes von Welt verbarg sich ein entschlossener und selbstsicherer Charakter.

«Weißt du, daß wir hier über Staatsgeheimnisse reden?»

«Das ist doch dein Aufgabenbereich», sagte Ramses spöttisch.

«Diesmal bist du ganz direkt betroffen, und weil wir Freunde sind, meine ich, du solltest eine Nacht Vorsprung bekommen vor Chenar. Morgen früh wird er nämlich Mitglied des Rates sein, den der Pharao einberufen wird.»

«Solltest du mir zuliebe dein Wort brechen?»

«Ich begehe keinen Verrat an meinem Land, denn ich bin überzeugt, daß du in dieser Angelegenheit eine Rolle spielen wirst.»

«Könntest du dich etwas klarer ausdrücken?»

«Im Gegensatz zu den Fachleuten bin ich der Meinung, daß sich in einer unserer nubischen Provinzen ein Aufstand vorbereitet. Nicht einfach eine schlichte Unmutsbewegung, sondern ein richtiger Aufstand, der zahlreiche Opfer kosten dürfte, wenn die ägyptische Armee nicht schnell eingreift.»

Ramses war verblüfft.

«Hast du es gewagt, eine solch unglaubliche Ansicht vorzutragen?»

«Ich habe sie schriftlich ausgeführt und meine Gründe erläutert. Ich bin zwar kein Seher, aber hellsichtig.»

«Der Vizekönig von Nubien und die Generäle werden dich als Spinner hinstellen!»

«Das ist zu erwarten, aber der Pharao und seine Ratgeber werden meinen Bericht lesen.»

«Und warum sollten sie deine Ansicht teilen?»

«Weil sie der Wahrheit entspricht, und ist die Wahrheit nicht Leitstern unseres Herrschers?»

«Schon, aber...»

«Sei nicht ungläubig, bereite dich lieber vor.»

«Mich vorbereiten, worauf denn?»

«Sobald der Pharao beschlossen haben wird, den Aufruhr niederzuschlagen, wird er ganz sicher einen seiner Söhne mitnehmen wollen. Das mußt du sein, und nicht Chenar. Das ist die Gelegenheit für dich, deine Fähigkeiten als Soldat unter Beweis zu stellen.»

«Und wenn du dich geirrt hast...»

«Das ist ausgeschlossen. Finde dich frühzeitig ein im königlichen Palast.»

Ungewöhnliche Erregung herrschte im Seitenflügel des Palastes, wo der Pharao die «neun einzigen Freunde» sowie die anderen Ratsmitglieder, Generäle und einige Minister, versammelt hatte. Im allgemeinen beschränkte der König sich auf ein Gespräch mit seinem Wesir, wobei er sich Fälle, die er für entscheidend hielt, genauer vornahm. Aber an diesem Morgen war, ohne daß es Anzeichen dafür gegeben hätte, der erweiterte Rat zu einer Dringlichkeitssitzung geladen worden.

Ramses meldete sich bei dem Stellvertreter des Wesirs und ersuchte um eine Audienz beim Pharao. Man beschied ihn, sich zu gedulden. Da Sethos jedes Gerede zuwider war, würden die Verhandlungen sich nicht lange hinziehen. Das glaubte der Prinz jedenfalls, doch so war es nicht. Sie dauerten ungewöhnlich lange, über die Zeit des Mittagessens hinaus, bis in den frühen Nachmittag. Die Meinungsverschiedenheiten zwischen den Teilnehmern mußten beträchtlich sein, und die Entscheidung des Königs würde erst fallen, wenn er sicher war, den richtigen Weg, den es einzuschlagen galt, zu erkennen.

Erst als die Sonne sich neigte, traten die einzigen Freunde mit ernster Miene aus dem Ratssaal, gefolgt von den Generälen. Kurz darauf holte der Stellvertreter des Wesirs Ramses herein.

Doch nicht Sethos, sondern Chenar empfing ihn.

«Ich wünsche den Pharao zu sehen.»

«Er ist beschäftigt, worum geht es?»

«Dann werde ich wiederkommen.»

«Ich bin befugt, dir zu antworten, Ramses. Wenn du dich weigerst, mit mir zu sprechen, werde ich das melden. Unser Vater wird dein Verhalten nicht billigen. Du vergißt nur allzu häufig, daß du mir Achtung schuldest.»

Die Drohung beeindruckte Ramses nicht. Er war entschlossen, alles auf eine Karte zu setzen.

«Wir sind Brüder, Chenar, solltest du das vergessen haben?»

«Unsere jeweilige Stellung...»

«Untersagt sie uns Freundschaft und Vertrauen?»

Dieser Einwurf verwirrte Chenar, und sein Ton wurde weniger schneidend.

«Nein, natürlich nicht, aber du kennst kein Maß, bist immer so aufgebracht...»

«Ich verfolge meinen Weg, du den deinen. Die Zeit der Illusionen ist vorbei.»

«Und wohin führt dein Weg?»

«In die Armee.»

Chenar faßte sich ans Kinn.

«Das wirst du sicherlich glänzend machen, doch aus welchem Grund wolltest du den Pharao sehen?»

«Um an seiner Seite in Nubien zu kämpfen.»

Chenar sprang auf.

«Wer hat dir denn etwas von einem Krieg in Nubien erzählt?»

Ramses ließ sich nicht beirren.

«Ich bin königlicher Schreiber und höherer Offizier, es fehlt mir nur eine formgerechte Einberufung zu einem Feldzug. Gib sie mir.»

Chenar ging unschlüssig auf und ab und setzte sich wieder.

«Das geht nicht.»

«Warum nicht?»

«Es ist gefährlich.»

«Machst du dir Sorgen um meine Gesundheit?»

«Ein Prinz von Geblüt kann sich solchen Gefahren, die schwer abzuschätzen sind, nicht aussetzen.»

«Wird der Pharao etwa nicht selbst seine Truppen ins Feld führen?»

«Laß ab von diesem Plan, dein Platz ist nicht dort.»

«Im Gegenteil!»

«Mein Entschluß ist unwiderruflich.»

«Dann werde ich mich eben an meinen Vater wenden.»

«Keinen Skandal, Ramses, das Land hat andere Sorgen; ein alberner Zwischenfall...»

«Hör auf, dich mir in den Weg zu stellen, Chenar.»

Das Mondgesicht des Thronerben verhärtete sich.

«Was wirfst du mir vor?»

«Bekomme ich meine Ernennung?»

«Diese Entscheidung obliegt dem König.»

«Anhand deines Vorschlags...»

«Darüber muß ich nachdenken.»

«Dann beeil dich.»

Acha blickte um sich. Ein recht großer Raum, zwei klug angeordnete Fenster, die für Durchlüftung sorgten, Wände und Decke mit Blumenornamenten und roten und blauen geometrischen Mustern verziert, ein paar Stühle, ein niedriger Tisch, ein paar gute Matten, Truhen mit viel Stauraum, ein Schrank für die Papyrusrollen... Das Arbeitszimmer, das man ihm soeben zugeteilt hatte hier im Amt der Gesandten, erschien ihm durchaus angemessen. Nicht vielen Beamten seines Alters wurde eine solche Ausstattung zuteil.

Acha diktierte seinem Schreiber die Briefe, empfing Amtsbrüder, die begierig waren, den jungen Mann kennenzulernen, den man höheren Orts als Phänomen einstufte, und hieß dann Chenar willkommen, der jeden vielversprechenden neuen Beamten persönlich näher kennenlernen wollte.

«Zufrieden?»

«Schon mit weniger wäre man zufrieden.»

«Der König hat deine Arbeit hoch bewertet.»

«Möge stets alles, was ich als ergebener Diener Seiner Majestät tue, zu ihrer Zufriedenheit ausfallen.»

Chenar schloß die Tür und sprach in gedämpftem Ton weiter.

«Auch ich schätze deine Arbeit hoch ein. Du hast es erreicht, daß Ramses mit gesenktem Kopf in die Falle gerannt ist: er träumt nur noch davon, in Nubien zu kämpfen! Natürlich habe ich, um ihn anzuheizen, erst einmal seine Forderungen zurückgewiesen und nur allmählich nachgegeben.»

«Ist er nun ernannt?»

«Der Pharao wird sich bereit erklären, ihn nach Nubien mitzunehmen, damit er zum erstenmal an vorderster Front steht. Ramses ahnt ja nicht, daß die Nubier gefährliche Krieger sind und der Aufruhr, der dort lodert, blutig enden kann. Sein Ausflug in die Türkisberge hat seinen Eifer geweckt, er hält sich bereits für einen alten Kämpfer. Von sich aus wäre er nicht auf den Gedanken gekommen, sich zu melden. Haben wir das nicht fein eingefädelt, mein Lieber?»

«Ich hoffe.»

«Und wenn wir jetzt von dir sprächen, Acha? Ich bin nicht undankbar, und deine Begabung als Gesandter hast du glanzvoll bewiesen. Noch ein wenig Geduld, noch ein oder zwei beachtliche und beachtete Berichte, und die Beförderungen werden sich reihen.»

«Ich habe nur den Ehrgeiz, meinem Land zu dienen.»

«Ich auch, das versteht sich doch von selbst. Aber eine höhere Stellung erleichtert wirkungsvolles Tun. Interessierst du dich für den Osten?»

«Genießt er nicht bereits Vorrang in unseren diplomatischen Bemühungen?»

«Ägypten braucht Fachleute deiner Statur. Bilde dich weiter, lerne, horche dich um und sei mir ergeben, du wirst es nicht zu bereuen haben.»

Acha verneigte sich.

Obgleich das ägyptische Volk Waffengänge nicht schätzte, weckte Sethos' Abmarsch gen Nubien kaum Besorgnis. Wie sollten diese barbarischen Stämme einer mächtigen und gut organisierten Armee denn schon standhalten? Dieser Feldzug glich eher einem Eingriff von Ordnungshütern als einem wirklichen Kampf. Nach harter Bestrafung würden diese Aufrührer nicht so bald den Kopf erheben und Nubien wieder eine friedliche Provinz sein.

Dank der warnenden Worte Achas wußte Chenar, daß die Ägypter auf heftigen Widerstand stoßen würden. Mit jugendlichem Überschwang würde Ramses sich bemühen, seine Tapferkeit unter Beweis zu stellen. In der Vergangenheit hatten nubische Pfeile und Beile dem Leben unvorsichtiger Soldaten, die nur allzu überzeugt waren von ihrer Überlegenheit, ein schnelles Ende gesetzt. So konnte man hoffen, daß es Ramses ähnlich ergehen werde.

Das Leben meinte es gut mit ihm, dachte Chenar bei sich. Im Spiel um die Macht setzte er die Figuren so, daß er eigentlich nur gewinnen konnte. Der Pharao verzehrte seine Kräfte, er war unermüdlich tätig. Schon in naher Zukunft würde er nicht umhinkönnen, seinen älteren Sohn als Regenten einzusetzen und ihm immer mehr Handlungsfreiheit zu gewähren. Zurückhaltung üben, Geduld walten lassen und im Hintergrund die Fäden ziehen, das waren die Schlüssel zum Erfolg.

Ameni rannte zur Hauptanlegestelle von Memphis. Mühsam bahnte er sich einen Weg durch die Menschenmenge, die dichtgedrängt den abziehenden Truppen Lebewohl winkte. Auf einer der letzten Abfallhalden hatte er einen Hinweis entdeckt, der wichtig, vielleicht sogar entscheidend war.

Als Sekretär von Ramses durfte er die Absperrung mißachten und erreichte schwer atmend den Kai.

«Wo ist das Schiff des Prinzen?»

«Ist gerade ausgelaufen», entgegnete ein Offizier.

NEUNUNDZWANZIG

AM VIERUNDZWANZIGSTEN TAG des zweiten Monats der Winterzeit im achten Regierungsjahr Sethos' zog die ägyptische Flotte gen Süden. Sie kam recht schnell voran. In Assuan ging man von Bord und schiffte sich jenseits der Felsen am ersten Katarakt gleich wieder ein, obwohl der Wasserstand zu dieser Zeit das Durchfahren der gefährlichen Engpässe gestattet hätte. Aber der Pharao benutzte von hier ab lieber Schiffe, die für die Fahrt flußaufwärts gen Nubien geeigneter waren.

Ramses war begeistert. Zum Heeresschreiber ernannt, leitete er die Expedition unter dem Oberbefehl seines Vaters und fuhr mit ihm auf dem gleichen mondsichelförmigen Schiff mit den hoch aus dem Wasser ragenden Steven. Zwei Steuerruder, eines an Backbord, das andere an Steuerbord, ermöglichten schnelles und wendiges Fahren. Ein starker Nordwind blähte das riesige Segel an dem mächtigen Mast, dessen Taue von der Mannschaft regelmäßig überprüft wurde.

Eine große Kajüte im Mittelschiff bot Räume zum Schlafen und Arbeiten; die kleineren Kajüten, in der Nähe von Bug und Heck, waren dem Kapitän und den beiden Steuermännern vorbehalten. An Bord des Königsschiffes wie auch auf all den anderen Seglern der Kriegsflotte herrschte fröhliche Betriebsamkeit. Seeleute und Soldaten hatten das Gefühl, eine harmlose Ausflugsfahrt zu unternehmen, und auch keiner der Offiziere belehrte sie eines Besseren. Sie alle hatten die Weisungen des Königs zur Kenntnis genommen: Anstand wahren, die Bevölkerung nicht bedrohen, keinerlei Zwangsverpflichtung, keine willkürlichen Festnahmen. Der Durchzug der Armee sollte Furcht einflößen und Ehrfurcht wekken gegenüber der bestehenden Ordnung, keinesfalls aber Angst vor Schreckensherrschaft oder Plünderung. Wer diesen Ehrenkodex nicht beachtete, würde streng bestraft werden.

Nubien wirkte betörend auf Ramses. Während der ganzen Fahrt stand er im Bug des Schiffes. Kahle Hügel, Granitinselchen, schmale Grünstreifen, die der Wüste trotzten, glitten vorbei, überwölbt von einem Himmel von leuchtendem Blau. Dieser Landstrich barg ein Feuer und besaß eine Unbedingtheit, die seine Seele entzückten. Die Kühe auf den steilen Ufern wirkten ebenso schläfrig wie die Nilpferde im Wasser. Kronenkraniche, rosafarbene Flamingos und Schwalben flogen hoch über Palmen, in denen Paviane spielten. Dieses urwüchsige Land hatte Ramses sofort für sich eingenommen. Es entsprach seiner Natur, in ihm glühte das gleiche unbezähmbare Feuer.

Zwischen Assuan und dem zweiten Katarakt bot sich der ägyptischen Flotte eine friedvolle Landschaft. Auf der Höhe stiller Dörfer legten sie an und verteilten Nahrungsmittel und Hausgerät. Schon seit langem war die Provinz Wawa befriedet. Glücklich, mit wachen Sinnen glaubte Ramses einen Traum verwirklicht, so unmittelbar sprach dieses Land ihn an.

Er erwachte aus seinem Traum, als er ein unglaubliches Bauwerk vor sich sah. Es war die gewaltige Festung Buhen mit ihren zweiundzwanzig Ellen hohen und zehn Ellen dicken Ziegelmauern; von den viereckigen Türmen aus, die den zinnenbestückten Wehrgang unterbrachen, überwachten ägyptische Späher den zweiten Katarakt und das Umland. Kein nubischer Einfall vermochte den Festungsgürtel zu sprengen, und schon gar nicht Buhen, das ständig mit dreitausend Soldaten besetzt war und durch ein Heer von Boten mit Ägypten Verbindung hielt.

Sethos und Ramses betraten die Festung durch das auf die Wüste blickende Haupttor. Eine Holzbrücke führte zum zweiten Doppeltor, das jeden Angreifer fernhielt, weil es ihn einem Hagel von Pfeilen, Wurfspießen und aus Schleudern abgeschossenen Steinen aussetzte. Die Schießscharten waren so angebracht, daß der Feind ins Kreuzfeuer geriet und keine Gelegenheit zur Flucht bekam.

Im Städtchen zu Füßen der Festung hatte ein Teil der Mannschaft Quartier bezogen. Eine Kaserne, schmucke Häuser, Speicher und Werkstätten, ein Marktplatz sowie Badehäuser machten das Leben durchaus angenehm. Hier konnte sich jetzt auch die Schiffsbesatzung eine Weile Entspannung gönnen, bevor es weiterging nach Kusch, in die zweite nubische Provinz. Noch herrschte Hochstimmung.

Der Festungskommandant empfing den König und seinen Sohn im Festsaal von Buhen, wo er auch Recht sprach, nachdem seine Entscheidungen dem Wesir unterbreitet und von ihm gutgeheißen worden waren. Heute bewirtete er den hohen Besuch mit kühlem Bier und Datteln.

«Ist der Vizekönig von Nubien denn nicht anwesend?» fragte Sethos.

«Er muß bald zurück sein, Majestät.»

«Sollte er seinen Wohnort gewechselt haben?»

«Nein, Majestät, er wollte sich nur persönlich Kenntnis verschaffen von der Lage in Irem, südlich des dritten Katarakts.»

«Der Lage? Meinst du einen Aufstand?»

Der Kommandant wich Sethos' Blick aus.

«Das Wort ist gewiß übertrieben.»

«Sollte der Vizekönig eine so weite Reise unternehmen, nur um ein paar Diebe dingfest zu machen?»

«Nein, Majestät, wir haben die Gegend völlig unter Kontrolle und...»

«Warum wird in euren Berichten seit Monaten die Gefahr verharmlost?»

«Ich habe mich um Sachlichkeit bemüht. Gewiß, die Nubier der Provinz Irem sind im Augenblick etwas unruhig, aber...»

«Zwei Karawanen wurden angegriffen, Plünderer haben einen Brunnen in ihre Gewalt gebracht, ein Kundschafter wurde ermordet. Nennst du das eine kleine Unruhe?»

«Wir haben schon Schlimmeres erlebt, Majestät.»

«Gewiß, doch da wurden Strafen verhängt. Diesmal habt ihr, der Vizekönig und du, euch als unfähig erwiesen, die Schuldigen festzunehmen, und daher halten die Nubier sich für unangreifbar und stiften jetzt überall Aufruhr.»

«Meine Aufgabe ist einzig und allein die Verteidigung», warf der Kommandant ein. «Kein Nubier wird unseren Festungsgürtel sprengen.»

Sethos' Zorn wurde immer heftiger.

«Glaubt ihr vielleicht, wir könnten Kusch und Irem ruhig den Aufständischen überlassen?»

«Keineswegs, Majestät!»

«Dann rück mit der Wahrheit heraus.»

Die Entschlußlosigkeit dieses hohen Offiziers widerte Ramses an. Solche Feiglinge waren nicht würdig, Ägypten zu dienen. Er an seines Vaters Statt hätte diesen Kerl seines Ranges enthoben und an die vorderste Front geschickt.

«Ich halte es für unnötig, unsere Truppen in Alarmbereitschaft zu versetzen, selbst wenn ein paar Vorfälle unsere Seelenruhe beeinträchtigt haben.»

«Gibt es Verluste?»

«Keine, wie ich hoffe, der Vizekönig ist mit einem Trupp erfahrener Männer unterwegs. Schon bei ihrem Anblick werden die Nubier die Waffen strecken.»

«Ich werde drei Tage lang abwarten, keinen Tag mehr. Dann werde ich einschreiten.»

«Das wird nicht notwendig sein, Majestät, aber es freut mich dennoch, daß mir abermals die Ehre zuteil wird, Euch zu empfangen. Heute abend gebe ich übrigens ein kleines Fest...»

«Ich werde nicht daran teilnehmen. Tragt Sorge für das Wohlergehen meiner Soldaten.»

Gab es eine wildere Landschaft als die am zweiten Katarakt? Steilfelsen zwängten den Nil ein, der sich durch eine enge Schlucht hindurchkämpfte. Schäumend prallten die Wassermassen gegen riesige Basalt- und Granitblöcke. Der Strom kochte und wütete, bis er das Hindernis überwältigt und neuen Schwung gewonnen hatte. In der Ferne zerschellten ockerfarbene Sandwächten an roten Ufern, gesprenkelt mit blauem Gestein. Hier und da setzten Dumpalmen mit ihrem verzweigten Stamm ein paar grüne Tupfer.

Ramses bäumte sich auf, kämpfte mit dem Nil gegen die Felsen, triumphierte mit ihm. Sie waren eins, der Fluß und er.

Das Städtchen Buhen erfreute sich seines Daseins, niemand glaubte auch nur im entferntesten an einen Krieg. Die dreizehn ägyptischen Festungen würden Tausende von Angreifern abschrecken, und Irem – das war doch das weite Ackerland, Garant für sorgloses Glück. Das würde doch niemand zerstören wollen. Wie seine Vorgänger hatte sich auch Sethos darauf beschränkt, seine Streitmacht vorzuführen, um die Gemüter zu beeindrucken und den Frieden noch sicherer zu machen.

Während er den Lagerplatz abschritt, wurde es Ramses offenkundig, daß auch kein Soldat an einen Kampf glaubte. Man schlief, tafelte, vergnügte sich mit den hinreißenden Nubierinnen, saß beim Würfelspiel, redete über die Rückkehr nach Ägypten und dachte gar nicht daran, die Waffen zu schärfen.

Dabei war der Vizekönig von Nubien noch nicht aus der Provinz Irem zurück.

Ramses erkannte den Hang der Menschen, das Wesentliche zu verdrängen, um sich so lange wie möglich in Illusionen zu wiegen. Die Wirklichkeit schien ihnen so wenig schmackhaft, daß sie sich mit Trugbildern überfütterten und dabei glaubten, alles abzuschütteln, was ihnen in die Quere kam. Der Mensch war ein Feigling und ein Frevler, und der Prinz schwor sich, niemals vor den Tatsachen zurückzuweichen, selbst wenn sie seinen Erwartungen nicht entsprachen. Wie der Nil würde er dem Fels die Stirn bieten und ihn bezwingen.

Am westlichen Rand des Lagers, wo die Wüste begann, kniete ein Mann und wühlte im Sand, als wollte er einen Schatz vergraben.

Ramses stutzte und ging auf ihn zu, das Schwert in der Hand.

«Was machst du da?»

«Still, mach keinen Lärm!» Die Stimme war kaum hörbar, doch fordernd.

«Antworte.»

Der Mann erhob sich.

«Herrje, wie töricht von dir! Du hast sie in die Flucht geschlagen.»

«Setaou! Du hast dich freiwillig gemeldet?»

«Natürlich nicht. – Ich bin sicher, in diesem Loch sitzt eine schwarze Kobra.»

Setaou in seinem wunderlichen Mantel mit den vielen Taschen

sah in der Tat nicht aus wie ein Soldat. Die dunkle Haut war schlecht rasiert, und das schwarze Haar schimmerte im Mondlicht.

«Laut Aussage erfahrener Magier ist das Gift nubischer Schlangen von außergewöhnlicher Beschaffenheit. Eine Expedition wie diese war mir ein willkommener Anlaß!»

«Und die Gefahr? Es geht um einen Feldzug!»

«Von Blutrünstigkeit kann ich noch nichts erkennen. Diese Esel von Soldaten schlagen sich den Bauch voll und besaufen sich. Im Grunde ist das ja auch das ungefährlichste.»

«Diese Ruhe wird nicht von Dauer sein.»

«Weißt du das gewiß, oder ist das eine Weissagung?»

«Glaubst du etwa, der Pharao hätte so viele Männer nur um einer Parade willen verschifft?»

«Mir soll das gleich sein, solange ich nur Schlangen fangen darf. Ihre Farben sind prachtvoll! Anstatt töricht dein Leben aufs Spiel zu setzen, solltest du lieber mit mir in die Wüste ziehen.»

«Ich unterstehe dem Befehl meines Vaters.»

«Und ich bin ein freier Mann.»

Setaou legte sich nieder und schlief auch sofort ein. Er war der einzige Ägypter, der die nächtlichen Streifzüge der Reptilien nicht fürchtete.

Ramses starrte auf die Stromschnelle, gebannt von der Unermüdlichkeit des Nils. Als die Nacht fast endgültig aufgerissen war, spürte er, daß jemand hinter ihm stand.

«Hast du vergessen zu schlafen, mein Sohn?»

«Ich habe Setaou bewacht und etliche Schlangen gesehen, die sich ihm näherten, innehielten und wieder verschwanden. Selbst im Schlaf ist seine Macht wirksam. Trifft das nicht auch auf den Pharao zu?»

«Der Vizekönig ist zurückgekehrt», enthüllte ihm Sethos.

Ramses blickte seinen Vater an.

«Hat er Irem befriedet?»

«Fünf Tote, zehn Schwerverletzte und ein übereilter Rückzug, das ist das Wesentliche, was sich dazu sagen läßt. Die Befürchtungen deines Freundes Acha erweisen sich als gerechtfertigt. Dieser junge Mann ist ein glänzender Beobachter, der die richtigen Schlüsse zog.»

«Manchmal verursacht er mir Unbehagen, doch seine Klugheit ist außergewöhnlich.»

«Leider hat er im Gegensatz zu vielen meiner Ratgeber recht behalten.»

«Heißt das, es wird Krieg geben?»

«Ja, Ramses, nichts verabscheue ich mehr, doch der Pharao darf keine Aufständischen dulden. Sonst wäre das Ende der Herrschaft der Maat schnell gekommen, und Unordnung würde sich breitmachen, die allen, groß und klein, nur Unglück bringen würde. Im Norden schützt Ägypten sich vor Überfällen durch die Kontrolle über Kanaan und Syrien; im Süden muß es sich auf Nubien verlassen können. Würde der König Schwäche zeigen wie Echnaton, brächte er das Land in Gefahr.»

«Wir werden also kämpfen?»

«Wir wollen hoffen, daß die Nubier Vernunft annehmen. Dein Bruder hat mit Nachdruck darum ersucht, daß ich deine Ernennung billige. Er scheint an deine soldatischen Fähigkeiten zu glauben. Doch unsere Gegner sind gefährlich. Wenn sie sich berauschen, kämpfen sie bis zum Tod.»

«Glaubst du mich nicht geeignet für den Kampf?»

«Du bist nicht verpflichtet, dich Gefahren auszusetzen.»

«Du hast mir eine Verantwortung übertragen, und die werde ich auf mich nehmen.»

«Ist dein Leben nicht wertvoller?»

«Bestimmt nicht. Wer sein Wort bricht, verdient nicht zu leben.»

«Dann also kämpfe, falls die Aufständischen sich nicht ergeben. Kämpfe wie ein Stier, ein Löwe und ein Falke, schleudere Blitze wie das Gewitter. Sonst wirst du besiegt werden.»

DREISSIG

Mit Bedauern verließ das Heer Buhen, um über den zweiten Katarakt und aus dem Schutz des Festungsgürtels hinaus in die Provinz Kusch zu ziehen, die zwar befriedet, aber von Nubiern bewohnt war, die man ihrer Tapferkeit wegen rühmte. Bis zur Insel Sais, auf der sich die Festung Shaat erhob, wo der Vizekönig zeitweilig residierte, dauerte die Reise nicht lange. Ein paar Meilen flußabwärts hatte Ramses eine weitere Insel namens Amara entdeckt, deren wilde Schönheit ihn betört hatte. Wenn das Schicksal gnädig mit ihm war, wollte er seinen Vater bitten, dort eine Kultstätte zu Ehren der Pracht Nubiens zu errichten.

In Shaat verstummten die sorglosen Gesänge. Die Zitadelle, viel kleiner als Buhen, war voll mit Flüchtlingen aus der so reichen Ebene von Irem, das in die Hände der Rebellen gefallen war. Siegestrunken und unbehelligt vom Vizekönig, der ihnen nur ein paar Veteranen entgegengeschickt hatte, die schnell auseinandergetrieben waren, hatten zwei Stämme den dritten Katarakt überwunden und zogen nun gen Norden. Der alte Traum war aufs neue erwacht: Kusch sollte zurückerobert, die Ägypter vertrieben und die Festungen im Sturm eingenommen werden.

Shaat war diesem Ansturm als erste ausgesetzt.

Sethos ließ sofort Alarm blasen. Auf jeder Zinne hielt sich ein

Bogenschütze bereit, oben auf den Türmen standen Männer mit Steinschleudern, und im Schutze der Gräben, verteilt rund um die hohen Ziegelmauern, warteten die Fußtruppen.

Dann nahmen der Pharao und sein Sohn in Begleitung des schweigsamen und niedergeschlagenen Vizekönigs den Festungskommandanten ins Gebet.

«Die Nachrichten sind schauerlich», bekannte dieser, «seit einer Woche hat der Aufruhr unglaubliche Ausmaße angenommen. Für gewöhnlich kommt es zu Scharmützeln zwischen den einzelnen Stämmen, aber nie zu Bündnissen. Diesmal sind sie sich jedoch einig! Ich habe Botschaften nach Buhen gesandt, aber...»

Die Anwesenheit des Vizekönigs hinderte den Kommandanten, allzu harsch Kritik zu üben.

«Sprich weiter», forderte Sethos.

«Wir hätten diesen Aufruhr im Keim ersticken können, wenn wir rechtzeitig eingeschritten wären, aber inzwischen frage ich mich, ob es nicht klüger wäre, sich zurückzuziehen.»

Ramses traute seinen Ohren nicht. Wie konnte dieser Mann nur annehmen, die für die Sicherheit Ägyptens Verantwortlichen wären so feige und ahnungslos?

«Sind diese Stämme so furchterregend?» fragte er.

«Es sind Wilde», erwiderte der Kommandant. «Sie fürchten weder Tod noch Leid. Kämpfen und Töten macht ihnen Vergnügen. Ich würde es niemandem übelnehmen, wenn er flieht, sobald die schreiende Horde zum Angriff ansetzt.»

«Fliehen? Das wäre doch Verrat!»

«Wenn du sie erst siehst, wirst du begreifen. Nur eine zahlenmäßig weit überlegene Armee vermag sie im Zaum zu halten. Und inzwischen wissen wir nicht einmal mehr, ob wir es mit einigen hundert oder Tausenden von Feinden zu tun haben.»

«Bring die Flüchtlinge nach Buhen, und nimm den Vizekönig mit», befahl Sethos.

«Soll ich Verstärkung schicken?»

«Das werden wir noch sehen. Meine Boten werden dich auf dem laufenden halten. Laß den Nil abriegeln, und erteile allen Festungen Order, sich zu rüsten zur Abwehr eines Sturmangriffs.»

Der Vizekönig zog sich zurück. Er hatte Schlimmeres befürchtet. Der Kommandant bereitete die Evakuierung vor, und zwei Stunden später zog eine lange Kolonne in Richtung Norden. In Shaat verblieben nur der Pharao, Ramses und tausend Soldaten, deren Kampfeslust schlagartig gesunken war. Man munkelte, zehntausend blutrünstige Nubier würden über die Zitadelle herfallen und die Ägypter bis zum letzten Mann aufreiben.

Sethos übertrug es Ramses, die Truppe aufzuklären, und der junge Mann ließ es nicht dabei bewenden, die tatsächliche Lage zu schildern und die Gerüchte zu zerstreuen, sondern appellierte an den Mut jedes einzelnen und die Verpflichtung zum Schutz des Landes unter Einsatz des eigenen Lebens. Er sprach in schlichten, eindringlichen Worten, und seine Begeisterung wirkte ansteckend. Als sie erfuhren, der Sohn des Königs werde mit ihnen kämpfen, schöpften die Soldaten neue Hoffnung. Ramses' Ungestüm und Sethos' lange Erfahrung als Feldherr würden sie vor dem Untergang bewahren.

Der König hatte entschieden, weiter gen Süden vorzudringen und nicht auf einen möglichen Angriff zu warten. Es schien ihm sinnvoller, Flagge zu zeigen und sich notfalls zurückzuziehen, falls der Gegner übermächtig war. So würde man zumindest Klarheit gewinnen.

Einen ganzen Abend lang studierte Sethos die Karte der Provinz Kusch und erklärte Ramses, wie die Aufzeichnungen der

Landvermesser zu lesen waren. Der junge Mann strahlte, weil der Pharao ihm so viel Vertrauen schenkte. Er lernte sehr schnell und bemühte sich, seinem Gedächtnis jede Einzelheit einzuprägen. Was auch immer geschah, morgen würde ein glanzvoller Tag sein.

Sethos zog sich in den Raum der Festung zurück, der dem Herrscher vorbehalten war, während Ramses mit einem Notlager vorliebnehmen mußte. Lachen und Seufzen aus dem Nebenraum unterbrachen immer wieder seine Träume vom großen Sieg. Verdutzt stand er auf und öffnete die Tür zu der angrenzenden Kammer.

Setaou lag auf dem Bauch und genoß es sichtlich, daß sein Rücken von einer jungen nackten Nubierin mit geschickten Händen geknetet wurde. Sie hatte ein auffallend zartes Gesicht und einen herrlichen Körper. Ihre Haut schimmerte wie Ebenholz und ließ an thebanischen Adel denken. Sie war es, die da lachte, weil Setaou sein Wohlbehagen derart kundtat.

«Sie ist fünfzehn Jahre alt und heißt Lotos», verriet der Schlangenkundige. «Wie keine andere beherrscht sie die Kunst, mit ihren Fingern den Rücken zu entspannen. Möchtest du ihre Begabung auch einmal erproben?»

«Dir eine so schöne Eroberung zu rauben müßte ich mir ja verargen!»

«Sie pflegt zudem mit den gefährlichsten Wirbeltieren furchtlosen Umgang. Mit vereinten Kräften haben wir bereits eine schöne Menge Gift zusammengetragen. Götter, welch ein Glück! Diese Expedition gefiel mir ja von Anfang an. Wie recht ich hatte, sie mir nicht zu versagen!»

«Morgen werdet ihr beide die Festung hüten.»

«Greifst du an?»

«Wir rücken vor.»

«Einverstanden, Lotos und ich werden Wächter spielen und uns bemühen, mindestens zehn Kobras zu fangen.»

Im Winter war es frühmorgens recht kühl, daher hatten die Fußtruppen ein langes Hemd übergezogen, das sie ablegen würden, sobald die nubische Sonne sie wärmte. An der Spitze des Zugs, gleich hinter den Spähern, stand Ramses in einem leichten Streitwagen, den er eigenhändig lenkte. Sethos, von seiner Leibgarde geschützt, befand sich in der Mitte seines Heeres.

Ein Trompetenstoß hallte durch die stille Steppe. Ramses ließ anhalten, sprang zu Boden und folgte den Spähern.

Ein gewaltiges Tier mit langem Rüssel brüllte vor Schmerzen, ein Wurfspieß steckte vorne im verjüngten Ende dieser unglaublich langen Nase. Das Tier trat um sich, es mußte diesen Dorn loswerden, der es schier wahnsinnig machte vor Schmerz. Es war ein Elefant. Jenes Tier, das in vergangenen Zeiten der Insel Elephantine, an der südlichen Grenze Ägyptens, seinen Namen verliehen hatte und dann von dort verschwunden war.

Der Prinz sah zum erstenmal einen Elefanten.

«Ein wahrer Riese», erklärte einer der Männer, «jeder seiner Stoßzähne wiegt mindestens soviel wie ein ausgewachsener Mann. Geh bloß nicht näher an ihn heran!»

«Aber er ist doch verwundet!»

«Die Nubier haben ihn zu töten versucht und sind dann vor uns geflohen.»

Der Kampf stand also kurz bevor.

Während einer der Aufklärer zurücklief, um den König in Kenntnis zu setzen, ging Ramses vorsichtig auf den Elefanten zu. Etwa vierzig Ellen vor dem Riesen hielt er inne und suchte seinen Blick auf sich zu lenken. Das verwundete Tier hörte auf zu toben und beobachtete dieses winzige Lebewesen.

Ramses zeigte ihm seine leeren Hände. Das Tier hob den Rüssel, als wollte es kundtun, daß es die friedlichen Absichten des Zweibeiners begriffen hatte. Betont langsam näherte sich der Prinz.

Einer der Männer wollte laut schreien, doch ein anderer hielt ihm den Mund zu. Bei der geringsten Störung würde der Elefant den Sohn des Pharaos zertrampeln.

Ramses empfand keinerlei Furcht, der aufmerksame Blick des Vierbeiners verriet einen wachen Verstand. Er würde seine Absichten richtig deuten! Noch ein paar Schritte, und er war nur mehr zwei Ellen von dem verwundeten Tier entfernt.

Der Prinz hob die Arme, der Riese senkte den Rüssel.

«Ich werde dir weh tun», erklärte Ramses, «aber das ist unumgänglich.»

Ramses packte den Schaft des Spießes.

«Bist du einverstanden?»

Die großen Ohren peitschten die Luft, als wollte der Elefant sein Einverständnis kundtun.

Der Prinz zog mit aller Kraft, und mit einem Ruck hatte er den Spieß tatsächlich heraus; der Riese brüllte erleichtert. Die sprachlosen Aufklärer glaubten an ein Wunder, aber Ramses würde dennoch nicht überleben, da das blutige Rüsselende sich bereits um seine Taille schlang.

Eine Weile nur, und er würde zermalmt sein. Dann wären sie an der Reihe, und da flohen sie doch lieber gleich.

«Schaut her, aber schaut doch bloß!»

Die fröhliche Stimme des Prinzen rief sie zurück. Sie wandten sich um und sahen, daß er bereits hoch oben auf dem Kopf des Riesen saß, wo der Rüssel ihn ganz behutsam abgesetzt hatte.

«Von diesem Berg aus werde ich jede Bewegung des Feindes erkennen können», rief Ramses.

Die Heldentat des Prinzen begeisterte das Heer, und einige sprachen Ramses übernatürliche Kräfte zu, nachdem er sich das mächtigste aller Tiere gefügig gemacht hatte. Die Wunde des Tiers wurde regelmäßig mit Öl und Honig betupft, und Ramses und der Elefant hatten keine Schwierigkeiten, sich zu verständigen: der eine benutzte Zunge und Hände, der andere Rüssel und Ohren. Unter dem Schutz des Riesen, der ihnen eine Spur bahnte, gelangten die Soldaten in ein Dorf mit Hütten aus getrocknetem Schlamm und Palmdächern.

Die Leichen von Greisen, Kindern und Frauen lagen dort verstreut, die einen waren aufgeschlitzt, den anderen war die Kehle durchgeschnitten worden. Die verstümmelten Körper der Männer, die Widerstand geleistet hatten, lagen etwas weiter entfernt. Die Ernte war verbrannt worden, das Vieh geschlachtet.

Ramses drehte sich der Magen um.

So sah also der Krieg aus, dieses Gemetzel, diese grenzenlose Grausamkeit, der Mensch wütete ja schlimmer als das gefährlichste Raubtier.

«Trinkt nicht aus dem Brunnen!» rief ein älterer Soldat.

Zwei junge Männer hatten bereits ihren Durst gelöscht. Kurz darauf starben sie an dem Feuer, das in ihrem Leib entbrannte. Die Aufständischen hatten den Brunnen vergiftet, um die Dorfbewohner, die Ägypten treu bleiben wollten, zu strafen.

«Solche Vergiftungen kann ich nicht behandeln», beklagte Setaou, «über Pflanzengifte muß ich mich erst noch kundig machen. Zum Glück habe ich Lotos, sie wird es mir beibringen.»

«Was machst du überhaupt hier?» fragte Ramses verwundert. «Solltest du nicht die Festung hüten?»

«Das war mir viel zu langweilig. Diese Natur ist überreich, ist üppig!»

«Wie zum Beispiel dieses gemordete Dorf?»

Setaou legte dem Freund die Hand auf die Schulter.

«Verstehst du jetzt, warum mir die Schlangen lieber sind? Ihre Weise zu töten ist edler, und außerdem liefern sie uns noch wirksame Arzneien gegen Krankheiten.»

«Der Mensch ist aber doch auch nicht nur ein solches Scheusal.»

«Bist du dir da so sicher?»

«Es gibt die Maat, und es gibt das Chaos. Wir kamen auf die Welt, damit die Maat regiere und das Böse besiegt werde, auch wenn es immer von neuem hochsteigt.»

«So denkt ein Pharao, du aber bist nur ein Kriegsherr, der sich anschickt, Schlächter zu schlachten.»

«Oder unter ihren Schlägen zu fallen.»

«Zieh nicht den bösen Blick auf dich, und trinke lieber diesen Kräutertee, den Lotos zubereitet hat. Er wird dich unbesiegbar machen.»

Sethos blickte düster drein.

Er hatte Ramses und die höheren Offiziere in sein Zelt befohlen.

«Was schlagt ihr vor?»

«Noch weiter vorzudringen», riet ein Veteran, «über den dritten Katarakt hinaus bis nach Irem. Unsere Schnelligkeit wird unser Vorteil sein.»

«Wir könnten in eine Falle geraten», gab ein junger Offizier zu bedenken, «weil die Nubier wissen, daß wir gern so verfahren.»

«Das stimmt», bestätigte der Pharao. «Um nicht in einen Hinterhalt zu geraten, müssen wir zuerst die feindlichen Stellungen ausmachen. Ich brauche Freiwillige, Nachtkundschafter.»

«Das ist sehr gewagt», bemerkte der Veteran.

«Das ist mir bewußt.»

Ramses erhob sich.

«Ich melde mich freiwillig.»

«Ich auch», erklärte der Veteran, «und ich habe drei Kameraden, die genauso mutig sind wie der Prinz.»

EINUNDDREISSIG

Der Prinz nahm seine Kappe ab, sein ledernes Wams, seinen Paradeschurz und schlüpfte aus den Sandalen. Um in die nubische Savanne vorzudringen, wollte er sich den Körper mit Holzkohle schwärzen und nur einen Dolch mitnehmen. Bevor es losging, mußte er noch schnell in Setaous Zelt.

Der Schlangenbeschwörer köchelte ein gelbliches Gebräu, während Lotos roten Hibiskustee bereitete.

«Eine rotschwarze Schlange hat sich unter meine Matte geschlichen», verkündete Setaou strahlend, «ein unverhofftes Glück! Noch dazu eine mir bisher unbekannte Art, und eine schöne Menge Gift obendrein! Die Götter sind mit uns, Ramses! Dieses Nubien ist ein Paradies, wie viele Arten es wohl birgt?»

Er hob den Blick und musterte den Prinzen.

«Wo willst du denn hin in diesem Aufzug?»

«Die Lager der Aufständischen auskundschaften.»

«Und wie willst du das anstellen?»

«Indem ich geradewegs nach Süden gehe. Ich werde sie schon finden.»

«Wesentlich ist, daß du zurückkehrst.»

«Ich vertraue auf mein Glück.»

Setaou nickte.

«Trink dies erst noch mit uns, dann hast du zumindest diesen köstlichen Geschmack im Mund, bevor du den Nubiern in die Hände fällst.»

Fruchtig und erfrischend schmeckte der rote, dickflüssige Trank; dreimal schenkte Lotos Ramses ein.

«Wenn du mich fragst», erklärte Setaou, «begehst du eine große Torheit.»

«Ich tue allein meine Pflicht.»

«Erspar dir die hohlen Worte! Du stürmst kopflos vorwärts, ohne jegliche Aussicht auf Erfolg.»

«Im Gegenteil, ich...»

Ramses stand auf, er schwankte.

«Ist dir unwohl?»

«Nein, aber irgendwie...»

«Setz dich.»

«Ich muß gehen.»

«In diesem Zustand?»

«Es geht mir gut, ich...»

Ohnmächtig sank Ramses in Setaous Arme, dieser bettete ihn auf eine Matte neben der Feuerstelle und ging aus dem Zelt. Obwohl er auf die Begegnung mit dem Pharao gefaßt war, beeindruckte ihn Sethos' Gestalt doch zutiefst.

«Danke, Setaou.»

«Lotos sagt, es sei ein ganz leichtes Betäubungsmittel. Ramses wird morgen früh frisch und munter aufwachen. Und was seinen Auftrag betrifft, der wird erledigt. Lotos und ich gehen an seiner Statt. Sie wird mich leiten.»

«Und was wünschst du dir für dich selbst?»

«Deinen Sohn vor Kopflosigkeit zu bewahren.»

Sethos entfernte sich. Setaou war stolz auf sich selbst: wie viele Wesen durften sich rühmen, vom Pharao Dankesworte gehört zu haben?

Ein Sonnenstrahl kroch unter das Zelt und weckte Ramses. Ein Weilchen fühlte er sich noch wie benebelt, und er wußte nicht mehr, wo er sich befand. Dann wurde ihm blitzartig klar, daß Setaou und seine Nubierin ihn betäubt hatten.

Wütend rannte er nach draußen und stieß mit Setaou zusammen, der in Schreiberpose dasaß und Dörrfisch aß.

«Sachte, sachte! Ich hätte mich ja beinahe verschluckt.»

«Und was hast du mir zu schlucken gegeben?»

«Ein Körnchen Weisheit.»

«Ich hatte einen Auftrag auszuführen, und du hast mich daran gehindert.»

«Gib Lotos einen Kuß und bedank dich bei ihr, denn dank ihrer Hilfe wissen wir jetzt, wo sich das Hauptlager des Feindes befindet.»

«Sie gehört doch zu denen!»

«Bei der Zerstörung des Dorfes wurde ihre Familie ermordet.»

«Ist sie ehrlich?»

«Du, der Schwärmer, bist plötzlich mißtrauisch? Ja, sie ist ehrlich, daher war sie ja bereit, uns zu helfen. Die Aufständischen gehören nicht zu ihrem Stamm und bringen Unheil über den fruchtbarsten Landstrich Nubiens. Wasch dich, iß und kleide dich als Prinz, anstatt hier zu jammern. Dein Vater erwartet dich.»

Den Anweisungen von Lotos vertrauend, setzte die ägyptische Armee sich in Marsch, an der Spitze Ramses, hoch oben auf seinem Elefanten. Während der ersten zwei Stunden trottete der Riese entspannt, fast unbekümmert dahin und angelte sich ganz nebenbei im Buschwerk seine Nahrung.

Doch dann änderte sich sein Verhalten; er starrte geradeaus, ging deutlich langsamer und vermied jedes Geräusch. Leicht und unglaublich behutsam setzte er die Füße auf. Plötzlich schwang er den Rüssel bis zur Spitze einer Palme empor, packte einen mit einer Schleuder bewaffneten Nubier, schmetterte ihn gegen den Stamm und brach ihm das Rückgrat.

Ob der Späher noch Zeit gehabt hatte, seine Leute zu verständigen? Ramses wandte sich um und harrte der Befehle. Das Handzeichen des Pharaos war unmißverständlich. Sie sollten ausschwärmen und angreifen.

Der Elefant stürmte los.

Kaum waren sie über die lichte Palmenpflanzung hinweg, da sah Ramses sie: Hunderte von nubischen Kriegern, tiefschwarze Haut, den vorderen Teil des Schädels rasiert, platte Nasen, wulstige Lippen, goldene Ringe in den Ohren, Federn im kurzen krausen Haar, die Wangen voller Ritualnarben. Die Soldaten trugen einen kurzen Schurz aus gefleckter Tierhaut, die Anführer weiße Hemden mit roten Gürteln.

Es war zwecklos, ihnen zuzurufen, sich zu ergeben. Sobald sie des Elefanten und der ägyptischen Vorhut ansichtig wurden, stürzten sie sich auf ihre Bögen und begannen zu schießen. Ihre Eile wurde ihnen jedoch zum Verhängnis, weil sie auseinanderliefen, während die ägyptischen Sturmwellen ruhig und entschlossen heranrollten.

Sethos' Bogenschützen setzten die nubischen Krieger, die kopflos handelten und einander behinderten, schnell außer Gefecht. Dann stürmten die Lanzenträger das Lager von hinten und machten jene nieder, die gerade ihre Schleudern bestückten. Die mit Schutzschild ausgerüsteten Fußtruppen wehrten einen verzweifelten Ansturm mit Beilen ab und durchbohrten ihre Gegner mit dem Kurzschwert.

Die überlebenden Nubier warfen in Todesangst ihre Waffen

von sich und fielen auf die Knie; sie flehten die Ägypter an, sie zu verschonen.

Sethos hob den rechten Arm, und sofort stockte der Kampf, der ohnehin nicht lange gedauert hatte. Den Besiegten wurden die Hände auf den Rücken gebunden.

Doch der Elefant war noch nicht fertig mit seinen Feinden; er riß das Dach von der größten Hütte und zerfetzte die Wände. Zwei Nubier wurden sichtbar, der eine groß und würdevoll, ein breites Band aus rotem Stoff zur Schärpe gebunden, der andere klein und drahtig, der sich hinter einem Strohkorb zu schützen suchte.

Dieser war es, der dem Riesen seinen Speer in den Rüssel gerammt hatte, um ihn zu verwunden. Wie eine reife Frucht packte ihn jetzt die Rüsselspitze, schloß sich um seinen Leib und ließ ihn ein Weilchen in der Luft strampeln. Brüllend und fuchtelnd mühte der Mann sich, aus diesem Schraubstock freizukommen. Als der Riese ihn auf dem Boden absetzte, glaubte er sich gerettet, doch als er zur Flucht ansetzte, zermalmte ein riesiger Fuß ihm den Schädel. Ohne viel Aufhebens zerquetschte der Elefant den Mann, der ihm so viel Leid zugefügt hatte.

Ramses wandte sich an den großen Nubier, der sich nicht von der Stelle gerührt hatte. Mit über der Brust verschränkten Armen hatte er das Geschehen beobachtet.

«Bist du der Häuptling?»

«Das bin ich, in der Tat. Du bist recht jung und hast uns eine solche Lektion erteilt.»

«Die Ehre gebührt dem Pharao.»

«So hat er sich persönlich herbemüht. Das erklärt die Warnung der Zauberer, die prophezeit hatten, wir könnten nicht siegen. Wir hätten auf sie hören sollen.»

«Wo halten sich die anderen Aufständischen versteckt?»

«Ich werde es dir sagen, sie aufsuchen und ihnen raten, sich zu ergeben. Wird der Pharao ihnen dann das Leben schenken?»

«Das wird er entscheiden.»

Sethos gönnte seinen Feinden keinen Aufschub. Noch am gleichen Tag griff er zwei weitere Lager an. In keinem von beiden hatte der besiegte Häuptling mit seinem Aufruf zu Mäßigung Gehör gefunden. Die Kämpfe waren von kurzer Dauer, da die Nubier planlos vorgingen. Eingedenk der Voraussagen der Zauberer und angesichts der flammenden Augen Sethos' fühlten viele von ihnen sich wie gelähmt. Wenn sie es recht bedachten, war der Krieg ohnehin schon verloren.

Sethos machte sechshundert Gefangene, und es kamen noch vierundfünfzig junge Männer, sechsundsechzig junge Mädchen und achtundvierzig Kinder hinzu, die in Ägypten erzogen werden und dann nach Nubien zurückkehren sollten. Als Vermittler einer Kultur, die ihre eigene ergänzte und auf Frieden mit dem mächtigen Nachbarn ausgerichtet war.

Der König vergewisserte sich außerdem, daß auch die gesamte Provinz Irem befreit war und jeder Bewohner dieses an fruchtbarem Ackerland so reichen Bezirks wieder Zugang hatte zu den Brunnen, die die Aufständischen sich angeeignet hatten. Von nun an würde der Vizekönig von Kusch jeden Monat die Gegend inspizieren, um neuem Aufruhr vorzubeugen. Er würde sich die Forderungen der Bauern anhören und versuchen, ihre Wünsche zu befriedigen. Bei wichtigen Streitfragen würde der Pharao entscheiden.

Ramses war wehmütig gestimmt; Nubien zu verlassen machte ihn traurig. Er hatte nicht gewagt, seinen Vater um den Posten eines Vizekönigs zu bitten, für den er sich geschaffen fühlte. Er war zwar mit diesem Gedanken im Kopf vor ihn hingetreten, doch als er Sethos' Blick sah, hatte er sich nicht mehr entschließen können, ihn auszusprechen. Der Pharao unterbreitete ihm seinen Plan: Den jetzigen Vizekönig wollte er im Amt belassen und tadelloses Verhalten von ihm fordern. Bei der geringsten Beanstandung würde der Mann seine Laufbahn als Festungsverwalter beenden.

Der Elefant strich Ramses mit dem Rüssel über die Wange. Obwohl viele Soldaten den Riesen gerne bei Paraden in Memphis gesehen hätten, hatte der Prinz entschieden, er solle dort, wo er geboren war, glücklich und in Freiheit leben.

Ramses streichelte dem Tier den Rüssel. Die Wunde vernarbte bereits, und der Elefant wies in Richtung Savanne, als wollte er den Königssohn auffordern mitzukommen. Aber die Wege des Riesen und des Prinzen trennten sich hier.

Ramses verharrte eine Weile völlig reglos. Der Verlust dieses überraschenden Verbündeten machte ihm das Herz schwer. Wie gern wäre er mit ihm gezogen, um unbekanntes Land zu erkunden und von ihm zu lernen. Doch der Traum zerfiel, die Schiffe warteten, es ging zurück gen Norden. Nach Nubien würde er zurückkehren, das schwor sich der Prinz.

Singend bauten die Ägypter das Lager ab. Die Soldaten sparten nicht mit Lob für Sethos und Ramses, die eine gefährliche Expedition in einen Triumph verwandelt hatten. Die Lagerfeuer wurden nicht gelöscht, die Eingeborenen sollten sich die Glut ruhig holen.

Als er an einem Gehölz vorbeikam, vernahm der Prinz eine klagende Stimme. Hatte man etwa einen Verwundeten zurückgelassen?

Er schob das Blattwerk auseinander und entdeckte ein verschrecktes Löwenjunges, das kaum mehr atmen konnte. Das Tier streckte die rechte Pfote von sich, sie war geschwollen, die Augen waren fiebrig. Ramses nahm das klagende Tier auf den Arm und stellte fest, daß das Herz ganz unregelmäßig schlug. Ohne Behandlung würde der kleine Löwe sterben.

Zum Glück war Setaou noch nicht an Bord gegangen. Ramses zeigte ihm das verletzte Tier. Die Untersuchung der Wunde ließ keinen Zweifel zu.

«Es ist ein Schlangenbiß», erklärte Setaou.

«Hat er Überlebenschancen?»

«Sehr geringe, schau her: man sieht deutlich die drei Löcher, sie entsprechen den zwei Giftzähnen und dem zusätzlichen dritten, und auch der Abdruck der sechsundzwanzig Zähne ist erkennbar. Folglich war es eine Kobra. Wäre dies kein außergewöhnlich kräftiger Löwe, wäre er längst tot.»

«Außergewöhnlich?»

«Schau dir die Gliedmaßen an. Für ein so junges Tier sind sie riesig. Ausgewachsen wäre dieser Kerl gewaltig.»

«Versuch ihn zu retten.»

«Die Jahreszeit könnte ihm zu Hilfe kommen, denn im Winter ist das Kobragift nicht ganz so wirkungsvoll.»

Setaou zerrieb eine Schlangenholzwurzel aus der östlichen Wüste, streute das Pulver in etwas Wein und flößte es dem Löwen ein. Dann zerkleinerte er die Blätter dieses Strauchs, zerrieb sie in Öl und bestrich den Körper des Tieres, um das Herz zu stärken und die Atmung zu beschleunigen.

Während der ganzen Reise ließ Ramses den jungen Löwen nicht aus den Augen. Er war eingewickelt in ein Tuch mit feuchtem Wüstensand und Rizinusblättern; er rührte sich kaum mehr. Zwar gab man ihm Milch zu trinken, doch er wurde zunehmend schwächer. Aber sobald der Prinz ihn streichelte, schien ihm das zu behagen, denn in seinem Blick lag Dankbarkeit.

«Du wirst überleben, und wir werden Freunde sein», versprach Ramses.

ZWEIUNDDREISSIG

ERST WICH WÄCHTER zurück, dann pirschte er sich heran. Furchtsam schob der Hund die Nase vor und erkühnte sich dann doch, den jungen Löwen zu beschnuppern, dem zum erstenmal ein so seltsames Tier vor Augen kam. Der kleine Wildfang, der zwar noch schwach auf den Beinen stand, wollte spielen. Er sprang auf Wächter zu und erstickte ihn mit seinem Gewicht. Der Hund kläffte laut, konnte sich auch befreien, nicht aber dem Hieb ausweichen, der sein Hinterteil traf. Das waren Krallen gewesen.

Ramses packte den kleinen Löwen am Genick und hielt ihm eine Strafpredigt; das Kerlchen spitzte die Ohren und hörte ihm zu. Der Prinz verarztete seinen Hund, der nur ein paar Kratzer hatte, und stellte die beiden Gefährten dann erneut einander gegenüber. Wächter, der ein wenig nachtragend war, versetzte dem Löwen, den Setaou «Schlächter» getauft hatte, nun seinerseits einen Hieb mit der Pfote. Gegen das Schlangengift und auch den Schatten des Todes hatte er sich behauptet. Der Name entsprach seiner ungeheuren Kraft und würde ihm Glück bringen. Ein riesiger Elefant, ein gewaltiger Löwe... hatte Setaou laut gedacht. War für Ramses nur das Große und das Außergewöhnliche gut genug? Hatte er keinen Blick für das Kleine und Schwache?

Sehr bald schon vermochten Löwe und Hund die Kräfte des anderen richtig einzuschätzen. Schlächter lernte sich zu beherrschen, Wächter unterließ es, ihn ständig zu reizen. Unverbrüchliche Freundschaft entstand zwischen beiden; sie spielten und sprangen herum, vereint in Lebensfreude. Und wenn sie gefressen hatten, legte der Hund sich zum Schlafen dicht an die Flanke des Löwen.

Bei Hof erregten Ramses' Heldentaten großes Aufsehen. Ein Mann, der fähig war, einen Elefanten und einen Löwen zu zähmen, besaß magische Kräfte, die man nicht geringschätzen durfte. Iset, die Schöne, war stolz und Chenar zutiefst verbittert. Wie konnten die Würdenträger nur so verblendet sein? Ramses hatte Glück gehabt, das war alles. Ein geheimes Einverständnis zwischen Mensch und Tier, das hatte es ja noch nie gegeben! Bald schon würde der Löwe sich als wild entpuppen und ihn in Stücke reißen.

Trotz allem schien es Chenar angebracht, nach außen hin ihr hervorragendes brüderliches Verhältnis zu unterstreichen. Nachdem er, wie ganz Ägypten, Sethos' Größe gepriesen hatte, hob er auch Ramses' Leistung im Kampf gegen die aufständischen Nubier hervor. Er rühmte seine militärischen Fähigkeiten und wünschte dem Bruder noch eindeutigere Anerkennung.

Als Chenar in Vertretung des Königs einigen Veteranen aus den Ostländern Auszeichnungen zu verleihen hatte, ließ er den Bruder wissen, er würde ihn gerne unter vier Augen sprechen. Ramses wartete daher, bis die Zeremonie vorbei war, und begab sich dann mit Chenar in dessen Arbeitszimmer, das erst vor kurzem einen neuen Anstrich erhalten hatte. Meisterlich hatte der Maler Blumenbeete mit bunten Schmetterlingen auf die Wände gezaubert.

«Ist es nicht prachtvoll? Ich liebe es, in Luxus zu arbeiten; die Aufgaben erscheinen mir dann gleich um vieles leichter. Möchtest du eine Schale jungen Wein?»

«Nein danke, Veranstaltungen wie diese langweilen mich.»

«Mich auch, aber sie sind notwendig. Unsere tapferen Männer möchten geehrt werden. Setzen sie nicht ihr Leben ein wie du, um unsere Sicherheit zu wahren? Dein Einsatz in Nubien war beispielhaft, dabei sah es ja anfänglich gar nicht gut aus.»

Chenar war dick geworden. Da er den Tafelfreuden huldigte und seinem Körper nichts abverlangte, glich er einem trägen Provinzgouverneur.

«Unser Vater hat diesen Feldzug mit Meisterhand geführt. Allein schon seine Anwesenheit hat den Gegner in Furcht und Schrecken versetzt.»

«Gewiß, gewiß, aber auch dein Erscheinen auf dem Rücken des Elefanten hat zu unserem Erfolg beigetragen. Man munkelt, Nubien habe dich tief beeindruckt.»

«Das stimmt, ich liebe diesen Landstrich.»

«Wie bewertest du das Verhalten des Vizekönigs von Nubien?»

«Als unwürdig und verurteilenswert.»

«Dennoch hat der Pharao ihn im Amt belassen...»

«Sethos versteht zu herrschen.»

«So kann es aber nicht weitergehen. Der Vizekönig wird sicherlich bald wieder einen schweren Fehler begehen.»

«Vielleicht lernt er ja aus seinen Fehlern?»

«So leicht ändern sich die Menschen nicht, mein lieber Bruder. Meist verfallen sie in die gleichen Fehler. Der Vizekönig wird keine Ausnahme sein, glaub mir.»

«Jeder ist seines Glückes Schmied.»

«Sein Sturz könnte dein Glück sein.»

«Wie soll ich das verstehen?»

«Verstell dich doch nicht. Wenn du Nubien liebst, sehnst du dich doch nach dem Amt des Vizekönigs. Ich kann dir helfen, es zu erlangen.»

Darauf war Ramses nicht gefaßt gewesen. Chenar bemerkte seine Verwirrung.

«Ich halte deinen Anspruch auch für durchaus gerechtfertigt», fuhr er fort. «Wärest du mit diesem Amt betraut, würde es gar nicht erst zum Versuch eines Aufstands kommen. Damit würdest du dem Land einen Dienst erweisen und selbst glücklich werden.»

Ein Traum... Ein Traum, den Ramses sich schon aus dem Kopf geschlagen hatte. Dort zu leben, mit seinem Löwen und seinem Hund, Tag für Tag diese wüsten Weiten zu erkunden, im Einklang mit dem Nil, den Felsen und dem goldenen Sand. Doch nein, das war zu erhaben.

«Du machst dich lustig über mich, Chenar.»

«Ich werde dem König beweisen, daß du für diesen Posten geschaffen bist. Sethos hat dich ja dort erlebt. Etliche Männer werden mir beipflichten, und dein Wunsch wird erhört werden.»

«Wie es dir beliebt.»

Chenar beglückwünschte seinen Bruder.

In Nubien würde Ramses ihm nicht mehr hinderlich sein.

Acha langweilte sich.

In wenigen Wochen hatte er die Freuden der Verwaltungsarbeit, mit der man ihn betraut hatte, zur Genüge kennengelernt. Diesem ganzen Schriftkram konnte er keinen Reiz abgewinnen. Er wollte in den Außendienst: Kontakte knüpfen, Menschen jeden Standes zum Sprechen bringen, Lügen aufdecken, große und kleine Geheimnisse enthüllen, entschlüsseln, was man ihm zu verschweigen trachtete – das war's, was ihm Spaß machte.

Er mußte die Zeitläufte nutzen. Indem er den Rücken krümmte in Erwartung des Amtes, das es ihm ermöglichen würde, ferne Länder zu bereisen und das Denken der Feinde Ägyptens zu ergründen, entfaltete er die für einen Diplomaten wirksamste Strategie: sich überall zu zeigen.

Dabei begegnete er erfahrenen Männern, die mit Worten geizten und ihre Geheimnisse hüteten, deren Vertrauen er aber dann doch gewann. Er war anspruchslos, höflich, gebildet und vertrauenerweckend, und so kam es immer wieder zu Zwiegesprächen, wobei er sein Gegenüber niemals bedrängte. Und so erhielt er allmählich vom Inhalt der Geheimakten Kenntnis, ohne sie selbst studieren zu müssen. Ein paar schmeichelnde Worte, wohl abgewogene Höflichkeiten, scharfsinnige Fragen und eine gewählte Ausdrucksweise bescherten ihm ein gewisses Ansehen in den Reihen der hohen Beamten.

Chenar hörte nur Gutes über den jungen Acha. Daß er ihn zu seinem Verbündeten gemacht hatte, war einer seiner klügsten Schachzüge gewesen. Bei ihren verschwiegenen Zusammenkünften berichtete ihm Acha jeweils, was da ausgeheckt wurde in den Gefilden der Macht. So konnte Chenar seine eigenen Erkundigungen überprüfen und vervollständigen und sich Tag um Tag, ganz planmäßig, auf das Amt des Königs vorbereiten.

Seit er aus Nubien zurückgekehrt war, wirkte Sethos müde. Etliche Ratgeber empfahlen, Chenar zum Regenten zu ernennen, um den Herrscher zu entlasten. Warum es noch länger hinauszögern, da der Entschluß ja gefaßt war und auf keinerlei Widerspruch stieß?

Geschickt, wie er war, beruhigte Chenar die Gemüter. Sein jugendliches Alter und seine mangelnde Erfahrung bildeten, wie er betonte, ein gewisses Hindernis. Man solle ruhig auf die Weisheit des Pharaos vertrauen.

Ameni war wieder tatendurstig. Nachdem er wegen eines Schwächeanfalls das Bett hatte hüten müssen, wollte er jetzt endlich

Ramses beweisen, daß seine Nachforschungen nicht vergeblich gewesen waren. Das Übermaß an Arbeit hatte die Gesundheit des jungen Schreibers ausgehöhlt, doch jetzt machte er sich mit der gewohnten Gewissenhaftigkeit erneut ans Werk. Obwohl Ramses ihm nicht den geringsten Vorwurf machte, fühlte Ameni sich schuldig. Ein Tag Ruhe erschien ihm unverzeihlich.

«Ich habe sämtliche Scherbenhaufen durchkämmt und ein Beweisstück gefunden», verkündete er Ramses.

«Ein Beweisstück? Ist das Wort nicht leicht übertrieben?»

«Zwei Kalksteinscherben, die eindeutig zusammengehören. Auf der einen wird die zwielichtige Werkstatt erwähnt, auf der anderen steht der Name des Besitzers. Das Schriftzeichen ist leider beschädigt, könnte aber als ‹Chenar› gelesen werden.»

Ramses hatte die dramatischen Ereignisse, die sich vor seiner Abreise nach Nubien abgespielt hatten, schon fast vergessen. Der Stallknecht, der Wagenlenker, die minderwertigen Tintensteine... Das alles lag so weit zurück und schien ihm der Beachtung kaum wert.

«Du verdienst Anerkennung, Ameni, aber kein Richter wird sich herbeilassen, mit so geringem Beweismaterial einen Prozeß anzustrengen.»

Der junge Schreiber blickte zu Boden.

«Diese Antwort hatte ich befürchtet, aber wollen wir es nicht wenigstens versuchen?»

«Der Mißerfolg wäre uns sicher.»

«Ich werde noch mehr herausfinden.»

«Ist das denn möglich?»

«Laß dich von Chenar nicht einwickeln. Wenn er dich zum Vizekönig von Nubien ernennen läßt, dann nur, um dich loszuwerden. Seine Schandtaten werden vergessen sein, und er wird freie Hand haben in Ägypten.»

«Das ist mir bewußt, Ameni, aber ich liebe Nubien. Du wirst mit mir kommen und ein herrliches Land kennenlernen, fern von all der Falschheit und Mißgunst bei Hof.»

Ameni verzichtete auf eine Antwort, denn er war überzeugt, daß sich hinter Chenars Wohlwollen nur eine neue Falle verbarg. Solange er in Memphis weilte, würde er nicht ablassen, der Wahrheit auf den Grund zu gehen.

Dolente, Ramses' ältere Schwester, rekelte sich träge am Wasserbecken, wo sie in der Mittagshitze zu baden pflegte, bevor sie sich einölen und massieren ließ. Seit ihr Mann befördert worden war, faulenzte sie den lieben langen Tag und fühlte sich zunehmend matter. Die aufwendige Schönheitspflege, die Anweisungen, die sie dem Hausverwalter und dem Koch zu erteilen hatte – all das strengte sie unsagbar an.

Trotz all der vom Arzt verordneten Salben blieb ihre Haut fettig. Sie hätte die Behandlung wohl gewissenhafter durchführen müssen, doch ihre gesellschaftlichen Verpflichtungen verschlangen den Großteil ihrer Zeit. Wollte man über die tausenderlei kleinen Geheimnisse bei Hof im Bilde sein, mußte man bei sämtlichen Empfängen und Festlichkeiten, die das Leben der Leute von Stand ausmachten, zugegen sein.

Seit Wochen schon war Dolente beunruhigt, weil Chenars Vertrauensleute sich mit Auskünften zurückhielten, als mißtrauten sie ihr. Daher hatte sie es für unumgänglich gehalten, Ramses ihr Leid zu klagen.

«Da ihr den Frieden wiederhergestellt habt, muß man deinen Worten jetzt wohl mehr Gehör schenken», bemerkte sie.

«Was erhoffst du dir von mir?»

«Wenn Chenar erst König ist, wird er über uneingeschränkte Macht verfügen und mich, wie ich fürchte, an den Rand drängen.

Schon jetzt schließt man mich von so manchem aus, bald werde ich keinerlei Beachtung mehr finden.»

«Was kann ich daran ändern?»

«Erinnere Chenar an mich, an meine gesellschaftlichen Beziehungen, die ihm in Zukunft nützlich sein werden.»

«Er wird mich verspotten. Für ihn bin ich bereits Vizekönig von Nubien und weit weg von Ägypten.»

«Eure Versöhnung ist also nur schöner Schein?»

«Chenar hat mich mit einem hohen Amt betraut.»

«Und du gibst dich zufrieden mit der Verbannung unter die Barbaren?»

«Ich liebe Nubien.»

Dolente ereiferte sich. Ihre Trägheit schien verflogen.

«Wehre dich dagegen, ich bitte dich! Dein Verhalten ist unannehmbar. Verbünden wir uns, du und ich, um Chenars Pläne zu durchkreuzen. Dieses Ungeheuer soll sich gefälligst daran erinnern, daß er eine Familie hat, die er nicht einfach verwerfen kann.»

«Bedaure, liebe Schwester, aber ich verabscheue Verschwörungen.»

Wütend sprang sie auf.

«Du darfst mich nicht im Stich lassen.»

«Ich traue dir zu, dich allein zu verteidigen.»

Nachdem sie die Abendriten vollzogen und den Gesängen der Priesterinnen gelauscht hatte, verharrte Königin Tuja noch ein Weilchen in der Stille des Hathor-Tempels, um nachzudenken. Wenn man der Gottheit diente, entfernte man sich aus den menschlichen Niederungen und vermochte über die Zukunft des Landes mehr Klarheit zu gewinnen.

In langen Gesprächen mit ihrem Gemahl hatte die Königin ihre Zweifel an der Tauglichkeit Chenars für das Amt des Königs geäußert und wie gewöhnlich bei Sethos ein offenes Ohr gefunden. Er wußte, daß man Ramses nach dem Leben getrachtet hatte und daß der wahre Schuldige, sofern es nicht der in den Türkisbergen zu Tode gekommene Wagenlenker war, noch immer unerkannt und ungestraft herumlief. Obwohl Chenars Feindseligkeit gegenüber dem Bruder erloschen schien, mußte man sich doch fragen, ob er als unschuldig gelten durfte. Solange es keine Beweise gab, mochten derartige Verdächtigungen ungeheuerlich erscheinen. Aber hatten Machtgelüste nicht schon häufiger einen Menschen in ein blutrünstiges Tier verwandelt?

Sethos ließ nichts außer acht. Die Ansichten seiner Gemahlin waren wertvoller als die der Höflinge, die Chenars Aufstieg nur allzu auffällig befürworteten oder dem Herrscher schmeichelten. Gemeinsam prüften Sethos und Tuja das Verhalten ihrer beiden Söhne und zogen ihre Schlußfolgerungen.

Gewiß, es war der Verstand, der sichtete und zergliederte, aber für die rechte Entscheidung war er ungeeignet. *Sia*, die pfeilschnelle Eingebung, das von Pharaoherz zu Pharaoherz unmittelbar überlieferte Wissen, würde den Weg weisen.

Als Ameni das Tor zum Garten des Prinzen öffnete, verstellte ihm ein seltsames Ding den Weg. Bei näherer Betrachtung erkannte Ameni es als ein prachtvolles Bett aus Akazienholz. Die meisten Ägypter schliefen auf Matten, und ein Möbelstück wie dieses war ein kleines Vermögen wert.

In seiner Verwunderung lief der junge Schreiber zu Ramses und weckte ihn.

«Ein Bett? Das ist unmöglich.»

«Komm und schau dir's an, es ist ein Meisterwerk!»

Auch der Prinz vermochte nur Worte der Bewunderung zu finden. Der Tischler mußte ein Künstler sein.

«Tragen wir es ins Haus?» fragte Ameni.

«Bloß nicht! Bewache es gut.»

Ramses sprang auf sein Pferd und galoppierte zum Haus der Eltern von Iset, der Schönen. Er mußte sich gedulden, bis die junge Frau sich zurechtgemacht hatte und sich dem Königssohn in vollendetem Putz, geschminkt und duftend, zeigte.

Ihre Schönheit rührte Ramses.

«Ich bin bereit», sagte sie lächelnd.

«Iset, warst du es, die das Bett in meinen Garten bringen ließ?»

Strahlend umarmte sie ihn.

«Wer sonst hätte das gewagt?»

Mit dieser Gabe zwang Iset den Prinzen, ihr ein noch prächtigeres Geschenk darzubieten. Er mußte sie bitten, seine Gemahlin zu werden. Brautleute sollten sie sein, fürs Leben Verbundene.

«Hast du mein Geschenk angenommen?»

«Nein, es steht noch im Garten.»

«Das ist eine Schmähung», stammelte sie schelmisch, «warum willst du das Unabwendbare hinausschieben?»

«Ich brauche meine Freiheit.»

«Ich glaube dir nicht.»

«Würdest du in Nubien leben wollen?»

«In Nubien? Das ist ja grauenvoll!»

«Mir ist es bestimmt.»

«Du mußt sofort ablehnen!»

«Das ist unmöglich.»

Sie löste sich von Ramses und lief davon.

Ramses und eine ganze Schar Würdenträger waren geladen zur Verlesung der vom Pharao verfügten Ernennungen in neue Ämter. Der Audienzsaal war voll, die Alteingesessenen trugen geheuchelte Gelassenheit zur Schau, während die Neulinge ihre Aufregung nur schlecht zu verbergen vermochten. Viele fürchteten das strenge Urteil des Pharaos, der keinerlei Aufschub duldete bei der Erledigung der von ihm übertragenen Aufgaben. Für die weitschweifigen Rechtfertigungen derer, die versagt hatten, zeigte er sich unzugänglich.

Schon wochenlang vor dieser Zeremonie hatte helle Aufregung geherrscht. Jeder Würdenträger hatte sich als eifriger und bedingungsloser Diener der Politik des Pharaos dargestellt, um seine eigenen Vorteile und die seiner Schützlinge zu wahren.

Als der beauftragte Schreiber im Namen des Königs mit der Verlesung des Erlasses begann, wurde es still. Ramses, der noch abends zuvor mit seinem Bruder gespeist hatte, verspürte keinerlei Besorgnis. Da sein Weg feststand, konnte er frohen Herzens die anderen in ihrer Unruhe betrachten. Einige Gesichter erstrahlten, andere verdüsterten sich, und wieder andere schmollten verärgert. Doch die Entscheidung stammte vom Pharao, und jeder fügte sich.

Endlich kam die Reihe an Nubien, für das sich niemand sonderlich interessierte. Nach den jüngsten Ereignissen und den wiederholten Vorstößen Chenars galt Prinz Ramses als Anwärter für das Amt des Vizekönigs.

So war die Überraschung gewaltig, als der Amtsinhaber in seinem Amt bestätigt wurde.

DREIUNDDREISSIG

ISET, DIE SCHÖNE, jubelte angesichts Chenars gescheitertem Plan, seinem Bruder das Wasser abzugraben. Ramses war nicht zum Vizekönig von Nubien ernannt worden! Der Prinz würde in Memphis bleiben und weiterhin ein Ehrenamt bekleiden. Dieses unverhoffte Glück würde sie sich zunutze machen und Ramses mit ihrer Leidenschaft umgarnen. Je heftiger ihr Geliebter sich sträubte, desto reizvoller wurde er für sie.

Trotz der eindringlichen Worte ihrer Eltern, sie solle Chenars Werben doch endlich nachgeben, hatte Iset nur Augen für Ramses. Seit er aus Nubien zurück war, beeindruckten seine Schönheit und Männlichkeit sie noch mehr. Er war kräftiger geworden, sein prachtvoller Körper noch beeindruckender und sein angeborener Anstand betörender denn je. Einen Kopf größer als die meisten seiner Landsleute, schien er unbezwingbar.

An seinem Leben, seinen Gefühlen, seinen Sehnsüchten teilzuhaben, das wäre wahrlich eine märchenhafte Zukunft! Nichts und niemand würde Iset, die Schöne, davon abhalten, Ramses' Gemahlin zu werden.

Erst einige Tage nach Verlesung der Ernennungen begab sie sich zum Haus des Prinzen. Ein verfrühter Besuch wäre nicht ratsam gewesen. Inzwischen dürfte die Enttäuschung von ihm gewichen sein, und Iset würde ihn schon zu trösten wissen.

Ameni, den sie nicht leiden konnte, empfing sie ehrerbietig. Wie konnte der Prinz nur einem so kränklichen und schwächlichen Jungen, der immer nur über seinem Schreibgerät hing und nichts von den Freuden des Lebens wußte, sein Vertrauen schenken? Früher oder später würde sie ihren künftigen Gemahl schon überreden, sich von ihm zu trennen und sich mit aufgeweckteren Dienern zu umgeben. Ein Königssohn wie Ramses konnte sich doch mit so etwas nicht begnügen!

«Melde mich deinem Herrn.»

«Bedaure, aber er ist abwesend.»

«Wie lange wird er fort sein?»

«Das weiß ich nicht.»

«Wo hält er sich auf?»

«Das weiß ich nicht.»

«Willst du mich etwa zum Narren halten?»

«Das würde ich nicht wagen.»

«Dann rede gefälligst! Wann ist er aufgebrochen?»

«Der König hat ihn gestern morgen abgeholt, Ramses ist zu ihm in den Wagen gestiegen, und dann fuhren sie in Richtung Hafen.»

Das Tal der Könige, das die Weisen «die große Weide» nannten, das Paradies, wo die leuchtende Seele der Pharaonen wiederauflebt, lag in steinerner Ruhe. Um von der Anlegestelle am Westufer Thebens bis zu diesem geheiligten Ort zu gelangen, dessen Zugang Tag und Nacht bewacht wurde, hatten der Pharao und sein Sohn einen von steilen Felswänden gesäumten und gewundenen Pfad eingeschlagen. Hoch über dem Tal ragte ein stufenförmig ansteigender Gipfel empor, Wohnstätte der Göttin der Stille.

Ramses war wie gebannt.

Warum führte sein Vater ihn an diesen geheimnisvollen Ort, zu dem nur der Pharao und die Handwerker Zugang hatten, die dem

König sein Haus für die Ewigkeit bauten? Da die Grabstätten kostbare Schätze bargen, hatten die Bogenschützen Befehl, auf jeden, der ihnen unbekannt und in Sichtweite war, ohne Vorwarnung zu zielen. Auf versuchten Diebstahl, der als Verbrechen galt, das die Erhaltung des ganzen Landes gefährdete, stand die Todesstrafe. Es hieß, mit Messern bewaffnete Geister sollten dort leben, die den Waghalsigen, die ihre Fragen nicht beantworten konnten, kurzerhand den Kopf abschnitten.

Gewiß, des Pharaos Anwesenheit war beruhigend, und dennoch wären Ramses zehn Kämpfe gegen die Nubier lieber gewesen als diese Reise in eine unheimliche Welt. Seine Kraft und seine Tapferkeit würden ihm hier nicht helfen. Er fühlte sich schutzlos, nur mehr eine leichte Beute für unbekannte Mächte, gegen die er nicht anzutreten wußte.

Nirgends ein Grashalm, kein Vogel, kein Insekt, das Tal schien alle Lebewesen vertrieben zu haben, um nur dem Stein Raum zu geben, da er als einziger fähig war, dauerhaft vom Sieg über den Tod zu künden. Je weiter der von Sethos gelenkte Wagen in diesen Ort eindrang, desto enger rückten die bedrohlichen Mauern zusammen. Die Hitze wurde erstickend, und das Gefühl, die Welt der Lebenden zu verlassen, schnürte einem den Hals zu.

Ein schmaler Gang wurde sichtbar, eine Art Tür im Fels, die von Bewaffneten bewacht wurde. Der Wagen hielt an, Sethos und Ramses stiegen aus. Die Wachen verneigten sich tief, denn sie kannten den Herrscher, der in regelmäßigen Abständen den Fortgang der Arbeiten an seiner eigenen Grabstätte überprüfte und den Bildhauern die Inschriften diktierte, die in die Wände seiner letzten Heimstätte eingeritzt werden sollten.

Als sie die Tür hinter sich gelassen hatten, verschlug es Ramses beim Anblick der gewaltigen Landschaft, die sich vor ihnen auftat, den Atem.

Die «große Weide» war ein glühender Schmelztiegel, über dem sich der Gipfel der Ockerfelsen einem azurblauen Himmel entgegenstemmte. War der Prinz soeben noch von Furcht erfüllt, stand er jetzt da wie geblendet. Das Licht des Tals verschlang ihn, er fühlte sich erdrückt und gleichzeitig erhoben. Ein Zwerg angesichts des Mysteriums und der Erhabenheit des Ortes. Er spürte, daß da ein Jenseits war, das nicht zerstörte, sondern erbaute.

Sethos führte seinen Sohn vor ein steinernes Portal. Er stieß die Tür aus vergoldetem Zedernholz auf und ging einen steilen Weg hinab, der zu einer Kammer führte, in deren Mitte ein Sarkophag stand. Der König entzündete Fackeln, die den Raum in Licht tauchten. Die Pracht und Kunstfertigkeit der Wandverzierungen, die nun sichtbar wurden, verblüfften Ramses. Die Kammer erstrahlte in glänzendem Gold, Rot, Blau und Schwarz. Der Blick des Prinzen verweilte auf der Darstellung der Riesenschlange Apophis, dem Ungeheuer der Finsternis und Verschlinger des Lichts, das der Schöpfer in Menschengestalt mit einem weißen Stock unschädlich machte, nicht aber zerstörte. Er bewunderte die von Gott Sia gesteuerte Sonnenbarke. Sia, die Eingebung der Ursachen, einzig befähigt, in düsteren Gefilden den rechten Weg zu erkennen. Verzückt stand der Gott vor dem Pharao, den der falkenköpfige Horus und der schakalköpfige Anubis in ihren Bann schlugen und den die Göttin Maat, die Weltordnung, im Paradies der Gerechten willkommen hieß. Der König war als junger Mann in strahlender Schönheit dargestellt, er trug die herkömmliche Haartracht, eine breite goldene Halskette und einen vergoldeten Schurz. Gegenüber Osiris oder Nefertem, dem lotosgekrönten König, der vom wiedererwachten Leben kündete, wirkte der Herrscher heiter mit seinem zur Ewigkeit hin erhobenen Blick. Unzählige Details fesselten die Aufmerksamkeit des Prinzen, vor allem ein rätselhafter Spruch, in dem von den Toren des Jenseits die Rede war. Doch Sethos ließ ihm nicht die Zeit, seinen Wissensdurst zu stillen, und gebot ihm, vor dem Sarkophag niederzuknien.

«Der König, der hier ruht, trug den gleichen Namen wie du, Ramses. Er war der Begründer unseres Herrscherhauses. Horemheb ernannte ihn zu seinem Nachfolger, obgleich Ramses als ehemaliger Wesir, der seinem Lande gewissenhaft gedient hatte, sich bereits zur Ruhe gesetzt hatte. Dieser Ruhe wurde der alte Mann entrissen, und er verwandte seine letzten Kräfte darauf, Ägypten zu regieren. Da er erschöpft war, herrschte er nur knapp zwei Jahre, aber seinen Krönungsnamen war er gerecht geworden: ‹Der in den beiden Ländern die Maat bestätigt / Das göttliche Licht brachte ihn in die Welt / Unerschütterlich ist die Macht des göttlichen Lichts / Der bei Schöpfungsbeginn Erwählte›. So war er, dieser weise und bescheidene Mann, unser Ahn, dem wir huldigen müssen, damit er uns den Blick öffnet. Weihe ihm einen Kult, erweise seinem Namen und seinem Andenken Ehre, denn die Ahnen gehen uns voran, und in ihre Fußstapfen müssen wir unsere Schritte lenken.»

Der Prinz fühlte die geistige Gegenwart des Begründers der Dynastie; vom Sarkophag, den die Hieroglyphen «Den für das Leben Sorgenden» nannten, ging eine Kraft aus, die man spüren konnte wie eine milde Sonne.

«Steh auf, Ramses, deine erste Reise ist beendet.»

Allerorts erhoben sich Pyramiden in den Himmel. Die eindrucksvollste war die das Pharaos Djoser, deren ausladende Stufen eine zum Himmel aufsteigende Treppe bildeten. Und noch eine Begräbnisstätte zeigte der Vater Ramses: das riesige Sakkara, wo die Pharaonen des Alten Reichs für sich und ihre getreuen Diener Heimstätten für die Ewigkeit hatten errichten lassen.

Sethos trat an den Rand der felsigen Kuppe, von wo aus man die Palmhaine, die Felder und den Nil überblickte. Auf mehr als zweitausend Königsellen Fläche reihten sich gewaltige Grabstätten aus Rohziegeln. Sie waren gut hundert Königsellen lang, und die Seitenwände glichen Palastfassaden und waren zehn Ellen hoch und in lebhaften und fröhlichen Farben bemalt.

Eine dieser Mauern, aus der dreihundert tönerne Stierköpfe vorkragten, fand große Bewunderung bei Ramses. Die Köpfe trugen echte Hörner und verwandelten das Grabmal in eine unbesiegbare Armee, der sich keine böse Macht zu nähern wagen würde.

«Der hier beigesetzte Pharao trug den Namen Djet, und das bedeutet Ewigkeit», erklärte Sethos. «Um ihn geschart liegen die anderen Könige der ersten Dynastie, unsere frühesten Ahnen. Zum erstenmal auf Erden haben sie das Gesetz der Maat angewandt und dem Chaos die Ordnung aufgeprägt. Jede Herrschaft wurzelt in diesem von ihnen angelegten Garten. Entsinnst du dich des wilden Stiers, dem du die Stirn geboten hast? Hier wurde er geboren, hier speist sich seit Anbeginn unserer Kultur die Macht stets von neuem.»

Ramses hielt vor jedem Stierkopf inne, denn keiner hatte denselben Gesichtsausdruck. Die Kunst des Regierens zeigte sich in ihren Mienen, die von strengster Erhabenheit bis zum Wohlwollen reichten. Als er das eigenartige Bauwerk einmal umrundet hatte, bestieg Sethos seinen Wagen.

«Hier endet deine zweite Reise.»

Sie waren gen Norden gesegelt und dann auf schmalen Pfaden zwischen grünenden Feldern bis zu einem Marktflecken galoppiert, wo die Ankunft des Pharaos mit seinem Sohn Jubel auslöste. In diesem abgelegenen Winkel im Delta kam ein solcher Glücksfall einem Wunder gleich, doch der Pharao schien diesen Bewohnern wohlbekannt. Auch die Wachen gaben sich wohlwollend, als Sethos und Ramses ein ins Dunkel getauchtes kleines Heiligtum betraten. Auf Steinbänken setzten sie sich einander gegenüber.

«Ist dir der Name Auaris bekannt?»

«Wer kennt ihn nicht?! Es ist doch der Name der verfemten Stadt, die die Hyksos-Belagerer als Hauptstadt nutzten.»

«Du befindest dich in Auaris.»

Ramses war sprachlos.

«Aber war sie denn nicht zerstört worden?»

«Welcher Mensch vermöchte eine Gottheit zu zerstören? Hier herrscht Seth, der Herr über Blitz und Donner, der mir meinen Namen verliehen hat.»

Ramses wußte nichts zu sagen. Er spürte, daß Sethos in der Lage war, ihn mit einem einzigen Handzeichen oder einem einzigen Blick zu vernichten. Aus welchem anderen Grunde hätte er ihn sonst an diesen verfemten Ort gebracht?

«Du hast Angst, und das ist gut so. Nur Prahler und Dummköpfe kennen keine Angst. Aus dieser Furcht muß eine Kraft entstehen, die sie zu besiegen vermag. Dies ist das Geheimnis Seths. Wer das leugnete wie Echnaton, beging einen schweren Fehler und schwächte Ägypten. Ein Pharao verkörpert auch das Gewitter, den Zorn des Alls, die Unerbittlichkeit des Blitzes. Er ist der handelnde Arm, der manchmal zuschlägt und straft. An das Gute im Menschen zu glauben ist ein Fehler, den ein König nicht begehen darf. Er würde sein Land in den Untergang und sein Volk ins Elend führen. Doch bist du fähig, Seth die Stirn zu bieten?»

Ein Lichtstreif vom Dach des Heiligtums erhellte das Standbild eines Mannes. Sein Haupt mit der langen Schnauze und den zwei großen Ohren flößte Angst ein. Es war Seth, dessen schreckenerregendes Antlitz da aus der Finsternis auftauchte!

Ramses erhob sich und ging auf ihn zu.

Er stieß gegen eine unsichtbare Mauer und mußte innehalten; ein zweiter Versuch mißlang ebenfalls, aber beim dritten vermochte er das Hindernis zu überwinden. Die roten Augen des Standbildes funkelten wie zwei Flammen. Ramses hielt dem Blick stand, obgleich er ein Brennen verspürte, als leckte eine Feuerzunge an seinem Körper entlang. Der Schmerz war heftig, aber er hielt ihn aus. Nein, er würde nicht zurückweichen vor Seth, selbst wenn er dabei zugrunde ginge.

Das war der entscheidende Augenblick, ein ungleicher Zweikampf, den er nicht verlieren durfte. Die roten Augen traten aus ihren Höhlen hervor, eine Flamme umhüllte Ramses, verzehrte ihn vom Kopf an abwärts, sein Herz zersprang. Doch er blieb aufrecht, heftete all seine Kraft auf Seth und schleuderte ihn von sich bis in den hintersten Winkel des Heiligtums.

Das Gewitter setzte ein, sintflutartiger Regen ging auf Auaris nieder. Hagelkörner ließen die Mauern des Heiligtums erbeben. Das rote Licht erlosch, Seth zog sich in die Finsternis zurück. Er war der einzige Gott, der keinen Sohn besaß, aber der Pharao Sethos, sein Erbe auf Erden, erkannte den seinen als mächtigen Mann.

«Deine dritte Reise ist beendet», murmelte er.

VIERUNDDREISSIG

Der Hof war vollzählig nach Theben gereist, um teilzunehmen an dem großartigen Opet-Fest, das Mitte September stattfand. Der Pharao würde dann mit Amun, dem Verborgenen, in Verbindung treten, damit dieser den Ka seines Sohnes, der ihn auf Erden vertrat, zu neuem Leben erweckte. Dieses zwei Wochen währende Fest in der großen Stadt des Südens konnte sich kein Adeliger entgehen lassen. Die Kulthandlungen waren zwar nur einigen wenigen Eingeweihten vorbehalten, aber auch das Volk gönnte sich ein paar schöne Tage, und die Reichen luden ihresgleichen in prachtvolle Landhäuser.

Für Ameni war die Reise ein Qual gewesen. Da er immer einen ganzen Packen Papyri und all sein Schreibgerät mitschleppen mußte, haßte er derartige Unternehmungen, weil sie seine Arbeitsgewohnheiten störten. Obwohl er seinen Unmut nicht verhehlte, hatte er doch alles äußerst sorgfältig vorbereitet, so daß Ramses zufrieden sein konnte.

Der Prinz war ein anderer geworden seit der letzten Reise. Er war verschlossener und zog sich häufig zurück, um nachzudenken. Ameni belästigte ihn nicht, erstattete ihm nur täglich Bericht über sein Tun. Als königlicher Schreiber und höherer Offizier hatte der Prinz allerlei Verwaltungsangelegenheiten zu regeln, und das nahm Ameni ihm ab.

Zumindest war man hier auf dem Schiff, das nach Theben segelte, Iset erst einmal los, sagte sich Ameni. Die ganze Zeit, da Ramses nicht da war, hatte sie ihm Auskünfte zu entlocken versucht, die er gar nicht geben konnte. Da er unempfänglich war für den Liebreiz der jungen Frau, verliefen diese Wortwechsel meist recht stürmisch. Als Iset dann von Ramses gefordert hatte, seinen Schreiber zu entlassen, hatte der Prinz sie ohne Umschweife des Hauses verwiesen. Dieser Zwist hatte tagelang angehalten. Das hübsche Edelfräulein hatte begreifen müssen, daß Ramses seine Freunde nie verriet.

In seiner engen Kajüte verfaßte Ameni Briefe, die Ramses mit seinem Siegel versah. Er ließ sich auf einer Matte neben dem Schreiber nieder.

«Wie kannst du eine so glühende Sonne bloß ertragen?» wunderte sich Ameni. «Mich würde in kürzester Zeit der Schlag treffen.»

«Wir verstehen uns, die Sonne und ich. Ich verehre sie, sie nährt mich. Willst du nicht ein Weilchen aufhören zu arbeiten und dir die Landschaft ansehen?»

«Müßiggang macht mich krank. Deine letzte Reise scheint dir nicht gut bekommen zu sein.»

«Ist das ein Vorwurf?»

«Du bist seitdem zum Einzelgänger geworden.»

«Das habe ich wohl von dir übernommen.»

«Spotte nicht über mich, und bewahre ruhig dein Geheimnis.»

«Ein Geheimnis? Ja, da magst du recht haben.»

«Du vertraust mir also nicht mehr.»

«Im Gegenteil, du bist der einzige, der das Unerklärliche zu verstehen vermag.»

«Hat dein Vater dich mit den Osiris-Mysterien vertraut gemacht?» fragte Ameni begierig.

«Nein, aber er hat mich mit seinen Ahnen bekannt gemacht, mit all seinen Ahnen.»

Diese letzten Worte hatte Ramses mit einem solchen Ernst ausgesprochen, daß der junge Schreiber innerlich erbebte. Was der Prinz da erlebt hatte, war zweifellos eine der wichtigsten Erfahrungen auf seinem Lebensweg gewesen. Ameni stellte die Frage, die ihm auf den Lippen brannte.

«Hat der Pharao deine Bestimmung geändert?»

«Er hat mir eine andere Wirklichkeit vor Augen geführt. Ich bin dem Gott Seth begegnet.»

Ameni erschauderte.

«Und du – du lebst noch!»

«Faß mich ruhig an!»

«Sollte sonst jemand behaupten, Seth gegenübergestanden zu haben, würde ich ihm nicht glauben! Bei dir ist das etwas anderes.»

Nicht ganz ohne Scheu drückte Ameni Ramses die Hand. Der junge Schreiber seufzte erleichtert.

«Er hat dich nicht in einen bösen Geist verwandelt.»

«Wer weiß?»

«Ich wüßte es, du bist nicht wie Iset, die Schöne!»

«Sei nicht zu streng mit ihr.»

«Hat sie nicht versucht, meine Laufbahn zu zerstören?»

«Ich werde ihr ihren Irrtum schon beweisen.»

«Erwarte nicht von mir, daß ich liebenswürdig bin zu ihr.»

«Ach, übrigens, bist du nicht etwas zu einsam und vielleicht gar verbittert?»

«Die Frauen sind gefährlich, meine Arbeit ist mir lieber. Und du solltest dich mit deinen Aufgaben anläßlich des Opet-Festes befassen. Du wirst im ersten Drittel des Festzuges gehen und ein neues Gewand aus Leinen mit gefältelten Ärmeln tragen. Denk daran, daß so etwas leicht reißt. Du mußt dich geradehalten und darfst keine heftigen Bewegungen machen.»

«Das stellt mich aber auf eine harte Probe.»

«Wer von der Kraft Seths beseelt ist, schafft das spielend.»

Kanaan und Syrisch-Palästina waren befriedet, Galiläa und der Libanon unterworfen, die Beduinen und die Nubier besiegt, die Hethiter hinter den Orontes zurückgeschlagen – Ägypten und Theben konnten sorglos feiern. Im Norden wie im Süden hatte das mächtigste Land der Erde die bösen Geister bezwungen, die es seiner Reichtümer berauben wollten. In acht Regierungsjahren hatte Sethos sich als großer Pharao erwiesen, dem noch künftige Generationen huldigen würden.

Es war durchgesickert, daß das «ewige Haus» des Sethos im Tal der Könige weiträumiger und schöner werden würde als jedes andere zuvor. Mehrere Baumeister waren in Karnak am Werk, und der Pharao überwachte persönlich diese große Baustelle. Auch über den Tempel in Kurna, auf dem westlichen Ufer, wurden Lobeshymnen gesungen. Dort sollte dem Ka des Sethos, seiner geistigen Kraft, auf ewig ein Kult geweiht werden.

Mittlerweile gaben auch die Andersdenkenden zu, daß der Herrscher recht getan hatte, sich nicht auf einen gewagten Krieg gegen die Hethiter einzulassen und statt dessen die Kräfte des Landes zu bündeln auf die Errichtung von steinernen Heiligtümern, die Schreine der göttlichen Gegenwart darstellten. Dennoch war, wie Chenar den aufmerksam zuhörenden Würdenträgern erklärte, dieser Aufschub nicht für den Handelsaustausch genutzt worden, dieses einzige Mittel, um Feindschaften zu beseitigen.

Eine große Zahl Würdenträger erwartete mit Ungeduld die Thronbesteigung des älteren Sohnes ihres Pharaos, denn er war ihnen ähnlich. Sethos' Unnahbarkeit und sein Hang zum Geheimnisvollen waren für so manche, die auf ihr Amt als Berater pochten, ein Grund für Feindseligkeit. Mit Chenar ließ sich leichter reden, er war zuvorkommender, liebenswürdiger und wußte die Gunst der einen zu erwerben, ohne die anderen vor den Kopf zu stoßen, und er versprach auch jedem, was er hören wollte. Für ihn wäre das Opet-Fest eine weitere Gelegenheit, seinen Einfluß auszuweiten, indem er sich die Freundschaft des Amun-Priesters und seiner Amtsbrüder sicherte.

Gewiß, die Anwesenheit von Ramses störte ihn, doch was er nach Sethos' unverständlicher Weigerung, den Bruder zum Vizekönig in Nubien zu ernennen, befürchtet hatte, war nicht eingetreten. Der Pharao hatte seinem jüngeren Sohn keinerlei Vorrang eingeräumt, und dieser gab sich offensichtlich auch wie so viele andere Königskinder mit einem Leben in Luxus und Trägheit zufrieden.

Im Grunde hatte Chenar Ramses zu Unrecht gefürchtet und als Rivalen angesehen. Seine Kraft und sein Äußeres täuschten, ihm fehlte der Weitblick eines künftigen Königs. Es wäre nicht einmal nötig, ihn zum Vizekönig in Nubien zu ernennen, was eine viel zu belastende Aufgabe für ihn darstellte. Chenar dachte eher an ein Ehrenamt, vielleicht sollte er Ramses zum Leutnant der Wagenmeisterei ernennen. Da stünden Ramses die besten Reitpferde zur Verfügung, und er könnte über ein paar ungehobelte Kerle herrschen, während Iset, die Schöne, das Muskelspiel ihres reichen Gemahls bewunderte.

Die Gefahr lag anderswo. Wie konnte man Sethos überreden, längere Zeit in den Tempeln zu verweilen und sich zunehmend weniger um die Geschäfte des Landes zu kümmern? Man mußte ihn geschickt belügen und ihn behutsam dazu bewegen, sich mehr und mehr in Gedanken dem Jenseits zuzuwenden. Wenn er,

Chenar, die Beziehungen zu ägyptischen und fremdländischen Händlern, deren Worte beim König nur wenig Gehör fanden, pflegte und vervielfachte, würde sein Ansehen stetig wachsen und ihn bald unentbehrlich machen. Trotz bieten durfte man dem Pharao nicht, aber man könnte ihn allmählich ersticken in einem ganzen Netz von Einflüssen, bevor er gewahr würde, wie gefangen er darin war.

Auch seine Schwester Dolente mußte er außer Gefecht setzen. Schwatzhaft, verweichlicht und neugierig, wie sie war, wäre sie ohne jeden Nutzen im Rahmen seiner künftigen Politik. Aus Enttäuschung, keine vorrangige Stellung mehr einzunehmen, würde sie sogar etliche wohlhabende Adelige, auf die er nicht verzichten konnte, gegen ihn aufstacheln. Er hatte schon daran gedacht, Dolente ein riesiges Anwesen, Herden und ein Heer von Dienern anzubieten, aber das würde ihr bestimmt nicht genügen. Wie ihn gelüstete es auch sie nach Intrigen und Komplotten. Aber zwei Krokodile vertrugen sich nicht im selben Sumpf. Doch sich Chenar auf Dauer zu widersetzen, dazu fehlte seiner Schwester das Zeug.

Iset, die Schöne, probierte bereits das fünfte Kleid, doch es gefiel ihr auch nicht besser als die vorigen vier, die entweder zu lang, zu weit oder zuwenig gefältelt waren. Aufgebracht befahl sie ihrer Zofe, sich an eine andere Weberei zu wenden. Beim großen Festmahl zum Abschluß der Feierlichkeiten mußte sie die Schönste sein, um Chenar zu verspotten und Ramses zu verführen.

Atemlos kam die Dienerin angelaufen, der es oblag, Isets Haar zu frisieren.

«Schnell, schnell, setz dich, ich muß dich kämmen und dir eine Festtagsperücke aufsetzen.»

«Was ist der Grund für diese Hetze?»

«Eine Zeremonie beim Tempel von Kurna, auf dem westlichen Ufer.»

«Aber die war doch gar nicht vorgesehen! Die Kulthandlungen beginnen doch erst morgen.»

«So ist es aber nun mal, die ganze Stadt ist in heller Aufregung. Wir müssen uns beeilen.»

Widerwillig begnügte Iset sich mit einem Kleid herkömmlichen Zuschnitts und einer schlichten Perücke, die ihre Jugend und Anmut nicht sonderlich hervorkehrten. Aber dieses unerwartete Ereignis durfte sie sich nicht entgehen lassen.

Der Tempel von Kurna würde nach seiner Fertigstellung dem Kult des unsterblichen Geistes Sethos' geweiht sein, sobald dieser zurückgekehrt wäre in den Ozean der Kraft, nachdem er zuvor für die Spanne eines Lebens im Leib eines Mannes Gestalt angenommen hatte. Noch waren im geheimen Teil des Bauwerks, wo der König beim Vollzug der Riten dargestellt war, die Bildhauer am Werk. Adel und hohe Würdenträger drängten sich vor der Fassade des Heiligtums in jenem großen Hof unter freiem Himmel, den bald ein Pylon versperren würde. Aus Furcht vor der Glut der Sonne, die trotz der frühen Stunde sehr heftig brannte, schützten die meisten sich mit viereckigen Sonnenschirmen. Belustigt betrachtete Ramses diese hohen Persönlichkeiten in ihren erlesenen Gewändern. Lange Hemden, Umhänge mit bauschigen Ärmeln und schwarze Perücken verliehen ihnen etwas Gekünsteltes. Sie nahmen sich überaus wichtig und würden doch, sobald Sethos erschien, zu Kriechern werden und die Nase am Boden tragen, um ihm nur nicht zu mißfallen.

Die allwissenden Höflinge beteuerten, der König werde nach dem Morgenritus in Karnak im Barkensaal des Tempels von Kurna Gott Amun ein besonderes Opfer darbringen, damit sein

Ka erhoben und er seiner Lebenskraft nicht beraubt werde. Das sei auch der Grund für diese Verspätung, die für die älteren Würdenträger recht anstrengend war. Sethos war oft recht unbarmherzig, und Chenar nahm sich vor, derartige Fehler zu vermeiden und die Schwächen der einen wie der anderen besser zu nutzen.

Ein Priester mit kahlgeschorenem Schädel und in schlichtem, weißem Gewand trat aus dem überdachten Tempel. Mit einem langen Stab bahnte er sich seinen Weg. Verwundert traten die zu dieser neuartigen Zeremonie Geladenen beiseite, um ihm Platz zu machen.

Der Priester blieb vor Ramses stehen.

«Folge mir, Prinz.»

In den Reihen der Frauen entstand Gemurmel, als sie Ramses' Schönheit und Stattlichkeit gewahrten. Iset war verzückt vor Bewunderung, und Chenar lächelte. So hatte er es also doch erreicht, daß sein Bruder noch vor dem Opet-Fest zum Vizekönig von Nubien ernannt und unverzüglich in diese von ihm heißgeliebte ferne Provinz entsandt wurde.

Ramses trat hinter dem Priester über die Schwelle des überdachten Tempels und folgte ihm in den linken Flügel des Bauwerks.

Die Zederntür schloß sich hinter ihnen, und der Priester geleitete Ramses zwischen zwei Säulen, die sich vor drei Kapellen erhoben. Dort herrschte noch Dunkelheit, doch aus der mittleren hallte eine tiefe Stimme. Die des Vaters?

«Wer bist du?»

«Mein Name ist Ramses, ich bin der Sohn des Pharaos Sethos.»

«An diesem verborgenen Ort, zu dem kein Ungeweihter Zugang hat, huldigen wir der ewigen Gegenwart Ramses', unseres Ahnherrn und Begründers unserer Dynastie. Sein in die Wände geritztes Antlitz wird ewig leben. Bist du bereit, ihm zu huldigen und ihn zu verehren?»

«Ich bin es.»

«In diesem Augenblick bin ich Amun, der verborgene Gott. Tritt näher, mein Sohn.»

Die Kapelle erstrahlte.

Auf zwei Thronsesseln hatten Sethos und Königin Tuja Platz genommen. Der Pharao trug die Amunkrone mit den zwei langen Federn und Tuja die weiße Krone der Göttin Mut. Königspaar und Götterpaar waren eins geworden. Ramses war dem Gottessohn gleichgesetzt und vervollständigte so die geheiligte Dreiheit.

Der junge Mann war verwirrt. Er hatte sich die Verwirklichung des Mythos, dessen Bedeutung nur in der Verschwiegenheit der Tempel offenbart wurde, so nicht vorgestellt. Und er sank vor diesen beiden Wesen auf die Knie, denn ihm war bewußt, daß sie weit mehr waren als Vater und Mutter.

«Mein geliebter Sohn», fuhr Sethos fort, «empfange von mir das Licht.»

Der Pharao drückte Ramses die Hände aufs Haupt. Die große königliche Gemahlin tat es ihm nach.

Im gleichen Augenblick verspürte der Prinz eine sanfte, wohltuende Wärme. Aufregung und Anspannung fielen von ihm ab und machten einer nie gekannten Energie Platz, die in jede Faser seines Körpers eindrang. Von nun an würde er aus dem Geiste des königlichen Paares leben.

Stille trat ein, als Sethos auf der Schwelle des Tempels erschien, Ramses zu seiner Rechten. Der Pharao trug die Doppelkrone, das Symbol für die Einheit Ober- und Unterägyptens; ein Diadem umspannte die Stirn des Prinzen.

Chenar zuckte zusammen.

Dem Vizekönig von Nubien gebührte kein solches Emblem! Das war ein Irrtum, ein wahnwitziges Mißverständnis!

«Mein Sohn Ramses wird von nun an den Thron mit mir teilen, damit ich zu Lebzeiten sein Handeln begutachten kann», verkündete Sethos mit seiner tiefen und kraftvollen Stimme. «Ich ernenne ihn zum Regenten des Königreiches, und er soll teilhaben an all meinen Entscheidungen. Er wird lernen, das Land zu regieren, über seine Einheit und sein Wohlergehen zu wachen, er wird diesem Volk vorstehen und dessen Glück höher erachten als das eigene. Er wird die äußeren und inneren Feinde abwehren und den Schwachen gegen den Starken verteidigen, wie das Gesetz der Maat es verlangt. So soll es sein, denn groß ist meine Liebe zu Ramses, dem Sohn des Lichts.»

Chenar biß sich auf die Lippen. Der Alptraum würde gewiß zerstieben, Sethos alles widerrufen, Ramses würde von seinem Podest stürzen und auf die für seine sechzehn Jahre viel zu schwere Bürde verzichten. Aber da sah Chenar, wie der Zeremonienmeister auf Befehl des Pharaos eine goldene Uräusschlange an das Diadem heftete! Dies war das Zeichen der Kobra mit dem flammenden Atem, die die sichtbaren und unsichtbaren Widersacher des Regenten, des künftigen Pharaos Ägyptens, vernichten würde.

Die kurze Zeremonie war beendet, Jubel stieg auf in den lichten Himmel über Theben.

FÜNFUNDDREISSIG

Ameni überprüfte nochmals, was das Protokoll vorschrieb: bei der Prozession von Karnak nach Luxor würde Ramses zwischen zwei alten Würdenträgern gehen, er müßte also seine Schritte mäßigen. Langsam und feierlich zu schreiten dürfte ihn allerdings gewaltige Anstrengung kosten.

Ramses trat ein und vergaß, die Tür hinter sich zu schließen. Vom Luftzug gepackt, mußte Ameni sofort niesen.

«Mach doch die Tür hinter dir zu», brummelte Ameni. «Du weißt nicht, was es heißt, krank zu...»

«Verzeih, Ameni, aber redest du so mit dem Regenten des Königreichs Ägypten?»

Erstaunt blickte der junge Schreiber zu seinem Freund hoch.

«Was für ein Regent?»

«Wenn ich nicht geträumt habe, hat mein Vater mich vor versammeltem Hof zu sich auf den Thron erhoben.»

«Das soll wohl ein Scherz sein!»

«Deine geringe Begeisterung tut mir wohl.»

«Regent, Regent! Was das für eine Arbeit wäre!»

«Die Liste deiner Aufgabengebiete wird immer länger, Ameni. Meine erste Entscheidung wird sein, dich zum Sandalenträger zu ernennen. So kannst du mich nie im Stich lassen und mußt mir nützliche Ratschläge geben.»

Wie erschlagen ließ der junge Schreiber sich gegen die Lehne seines niedrigen Stuhls sinken. Mit hängendem Kopf sagte er dann:

«Sandalenträger und Privatsekretär, welche Gottheit ist so grausam, daß sie derart herfällt über einen armen Schreiber?»

«Sieh das Protokoll noch einmal durch, mein Platz ist nicht mehr in der Mitte des Zuges.»

«Ich will ihn jetzt sofort sehen!» verlangte Iset, die Schöne, gereizt.

«Das ist leider völlig unmöglich», erwiderte Ameni, der gerade dabei war, die herrlichen Sandalen aus weißem Leder zu polieren, die Ramses bei großen Festlichkeiten tragen würde.

«Weißt du ausnahmsweise wenigstens, wo er sich aufhält?»

«Das weiß ich in der Tat.»

«So rede doch!»

«Es wird dir aber nicht von Nutzen sein.»

«Das kann ich besser beurteilen!»

«Du vergeudest deine Zeit.»

«Das zu beurteilen steht einem Schreiberling nicht zu!»

Ameni setzte die Sandalen auf eine Matte.

«Schreiberling nennst du den Privatsekretär und Sandalenträger des Regenten? Du wirst deine Zunge im Zaum halten müssen, meine Hübsche. Mißachtung ist eine Verhaltensweise, die Ramses ganz und gar nicht schätzt.»

Iset, die Schöne, wollte Ameni schon ohrfeigen, gebot sich aber Einhalt. Der freche Kerl hatte recht. Die Hochachtung, die der Regent ihm entgegenbrachte, machte aus ihm eine Persönlichkeit, die auch sie nicht mehr verächtlich behandeln durfte. Widerwillig schlug sie einen anderen Ton an.

«Darf ich erfahren, wo der Regent sich aufhält?»

«Wie ich schon sagte, ist er unerreichbar. Der König hat ihn nach Karnak mitgenommen. Sie werden die Nacht über in Meditation verharren, bevor sie sich morgen früh an die Spitze der Prozession nach Luxor setzen.»

Zutiefst getroffen zog Iset, die Schöne, sich zurück. Würde Ramses, nun, da ein Wunder geschehen war, ihr entgleiten? Nein, sie liebte ihn, und er liebte sie. Ihr Instinkt hatte ihr den richtigen Weg gewiesen, fern von Chenar und in der Nähe des neuen Regenten. Morgen würde sie die große königliche Gemahlin und Königin von Ägypten sein!

Plötzlich erschreckte sie diese Aussicht. Tuja fiel ihr ein mit all ihren Aufgaben und Pflichten, die dieses Amt ihr aufbürdete. Diesen Ehrgeiz besaß sie, Iset, gar nicht, bei ihr war es Leidenschaft. Sie war verrückt nach Ramses, dem Mann. Den Regenten begehrte sie nicht.

Die höchste Macht sollte Ramses zuteil werden. War ein solches Wunder nicht eher ein Unglück?

Im fröhlichen Treiben nach der Ernennung von Ramses hatte Chenar gesehen, wie seine Schwester Dolente und ihr Mann Sary sich mit Ellbogengewalt vordrängten, um als erste dem neuen Regenten Glück zu wünschen. Die Anhänger Chenars hatten vor lauter Überraschung ihrem Treuegelöbnis noch nicht offenkundig Ausdruck verliehen, doch daß sie ihn früher oder später verraten würden, das war dem älteren Sohn des Königs bewußt.

Allem Anschein nach war er unterlegen. Man hatte ihn zur Seite gedrängt mit der Verpflichtung, sich in den Dienst des Regenten zu stellen. Was konnte er sich von Ramses erhoffen? Im besten Fall ein Ehrenamt ohne jegliche Machtbefugnis.

Chenar würde sich fügen, um den Schein zu wahren, aber verzichten würde er nicht. Die Zukunft hielt vielleicht doch ein paar

Überraschungen bereit. Ramses war noch nicht Pharao, und im Verlauf der Geschichte Ägyptens waren schon etliche Regenten früher verstorben als der König, der sie erwählt hatte. Sethos könnte, dank seiner Widerstandsfähigkeit, noch Jahre leben. Und in dieser Zeit würde er nur einen ganz geringen Teil seiner Machtbefugnisse abtreten, was den Regenten in eine heikle Lage bringen dürfte. Chenar müßte nur ein wenig nachhelfen, ihn bewegen, unverzeihliche Fehler zu begehen, dann wäre sein Sturz gewiß.

Im Grunde war noch nichts verloren.

«Moses!» rief Ramses, als er auf der großen Baustelle in Karnak, die Sethos eröffnet hatte, den Freund gewahrte. Der Hebräer ließ die Steinhauer, die ihm unterstanden, kurzerhand stehen und verneigte sich vor dem Regenten.

«Ich huldige dem...»

«Steh auf, Moses.»

Sie beglückwünschten sich gegenseitig, freuten sich über diese Begegnung.

«Ist das dein erstes Amt in Karnak?»

«Das zweite. Ich habe auf dem Westufer die Ziegelherstellung und das Behauen der Steine gelernt und wurde dann hier ernannt. Sethos will eine riesige Säulenhalle errichten, mit Säulenabschlüssen in Form von Papyrusblüten und Lotosknospen, die einander abwechseln sollen. Die Mauern werden den Flanken der Berge gleichen, die Reichtümer der Erde werden auf den Innenwänden dargestellt sein. Die Schönheit des Bauwerks wird bis in den Himmel reichen.»

«Du bist in der Tat ganz hingerissen!»

«Ist der Tempel nicht ein goldener Schrein, der alle Wunder der Schöpfung in sich birgt? Ja, der Beruf des Baumeisters begeistert mich. Ich glaube wahrlich, meinen Weg gefunden zu haben.»

Sethos trat zu den beiden jungen Männern und erläuterte sein Vorhaben. Der von Amenophis III. errichtete überdachte Gang mit den vierzig Ellen hohen Säulen entsprach der Größe Karnaks nicht mehr. Daher hatte er einen richtigen Säulenwald entworfen mit engen Zwischenräumen und einem von geöffneten Kapitellen erzeugten ausgeklügelten Lichterspiel. Wäre der Saal erst fertig, würde dank der Anwesenheit der Götter und des Pharaos auf den Säulenschäften der Kult niemals unterbrochen werden. Die Steine würden das Urlicht bewahren, von dem Ägypten sich nährte. Moses stellte Fragen zu Ausrichtung und Widerstandsfähigkeit der Baustoffe. Der König wußte ihn zu beruhigen und unterstellte ihm einen Meisterhandwerker aus der Zunft vom «Platz der Wahrheit». Der kam vom Westufer aus dem Dorf Deir el Medineh, wo erfahrene Handwerker ihre Berufsgeheimnisse weitergaben.

Es wurde Abend über Karnak. Die Arbeiter hatten ihr Werkzeug aufgeräumt, die Baustelle war leer. In weniger als einer Stunde würden Astronomen und Astrologen auf das Dach des Tempels steigen, um die Botschaft der Sterne zu erforschen.

«Was ist ein Pharao?» fragte Sethos Ramses.

«Derjenige, der sein Land glücklich macht.»

«Damit dir dies gelingt, darfst du nicht danach trachten, die Menschen um jeden Preis zu beglücken. Du mußt Taten vollbringen, die den Göttern und der immerwährenden Schöpfungskraft wohlgefällig sind. Erbaue Tempel, die dem Himmel ähneln, und opfere sie ihrem göttlichen Herrn. Forsche immer nach dem Wesentlichen, dann wird auch das Zweitrangige harmonisch sein.»

«Ist das Wesentliche nicht die Maat?»

«Maat weist die Richtung, sie steuert die Barke, sie ist der Sockel des Throns, die vollkommene Elle, die Geradlinigkeit des Seins. Ohne sie kann nichts Gerechtes vollbracht werden.»

«Vater…»

«Welche Sorge quält dich?»

«Werde ich meiner Aufgabe gewachsen sein?»

«Wenn du nicht fähig bist, dich zu erheben, wirst du erdrückt werden. Ohne des Pharaos Tun, ohne sein Wort und die Riten, die er vollzieht, würde die Welt aus dem Gleichgewicht geraten. Sollte aus Torheit und Gier der Menschen das Amt des Pharaos eines Tages verschwinden, wird die Herrschaft der Maat zu Ende gehen und Finsternis die Erde überziehen. Dann wird der Mensch alles ringsum zerstören und auch seinesgleichen nicht verschonen. Der Starke wird den Schwachen vernichten, Ungerechtigkeit wird triumphieren, Gewalt und Mißgunst werden um sich greifen. Die Sonne wird nicht mehr aufgehen, selbst wenn ihre Scheibe noch am Himmel steht. Aus sich selbst steuert der Mensch das Böse an. Der Pharao hat die Aufgabe, den verbogenen Stab wieder geradezurichten, ins Chaos unermüdlich Ordnung zu bringen. Jede andere Art zu regieren ist zum Scheitern verurteilt.»

Fragen über Fragen stellte Ramses dem Vater, keiner einzigen wich der König aus. Die Nacht war schon weit fortgeschritten, als der Regent mit übervollem Herzen sich auf einer Bank ausstreckte und seinen Blick in Tausende von Sternen versenkte.

Auf Befehl des Königs wurde mit dem Opet-Ritual begonnen. Priester holten aus den Kapellen die Barken der Triade von Theben: Amun, den verborgenen Gott, Mut, die Mutter des Weltalls, und Chons, beider Sohn, den Durchwanderer des Himmels und der Räume, dessen Verkörperung Ramses war. Bevor sie durch das Tor des Tempels traten, opferten Sethos und sein Sohn den göttlichen Barken Blumengebinde und begingen ein Trankopfer ihnen zu Ehren, bevor ein Schleier über sie gebreitet wurde, damit Uneingeweihte sehen konnten, ohne zu sehen.

An diesem neunzehnten Tag des zweiten Monats der Überschwemmungen hatte sich eine beachtliche Menschenmenge im Tempelbezirk von Karnak versammelt. Als das große vergoldete Holzportal sich öffnete, um die vom König und seinem Sohn angeführte Prozession hinauszulassen, brach Jubel aus. Da die Götter auf Erden weilten, würde es ein glückliches Jahr werden.

Zwei Prozessionszüge wurden gebildet. Der eine würde den Landweg einschlagen, über die Sphingenallee, die von Karnak nach Luxor führte, der andere den Nil nutzen, von der Anlegestelle des ersten Tempels bis zu der des zweiten. Die königliche Barke auf dem Fluß zog alle Blicke auf sich, das Gold der Wüsten und die Edelsteine ließen sie in der Sonne funkeln. Sethos selbst lenkte die kleine Flotte, während Ramses den von Sphingen gesäumten Landweg einschlug.

Trompeten, Flöten, Tamburine, Becken und Lauten begleiteten Gaukler und Tänzerinnen. Am Nilufer verkauften Händler mundgerechte Wegzehrung und kühles Bier, als Erfrischung zu gebratenem Geflügel, Kuchen und Früchten.

Ramses versuchte den Lärm von sich fernzuhalten und sich ganz seiner neuen Aufgabe, dem Ritual, zu widmen. Er hatte die Götter zum Tempel der Wiedergeburt des königlichen Ka in Luxor zu geleiten. Vor einer Reihe von Kapellen machte die Prozession halt, um die Opfergaben niederzulegen, und gelangte dann gemessenen Schrittes vor die Tore von Luxor, wo Sethos zur gleichen Zeit eintraf.

Als die Barken der Gottheiten in das Innere des Bauwerks einzogen, war die Menge nicht mehr zugelassen. Während das Fest draußen seinen Fortgang nahm, bereitete sich hier die Wiedergeburt der verborgenen Kräfte vor, von denen die Fruchtbarkeit Ägyptens abhing. Elf Tage lang luden die drei Barken sich in der Verschwiegenheit des Allerheiligsten mit neuer Kraft auf.

Die Amun-Priesterinnen tanzten, sangen und musizierten. Die Tänzerinnen mit dem üppigen Haar und den festen Brüsten waren mit Ladanum eingeölt und mit Lotos parfümiert und trugen auf dem Kopf duftende Binsen.

Unter den Lautenspielerinnen war auch Nefertari. Ein wenig abgerückt von den anderen, befaßte sie sich nur mit ihrem Instrument und schien sonst nichts wahrzunehmen. Wie konnte ein so junges Mädchen nur so ernsthaft sein? Bemüht, unbemerkt zu bleiben, stach sie doch hervor. Ramses suchte ihren Blick, doch die blaugrünen Augen hefteten sich unverwandt auf die Saiten der Laute. Aber wie sie es auch anstellte, ihre Schönheit konnte Nefertari nicht verbergen. Sie übertraf all die anderen Amun-Priesterinnen, deren Liebreiz keineswegs zu leugnen war.

Stille trat ein. Die jungen Frauen zogen sich zurück. Die einen waren befriedigt über ihre Darbietung, die anderen hatten es eilig, ihre Eindrücke auszutauschen. Nefertari verharrte in tiefer Versunkenheit, als lauschte sie dem Echo der Zeremonie in ihrem Herzen.

Der Regent folgte ihr mit Blicken, bis die in makelloses Weiß gekleidete zierliche Gestalt im blendenden Sommerlicht verblaßte.

SECHSUNDDREISSIG

Iset, die Schöne, schmiegte sich an den nackten Körper ihres Geliebten und säuselte ihm ein Liebeslied ins Ohr, das alle jungen Ägypterinnen kannten:

«Wäre ich doch deine Sklavin, gefesselt an deine Schritte. Ich könnte dich kleiden und entkleiden, die Hand sein, die dich kämmt und die dich massiert. Ich wäre die, die dein Gewand wäscht und die dich mit Duft benetzt. Wäre ich doch deine Armreife und dein Schmuck, die deine Haut berühren und ihren Duft kennen.»

«Das singt der Liebhaber, nicht seine Geliebte.»

«Was soll's? Ich will, daß du es hörst, immer wieder hörst.»

Iset war eine stürmische und zärtliche Geliebte. Geschmeidig und leidenschaftlich, erfand sie ständig neue Spiele, um ihren Geliebten zu entzücken.

«Ob du Regent oder Bauer bist, mich kümmert's nicht! Dich liebe ich, deine Kraft, deine Schönheit.»

Isets Aufrichtigkeit und Leidenschaft gefielen Ramses. In ihren Augen war keine Spur von Heuchelei. Er erwiderte ihre Hingabe mit der Glut seiner sechzehn Jahre, und im Einklang genossen sie ihre Lust.

«Verzichte», schlug sie vor.

«Worauf?»

«Auf das Regentenamt, auf die Zukunft als Pharao. Verzichte, Ramses, und lebe glücklich mit mir.»

«Als ich noch Kind war, wollte ich König werden. Dieser Gedanke ließ mich fiebern und nicht mehr schlafen. Dann lehrte mich mein Vater, wie unbedacht ein solcher Ehrgeiz war. Ich verzichtete, vergaß diesen Wahn. Und nun ruft Sethos mich zu sich auf den Thron. Ein feuriger Sturzbach reißt mich mit, und sein Ziel ist mir unbekannt.»

«Stürze dich nicht hinein, bleib am Ufer.»

«Bin ich denn frei in meiner Entscheidung?»

«Schenke mir dein Vertrauen, ich werde dir beistehen.»

«Wie immer du dich auch mühst, ich bin allein.»

Tränen liefen Iset über die Wangen.

«Ich weigere mich, ich will keine Schicksalsergebenheit! Gemeinsam werden wir die Prüfungen leichter bestehen.»

«Ich werde meinen Vater nicht verraten.»

«Laß mich wenigstens nicht im Stich.»

Von Heirat wagte Iset, die Schöne, nicht mehr zu sprechen. Wenn nötig, würde sie im Schatten verharren.

Unter Ramses' belustigtem Blick betastete Setaou das Diadem und den Uräus des Regenten.

«Fürchtest du diese Schlange etwa?»

«Gegen ihren Biß habe ich keine Arznei, gegen ihr Gift gibt es keine Mittel.»

«Solltest auch du mir vom Amt des Regenten abraten?»

«Also bin ich nicht der einzige, der dieser Ansicht ist?»

«Iset, die Schöne, wünscht sich ein ruhigeres Dasein.»

«Wer könnte es ihr verübeln?»

«Du, der Abenteurer, träumst plötzlich von einem zurechtgestutzten und friedlichen Leben?»

«Der Weg, den du einschlägst, ist voller Gefahren.»

«Haben wir uns nicht vorgenommen, die wahre Macht zu ergründen? Du setzt täglich dein Leben aufs Spiel. Warum sollte ich verzagter sein?»

«Ich trotze nur Reptilien, du wirst gegen Menschen antreten müssen, eine viel gefährlichere Art.»

«Wärest du bereit, mir zur Seite zu stehen?»

«Aha, der Regent bildet seine Gefolgschaft...»

«Ich vertraue dir und Ameni.»

«Moses nicht?»

«Er kennt seinen eigenen Weg, aber ich bin überzeugt, ihn als Baumeister wiederzutreffen. Gemeinsam werden wir großartige Tempel errichten.»

«Und Acha?»

«Ich werde mit ihm reden.»

«Dein Angebot ehrt mich, aber ich lehne es ab. Habe ich dir schon gesagt, daß ich Lotos zur Gemahlin nehmen werde? Vor Frauen muß man sich in acht nehmen, das gebe ich zu, aber Lotos ist eine wertvolle Gehilfin. Ich wünsche dir Glück, Ramses.»

In knapp einem Monat hatte Chenar die Hälfte seiner Freunde eingebüßt. Es war also noch nicht alles verloren. Er hatte befürchtet, allein zu stehen, aber etliche Würdenträger glaubten trotz Sethos' Entscheidung nicht an Ramses' Zukunft. Es könnte ja sein, daß beim Ableben des Pharaos der Regent sich aus Trauer und mangelndem Selbstvertrauen zur Übergabe des Amtes in erfahrenere Hände entschlösse.

War Chenar denn nicht Opfer einer Ungerechtigkeit geworden? Ihn, den künftigen Nachfolger, hatte man ohne weitere Erklärung und ohne Federlesen einfach zur Seite gedrängt. Wie hatte Ramses seinen Vater denn dazu bringen können, wenn nicht durch Verleumdung seines älteren Bruders?

Chenar genoß es, als Opferlamm betrachtet zu werden. Jetzt lag es an ihm, diesen unerwarteten Vorteil zu nutzen, zunehmend beunruhigendere Gerüchte auszustreuen und, wenn Ramses sich vergaloppierte, als sicherer Hort zu erscheinen. Dies alles einzufädeln würde Zeit brauchen, viel Zeit, denn um Erfolg zu haben, mußte er auch die Pläne des Gegners kennen. Daher bat Chenar um eine Audienz beim neuen Regenten, der in einem Trakt des Königspalastes von Memphis in unmittelbarer Nähe des Pharaos residierte.

Doch zuerst war das Hindernis Ameni zu überwinden, Ramses' böser Geist. Wie konnte man ihn bloß bestechen? Er hielt nichts von Frauen, auch nichts von Tafelfreuden, hockte ständig in seinem Arbeitszimmer und schien keinen anderen Ehrgeiz zu haben, als Ramses zu dienen. Aber jeder Panzer hatte einen wunden Punkt, und den würde er, Chenar, schon herausfinden.

Ehrerbietig richtete er das Wort an den Sandalenträger des Regenten und beglückwünschte ihn zum tadellosen Zustand seiner neuen Amtsräume. Ameni, bei dem Schmeicheleien nichts fruchteten, würdigte Chenar keines Wortes und führte ihn nur in den Audienzsaal des Regenten.

Auf den Stufen des Podests mit dem Thron hockte Ramses und spielte mit seinem Hund und seinem kleinen Löwen, der zusehends kräftiger wurde. Die beiden Tiere verstanden sich prachtvoll, der Löwe bezwang seine Kraft und der Hund seinen Hang, ihn zu necken. Wächter hatte dem kleinen Wildfang sogar beigebracht, unbemerkt Fleisch aus den Küchen zu stehlen, und Schlächter hatte sich angewöhnt, den gelben Hund zu schützen und niemanden an ihn heranzulassen.

Chenar stand wie vom Donner gerührt.

Das sollte ein Regent sein? Der zweite Mann im Staat nach dem Pharao? Ein spielender Knabe in der Kraft seiner Jugend! Sethos mußte eine solch unbesonnene Entscheidung ja bereuen! Obwohl er vor Empörung kochte, riß Chenar sich zusammen.

«Würde der Regent so gütig sein, mich anzuhören?»

«Nicht so feierlich, Bruder! Komm, setz dich.»

Der gelbe Hund hatte sich auf den Rücken gerollt und streckte zum Zeichen seiner Unterwürfigkeit gegenüber Schlächter alle viere in die Luft. Ramses gefiel diese List. Auch dem Löwen gefiel das, er merkte gar nicht, daß der Hund ihn an der Nase herumführte und die Spielchen nach seinem Geschmack gestaltete. Das zu beobachten war sehr aufschlußreich für den Regenten. Wurden hier nicht Klugheit und Kraft zu Verbündeten?

Zögernd ließ sich Chenar auf eine der Stufen nieder, wahrte aber einen gewissen Abstand zu seinem Bruder. Der Löwe fing an zu knurren.

«Hab keine Angst. Wenn ich es ihm nicht befehle, greift er nicht an.»

«Diese Wildkatze wird eines Tages gefährlich werden. Er könnte einen ranghohen Besucher anfallen...»

«Die Gefahr besteht nicht.»

Wächter und Schlächter spielten nicht weiter, sie beobachteten Chenar. Seine Anwesenheit mißfiel ihnen.

«Ich bin gekommen, dir meine Dienste anzutragen.»

«Sei bedankt.»

«Womit gedenkst du mich zu beauftragen?»

«Die Staatsangelegenheiten und das öffentliche Leben sind mir noch völlig fremd, wie könnte ich dir da ein Amt übertragen, ohne einen Fehler zu begehen?»

«Aber du bist doch der Regent!»

«Sethos ist der alleinige Herr über Ägypten, er und niemand anders trifft die wichtigen Entscheidungen. Er bedarf meiner Meinung nicht.»

«Ja, aber...»

«Ich bin mir meiner Unzulänglichkeit vollkommen bewußt und habe auch nicht die Absicht, mich als Regierender aufzuspielen. Mein Verhalten wird sich nicht ändern, ich werde dem Pharao dienen und ihm gehorchen.»

«Du wirst aber eigene Entscheidungen treffen müssen!»

«Das hieße ja, den Pharao zu verraten. Ich werde mich mit den Aufgaben begnügen, die er mir überträgt, und sie nach bestem Vermögen erfüllen. Wenn ich versage, wird er mich absetzen und einen anderen Regenten benennen.»

Chenar war entwaffnet. Er hatte das überhebliche Auftrumpfen eines Raubtiers erwartet und sah ein demütiges und harmloses Lämmchen vor sich! Oder sollte Ramses gelernt haben, sich zu verstellen, und in den Schafspelz geschlüpft sein, um den Gegner auf eine falsche Fährte zu locken? Das ließ sich leicht herausfinden.

«Ich vermute, daß du dich mit der Rangfolge im Staat vertraut gemacht hast.»

«Um diese Feinheiten zu erkennen, bedürfte ich mehrerer Monate, wenn nicht gar Jahre, ist das wirklich erforderlich? Dank Amenis Fleiß werden mir viele lästige Verwaltungsaufgaben erspart bleiben, so daß ich immer noch Zeit finden werde für meinen Hund und meinen Löwen.»

Keinerlei Spott klang da an, Ramses schien tatsächlich unfähig, seine Macht zu ermessen. Und Ameni, der war bei allem Fleiß und Arbeitseifer nichts weiter als ein junger Schreiber von siebzehn Jahren. Ameni würde die Geheimnisse des Hofes nicht so schnell entschlüsseln. Wenn Ramses es ablehnte, sich mit erfahrenen

Männern zu umgeben, würde er seine Stellung schwächen und wie ein Esel dastehen.

Chenar mußte gar nicht kämpfen, er konnte weiter auf vertrautem Boden agieren.

«Ich war der Annahme, der Pharao habe dir in bezug auf meine Person Richtlinien erteilt.»

«Du hast recht.»

Chenar stutzte, also rückte er doch endlich mit der Wahrheit heraus! Bisher hatte er ihm etwas vorgemacht, und nun würde er ihm gnadenlos den Hieb versetzen, ihn aus dem öffentlichen Leben auszuschließen.

«Was wünscht der Pharao?»

«Daß sein älterer Sohn wie bisher seinen Verpflichtungen nachkommt und das Amt des Obersten Zeremonienmeisters übernimmt.»

Oberster Zeremonienmeister, das war ein wichtiges Amt. Chenar würde sich um die Gestaltung der offiziellen Zeremonien kümmern, die Anwendung der Erlasse überwachen und ständig Anteil haben an der Politik des Königs. Er war also ganz und gar nicht ins Abseits gedrängt, würde auch weiterhin an entscheidender Stelle stehen, selbst wenn diese nicht so herausragend war wie die des Regenten. Mit etwas Geschick könnte er durchaus seine Netze spinnen, haltbar und dauerhaft.

«Werde ich dir über mein Tun Rechenschaft ablegen müssen?»

«Mir nicht, dem Pharao, wie sollte ich etwas beurteilen, das ich nicht kenne?»

Also war Ramses nur ein Strohmann! Sethos behielt alle Macht in Händen und vertraute weiterhin seinem älteren Sohn.

In der Mitte der heiligen Stadt Heliopolis ragte der gewaltige Tempel empor, der Re, dem Gott des Lichts und Schöpfer des Lebens, geweiht war. Im November, wenn die Nächte kühler wurden, bereiteten die Priester dort das Osiris-Fest vor, Osiris, das verborgene Antlitz Res.

«Memphis und Theben kennst du», sagte Sethos zu Ramses, «entdecke jetzt Heliopolis. Hier hat das Denken unserer Ahnen Gestalt angenommen. Vergiß nicht, diesem heiligen Ort zu huldigen, Theben drängt sich allzu häufig in den Vordergrund. Ramses, der Begründer unseres Herrscherhauses, sorgte für Gleichgewicht und die gerechte Machtverteilung zwischen den Hohenpriestern von Heliopolis, Memphis und Theben. Ich achtete stets seine Sicht, achte auch du sie. Unterwirf dich keinem Würdenträger, aber sei das Band, das sie vereint und sie führt.»

«Ich denke oft an Auaris, die Stadt Seths», bekannte Ramses.

«Wenn das Schicksal dich zum Pharao macht, wirst du dorthin zurückkehren und, sobald ich tot sein werde, mit der geheimen Macht in Berührung kommen.»

«Du wirst nie sterben!»

Dieser Ausruf klang wie ein Herzenserguß, auf Sethos' Lippen wurde ein Lächeln sichtbar.

«Wenn mein Nachfolger mein Ka pflegt, wird diese Gunst mir vielleicht zuteil.»

Sethos hieß Ramses eintreten in das Heiligtum, den großen Tempel Res, wo in der Mitte eines Hofes unter freiem Himmel ein mächtiger Obelisk stand, dessen vergoldete Spitze den Himmel durchbohrte, um schädliche Einflüsse zu zerstreuen.

«Das ist die Verkörperung des Urgesteins, das zu Anbeginn der Zeiten aus dem Urozean aufstieg. Durch seine Anwesenheit auf Erden wird die Schöpfung bestehen bleiben.»

Ramses stand noch wie gebannt, doch schon führte der Vater ihn zu einer riesigen Akazie, der von zwei Priesterinnen, die Isis und Nephthys darstellten, gehuldigt wurde.

«In diesem Baum», erklärte Sethos, «zeugt der Unsichtbare den Pharao, nährt ihn mit der Milch der Sterne und gibt ihm seinen Namen.»

Noch weitere Wunder warteten auf den Regenten. In einer weiträumigen Kapelle stand auf stuckverziertem Holzsockel eine Waage aus Gold und Silber, die vier Ellen Spannweite und mehr als vier Ellen Höhe erreichte. Die Spitze zierte ein goldener Pavian, die Verkörperung des Gottes Thot, des Meisters der Schrift- und Rechenkunst.

«Die Waage von Heliopolis wiegt Seele und Herz jedes Wesens und jedes Dings. Möge Maat, die von dieser Waage versinnbildlicht wird, dein Denken und Tun stets beseelen.»

Zum Abschluß dieses Tages in der Stadt des Lichts führte Sethos Ramses noch zu einer Baustelle, die die Arbeiter bereits verlassen hatten.

«Hier entsteht eine neue Kapelle, denn das Werk darf nie unterbrochen werden. Der Tempelbau ist die erste Pflicht eines Pharaos, durch ihn wird er sein Volk erbauen. Knie nieder, Ramses, und vollbringe dein erstes Werk.»

Sethos reichte Ramses Hammer und Meißel, und unter dem Schutz des erhabenen Obelisken und des väterlichen Blicks legte der Regent den Grundstein für das künftige Bauwerk.

SIEBENUNDDREISSIG

Ameni empfand grenzenlose Bewunderung für Ramses, hielt ihn aber nicht für frei von Fehlern. Zu schnell vergaß der Regent, daß einige ihm nach dem Leben trachteten, und zu nachlässig war er auch, wenn es darum ging, Geheimniskrämereien aufzudecken, wie beispielsweise die Sache mit den minderwertigen Tintensteinen. Er, der junge Sandalenträger des Regenten, vergaß nichts, und da sein neues Amt ihm gewisse Vorteile verschafft hatte, wollte er sie auch nutzen.

Seinen zwanzig Untergebenen, die im Schreibersitz auf Matten hockten und ihm aufmerksam lauschten, legte er nochmals ausführlich den Vorfall dar. Obwohl er ein kläglicher Redner war, vermochte Ameni seine Zuhörer zu fesseln.

«Was sollen wir jetzt tun?» fragte einer der Schreiber.

«Wir müssen die Dienststellen der Archive durchforsten, die mir bisher nicht zugänglich waren. Es gibt zwangsläufig eine Abschrift der Urkunde mit dem vollständigen Namen des Besitzers dieser Werkstatt. Wer sie entdeckt, bewahre Schweigen und bringe sie unverzüglich zu mir. Der Regent wird es ihm lohnen.»

So breitgefächert angelegt, konnten seine Nachforschungen nur zum Erfolg führen, und sobald er den Beweis in Händen hätte, würde er ihn Ramses vorlegen. Wäre diese Angelegenheit beigelegt, würde er ihm zureden, nochmals nach dem Mann zu forschen, der den Wagenlenker und den Stallknecht gedungen hatte. Kein Verbrecher durfte seiner Strafe entgehen.

Seit Ramses Regent war, gingen zahllose Ersuche und bündelweise Briefe ein. Ameni schob allzu lästige Bittschriften beiseite und beantwortete die anderen, die der Sohn des Sethos dann mit seinem Siegel versah. Der Privatsekretär las jedes Schreiben, verfolgte jeden Vorgang, und sollte er dabei auch noch seine letzten Kräfte verlieren, der Regent durfte nicht Schaden nehmen durch unberechtigte Kritik.

Obwohl er erst achtzehn Jahre alt war, glich Acha einem reifen Mann mit viel Erfahrung, der schon alles erlebt hatte. Er war von ausgesuchter Eleganz, wechselte Hemd und Schurz jeden Tag, hielt auf Körperpflege, war immer parfümiert und glatt rasiert. Da er der memphitischen Mode folgte, verbarg er manchmal sein gewelltes Haar unter einer sündhaft teuren Perücke und glättete seinen Oberlippenbart, bis jedes Haar tadellos lag. Sein feingeschnittenes Gesicht zeugte vom Adel seiner Abstammung, auf die er stolz war, denn es war eine lange Ahnenreihe hoher Beamter.

Der junge Mann fand einmütige Zustimmung. Die Diplomaten waren des Lobes voll und wunderten sich, daß der Pharao ihm noch nicht ein hohes Amt in einer der Gesandtschaften übertragen hatte. Acha, den nichts verstimmen konnte, hatte keinerlei Beschwerde erhoben. Er kannte ja das Gemunkel und wußte, daß seine Stunde kommen würde.

Dennoch überraschte ihn der Besuch des Regenten, und er fühlte sich ertappt. Acha hätte ihn aufsuchen und sich vor Ramses verneigen müssen.

«Entschuldige mich, Regent Ägyptens.»

«Was soll das, sind wir denn keine Freunde mehr?»

«Es wäre meine Pflicht gewesen...»

«Behagt dir deine Arbeit?»

«Wie man's nimmt, dem seßhaften Leben kann ich keinen Reiz abgewinnen.»

«Wohin möchtest du denn gern?»

«In die Ostländer. Dort entscheidet sich morgen das Schicksal der Welt. Wenn Ägypten das nicht frühzeitig erfährt, droht ihm ein böses Erwachen.»

«Scheint dir unser diplomatisches Vorgehen unzureichend?»

«Soweit ich Einblick habe, muß ich das bejahen.»

«Was schlägst du vor?»

«Wir müssen häufiger vor Ort sein, uns um mehr Verständnis für die Denkweise unserer Verbündeten wie auch unserer Feinde bemühen, müssen ihre Stärken und ihre Schwächen abwägen, vor allem aber aufhören, uns für unverletzlich zu halten.»

«Fürchtest du die Hethiter?»

«Über sie hört man so viel Widersprüchliches, doch wer weiß wirklich, wie stark und wie schlagkräftig ihre Armee ist? Bis jetzt konnte ein Zusammenstoß verhindert werden.»

«Bedauerst du das?»

«Natürlich nicht, aber du mußt doch zugeben, daß wir im trüben fischen.»

«Bist du nicht glücklich in Memphis?»

«Eine wohlhabende Familie, ein angenehmes Haus, eine erfreuliche Laufbahn und ein paar Geliebte. Ist das der Inbegriff von Glück? Ich spreche mehrere Sprachen, auch des Hethitischen bin ich mächtig, warum soll ich meine Gaben nicht nutzen?»

«Ich kann dir helfen.»

«Inwiefern willst du mir helfen?»

«Als Regent kann ich dem König deine Ernennung in eine unserer Gesandtschaften in den Ostländern vorschlagen.»

«Das wäre ja wundervoll!»

«Du darfst dich nicht zu früh freuen, die Entscheidung liegt bei Sethos.»

«Ich danke dir für dein Angebot.»

«Hoffen wir, daß es Wirklichkeit wird.»

Dolentes Geburtstag war Anlaß für einen Empfang, zu dem die angesehensten Persönlichkeiten des Reiches geladen waren. Sethos nahm seit seiner Krönung nicht mehr an derartigen Empfängen teil. Ramses überließ Chenar die Festvorbereitungen und wollte sich vor dieser vornehmen Abendgesellschaft eigentlich drücken, aber auf Amenis Anraten hatte er dann doch sein Erscheinen vor dem Festmahl angekündigt.

Der schmerbäuchige und leutselige Sary vertrieb die Schmeichler, die den Regenten mit Lob zu überschütten, vor allem aber Begünstigungen zu erreichen gedachten.

«Deine Anwesenheit ehrt uns, ich bin mächtig stolz auf meinen Schüler! Stolz und betrübt zugleich.»

«Betrübt?»

«Ich werde keinen künftigen Regenten mehr zu erziehen haben! Neben dir werden alle Schüler des Kap verblassen.»

«Hättest du lieber ein anderes Amt?»

«Ich gebe zu, daß die Verwaltung der Kornspeicher mir mehr Spaß machen und mir mehr Zeit für Dolente lassen würde. Aber sieh darin nicht eines der zahlreichen Ersuchen, die täglich an dich herangetragen werden! Solltest du dich allerdings eines Tages deines alten Lehrers entsinnen...»

Ramses nickte. Seine Schwester eilte ihm entgegen. Durch das tägliche und viel zu starke Schminken sah sie zehn Jahre älter aus. Sary entfernte sich.

«Hat mein Gemahl mit dir geredet?»

«Ja.»

«Ich bin ja so glücklich, seit du Chenar übertrumpft hast! Er ist böse und verschlagen und wünschte unseren Untergang.»

«Welchen Schaden hat er dir zugefügt?»

«Das ist nicht mehr wichtig, jetzt bist du der Regent, nicht er. Begünstige deine wahren Verbündeten.»

«Sary und du, ihr täuscht euch über meine Möglichkeiten.»

Dolente blinzelte.

«Was genau bedeutet das?»

«Ich biete keine Ämter feil, sondern versuche, Einblick zu gewinnen in das Denken meines Vaters und zu begreifen, wie er das Land regiert, um eines Tages, sofern die Götter das wollen, seinem Vorbild gerecht zu werden.»

«Laß doch diese gestelzten Worte! Der höchsten Macht so nahe, hast du doch nichts anderes im Sinn, als deinen Zugriff auf andere zu festigen und deine Anhänger um dich zu sammeln. Mein Gemahl und ich wollen dazugehören, denn wir verdienen es. Du wirst auf unsere Fähigkeiten nicht verzichten können.»

«Da kennst du mich aber schlecht, liebe Schwester, und ebenso schlecht kennst du unseren Vater. So wird Ägypten nicht regiert. Als Regent habe ich die Möglichkeit, sein Handeln von innen her zu beobachten und Lehren daraus zu ziehen.»

«Dein Geschwafel interessiert mich nicht. Hier auf Erden regiert der Ehrgeiz. Du bist wie alle anderen, Ramses, wenn du dich den Gesetzen des Lebens nicht unterwirfst, wirst du zugrunde gehen.»

Unter dem Säulengang seines Hauses überdachte Chenar noch einmal all die Auskünfte, die er an diesem Abend gesammelt hatte. Zum Glück war das Gespinst seiner Freundschaften nicht zerrissen und die Zahl der Feinde Ramses' nicht geringer geworden. Sie beobachteten sein Tun und Lassen und hinterbrachten alles Chenar, der bei Sethos' Tod ja doch Pharao werden würde. Die Zurückhaltung des Regenten, seine unbedingte Treue zu Sethos und sein Gehorsam würden sein Bild schnell verblassen lassen.

Chenar selbst war nicht ganz so zuversichtlich, und zwar wegen eines Ereignisses, das für ihn verhängnisvoll war: der kurze Besuch Ramses' in Heliopolis. Dort wurde nämlich ein Pharao durch einstimmiges Händeklatschen erwählt. So waren die ersten Könige Ägyptens gekrönt worden.

Sethos hatte seinen Willen dort also kundgetan und, wie ein Priester ihm anvertraut hatte, Ramses sogar vor die große Waage geführt. Das bedeutete, daß der Pharao den Regenten für fähig erachtete, das Gesetz der Maat zu wahren und Geradlinigkeit walten zu lassen. Dieses entscheidende Ereignis hatte allerdings in völliger Abgeschiedenheit stattgefunden und besaß bisher nur magische Bedeutung, aber Sethos hatte seinen Willen kundgetan und würde nicht davon abweichen.

Zeremonienmeister? Das war nichts als Augenwischerei! Sethos und Ramses hofften doch nur darauf, daß er in diesem Amt vor sich hin dämmere und seine hochfliegenden Pläne vergesse, während der Regent nach und nach die Zügel der Macht ergreifen würde.

Ramses war viel gerissener, als es schien, hinter der Maske der Demut verbarg sich wilder Ehrgeiz. Weil er seinem Bruder mißtraute, gab er sich lammfromm, aber die Episode in Heliopolis verriet seine wahren Absichten. Chenar mußte seine Strategie ändern. Alles der Zeit zu überlassen wäre ein Fehler, der seinen Untergang besiegelte. Er mußte zum Angriff übergehen und in Ramses den gefährlichen Widersacher sehen. Ihn von innen her anzugreifen genügte nicht auf Dauer. Seltsame Gedanken gingen Chenar durch den Kopf, sie waren so seltsam, daß sie ihn sogar erschreckten.

Seine Rachegelüste nahmen überhand, es war ihm unerträglich, Ramses' Untergebener zu sein. Er mußte einen geheimen Kampf führen. Auch wenn sich noch nicht absehen ließ, wie er ausgehen würde – zurückweichen würde er nicht.

Das Schiff mit dem mächtigen weißen Segel schaukelte anmutig auf dem Nil. Der Kapitän kannte alle Launen des Flusses und trieb ein geschicktes Spiel. Chenar saß in seiner Kajüte, um sich vor den Sonnenstrahlen zu schützen. Er fürchtete das Brennen der Sonne und wollte sich seine weiße Haut bewahren.

Ihm gegenüber saß Acha und trank Johannesbrotsaft.

«Es hat dich doch hoffentlich niemand an Bord gehen sehen?»

«Ich hatte Vorsorge getroffen.»

«Du bist ein umsichtiger Mann.»

«Eher ein neugieriger. Warum hast du mir solche Vorsicht auferlegt?»

«Im Kap warst du mit Ramses befreundet.»

«Ich war sein Mitschüler.»

«Seht ihr euch noch, seit er zum Regenten ernannt wurde?»

«Er hat mein Gesuch um ein Amt in einer Gesandtschaft im Osten befürwortet.»

«Glaub mir, auch ich habe dazu beigetragen, deinen Ruf zu festigen, selbst wenn ich, seit ich selbst in Ungnade fiel, nicht das erreichen konnte, was ich für dich gewünscht hätte.»

«Ungnade? Ist das nicht übertrieben?»

«Ramses haßt mich und schert sich nicht einen Deut um das Glück Ägyptens. Sein einziges Ziel ist die uneingeschränkte Macht. Wenn niemand ihn hindert, sie zu erlangen, wird uns eine Ära des Unglücks beschert sein. Das zu verhindern, bin ich mir schuldig, und viele vernunftbegabte Leute werden mir dabei helfen.»

Acha blieb undurchdringlich.

«Ich habe Ramses gut gekannt», warf er ein, «und er glich so gar nicht dem von dir beschriebenen Tyrannen.»

«Er spielt ein sehr gewieftes Spiel in seiner Darstellung als guter Sohn und gelehriger Schüler von Sethos. Nichts könnte dem Hof und dem Volk besser gefallen. Selbst ich bin eine Zeitlang darauf hereingefallen, in Wirklichkeit aber hat er nur eines im Sinn: Er will Herr beider Länder werden. Wußtest du, daß er sich nach Heliopolis begeben hat, um sich die Zustimmung des Hohenpriesters zu holen?»

Diese Worte verwirrten Acha.

«Ein solcher Schritt scheint in der Tat verfrüht.»

«Ramses übt einen schlechten Einfluß auf Sethos aus. Meiner Ansicht nach versucht er, den König zu überzeugen, so bald wie möglich zurückzutreten und ihm die Macht zu übertragen.»

«Ist Sethos denn so gefügig?»

«Wäre er es nicht, wieso hätte er dann Ramses zum Regenten gewählt? Mit mir, seinem älteren Sohn, hätte er einen treuen Diener zur Seite gehabt.»

«Du scheinst so manche Gebräuche über Bord werfen zu wollen.»

«Weil sie veraltet sind! Hat der große Haremheb nicht weise gehandelt mit seiner Neuerung der Rechtsordnung? Die alten Gesetze waren ungerecht geworden.»

«Bist du nicht entschlossen, Ägypten nach außen zu öffnen?»

«Das war in der Tat meine Absicht, denn nur der weitverzweigte Handelsaustausch sichert den Wohlstand.»

«Und hast du es dir jetzt anders überlegt?»

Chenars Gesicht verdüsterte sich.

«Wenn Ramses künftig regieren wird, muß ich meine Pläne ändern, daher sollte auch unser Gespräch geheim bleiben. Was ich dir mitteilen möchte, ist von äußerster Wichtigkeit. Weil ich mein Land retten will, muß ich einen geheimen Krieg gegen Ramses führen, seine Macht von unten her aushöhlen. Wenn du bereit bist, dich zu meinem Verbündeten zu machen, wird deine Aufgabe von entscheidender Bedeutung sein, und sobald wir gesiegt haben, wirst du die Früchte deines Handelns ernten.»

Acha, der undurchschaubar war, dachte lange nach.

Lehnte er ab, würde Chenar ihn vernichten, denn er hatte sich schon zu weit vorgewagt. Aber anders konnte man keine Männer anwerben, und die brauchte Chenar.

«Du drückst dich zu rätselhaft aus», befand Acha.

«Handelsbeziehungen mit den Ostländern genügen nicht, um Ramses zu stürzen. Aufgrund der Umstände muß ein Vorstoß von größerer Tragweite unternommen werden.»

«Denkst du dabei an ein Bündnis mit den Fremdländern?»

«Als die Hyksos vor Jahrhunderten das Land überfielen und regierten, konnten sie auf die Unterstützung einiger Provinzvorsteher des Deltas zählen, denen Mitarbeit lieber war als der Tod. Eilen wir der Geschichte voraus, Acha, nutzen wir die Hethiter, um Ramses zu verjagen. Bilden wir eine Gruppe von verantwortungsbewußten Männern, die unser Land auf dem rechten Weg halten.»

«Die Gefahr ist nicht zu unterschätzen.»

«Wenn wir nichts wagen, wird Ramses uns unter seinen Füßen zertreten.»

«Was genau schlägst du vor?»

«Der erste Schritt ist deine Entsendung in die Ostländer. Ich kenne deine außergewöhnliche Begabung, Beziehungen zu knüpfen. Du wirst die Freundschaft des Feindes gewinnen und ihn überreden, uns zu helfen.»

«Keiner kennt die tatsächlichen Absichten der Hethiter.»

«Mit deiner Hilfe werden wir sie bald kennen. Dann werden wir unser Vorgehen entsprechend abstimmen und Ramses dahingehend steuern, daß er verhängnisvolle Fehler begeht, die dann wiederum uns nützen.»

Auffallend ruhig verschränkte Acha die Finger.

«Ein verblüffendes Vorhaben, in der Tat, aber äußerst gewagt.»

«Feiglinge kommen nie zum Zuge.»

«Nimm einmal an, die Hethiter hätten nichts anderes im Sinn als Krieg.»

«Dann werden wir dazu beitragen, daß Ramses ihn verliert und wir als Retter dastehen.»

«Dazu werden Jahre der Vorbereitung nötig sein.»

«Da hast du recht. Der Kampf beginnt heute noch, und sein vorrangiges Ziel wird sein, Ramses' Thronbesteigung zu verhindern. Wenn uns das mißlingt, muß er durch einen abgestimmten Angriff von innen und außen gestürzt werden. Da ich ihn für einen ernstzunehmenden Gegner halte, der an Kraft gewinnt, je mehr er sich beweisen muß, darf bei uns keine Planlosigkeit herrschen.»

«Und was bietest du mir im Austausch für meine Mitwirkung?»

«Wäre dir die gesamte Außenpolitik genehm?»

Das leise Lächeln auf dem Gesicht Achas bewies Chenar, daß er ins Schwarze getroffen hatte.

«Solange ich in meinem Arbeitszimmer in Memphis festsitze, kann ich nur sehr begrenzt tätig werden.»

«Du stehst in höchstem Ansehen, und Ramses wird uns helfen, ohne es zu wissen. Ich bin überzeugt, deine Ernennung ist nur mehr eine Frage der Zeit. Solange du noch in Ägypten weilst, werden wir einander nicht mehr treffen. Später werden unsere Begegnungen dann geheim sein.»

Das Schiff legte weit außerhalb des Hafens von Memphis an.

Am Ufer stand ein Wagen mit einem von Chenar gedungenen Lenker, der Acha in die Stadt zurückbrachte.

Der ältere Sohn des Pharaos blickte dem zukünftigen Gesandten nach. Mehrere Männer würden den Auftrag erhalten, ihn zu überwachen. Sollte er versuchen, Ramses ins Bild zu setzen, würde er einen solchen Verrat nicht lange überleben.

ACHTUNDDREISSIG

Der Mann, der mit Hilfe des Stallknechts und des Wagenlenkers Ramses hatte vernichten wollen, war keiner Täuschung erlegen. Der jüngere Sohn des Königs war zum Nachfolger geboren. So viele Charakterzüge hatte er mit dem Vater gemeinsam. Seine Lebenskraft schien unerschöpflich, seine Begeisterung und sein Scharfsinn würden wohl jedes Hindernis aus dem Weg räumen, und das Feuer, das in ihm loderte, zeugte von seiner Bestimmung zur Ausübung der höchsten Macht.

Trotz seiner wiederholten Warnungen hatte niemand auf ihn hören wollen. Erst die Wahl Ramses' zum Regenten hatte seinen Verbündeten die Augen geöffnet und Bedauern ausgelöst über die mißglückten Vorstöße. Ein Glück nur, daß der Stallknecht und auch der Wagenlenker inzwischen tot waren. Da er sie niemals getroffen hatte und auch der Mittelsmann nicht mehr reden würde, waren die Nachforschungen im Sande verlaufen. Es war unmöglich geworden, die Spur zurückzuverfolgen bis hin zu ihm und ihm Schuld nachzuweisen.

Im Hinblick auf seine Pläne, die strengster Geheimhaltung unterlagen, durfte er sich nicht die geringste Unachtsamkeit gestatten. Schlagkraft und Zielgenauigkeit waren die einzige Lösung. Ein weniger leichtes Unterfangen, seit Ramses Regent war und ständig behütet wurde: von Ameni, der die Störenfriede fernhielt, und von Löwe und Hund, die sich als Leibwächter aufspielten. Innerhalb des Palastes war nichts zu machen.

Bei einem Ausflug oder einer Reise einen Unfall auszulösen dürfte hingegen nicht schwierig sein, sofern der Ort richtig gewählt war. Da kam ihm mit einemmal ein blendender Gedanke. Wenn Sethos ihm in die Falle ginge und einwilligte, seinen Sohn nach Assuan mitzunehmen, würde Ramses nicht mehr zurückkehren.

In diesem neunten Regierungsjahr Sethos' feierte Ramses seinen siebzehnten Geburtstag mit Ameni, Setaou und dessen nubischer Frau Lotos. Er bedauerte, daß Moses und Acha nicht dabei waren, aber der eine konnte die Baustelle in Karnak nicht im Stich lassen, und der andere war soeben als Kundschafter in den Libanon entsandt worden. In Zukunft würde ein solches Wiedersehen der ehemaligen Kap-Schüler immer schwieriger werden, es sei denn, es gelang dem Regenten, seine Freunde zu seinen engsten Mitarbeitern zu machen. Doch ihre geistige Unabhängigkeit zielte wohl eher darauf ab, daß ihre Wege auseinanderliefen. Nur Ameni wich keinen Fußbreit von Ramses' Seite. Ohne ihn wäre der Regent unfähig, sein Amt zu verwalten und all die Schriftstücke auf dem neuesten Stand zu halten.

Lotos hatte die Dienste des Palastkochs abgelehnt und selbst den Lammbraten mit Weintrauben und Kichererbsen zubereitet.

«Es schmeckt köstlich», lobte der Regent.

«Du sollst es nur kosten, aber dich nicht vollstopfen», empfahl Ameni, «ich jedenfalls habe noch zu arbeiten.»

«Wie erträgst du bloß diesen Kleinlichkeitskrämer und Spielverderber?» fragte Setaou, der auch dem Hund und dem Löwen, der ein stattlicher Kerl zu werden versprach, zu fressen gab.

«Es ist eben nicht jedem vergönnt, gemächlich den Schlangen

zu folgen», erwiderte Ameni. «Würde ich mir nicht die Zeit nehmen, die von dir empfohlenen Arzneien aufzuschreiben, hätten deine Forschungsergebnisse sich längst im Sande verloren.»

«Wo habt ihr Jungvermählten euch niedergelassen?» fragte Ramses.

«Am Rande der Wüste», erwiderte Setaou mit funkelndem Blick. «Sobald es Nacht wird, kommen die Reptilien aus ihren Schlupflöchern, und dann gehen Lotos und ich auf die Jagd. Ich frage mich, ob wir lange genug leben werden, um alle Arten und ihre Verhaltensweisen kennenzulernen.»

«Dein Haus ist keine baufällige Hütte», warf Ameni ein. «Es gleicht eher einer Giftküche. Und du vergrößerst es ja auch ständig, was kein Wunder ist bei dem Vermögen, das du dir mit dem Verkauf deiner Gifte an die Krankenhäuser allmählich ansammelst.»

Neugierig musterte der Schlangenkundige den jungen Schreiber.

«Wer hat dir das hinterbracht? Du kriechst doch nie aus deiner Höhle!»

«Dein Haus, mag es noch so abgelegen sein, ist im Grundbuch verzeichnet wie auch beim Gesundheitsamt eingetragen. Es ist schließlich meine Aufgabe, dem Regenten verläßliche Auskünfte vorzulegen.»

«Du spionierst mir nach! Diese Mißgeburt ist ja gefährlicher als ein Skorpion!»

Der gelbe Hund bellte freudig, er glaubte Setaou seinen Zorn nicht. Spöttische Worte flogen hin und her zwischen ihm und Ameni, bis völlig unerwartet ein Bote des Pharaos auftauchte. Ramses wurde unverzüglich im Palast erwartet.

Langsamen Schrittes bewegten sich Sethos und Ramses vorwärts auf dem Pfad, der sich zwischen riesigen rosafarbenen Granitblöcken dahinschlängelte. Am Morgen waren der Herrscher und sein Sohn in Assuan eingetroffen und sogleich zu den Steinbrüchen geeilt. Der Pharao wollte den beunruhigenden Bericht, der ihm zugegangen war, persönlich auf seine Stichhaltigkeit prüfen. Gleichzeitig wollte er seinen Sohn einführen in dieses steinerne All, aus dem die Obelisken, die Kolosse, die Tore und Schwellen der Tempel und so manches Meisterwerk stammten, denn dieser harte Stein war strahlender als jeder andere.

Das Sendschreiben kündete von Spannungen zwischen Vorarbeitern, Steinhauern und Soldaten, die den Auftrag hatten, tonnenschwere Monolithe auf eigens hierfür gefertigte und aneinandergekoppelte riesige Kähne zu verladen. Doch weitaus beunruhigender als dieser Streit war eine Mitteilung, nach der die Sachkundigen von einer weiteren Ausbeutung des Hauptsteinbruchs abrieten, da die Flöze zu schmal und die Gesteinsadern zu kurz seien, um mächtige Obelisken und Kolossalstatuen daraus zu gewinnen.

Das Sendschreiben trug die Signatur eines gewissen Aper, dem die Steinhauer unterstanden, aber es war nicht auf dem Dienstweg in den Palast gelangt, da der Mann angeblich eine Bestrafung durch seine Vorgesetzten fürchtete, weil er die Wahrheit enthüllte. So habe er sich an den König persönlich gewandt. Da der Ton des Schreibens maßvoll und der Wirklichkeit zu entsprechen schien, war es von der königlichen Schreibstube an Sethos weitergeleitet worden.

Ramses fühlte sich wohl zwischen diesen von gleißendem Sonnenlicht überstrahlten Felsen. Er spürte, daß dies hier Baustoff war für die Ewigkeit, den die Bildhauer in steinerne Zeugen verwandeln würden. Der riesige Steinbruch von Assuan war einer der

Sockel, auf dem seit der ersten Dynastie das Land erbaut worden war. Er verkörperte Standfestigkeit über Generationen und Zeiten hinweg.

Hier, wo der Granit gewonnen wurde, herrschte eine strenge Arbeitsaufteilung. Den in Gruppen vorgehenden Steinhauern oblag es, die besten Blöcke zu bestimmen, zu prüfen und sie achtsam zu behandeln. Von ihrer sorgfältigen Arbeit hing das Überleben Ägyptens ab. Dem aus diesen Steinen entstanden die Tempel, in denen die Schöpfungskraft Wohnstatt nahm, aber auch die Statuen, in denen die Seele der zu neuem Leben Erweckten weiterlebte.

Jeder Pharao trug die Verantwortung für die Steinbrüche und die Lebensbedingungen derer, die dort ihre Arbeit verrichteten. Die Vorsteher des Arbeitstrupps waren glücklich, Sethos wiederzusehen und den Regenten zu begrüßen, der seinem Vater zunehmend ähnlicher wurde. Der Name Chenar war hier unbekannt.

Sethos ließ den Vorsteher der Hauer rufen.

Aper, untersetzt, breitschultrig, mit derben Händen, warf sich vor dem König zu Boden. Erwartete ihn Tadel oder Lob?

«Hier scheint keinerlei Unruhe zu herrschen.»

«Alles ist in Ordnung, Majestät.»

«Dein Brief behauptet das Gegenteil.»

«Mein Brief?»

«Streitest du etwa ab, mir geschrieben zu haben?»

«Geschrieben? Schreiben ist nicht meine Stärke. Wenn ich nicht umhinkann, erbitte ich die Dienste eines Schreibers.»

«Hast du mich nicht gewarnt, weil zwischen Arbeitern und Soldaten Streit herrscht?»

«Niemals, Majestät! Reibereien gibt es immer mal wieder, aber das bereinigen wir unter uns.»

«Und die Vorarbeiter?»

«Wir achten sie, und sie achten uns. Das sind keine Städter, sondern erfahrene Arbeiter. Sie haben eigenhändig zugepackt und kennen den Beruf. Wenn einer sich mal für etwas Besseres hält, regeln wir das unter uns.»

Aper rieb sich die Hände, als müsse er mit bloßen Fäusten antreten gegen einen, der sich zu viel Macht anmaßte.

«Ist der Hauptsteinbruch nicht allmählich erschöpft?»

Dem Vorsteher der Hauer verschlug es den Atem.

«Wer – wer hat denn das mitgeteilt?»

«Entspricht es der Wahrheit?»

«Mehr oder weniger, es wird allmählich mühsamer, wir müssen tiefer graben. In zwei oder drei Jahren werden wir an anderer Stelle suchen müssen. Aber daß du das bereits weißt, das ist ja... das Zweite Gesicht!»

«Zeig mir die zweifelhafte Stelle.»

Aper führte Sethos und Ramses auf eine kleine Anhöhe, von der aus man den größten Teil des ausgebeuteten Geländes überblicken konnte.

«Hier, zur Linken», sagte er und streckte die Hand aus. «Wir zögern noch, einen Obelisken herauszuschälen.»

«Schweigen wir», gebot Sethos.

Ramses sah, wie der Blick des Vaters ein anderer wurde. Mit gebündelter Kraft schien er sich ins Innerste des Gesteins zu bohren, den eigenen Leib in Granit zu verwandeln. Von Sethos ging eine fast unerträgliche Glut aus. Sprachlos wich Aper zur Seite, während Ramses neben dem Herrscher stehenblieb. Auch er versuchte, hinter den Augenschein vorzudringen, doch seine Gedanken brachen sich an den undurchlässigen Gesteinsbrocken, und er empfand einen stechenden Schmerz auf der Höhe des Sonnengeflechts. Doch er kämpfte verbissen und vermochte schließlich auch, die einzelnen Flöze im Fels deutlich zu unterscheiden. Sie schienen aus den Tiefen der Erde zu kommen, sich der Sonne und der Luft zu öffnen, eine besondere Form anzunehmen und sich schließlich zu dem rosenfarbenen Granit mit den funkelnden Einschlüssen zu verfestigen.

«Hört auf an der bisherigen Stelle, und grabt rechts weiter auf breiter Front», befahl Sethos. «Über Jahrzehnte hinweg wird der Granit sich großmütig zeigen.»

Der Vorsteher der Steinhauer lief den Abhang hinunter und hieb mit einem Meißel eine Rille ins Gestein. Die schwärzliche Färbung verhieß nichts Gutes. Doch der Pharao hatte sich nicht geirrt, unter der splittrigen Oberfläche lag ein Granit von blendender Schönheit.

«Auch du, Ramses, hast es gesehen. Mach weiter so, dring immer weiter vor ins Herz des Gesteins, dann wirst du es erkennen.»

Wie ein Lauffeuer verbreitete sich das Wunder des Pharaos in den Steinbrüchen, auf den Ufern und in der Stadt. Die Zeit der Prachtbauten würde andauern und Assuan weiterhin Wohlstand bringen.

«Aper hat diesen Brief nicht geschrieben», sagte Ramses, «wer hat es gewagt, dich in die Irre zu führen?»

«Man hat mich nicht hierhergeleitet, um eine neue Gesteinsader zu eröffnen», erwiderte Sethos. «Der Sender dieses Schreibens hatte mit diesem Ergebnis nicht gerechnet.»

«Was erhoffte er sich?»

Noch unschlüssig, gingen der König und sein Sohn den seitlich am Hang entlangführenden schmalen Pfad hinab. Sicheren Schrittes ging Sethos voran.

Ein Grollen ließ Ramses stutzen.

Als er sich umwandte, sprangen, aufgescheuchten Gazellen gleich, zwei Steine den Abhang herunter und streiften sein Bein;

dann setzte Steinschlag ein und löste einen mächtigen Granitblock, der den Abhang hinunterdonnerte.

Eine Staubwolke nahm Ramses die Sicht.

«In Deckung, Vater!» schrie Ramses.

Er sprang einen Schritt rückwärts und stürzte, doch Sethos hatte schon kraftvoll zugepackt, ihn aufgehoben und aus der Falllinie gezogen. Der Granitblock donnerte zu Tal, Schreie hallten wider. Hauer und Steinmetze hatten einen Mann gesichtet, der das Weite suchte.

«Der da, der dort drüben! Der hat den Block losgeschlagen und zum Kippen gebracht!» rief Aper.

Die Verfolgungsjagd begann.

Aper bekam als erster den Flüchtenden zu packen und versetzte ihm einen Fausthieb in den Nacken, um ihn zum Anhalten zu zwingen. Doch der Vorsteher der Hauer hatte seine Kraft falsch eingeschätzt, und er konnte dem Pharao nur noch einen Leichnam vorführen.

«Wer ist der Mann?» fragte Sethos.

«Keine Ahnung», antwortete Aper. «Der hat hier nicht gearbeitet.»

In Assuan hatte man schnell herausgefunden, daß der Mann ein ehemaliger Binnenschiffer, Witwer und kinderlos war und Steingutgefäße verkauft hatte.

«Der Anschlag galt dir», erklärte Sethos. «Doch in diesen Block war dein Tod nicht eingeschrieben.»

«Gestattest du mir, selbst nach der Wahrheit zu forschen?»

«Ich verlange es sogar.»

«Ich weiß schon, wem ich die Nachforschungen anvertrauen kann.»

NEUNUNDDREISSIG

Ameni zitterte und frohlockte zugleich.

Er zitterte, weil Ramses ihm gerade erzählt hatte, wie er einem entsetzlichen Tod entronnen war; er frohlockte, weil der Regent ihm mit dem Brief an Sethos, der die Reise nach Assuan ausgelöst hatte, ein großartiges Beweisstück ausgehändigt hatte.

«Eine schöne Schrift», sagte er, «eine Person aus höheren Kreisen, gebildet und erfahren im Abfassen von Sendschreiben.»

«Der Pharao wußte also, daß es nicht von einem der Vorsteher dort stammte und man ihm eine Falle stellen wollte.»

«Meiner Meinung nach hatte man es auf euch beide abgesehen, Unfälle auf Baustellen sind ja keine Seltenheit.»

«Bist du einverstanden, die Nachforschungen voranzutreiben?»

«Aber natürlich! Allerdings...»

«Allerdings?»

«Ich muß dir etwas gestehen. Ich habe nie aufgehört, nach dem Besitzer der verdächtigen Werkstatt zu fahnden. Ich hätte dir zu gern den Beweis gebracht, daß Chenar der Schuldige war, aber das ist mir nicht gelungen. Doch dies hier ist ja viel aufschlußreicher.»

«Hoffen wir es.»

«Hat man noch mehr über den Schiffsmann in Erfahrung gebracht?»

«Nein, sein Auftraggeber scheint unantastbar.»

«Eine echte Schlange also, wir sollten Setaous Mithilfe erbitten.»

«Warum eigentlich nicht?»

«Sei getrost, es ist bereits geschehen.»

«Und was hat er gesagt?»

«Da es um deine Sicherheit geht, ist er bereit, mich tatkräftig zu unterstützen.»

Chenar konnte dem Süden nichts abgewinnen. Dort war es ihm zu heiß, und dort war man auch nicht so aufgeschlossen wie im Norden für all das Neue, das die Welt bot. Der riesige Tempel von Karnak allerdings war ein so reiches und so einflußreiches Wirtschaftsgebilde, daß keiner, der die höchste Macht anstrebte, auf die Unterstützung des Hohenpriesters verzichten konnte. Daher machte er ihm einen Anstandsbesuch, wobei allerdings nur Belangloses zur Sprache kam. Doch mit Genugtuung stellte Chenar fest, daß dieser hohe Würdenträger, der die Machtspiele in Memphis aus der Ferne beobachtete, ihm keineswegs feindlich gesinnt war und sich im rechten Augenblick auf die Seite des Stärkeren schlagen würde. Daß er nicht Ramses' Loblied sang, war ein ermutigendes Zeichen.

Chenar ersuchte um die Erlaubnis, eine gewisse Zeit im Tempel zu verweilen, um fern aller Geschäftigkeit des öffentlichen Treibens ein wenig Besinnung zu finden. Es wurde ihm gestattet, doch Sethos' älterer Sohn gewöhnte sich nur schwer an das karge Dasein in einer Priesterzelle, erreichte aber sein Ziel, Moses zu treffen.

In einer Arbeitspause begutachtete der Hebräer eine Säule. Auf ihr war die Zurückgabe des göttlichen Auges dargestellt und die Erfassung der Welt.

«Ein prachtvolles Kunstwerk! Du bist ein großartiger Baumeister!»

Moses, der noch kräftiger geworden war, blickte mißbilligend auf den verweichlichten und beleibten Prinzen.

«Ich lerne meinen Beruf erst noch, dieser Erfolg ist dem Werkmeister zu verdanken.»

«Nicht so bescheiden!»

«Ich verabscheue Schmeichler.»

«Du schätzt mich wohl nicht sehr.»

«Ich hoffe, das beruht auf Gegenseitigkeit.»

«Ich bin hierhergekommen, um Besinnung und Erbauung zu finden. Ramses' Ernennung war ein harter Schlag, das gebe ich zu, aber irgendwann muß man sich mit der Wirklichkeit ja abfinden. Die Stille dieses Tempels wird mir dabei helfen.»

«Möge es dir gelingen.»

«Laß dich durch deine Freundschaft zu Ramses nicht blenden. Mein Bruder hegt keine ehrenwerten Absichten. Wenn du Ordnung und Gerechtigkeit liebst, solltest du die Augen nicht verschließen.»

«Mißbilligst du die Entscheidung deines Vaters?»

«Sethos ist ein außergewöhnlicher Mann, aber wer begeht keine Fehler? Mir ist der Weg zur Macht endgültig versperrt, und das bedaure ich auch nicht. Mein neues Amt füllt mich voll und ganz aus, doch wie wird die Zukunft Ägyptens aussehen, wenn es einem Versager, einem Ehrgeizling in die Hände fällt?»

«Was führst du im Schilde, Chenar?»

«Ich will es dir erklären, denn ich bin überzeugt, daß dir Großes beschieden ist. Auf Ramses zu bauen wäre ein verhängnisvoller Fehler. Wenn er morgen den Thron besteigt, kennt er keine Freunde mehr und wird euch alle schnell vergessen haben.»

«Was schlägst du vor?»

«Hören wir auf, uns zu fügen, bereiten wir die Zukunft vor.»

«Die deine, wie ich vermute.»

«Um mich geht es dabei gar nicht so sehr.»

«Den Eindruck habe ich nicht.»

«Du schätzt mich falsch ein. Meinem Lande zu dienen ist mein einziges Ziel.»

«Dein Wort in der Götter Ohr. Solltest du nicht wissen, daß sie Lügen verabscheuen?»

«Die Menschen regieren Ägypten, nicht die Götter. Mir liegt an deiner Freundschaft, gemeinsam werden wir es schaffen.»

«Täusche dich nicht und geh jetzt lieber.»

«Du machst einen Fehler.»

«An einem Ort wie diesem möchte ich weder laut werden noch Gewalt anwenden. Wenn du es wünschst, können wir ja außerhalb weiterreden.»

«Das erübrigt sich, aber vergiß meine Warnungen nicht. Eines Tages wirst du es mir danken.»

Der zornige Blick von Moses entmutigte Chenar, noch weiter auf ihn einzureden. Wie er befürchtet hatte, war sein Plan mißlungen. Der Hebräer ließ sich nicht so leicht erobern wie Acha. Aber auch er hatte Schwächen, die im Laufe der Zeit erkennbar werden würden.

Dolente schob Ameni beiseite, der dem Sturmangriff der Rasenden nicht gewachsen war. Sie stieß die Tür zum Arbeitszimmer des Bruders auf und rauschte wie ein Gewittersturm hinein.

Ramses saß in Schreiberhaltung auf einer Matte und schrieb einen Erlaß zum Schutz der Bäume.

«Wirst du jetzt endlich deine Pflicht erfüllen?»

«Was ist der Grund für dein unerwartetes Erscheinen, liebe Schwester?»

«Als ob du das nicht wüßtest!»

«Hilf meinem Gedächtnis auf die Sprünge.»

«Mein Mann wartet noch immer auf seine Beförderung.»

«Wende dich an den Pharao.»

«Er weigert sich, Mitgliedern seiner Familie Vorrechte einzuräumen, die er für ungerechtfertigt erachtet!»

«Was erwartest du sonst noch?»

Dolente wurde immer zorniger.

«Diese Entscheidung ist es, die ungerechtfertigt ist! Sary verdient eine Beförderung, und du als Regent mußt ihn zum Oberaufseher der Kornspeicher ernennen!»

«Ein Regent sollte gegen den Willen des Pharaos handeln?»

«Führ dich nicht auf wie ein Feigling!»

«Den Pharao zu beleidigen ist in meinen Augen ein Frevel.»

«Willst du mich verspotten?»

«Beruhige dich, Dolente, ich bitte dich darum.»

«Gib mir, was du mir schuldig bist.»

«Das ist unmöglich.»

«Tu doch nicht so, als wärest du unbestechlich! Du bist wie alle anderen, verbünde dich mit den Deinen!»

«Du bist doch sonst so friedfertig.»

«Ich habe mich nicht von Chenars Tyrannei befreit, um mich nun deiner zu unterwerfen. Hältst du an deiner Weigerung fest?»

«Begnüge dich mit dem, was du hast, Dolente. Habgier ist ein tödliches Laster.»

«Behalt sie für dich, deine veralteten Moralvorstellungen», fauchte sie und verschwand.

Im Garten von Iset, der Schönen, wuchsen majestätische Sykomoren, die wohltuenden Schatten spendeten. Die junge Frau suchte dort Kühlung, während Ramses junge Setzlinge in den lockeren und gut vorbereiteten Boden pflanzte. Das Blattwerk über ihm raschelte in der sanften Brise, die von Norden kam. Streckte dieser Baum, in dem die Gottheit Hathor sich so gerne verkörperte, nicht seine grünen Äste hoch ins Jenseits, um die Gerechten zu speisen und zu tränken, ihnen Nase und Mund zu öffnen und sie mit jenem himmlischen Duft zu umhüllen, der den Herrn der Ewigkeit bezauberte?

Iset pflückte Lotosblüten und steckte sie sich ins Haar.

«Möchtest du eine Weintraube?»

«In zwanzig Jahren wird diese großartige Sykomore diesen Garten noch reizvoller machen.»

«In zwanzig Jahren werde ich alt sein.»

Ramses sah sie prüfend an.

«Wenn du weiterhin mit Schmink- und Salbtöpfchen so geschickt umgehst wie bisher, wirst du sogar noch reizvoller sein.»

«Werde ich dann endlich verheiratet sein mit dem Mann, den ich liebe?»

«Ich bin kein Wahrsager.»

Mit einer Lotosblüte schlug sie ihm gegen die Brust.

«Man munkelt, in den Steinbrüchen von Assuan wäre es beinahe zu einem Unfall gekommen.»

«Unter Sethos' Schutz bin ich unverletzlich.»

«Also haben die Angriffe auf dich noch immer nicht aufgehört.»

«Sei beruhigt, wir werden den Schuldigen bald entlarvt haben.»

Sie nahm ihre Perücke ab, löste ihr langes Haar und breitete es über Ramses' Körper. Dann küßte sie ihn leidenschaftlich mit ihren warmen Lippen.

«Ist das Glück denn so schwer zu packen?»

«Wenn du es gefunden hast, dann halt es fest.»

«Bei dir zu sein ist mein höchstes Glück. Wann wirst du das begreifen?»

«Jetzt sofort.»

Umschlungen ließen sie sich auf die Seite rollen. Iset, die Schöne, empfing die Lust ihres Geliebten wonnetrunken und beglückt.

Die Papyrusherstellung war in Ägypten ein Handwerk von hoher Bedeutung. Der Preis richtete sich nach Güte und Länge der Rollen. Jene, die Sprüche aus dem Totenbuch, dem «Buch zum Hinaustreten ins Licht», trugen, waren für die Gräber bestimmt; andere für Schulen und höhere Lehranstalten; die meisten aber für die Verwaltung, denn dort wurde auf Papyrus alles festgehalten, was das Land betraf.

Sethos hatte dem Regenten aufgetragen, in regelmäßigen Abständen die Papyrusherstellung und die gerechte Verteilung zu überprüfen. Immer wieder wurden Klagen laut über unzureichende Mengenzuteilung und die Habgier des Nachbarn.

Bei den Schreibern, die für Chenar arbeiteten, hatte Ramses soeben einen solchen Mißbrauch aufgedeckt und, um ein Ende zu setzen, seinen Bruder zu sich gebeten.

Chenar schien bestens gelaunt.

«Wenn du mich brauchst, Ramses, stehe ich dir jederzeit zur Verfügung.»

«Überwachst du das Tun deiner Schreiber?»

«Nicht in allen Einzelheiten.»

«Den Ankauf von Papyrus, beispielsweise?»

«Gibt es da irgendwelche Schwierigkeiten?»

«In der Tat. Deine Schreiber beschlagnahmen willkürlich große Mengen von erstklassigem Papyrus.»

«Ich schreibe gerne auf schönem Papyrus, aber ich gebe zu, daß ein solches Vorgehen nicht geduldet werden darf. Die Schuldigen werden streng bestraft werden.»

Chenars Antwort überraschte Ramses, da er keine Einwände erhob und seinen Fehler sogar zugab.

«Dein Vorgehen kann ich nur gutheißen», fuhr Chenar fort, «nur Änderung bringt Gesundung. Kein Verstoß gegen die guten Sitten, und sei er noch so geringfügig, darf geduldet werden. In diesem Bereich kann ich mich dir wirklich als nützlich erweisen, denn mein Amt gewährt mir Einblick in das Gebaren bei Hof und macht es mir leicht, Regelwidrigkeiten aufzuspüren. Es genügt auch nicht, sie aufzudecken, jedes Fehlverhalten muß berichtigt werden.»

Ramses fragte sich, ob er wirklich seinen Bruder vor sich hatte. Welcher wohlwollende Gott hatte denn aus dem verschlagenen Höfling einen Verfechter des Rechts gemacht?

«Ich nehme dein Angebot gerne an.»

«Nichts könnte mich mehr beglücken als brüderliche Zusammenarbeit! Ich werde gleich anfangen, meinen Stall auszumisten, und dann werden wir uns all die anderen im Reich vornehmen.»

«Siehst du denn überall Unrat?»

«Sethos ist ein großer König, sein Name wird in die Geschichte eingehen, aber er kann sich nicht um alles und jeden kümmern! Als Würdenträger, Sohn oder Enkel eines solchen nimmt man schlechte Gewohnheiten an und maßt sich zum Schaden anderer gewisse Vorrechte an. Als Regent hast du die Möglichkeit, diesem Sittenverfall Einhalt zu gebieten. Ich gestehe, auch ich habe in der Vergangenheit von Vorrechten Gebrauch gemacht, doch dies ist nun vorbei. Wir sind Brüder, der Pharao hat jedem seinen rechtmäßigen Platz zugewiesen. Aus dieser Erkenntnis müssen wir leben und handeln.»

«Ist das Waffenstillstand oder Friede?»

«Friede, endgültig und unwiderruflich», beteuerte Chenar. «Wir haben einander nur zu oft die Stirn geboten, daran trägt jeder von uns beiden Schuld. Dieser Bruderkrieg ist sinnlos geworden. Du bist der Regent und ich der Oberste Zeremonienmeister. Arbeiten wir Hand in Hand zum Wohle unseres Landes.»

Ramses war verwirrt, als Chenar gegangen war. War das nur wieder eine Falle, ein neuer Schachzug, oder war der Bruder diesmal ehrlich?

VIERZIG

Der grosse Thronrat versammelte sich gleich im Anschluß an die Feier der Morgenrituale. Die Sonne stach, jeder suchte nach Schatten. Dicke Schweißtropfen verunstalteten so manchen übergewichtigen Höfling, der sich befächeln ließ, sobald er sich bewegen mußte.

Der Audienzsaal des Königs allerdings war wohltuend kühl, denn die geschickte Anordnung der hohen Fenster gewährleistete eine Durchlüftung, die den Raum angenehm machte. Der König, der sich um die Mode nicht scherte, trug ein schlichtes weißes Hemd, während etliche hohe Amtsinhaber geradezu wie Gecken wirkten. Der Wesir, die Hohenpriester von Memphis und Heliopolis sowie der Oberste der Wüstenwachmannschaften nahmen ebenfalls teil an dieser außergewöhnlichen Ratsversammlung.

Ramses, der zur Rechten seines Vaters saß, musterte sie alle. Furchtsame, Sorgenvolle, Eitle, Maßvolle, kurz, die verschiedensten Arten von Menschen waren hier versammelt unter der Oberherrschaft des Pharaos, der allein den Zusammenhalt sicherte. Sonst hätten sie sich gegenseitig wohl zerfleischt.

«Der Oberste der Wüstenwachmannschaften bringt schlechte Nachricht», verkündete Sethos. «Er möge sprechen.»

Der hohe Beamte, der jetzt etwa sechzig Jahre alt war, hatte seine Laufbahn zielstrebig Schritt für Schritt verfolgt, bis er an der

Spitze angelangt war. Er war ein besonnener, erfahrener Mann, der jeden Pfad der westlichen und östlichen Wüste kannte und in diesen unendlichen Weiten die Sicherheit der Karawanen und Steinbrucharbeiter gewährleistete. Er strebte nicht nach Ruhm und Ehre und bereitete sich allmählich auf einen ruhigen Lebensabend auf seinem Gut bei Assuan vor. Man lauschte seinen Worten mit großer Aufmerksamkeit, zumal er in diesem feierlichen Rahmen sehr selten zu Wort kam.

«Die Goldgräber, die vor einem Monat in die östliche Wüste aufbrachen, sind verschwunden.»

Diese haarsträubende Aussage löste langes Schweigen aus. Ein von Seth geschleuderter Blitz hätte nicht wirkungsvoller sein können. Schließlich erbat der Hohepriester des Ptah das Wort, das der König ihm gewährte. Im großen Thronrat sprach man nur mit Zustimmung des Herrschers, wie man auch einen Redner nie unterbrach. Das Vorgetragene mochte noch so fragwürdig sein – darauf mit einem Gewirr von Stimmen zu antworten, die Mißklang erzeugten, war streng verboten. Wollte man zu einer gerechten Lösung gelangen, hatte man zuerst einmal den Gedanken des anderen zu achten.

«Kannst du dich für diese Auskunft verbürgen?»

«Ja, leider. Im allgemeinen erhalte ich fortlaufend Kunde von den Fortschritten, Schwierigkeiten oder gar Mißerfolgen derartiger Expeditionen, und nun bin ich seit mehreren Tagen ohne Nachricht.»

«Ist so etwas noch niemals vorgekommen?»

«Doch, in unruhigen Zeiten.»

«Könnte es einen Beduinenüberfall gegeben haben?»

«Sehr unwahrscheinlich in dieser Gegend, die von meinen Leuten streng überwacht wird.»

«Unwahrscheinlich oder unmöglich?»

«Kein uns bekannter Stamm konnte diese Goldgräber, die von erfahrenen Wachen begleitet und geschützt waren, angreifen und zum Schweigen bringen.»

«Wie lautet deine Vermutung?»

«Ich habe keine, bin aber äußerst besorgt.»

Das Gold der Wüsten war für die Tempel bestimmt. Dieses unvergängliche, ewiges Leben verheißende Erz, «Fleisch der Götter», verlieh den Kunstwerken von Menschenhand einen unvergleichlichen Glanz. Außerdem diente es als Zahlungsmittel für eingeführte Waren wie auch als Gastgeschenk für Herrscher anderer Länder. Die Gewinnung dieses Edelmetalls durfte unter keinen Umständen behindert werden.

«Was schlägst du vor?» fragte der Pharao den Mann.

«Wir sollten nicht länger abwarten und die Armee losschicken.»

«Ich übernehme die Führung, und der Regent wird mich begleiten», verkündete Sethos.

Die hohe Ratsversammlung begrüßte diese Entscheidung. Chenar, der wohlweislich keinerlei Einspruch erhoben hatte, ermunterte seinen Bruder und versprach, gewisse Amtsgeschäfte schon einmal vorzubereiten, denen er sich dann nach seiner Rückkehr widmen könne.

Am zwanzigsten Tag des dritten Monats im neunten Regierungsjahr Sethos' zogen vierhundert Soldaten unter Führung des Pharaos und seines Regenten durch die ausgedörrte Wüste nördlich von Edfu, etwa zehn Schoinos südlich des Weges, der zu den Steinbrüchen von Wadi Hammamat führte. Wadi Mia, von wo aus die letzte Nachricht nach Memphis gelangt war, war bald erreicht.

Die Botschaft hatte nichts Beunruhigendes enthalten. Die Goldgräber schienen bestens gelaunt und sämtliche Reisende in bester gesundheitlicher Verfassung. Der Schreiber erwähnte keinerlei Zwischenfall.

Sethos verlangte ständige Wachsamkeit, bei Tag und bei Nacht. Obwohl der Oberste der Wüstenwachmannschaften, der mit seinen besten Männern dabei war, es für ausgeschlossen hielt, fürchtete Sethos einen Überraschungsangriff von Beduinen aus der Sinaihalbinsel. Plünderei und Mord waren bei ihnen an der Tagesordnung. Ihre Anführer hatten sich in ihrem Rausch schon der grausamsten Taten schuldig gemacht.

«Was empfindest du, Ramses?»

«Die Wüste ist überwältigend, aber ich bin besorgt.»

«Was siehst du jenseits dieser Dünen?»

Der Regent sammelte sich. Sethos hatte wieder diesen merkwürdigen, fast übernatürlichen Blick, mit dem er in Assuan eine neue Gesteinsader entdeckt hatte.

«Meine Sicht ist versperrt, jenseits dieser Höhen ist Leere.»

«Ja, Leere. Die Leere eines grauenvollen Todes.»

Ramses erbebte.

«Beduinen?»

«Nein, ein noch viel hinterhältigerer und noch unbarmherzigerer Feind.»

«Müssen wir uns auf den Kampf vorbereiten?»

«Das ist nun nicht mehr nötig.»

Ramses bezwang seine Angst, obwohl sie ihm die Kehle zuschnürte. Welchem Feind waren die Goldgräber zum Opfer gefallen? Wenn es die bösen Geister der Wüste gewesen waren, was die meisten Soldaten vermuteten, so wäre jedes Heer dem Untergang geweiht. Diese geflügelten Raubtiere mit ihren riesigen Klauen zerfetzten ihre Beute und ließen ihr keine Zeit, sich zu verteidigen.

Bevor es die Düne hinaufging, löschten Pferde, Esel und Menschen noch einmal ihren Durst. Die Gluthitze zwang zu wiederholtem Anhalten, und bald schon würden die Wasservorräte erschöpft sein. Doch es war nicht mehr weit bis zu einem der großen Brunnen, wo sie die Wasserschläuche wieder füllen konnten.

Drei Stunden vor Sonnenuntergang setzten sie sich wieder in Bewegung und überwanden die Düne ohne größere Schwierigkeiten. Bald schon konnten sie den Brunnen sehen. Er war aus Quadern gemauert und lag am Hang eines Berges, der Gold in sich barg.

Verschwunden waren sie nicht, die Goldgräber und die Soldaten, die sie schützen sollten. Sie lagen da, rund um den Brunnen, im glühenden Sand, das Gesicht der Erde oder der Sonne zugewandt.

Kein einziger hatte überlebt.

Wäre der Pharao nicht hiergewesen, hätten die meisten Soldaten vor Entsetzen die Flucht ergriffen. Aber Sethos befahl, die Zelte aufzuschlagen und Wachen aufzustellen, als drohe dem Lager jeden Augenblick ein Überfall. Dann ließ er Gräben ausheben, um die Toten zu bestatten. Ihre Schlafmatte würde als Leichentuch dienen, und der König würde die Worte des Übergangs und der Wiedergeburt persönlich sprechen.

Die Totenfeier im Frieden der über der Wüste untergehenden Sonne beruhigte die Gemüter. Der Feldscher trat zu Sethos.

«Was ist die Todesursache?» fragte der König.

«Die Männer sind verdurstet, Majestät.»

Unverzüglich begab Sethos sich zu dem Brunnen, bei dem Männer seiner Leibwache Stellung bezogen hatten. Im ganzen Lager sehnte man sich nach frischem, belebendem Wasser.

Doch bis zum Rand war der große Brunnen mit Steinen gefüllt.

«Wir müssen ihn leeren», schlug Ramses vor.

Sethos gab seine Zustimmung.

Mit Eifer machte die Leibwache des Pharaos sich an die Arbeit.

Die Truppe dagegen versetzte man besser nicht in Aufregung. Die Männer bildeten eine Kette, und so ging die Arbeit schnell von der Hand. Ramses bestimmte den Rhythmus und feuerte sie an, sobald ihre Begeisterung erlahmte.

Als der Vollmond in den Brunnenschacht hineinleuchtete, sahen die erschöpften Männer, wie Ramses mit Hilfe eines Seils einen mächtigen Tonkrug hinabließ. Trotz seiner Ungeduld tat er es betont langsam, um den Krug nicht zu zerbrechen.

Der mit Wasser gefüllte Krug kam wieder nach oben. Ramses hielt ihn dem König hin. Sethos roch daran, trank aber nicht.

«Einer der Männer soll in den Brunnen hinabsteigen.»

Ramses zog sich das Seil unter den Achseln durch, verknotete es und bat vier Soldaten, es am äußersten Ende festzuhalten. Dann schwang er sich über den Brunnenrand und stieg hinab, indem er die Füße auf vorkragende Steine setzte. Das war kein sonderlich schwieriges Unterfangen, doch als er noch etwa vier Ellen von der Wasseroberfläche entfernt war, erkannte er im Mondlicht, daß dort unten mehrere verendete Esel schwammen. Entmutigt kletterte er wieder hinauf.

«Das Wasser ist verseucht», murmelte er.

Sethos leerte den Krug in den Sand.

«Unsere Leute haben sich am Wasser dieses Brunnens vergiftet. Danach hat eine Mörderbande, vermutlich Beduinen, Steine hineingefüllt.»

Der König, der Regent und die vierhundert Mann waren dem Tode geweiht. Selbst wenn man unverzüglich ins Tal hinabstiege, würden sie verdursten, bevor sie die Felder erreicht hätten.

Diesmal schnappte die Falle zu.

«Gehen wir schlafen», erklärte Sethos, «ich werde unsere Mutter, den bestirnten Himmel, um Hilfe bitten.»

Wie ein Lauffeuer sprach sich im Morgengrauen die Kunde von dem Unheil herum. Niemand durfte seinen Wasserschlauch füllen, der doch so leer war, daß man schier verzweifelte.

Ein Großmaul versuchte seine Kameraden aufzuwiegeln, Ramses stellte sich ihm in den Weg. In seiner Erregung erhob der Soldat seine geballte Faust gegen den Regenten, doch dieser packte ihn am Handgelenk und zwang ihn in die Knie.

«Wenn du deine Kaltblütigkeit verlierst, wirst du noch schneller sterben.»

«Es ist kein Tropfen Wasser mehr da.»

«Der Pharao ist unter uns, halt die Hoffnung wach.»

Rundum waren keine Zeichen weiteren Aufruhrs zu erkennen. Ramses wandte sich an die Truppe.

«Wir sind im Besitz einer Landkarte, die zwar streng vertraulich, aber der Heeresführung zugänglich ist. Auf ihr sind auch die Geheimpfade zu den älteren Brunnen verzeichnet, von denen einige noch nutzbar sind. Der Pharao wird bei euch bleiben, während ich diese Wege erkunde, um euch für die Hälfte der Strecke durch die Wüste ausreichend Wasser zu bringen. Unser Durchhaltevermögen und unser Mut werden ein übriges tun. Schützt euch bis dahin vor der Sonne, und vermeidet jede unnötige Anstrengung.»

Ramses machte sich mit einem Dutzend Männern und sechs mit leeren Wasserschläuchen beladenen Eseln auf den Weg. Ein älterer Soldat hatte sich noch ein wenig Wasser aufbewahrt, das er den Kameraden schlückchenweise geben würde, wenn der Tau auf ihren Lippen getrocknet wäre.

Sehr bald schon wurde jeder Schritt zu einer Qual. Hitze und Staub versengten die Lungen. Aber Ramses ging zügig voran, aus Angst, die Kameraden könnten aufgeben. Ihr ganzes Denken mußte auf einen Brunnen mit frischem Wasser gerichtet sein.

Den ersten Weg gab es nicht mehr, der Wüstenwind hatte ihn verweht. Der Nase nach hier weiterzulaufen hätte den sicheren Tod bedeutet. Der zweite Weg erwies sich als Sackgasse, er endete in einem ausgetrockneten Wadi. Der Kartenzeichner hatte seine Arbeit schlecht gemacht. Doch am Ende des dritten Weges war ein steinernes Rund zu erkennen! Die Männer stürzten auf den Brunnenrand zu, doch das einst offene Rund war längst versandet.

Die berühmte Karte, die als «streng vertraulich» galt, war ein Betrug. Vor zehn Jahren hatte sie vielleicht gestimmt, aber ein fauler Schreiber hatte sie wohl einfach immer wieder neu geschrieben, ohne eine Überprüfung durchführen zu lassen. Und sein Nachfolger hatte das gleiche getan.

Als Ramses wieder vor Sethos trat, bedurfte es keiner Erklärungen, seine Miene war beredt genug.

Seit sechs Stunden hatten die Soldaten nichts mehr zu trinken gehabt. Der König wandte sich an die Truppenführer.

«Die Sonne steht im Zenit», stellte er fest. «Ramses und ich werden uns jetzt auf die Suche nach Wasser machen. Sobald die Schatten länger werden, bin ich wieder bei euch.»

Sethos schritt bergan. Trotz seiner Jugend hatte Ramses Mühe, ihm zu folgen, doch dann hielt er Schritt mit dem Vater. Der König machte keine unnötige Bewegung und vergeudete keinerlei Kraft. Darin glich er dem Steinbock, der Hieroglyphe für Adel. Nur zwei entrindete, geglättete und an den Enden durch einen gespannten Flachsfaden miteinander verbundene Akazienzweige trug er mit sich.

Das unter ihren Füßen bergab rollende Gestein wirbelte heißen Staub auf. Ramses war dem Ersticken nahe, er erreichte nach dem Vater den Gipfel der Anhöhe. Der Blick über die Wüste war großartig. Ein paar Augenblicke lang genoß er dieses Schauspiel, doch dann machte der quälende Durst ihm wieder deutlich, daß diese Weite allmählich die Form eines Gräberfelds annahm.

Sethos hielt die zwei Akazienzweige vor sich, die sich gefügig auseinanderspreizen ließen. Betont langsam führte er sie durch die Luft über dem sich breitenden Land. Plötzlich sprang ihm die Rute aus den Händen und prallte etliche Ellen von ihm entfernt am Boden auf.

Hastig griff Ramses nach der Rute und gab sie dem Vater zurück. Gemeinsam stiegen sie den Abhang hinunter. Sethos blieb vor einem Häufchen flacher Steine stehen, zwischen denen stachelige Pflanzen wuchsen. Die Rute schlug immer wieder aus.

«Hol Männer aus den Steinbrüchen, sie sollen hier graben.»

Die Müdigkeit war verflogen. Ramses rannte atemlos über das Geröll und kehrte mit etwa vierzig Männern zurück, die sich gleich an die Arbeit machten.

Der Boden war locker. In sechs Ellen Tiefe sprudelte frisches Wasser.

Einer der Arbeiter sank auf die Knie.

«Gott hat dem König die Richtung gewiesen. Hier fließt so reichlich Wasser wie bei der Nilschwemme!»

«Mein Gebet wurde erhört», sagte Sethos. «‹Von Bestand sei die Wahrheit des göttlichen Lichts› soll dieser Brunnen heißen. Sobald jeder seinen Durst gelöscht hat, wollen wir eine Stadt für die Goldsucher und einen Tempel als Wohnstatt der Götter bauen. In diesem Brunnen werden sie sich verewigen und jenen, die zur Verherrlichung des Geheiligten hier nach dem strahlenden Erz suchen, den Weg weisen.»

Unter der Anleitung von Sethos, dem guten Hirten, dem Vater aller Menschen, dem Vertrauten der Götter, begannen gutgelaunte Soldaten, sich als Baumeister zu bewähren.

EINUNDVIERZIG

TUJA, DIE GROSSE KÖNIGLICHE GEMAHLIN, waltete ihres Amtes als Vorsitzende bei der Aufnahmeprüfung für junge Musikerinnen. Die jungen Frauen, die den Hathor-Kult im Tempel von Memphis mitgestalten würden, waren aus allen Provinzen des Landes angereist und hatten – ob sie nun sangen, tanzten oder ein Instrument spielten – bereits eine Vorprüfung abgelegt.

Die Königin hatte die Bewerberinnen derartig beeindruckt, daß viele von ihnen rundum versagten. Die gestrengen und wachen Augen der Herrscherin, ihre ausgeprägten Wangenknochen, die schmale und gerade Nase und das kleine eckige Kinn verliehen Tuja Schönheit und Autorität zugleich. Ehrfurcht gebot auch ihre Raubvogelperücke, eine Weihe, das Sinnbild der Mütterlichkeit. Tuja, die sich in ihrer Jugend der gleichen Prüfung unterzogen hatte, ließ keinerlei Nachsicht walten, denn wer der Gottheit dienen wollte, mußte vor allem über Selbstbeherrschung verfügen.

Schon die Beherrschung der Instrumente ließ zu wünschen übrig. Sie würde die Lehrer in den Harims tadeln müssen, die in letzter Zeit offenbar die Zügel schleifen ließen. Hervorragend war nur eine. Diese junge Frau hatte ein ernstes, gesammeltes Gesicht von erstaunlicher Schönheit, und wenn sie ihre Laute spielte, war sie so versunken, als wäre die Außenwelt nicht mehr vorhanden.

In den Gärten des Tempels wurde allen Bewerberinnen, mochten sie glücklich oder unglücklich sein, eine Erfrischung gereicht. Die einen schluchzten, die anderen kicherten nervös. Sie waren alle noch so jung, fast noch Kinder. Nur Nefertari, der die Altpriesterinnenschaft die Leitung der Tempelmusikerinnen zu übertragen gedachte, schien so gelassen, als betreffe sie diese Auszeichnung gar nicht.

Die Königin trat auf sie zu.

«Du warst glänzend.»

Die junge Lautenspielerin verneigte sich.

«Wie heißt du?»

«Nefertari.»

«Woher kommst du?»

«Ich bin in Theben geboren und habe meine Ausbildung im Harim Mer-Our erhalten.»

«Dieser Erfolg scheint dir keine große Freude zu bereiten.»

«Ich wollte nicht nach Memphis übersiedeln, sondern nach Theben zurückkehren, um im Amun-Tempel zu dienen.»

«In der Abgeschiedenheit?»

«In den Amun-Kult eingeweiht zu werden ist mein innigster Wunsch, aber ich bin noch zu jung.»

«Für ein Mädchen deines Alters ist das ungewöhnlich. Bist du etwa vom Leben enttäuscht, Nefertari?»

«Nein, Majestät, aber die Rituale beglücken mich.»

«Möchtest du nicht heiraten und Kinder haben?»

«Daran habe ich noch nicht gedacht.»

«Das Leben im Tempel ist karg.»

«Ich liebe die steinernen Zeugen der Ewigkeit, ihre Geheimnisse und die innere Sammlung, die sie fordern.»

«Würdest du dennoch bereit sein, ein Weilchen von ihnen Abstand zu nehmen?»

Ohne Scheu sah Nefertari zur großen königlichen Gemahlin auf. Tuja liebte diesen freimütigen, offenherzigen Blick.

«Die Leitung der Tempelmusikerinnen ist ein hohes Amt, doch ich habe anderes mit dir vor. Wärest du bereit, die Leitung des Hofstaats der Königin zu übernehmen?»

Leiterin des Hofstaats der großen königlichen Gemahlin! Wie viele vornehme Damen träumten nicht von diesem Amt, denn es bedeutete, die Vertraute der Königin zu sein.

«Die alte Freundin, die dieses Amt versah, ist vorigen Monat verstorben», erklärte Tuja. «Es gibt viele Anwärterinnen bei Hof, und jede verleumdet die andere, um sie auszustechen.»

«Ich habe keinerlei Erfahrung, ich...»

«Du bist nicht von Adel, nicht ständig auf deine Vorrechte bedacht, und deine Familie verweist nicht auf Schritt und Tritt auf eine ruhmreiche Vergangenheit, um ihre jetzige Trägheit zu rechtfertigen.»

«Ist meine Herkunft nicht ein schwerwiegendes Hindernis?»

«Für mich zählt nur, was der einzelne wert ist. Und ein wertvoller Mensch überwindet jedes Hindernis. Wofür entscheidest du dich?»

«Darf ich noch etwas nachdenken?»

Die Königin lächelte belustigt. Keine adelige Dame bei Hof hätte eine solche Frage zu stellen gewagt.

«Ich fürchte, nein. Wenn du zu lange Tempelluft atmest, wirst du mich vergessen haben.»

Nefertari faltete die Hände vor der Brust und verneigte sich.

«Zu Diensten, Majestät.»

Königin Tuja liebte die frühen Morgenstunden, daher stand sie vor Tagesanbruch auf. Der Augenblick, da ein Lichtstrahl die Finsternis durchstieß, versinnbildlichte für sie jeden Tag aufs neue die

Erschaffung des Lebens. Zu ihrer großen Genugtuung teilte Nefertari ihre Freude an der Arbeit in den Morgenstunden. Daher gab sie ihr gleich beim gemeinsamen Frühstück ihre Anweisungen für den Tag.

Schon drei Tage nach ihrer Entscheidung wußte Tuja, daß sie sich nicht geirrt hatte. Nefertari war nicht nur schön, sondern verfügte außerdem noch über einen Scharfsinn, der völlig frei von Zwängen war und sie befähigte, das Wesentliche vom Unwesentlichen zu unterscheiden. Sofort, gleich beim ersten Mal, als sie die Arbeit besprachen, hatte Einklang geherrscht zwischen der Königin und ihrer Hofmeisterin. Eine Andeutung genügte, und sie verstanden sich, wenn sie nicht gar den gleichen Gedanken hatten. Sobald ihre morgendlichen Gespräche beendet waren, begab sich Tuja in ihre Privatgemächer.

Während die Perücke der Königin noch von der Zofe mit Essenzen benetzt wurde, erschien Chenar bei seiner Mutter.

«Schick die Dienerin fort», befahl er. «Was ich zu sagen habe, ist nicht für lauernde Ohren bestimmt.»

«Ist es so gewichtig?»

«Ich fürchte, ja.»

Die Zofe entfernte sich. Chenar schien wirklich von Angst gepeinigt.

«Sprich, mein Sohn.»

«Ich habe lange gezögert.»

«Da du dich nun aber doch wohl entschieden hast, warum spannst du mich dann noch länger auf die Folter?»

«Weil – weil ich mich nur schwer entschließen kann, dir schrecklichen Kummer zu bereiten.»

Nun war Tuja wirklich besorgt.

«Ist ein Unglück geschehen?»

«Sethos, Ramses und die Schutztruppen sind verschollen.»

«Hast du genauere Auskünfte?»

«Es ist doch nun schon sehr lange her, daß sie in die Wüste aufbrachen, um die Goldgräber zu finden, und all die Gerüchte verheißen nichts Gutes.»

«Hör sie dir einfach nicht an. Wenn Sethos tot wäre, wüßte ich es.»

«Wieso?»

«Zwischen deinem Vater und mir bestehen unsichtbare Bande. Selbst wenn wir fern voneinander sind, bleiben wir vereint. Beruhige dich also.»

«Du mußt ein Einsehen haben. Der König und seine Truppen müßten längst zurück sein. Wir können das Land nicht einfach verwaist lassen.»

«Der Wesir und ich erledigen die laufenden Geschäfte.»

«Wünschst du meine Unterstützung?»

«Erfülle deine Aufgaben und begnüge dich damit. Ein größeres Glück gibt es auf Erden nicht. Solltest du dennoch weiterhin besorgt sein, warum setzt du dich dann nicht an die Spitze eines Suchtrupps und folgst den Spuren deines Vaters und deines Bruders?»

«Da ist noch etwas anderes, das wir nicht verstehen, etwas Merkwürdiges. Die bösen Geister der Wüste verschlingen alle, die ihr das Gold zu entreißen suchen. Ist es nicht meine Pflicht, hier auszuharren?»

«Höre auf die Stimme deines Gewissens.»

Keiner der beiden Boten, die Sethos im Abstand von vier Tagen ausgesandt hatte, erreichte Ägypten. Auf dem Weg ins Tal lauerten ihnen Sandläufer auf, töteten sie, beraubten sie ihrer Kleidung und zerbrachen die von Ramses beschriebenen Holztäfelchen, auf denen der Königin mitgeteilt wurde, daß die Truppe Gold gefunden hatte, es abbaute und die Grundfesten legte für einen Tempel und eine Stadt für die Grubenarbeiter.

Der von den Sandläufern geschickte Bote teilte Chenar mit, der König und der Regent seien wohlauf, und der König habe dank göttlicher Eingebung mitten in der Wüste eine reich sprudelnde Quelle entdeckt. Die Beduinen, die den Auftrag hatten, den Hauptbrunnen zu vergiften, hatten also versagt.

Viele bei Hof vermuteten, Sethos und Ramses seien einem bösen Geist zum Opfer gefallen. Aber wie ließ sich die Abwesenheit des Herrschers nutzen? Tuja hielt die Zügel der Macht fest in der Hand. Nur wenn ihr Gemahl und ihr jüngerer Sohn tatsächlich tot wären, müßte sie Chenar zum Regenten ernennen.

In ein paar Wochen, spätestens, würde die Expedition zurück sein. Dann wäre die schöne Gelegenheit, sich dem höchsten Amt zu nähern, erneut verpaßt. Ein Hoffnungsschimmer blieb Chenar noch. Die unerträgliche Hitze, die Schlangen oder die Skorpione könnten den Auftrag erfüllen, an dem die Beduinen gescheitert waren.

Ameni tat kein Auge mehr zu.

Die Gerüchte verdichteten sich. Die von Sethos und Ramses angeführte Truppe war nun auch verschwunden. Anfangs glaubte der junge Schreiber all diesem Geschwätz nicht, doch dann erkundigte er sich bei der königlichen Botendienststelle und erfuhr die beklemmende Wahrheit.

Man war gänzlich ohne Kunde über den Pharao und den Regenten und unternahm offensichtlich nichts!

Eine einzige Person vermochte den Anstoß dazu zu geben und Hilfstruppen in die westliche Wüste zu entsenden. Also begab sich Ameni zum Palast der großen königlichen Gemahlin, wo eine auffallend schöne junge Frau ihn empfing. Obwohl er dem weiblichen Geschlecht und seinem bösen Zauber mißtraute, gefiel dem jungen Schreiber das ebenmäßige Gesicht Nefertaris. Auch der tiefe Blick und die sanfte Stimme bezauberten ihn.

«Ich bitte, zu Majestät vorgelassen zu werden.»

«Während des Pharaos Abwesenheit ist sie überaus beschäftigt. Dürfte ich den Anlaß deines Besuchs erfahren?»

«Verzeih, aber...»

«Mein Name ist Nefertari. Die Königin hat mich zur Vorsteherin ihres Hofstaats ernannt. Ich verspreche, alles, was du mir sagst, getreu wiederzugeben.»

Obwohl sie eine Frau war, schien sie ihm aufrichtig. Und obwohl er es als Schwäche ansah, ließ Ameni sich betören.

«Als Schreiber und Sandalenträger des Regenten halte ich es für unumgänglich, sofort einen Trupp ausgesuchter Männer loszuschicken, um sie zu suchen.»

Nefertari lächelte.

«Ich kann deine Befürchtungen zerstreuen, die Königin ist im Bilde.»

«Im Bilde? Aber das genügt nicht!»

«Der Pharao ist nicht in Gefahr.»

«Dann hat der Hof also Nachricht erhalten?»

«Weitere Erklärungen vermag ich dir nicht zu geben, aber hab Vertrauen.»

«Ich flehe dich an, bestürme die Königin!»

«Das Schicksal ihres Gemahls und ihres Sohnes ist ihr ebenso wichtig wie dir, das mußt du glauben. Wären sie in Gefahr, würde sie handeln.»

Dieses Gerüttel auf dem Rücken eines kräftigen und flinken Esels war eine Marter, aber Ameni, obwohl er jede Ortsveränderung haßte, mußte so schnell wie möglich zu Setaou. Der Schlangenbeschwörer lebte weit außerhalb von Memphis am Rande der Wüste. Der steinige Weg am Bewässerungskanal entlang nahm kein Ende. Zum Glück hatten ein paar Uferbewohner schon von Setaou und seiner nubischen Frau gehört und konnten Angaben machen zu seiner Behausung.

Als er endlich in sicherem Hafen war, konnte Ameni sich kaum mehr aufrichten, außerdem mußte er bei all diesem Staub ständig niesen und sich die geröteten und schmerzenden Augen reiben.

Lotos, die vor dem Haus ein Gebräu herstellte, dessen übler Geruch die Nasenhöhlen des jungen Schreibers beleidigte, bat ihn einzutreten. Als er einen Fuß über die Schwelle des großen weißen Hauses setzen wollte, schreckte er zurück.

Eine Königskobra bedrohte ihn.

«Sie ist ein altes, harmloses Tier», beruhigte ihn Lotos.

Sie strich dem Reptil über den Kopf, und es wiegte sich vor Wohlbehagen. Ameni schlüpfte an ihr vorbei ins Innere des Hauses.

Der erste Raum war vollgestopft mit Gefäßen verschiedener Größen und merkwürdigen Gerätschaften, die zur Giftgewinnung dienten. Da hockte Setaou und schüttete eine dickliche und rötliche Flüssigkeit von einem Behälter in den anderen.

«Solltest du dich verirrt haben, Ameni? Du hockst nicht in deiner Stube? Das grenzt ja an ein Wunder!»

«Eher an ein Erdbeben.»

«Welcher Hexenmeister hat dich denn aus deiner Höhle gelockt?»

«Ramses ist Opfer einer Verschwörung.»

«Dein überhitzter Geist gaukelt dir etwas vor.»

«Er ist in der östlichen Wüste verschollen, auf dem Goldgräberpfad, und Sethos ist auch dabei.»

«Ramses soll sich verirrt haben?»

«Seit zehn Tagen gibt es keinerlei Nachricht mehr von ihm.»

«Gab es vielleicht eine Verspätung bei den Kundschafterdiensten?»

«Nein, ich war schon dort. Und das ist noch nicht alles.»

«Was denn noch?»

«Königin Tuja hat die Verschwörung angezettelt.»

Setaou hätte beinahe alles verschüttet. Er schaute sich nach dem jungen Schreiber um.

«Hast du den Verstand verloren?»

«Ich habe um eine Unterredung gebeten, und sie wurde mir verwehrt.»

«Das ist doch nichts Außergewöhnliches.»

«Ich erfuhr, die Königin erachte die Lage als völlig normal. Sie habe keinerlei Befürchtung und beabsichtige nicht, einen Suchtrupp loszuschicken.»

«Das mag ein Gerücht sein.»

«Ich habe es von Nefertari, der neuen Hofmeisterin der Königin.»

Setaou schien beklommen.

«Du glaubst also, Tuja habe versucht, sich ihres Gemahls zu entledigen, um selbst die Macht zu übernehmen? Das ist höchst unwahrscheinlich!»

«Die Tatsachen lassen sich nicht leugnen.»

«Sethos und Tuja sind doch eng verbunden.»

«Warum verweigert sie ihm dann jede Hilfe? Es ist doch offensichtlich. Sie hat ihn in den sicheren Tod geschickt, um den Thron zu besteigen.»

«Selbst wenn du recht hättest, was sollten wir tun?»

«Wir müssen Ramses suchen.»

«Und mit welchem Heer?»

«Du und ich, das genügt.»

Setaou stand auf.

«Du willst stundenlang durch die Wüste hecheln? Du bist wirklich von Sinnen, mein armer Ameni.»

«Machst du mit?»

«Natürlich nicht!»

«Du läßt Ramses im Stich?»

«Wenn deine Vermutung stimmt, ist er bereits tot. Warum dann noch unser Leben aufs Spiel setzen?»

«Einen Esel und Wasservorräte habe ich schon. Gib mir noch eine Arznei gegen Schlangenbiß.»

«Damit könntest du nichts anfangen.»

«Dann habe Dank für alles.»

«Bleib! Was du vorhast, ist Wahnsinn!»

«Ich stehe in Ramses' Diensten. Man bricht sein Wort nicht.»

Ameni kletterte auf seinen Esel und schlug den Weg zur östlichen Wüste ein. Bald schon war er gezwungen, anzuhalten. Er legte sich mit angezogenen Beinen auf den Rücken, um seine Gliedmaßen zu entspannen, während das Grautier im Schatten einer Persea ein paar vertrocknete Grasbüschel kaute.

Im Halbschlaf sann der junge Schreiber darüber nach, daß er sich vielleicht einen Stock verschaffen müßte. Vielleicht müßte er ja kämpfen?

«Hast du schon aufgegeben?»

Ameni öffnete die Augen und fuhr hoch.

Da stand Setaou vor ihm, mit fünf Eseln, die mit Wasserschläuchen und allem, was man für den Kampf gegen die Wüste brauchte, beladen waren.

ZWEIUNDVIERZIG

ISET, DIE SCHÖNE, stürmte herein, während Chenar und einige Würdenträger sich an Rinderbraten mit würziger Soße ergötzten.

«Wie könnt ihr euch den Bauch vollschlagen, während Ägypten in Gefahr ist!»

Die Würdenträger blickten betreten drein. Chenar erhob sich, entschuldigte sich und verließ mit der jungen Frau den Speisesaal.

«Was soll dieser Überfall?»

«Laß meinen Arm los!»

«Du untergräbst deinen Ruf. Weißt du nicht, daß meine Gäste hohe Persönlichkeiten sind?»

«Ich pfeif darauf!»

«Warum diese Aufregung?»

«Weißt du denn nicht, daß Sethos und Ramses in der östlichen Wüste verschollen sind?»

«Die Königin ist anderer Ansicht.»

Iset, die Schöne, war entwaffnet.

«Die Meinung der Königin…»

«Meine Mutter ist überzeugt, daß der Pharao nicht in Gefahr ist.»

«Aber kein Mensch hat irgendwelche Nachricht!»

«Du erzählst mir nichts Neues.»

«Du mußt Truppen ausheben und sie suchen gehen.»

«Etwas gegen den Willen meiner Mutter zu tun wäre ein unverzeihlicher Fehltritt.»

«Weiß sie denn etwas?»

«Sie spürt es.»

Die junge Frau riß die Augen auf.

«Soll das ein übler Scherz sein?»

«Die Wahrheit, liebe Iset, das ist nichts als die Wahrheit.»

«Was bedeutet dieses unvorstellbare Verhalten?»

«Daß bei Abwesenheit des Pharaos die Königin regiert und wir gehorchen.»

Chenar war nicht unzufrieden. Die aufgeregte und besorgte Iset würde den schlimmsten Gerüchten über Tuja neue Nahrung geben. Der hohe Rat müßte sie um Erklärungen bitten, ihr Ruf würde Schaden leiden, und schließlich würde man ihn ersuchen, die Leitung der Staatsgeschäfte zu übernehmen.

Ramses marschierte an der Spitze des Trupps, der heimwärts zog aus der östlichen Wüste. Sie hatten eine Kapelle und Häuser für die Goldgräber gebaut, die dadurch bessere Arbeitsbedingungen erhielten. Die vom König entdeckte Wasserader würde den Brunnen über Jahre hinweg speisen. Die Esel waren mit Säcken voll feinstem Gold beladen. Kein Mann war zu Tode gekommen. Der Pharao und der Regent waren stolz, den Trupp vollzählig nach Hause zu bringen. Einige humpelten und freuten sich auf ein paar Wochen Ruhe nach der Rückkehr. Ein Grubenarbeiter, den ein schwarzer Skorpion gestochen hatte, wurde auf einer Bahre getragen. Er hatte hohes Fieber und Schmerzen in der Brust, was den begleitenden Feldscher beunruhigte.

Als Ramses über eine Anhöhe kam, erblickte er in der Ferne einen winzigen grünen Fleck.

Die ersten Felder am Rande der Wüste! Er wandte sich um und verkündete die gute Nachricht. Freudenrufe stiegen zum Himmel auf.

Ein Wachmann mit Adlerblick wies mit dem Finger auf eine Felskuppe.

«Eine winzige Karawane kommt auf uns zu.»

Ramses sammelte sich, sah zuerst nur leblose Gesteinsblöcke, doch dann erkannte auch er ein paar Esel und zwei Reiter.

«Das ist sehr ungewöhnlich», sagte der Wachmann. «Ich möchte schwören, daß es Diebe sind, die in die Wüste zu entkommen suchen. Fangen wir sie ab.»

Ein Teil des Trupps schwärmte aus.

Kurz danach führten sie dem Regenten die zwei Gefangenen vor. Setaou wetterte, Ameni war einer Ohnmacht nahe.

«Ich wußte, daß ich dich finden würde», hauchte er Ramses ins Ohr, während Setaou sich schon um den vom Skorpion gebissenen Grubenarbeiter kümmerte.

Chenar war der erste, der seinen Vater und seinen Bruder beglückwünschte. Sie hatten wahrlich eine Leistung vollbracht, die in die Annalen eingehen würde. Chenar erbot sich, die Schilderung zu übernehmen, doch Sethos übertrug diese Aufgabe Ramses, der wiederum Ameni hinzuziehen würde, da dieser jedes Wort sorgfältig abwägen und im Stil auch den richtigen Ton finden würde. Alle, die an der Expedition teilgenommen hatten, berichteten bereitwilligst von dem Wunder, das der Pharao vollbracht hatte und das sie vor einem grauenvollen Tod bewahrt hatte.

Nur Ameni stimmte nicht ein in den allgemeinen Jubel. Ramses hielt seine angegriffene Gesundheit für die Ursache seiner trüben Stimmung, doch er wollte es genauer wissen.

«Was für ein Kummer nagt an dir?»

Auf diese Frage war der junge Schreiber gefaßt gewesen. Nur wenn er die Wahrheit sagte, konnte er sich wieder frei fühlen.

«Ich habe an deiner Mutter gezweifelt und geglaubt, sie wolle die Macht an sich reißen.»

Ramses lachte schallend.

«Dieses ewige Arbeiten tut dir nicht gut, mein Freund. Ich werde dich zwingen müssen, auch mal an der frischen Luft spazierenzugehen.»

«Da sie es ablehnte, einen Hilfstrupp auszusenden...»

«Weißt du denn nicht, daß zwischen dem Pharao und der großen königlichen Gemahlin unsichtbare Bande bestehen?»

«Ich werde es mir merken, das kannst du mir glauben.»

«Da ist noch etwas Befremdliches, das mich überrascht. Wieso ist Iset noch nicht da, um mich zärtlich zu empfangen?»

Ameni senkte den Kopf.

«Sie hat sich genauso schuldig gemacht wie ich.»

«Welchen Fehler hat sie begangen?»

«Sie hat auch geglaubt, deine Mutter führe etwas im Schilde, und das hat sie scharf verurteilt und schmählich angeprangert.»

«Laß sie holen.»

«Wir haben uns vom Schein trügen lassen, wir...»

«Laß sie holen.»

Iset, die Schöne, vergaß sich zu schminken und warf sich Ramses zu Füßen.

«Verzeih mir, ich flehe dich an!»

Ihr offenes Haar fiel über ihre feingliedrigen Arme, mit denen sie die Fesseln des Geliebten umschlang.

«Ich war so besorgt, so aufgewühlt...»

«War das ein Grund, meine Mutter solcher Torheit zu verdächtigen und, was schlimmer wiegt, ihren Namen zu beschmutzen?»

«Verzeih mir.»

Iset weinte.

Ramses hob sie auf, sie preßte sich an ihn und schluchzte an seiner Schulter weiter.

«Zu wem hast du gesprochen?» fragte er streng.

«Mal hier, mal da, ich weiß es nicht mehr. Ich war wahnsinnig vor Angst, ich wollte erreichen, daß man dich suchen ging.»

«Grundlose Beschuldigungen könnten dich vor das Gericht des Wesirs bringen. Sollte man dir nachweisen, daß du den hohen Namen beleidigt hast, droht dir Kerker oder Verbannung.»

Iset schluchzte jämmerlich. Mit der Kraft der Verzweiflung klammerte sie sich an Ramses.

«Ich werde für dich eintreten, da dein Kummer glaubhaft ist.»

Gleich nach seiner Rückkehr hatte der Pharao das Steuer wieder übernommen, das Tuja stets, wenn er abwesend war, mit kundigen Händen lenkte. Die hohen Amtsinhaber vertrauten der Königin, denn ihr war tägliche Arbeit wichtiger als politisches Ränkespiel, dem nur allzu viele Höflinge huldigten. War Sethos gezwungen, den Vorsitz in der Regierungsversammlung abzutreten, konnte er dies unbesorgt tun. Er wußte, daß seine Gemahlin ihn nicht verraten und das Land mit Besonnenheit und Scharfsinn lenken würde.

Gewiß, auch Ramses hätte er mit Regierungsgeschäften betrauen können, doch der König zog es vor, ihn nach und nach Einblick gewinnen zu lassen, ihm seine Erfahrung durch Eindrücke zu vermitteln und seinen Sohn nicht einfach auszusetzen auf dem eng gesteckten Kampfplatz der Macht, wo so viele Fallstricke ausgelegt waren.

Stark war Ramses, er besaß auch innere Größe. Er hatte das Zeug zum Herrschen und Gegnern jedweder Gestalt die Stirn zu bieten, aber wäre er fähig, die erdrückende Einsamkeit eines Pharaos zu ertragen? Um ihn darauf vorzubereiten, mußte Sethos ihm noch viele geistige Prüfungen auferlegen. Es lag noch ein gutes Stück Weges vor ihm.

Tuja stellte dem Herrscher Nefertari vor. Die junge Frau war wie gebannt, brachte kein Wort hervor und verneigte sich nur. Sethos beobachtete sie kurz und empfahl ihr dann größte Gewissenhaftigkeit bei der Ausübung ihrer Pflichten. Die Leitung des Hofstaats der großen königlichen Gemahlin erforderte hohen Einsatz und Verschwiegenheit. Nefertari zog sich zurück, ohne es gewagt zu haben, den König anzublicken.

«Du warst sehr streng mit ihr», bemerkte Tuja.

«Sie ist noch sehr jung.»

«Hätte ich sie eingestellt, wenn sie nicht fähig wäre?»

«Sie verfügt über erstaunliche Fähigkeiten.»

«Gewünscht hatte sie sich, für ewig in der Abgeschiedenheit des Tempels zu dienen.»

«Wie gut ich sie verstehe! Da hast du ihr ein hartes Los auferlegt.»

«Das stimmt.»

«Mit welcher Absicht?»

«Ich weiß es selbst noch nicht. Als ich sie sah, erkannte ich in Nefertari eine ganz außergewöhnliche Frau. Sie wäre glücklich gewesen in der Abgeschiedenheit des Tempels, doch mein Gespür sagte mir, daß ihr etwas anderes vorbestimmt ist. Sollte ich mich geirrt haben, wird sie ihren Weg gehen.»

Ramses stellte seiner Mutter den goldgelben Hund Wächter und den nubischen Löwen Schlächter erstmals zusammen vor. Die beiden Gefährten des Regenten, die zu spüren schienen, daß ihnen hier eine Ehre zuteil wurde, benahmen sich mustergültig. Nachdem sie vom Koch der Königin zu fressen bekommen hatten, genossen sie das unvergleichliche Vergnügen eines Mittagschläfchens im Schatten einer Palme, wobei der Kopf des einen bei den Füßen des anderen lag.

«Es war eine Freude, euch drei zu sehen», sagte Tuja, «aber was war dein wirklicher Anlaß?»

«Iset, die Schöne.»

«Habt ihr eure Verlobung gelöst?»

«Sie hat einen schweren Fehler begangen.»

«Ist ihr Vergehen so schlimm?»

«Sie hat die Königin Ägyptens verleumdet.»

«Inwiefern?»

«Indem sie dich beschuldigte, das Verschwinden des Königs eingefädelt zu haben, um seinen Platz einzunehmen.»

Ramses war verdutzt: seine Mutter schien belustigt.

«Nahezu die Gesamtheit der Höflinge und der edlen Damen waren der gleichen Meinung. Man sparte nicht mit Vorwürfen, weil ich keine Hilfstrupps aussandte. Dabei wußte ich, daß ihr unversehrt wart, Sethos und du. Trotz unserer Tempel und Rituale wissen nur sehr wenige, daß es möglich ist, über Zeit und Raum hinweg im Geiste verbunden zu sein.»

«Wird Iset angeklagt werden?»

«Ihr Verhalten war verständlich.»

«Bedrückt dich so viel Undankbarkeit und Ungerechtigkeit denn nicht?»

«Das ist das Wesen der Menschen. Wichtig ist nur, daß sie nicht das Land regiert.»

Eine junge Frau legte Sendschreiben auf ein niedriges Tischchen zur Linken der Königin und verschwand auch schon wieder, lautlos und unbemerkt. Ihre flüchtige Anwesenheit war wie ein Lichtstrahl im Blattwerk der Bäume gewesen.

«Wer ist sie?» fragte Ramses.

«Nefertari, meine neue Hofmeisterin.»

«Ich bin ihr schon früher begegnet. Wie hat sie eine so hohe Stellung erlangt?»

«Es hat sich einfach so ergeben. Sie war nach Memphis bestellt worden, um Priesterin im Hathor-Tempel zu werden, und dort fiel sie mir auf.»

«Aber das ist ja das Gegenteil ihrer Bestimmung, was du ihr nun anbietest!»

«Unsere jungen Mädchen werden in den Harims für die unterschiedlichsten Aufgaben ausgebildet.»

«So viel Verantwortung für eine so junge Frau!»

«Du selbst bist doch auch erst siebzehn Jahre alt. In des Königs wie auch in meinen Augen zählt einzig und allein, was das Herz und die Tatkraft zu leisten vermögen.»

Ramses war verwirrt. Nefertaris Schönheit schien aus einer anderen Welt zu stammen. Ihr kurzes Zugegensein hatte sich ihm eingeprägt wie ein Augenblick der Gnade.

«Beruhige Iset», riet Tuja, «ich werde nicht Klage erheben gegen sie. Doch lernen soll sie, Wahrheit und Irrtum zu unterscheiden. Wenn sie dazu nicht fähig ist, soll sie zumindest schweigen.»

DREIUNDVIERZIG

SEINEM AMTE GEMÄSS festlich gekleidet, schritt Ramses an der Anlegestelle des Hafens mit dem Namen «Gute Reise» ungeduldig auf und ab. Das Stadtoberhaupt von Memphis, der Oberaufseher über die Schiffahrt, der für ausländische Gäste zuständige Beamte und eine beeindruckende Menge Wachen umringten ihn. In Kürze würden die zehn griechischen Schiffe hier anlegen.

Anfangs hatten die Küstenwachen einen Angriff befürchtet. Ein Teil der ägyptischen Kriegsflotte hatte sich sofort bereit gemacht, den Eindringling zurückzuschlagen. Doch die Fremden hatten ihre friedliche Absicht kundgetan und dem Wunsch Ausdruck verliehen, in Memphis anlegen zu dürfen und dem Pharao vorgestellt zu werden.

Mit Geleitbooten fuhren sie den Nil hinauf und erreichten am Ende eines windigen Vormittags die Hauptstadt. Hunderte von Schaulustigen waren voller Neugierde zu den Ufern geeilt. Dies war doch nicht der Zeitpunkt, wo fremdländische Gesandte mitsamt Gefolge ihre Abgaben zu entrichten pflegten! Aber diese prunkvollen Schiffe zeugten von Reichtum, das ließ sich nicht übersehen. Sollten die Ankömmlinge Sethos prächtige Geschenke machen wollen?

Geduld war nicht Ramses' Stärke, und auch seine diplomatischen Fähigkeiten schienen ihm äußerst gering. Fremde willkommen zu heißen war ihm eine Last. Ameni hatte eine kleine Begrüßungsrede vorbereitet, doch sie klang so langweilig und beschwichtigend, daß Ramses die ersten Worte längst wieder vergessen hatte. Wäre Acha doch bloß hier, er hätte das alles spielend gemeistert!

Die griechischen Schiffe sahen recht mitgenommen aus. Da war viel auszubessern, bevor sie wieder auf hohe See gehen könnten. An einigen waren sogar Brandspuren zu erkennen. Die Überquerung des Mittelmeers dürfte nicht ganz ohne Zusammenstöße mit Seeräubern verlaufen sein.

Das Leitschiff legte geschickt an, obwohl ein Teil der Segel beschädigt war. Ein Steg wurde ausgeworfen, und dann trat Stille ein.

Wer landete da und wollte den Fuß auf ägyptischen Boden setzen?

Es erschien ein Mann von mittlerer Größe mit breiten Schultern, blondem Haar und nicht gerade ansprechenden Gesichtszügen. Er war etwa fünfzig Jahre alt, trug Rüstung und Beinschienen, hielt aber zum Zeichen seiner friedlichen Absichten seinen ehernen Helm vor die Brust.

Hinter ihm schritt eine große, schöne Frau mit weißen Armen. Sie war angetan mit einem Purpurmantel, und auf dem Kopf trug sie ein Diadem als Zeichen ihrer hohen Abstammung.

Das Paar kam den Steg herab und machte vor Ramses halt.

«Ich bin Ramses, Regent des Königreichs Ägypten, und heiße dich im Namen des Pharaos willkommen.»

«Ich bin Menelaos, Sohn des Atreus, König von Lakedämon, und dies ist meine Gemahlin Helena. Wir kommen aus der verfluchten Stadt Troja, die wir nach zehnjährigen harten Kämpfen besiegt und zerstört haben. Viele meiner Freunde sind tot, und der Sieg hat einen bitteren Beigeschmack. Wie du siehst, sind die mir noch verbliebenen Schiffe in schlechtem Zustand, meine Soldaten und meine Seeleute sind erschöpft. Wird Ägypten uns gestatten, neue Kräfte zu sammeln, bevor wir uns auf die Heimreise machen?»

«Die Antwort darauf gebührt allein dem Pharao.»

«Ist das eine verschleierte Verweigerung?»

«Offenheit ist meine Art.»

«Um so besser. Ich bin Krieger und habe schon viele Menschen getötet, du ganz sicher nicht.»

«Wie kann ich etwas beteuern, ohne es zu wissen?»

Die kleinen schwarzen Augen Menelaos' funkelten vor Zorn.

«Wärest du einer meiner Untergebenen, hätte ich dir das Rückgrat schon gebrochen.»

«Zum Glück bin ich Ägypter.»

Menelaos und Ramses maßen einander mit Blicken. Der König von Lakedämon steckte als erster zurück.

«Ich werde auf meinem Schiff die Antwort erwarten.»

In der kleinen Ratsversammlung wurde das Verhalten des Regenten unterschiedlich gewertet. Gewiß, Menelaos und die Überreste seines Heeres stellten für Ägypten jetzt und auch zukünftig keine Bedrohung dar, aber trotz allem trug er den Titel eines Königs und verdiente Hochachtung. Ramses hörte sich die Mißfallensbekundungen an und verwarf sie. Hatte er nicht einen Kämpfer vor sich gehabt, einen dieser blutrünstigen Atridenkrieger, deren Lieblingsbeschäftigung das Plündern niedergebrannter Städte war? Einem Gauner dieser Art Gastfreundschaft zu gewähren schien ihm nicht angebracht.

Der sonst so zurückhaltende Meba, der über die Beziehungen zu den fremden Ländern wachte, ergriff das Wort.

«Die Haltung, die der Regent hier einnimmt, scheint mir gefährlich. Menelaos darf nicht verächtlich behandelt werden. Unsere Beziehungen setzen gutes Einvernehmen mit vielen großen wie kleinen Ländern voraus, nur so lassen sich gegen uns gerichtete Bündnisse vermeiden.»

«Dieser Grieche ist ein verschlagener Fuchs», erklärte Ramses. «In seinem Blick liegt Falschheit.»

Meba, ein stattlicher Sechzigjähriger mit breitem, vertrauenerweckendem Gesicht und sanfter Stimme, lächelte nachsichtig.

«Gefühle dürfen nicht den Ausschlag geben bei Beziehungen zu fremden Ländern. Wir sind gezwungen, mit allen zu verhandeln, auch wenn sie uns manchmal nicht gerade gefallen.»

«Menelaos wird uns verraten», beharrte Ramses. «Für ihn hat das einmal gegebene Wort keinerlei Wert.»

«Hier werden Absichten unterstellt», klagte Meba. «Die Jugend verführt unseren Regenten, voreilig zu urteilen. Menelaos ist Grieche, und die Griechen mögen gerissen sein. Vielleicht hat er nicht die ganze Wahrheit gesagt. Aber es obliegt uns, umsichtig zu verfahren und die wahren Gründe dieses Besuchs aufzudecken.»

«Bitten wir Menelaos und seine Gemahlin zu Tisch», erklärte schließlich Sethos. «Ihr Verhalten wird unsere Entscheidung bestimmen.»

Menelaos brachte als Gastgeschenk für den Pharao kunstvoll gefertigte Gefäße aus Metall und Bogen aus verschiedenen Hölzern. Diese Waffen hatten ihre Zugkraft bei den Kämpfen um Troja bewiesen. Das Gefolge des Königs von Lakedämon trug bunte Röcke mit geometrischen Mustern und hohe Schuhe; die gewellten Haarsträhnen fielen bis auf den Nabel herab.

Nektarduft entströmte dem grünen Gewand Helenas, die ihr

Antlitz unter einem weißen Schleier verbarg. Sie nahm zur Linken Tujas Platz, Menelaos zur Rechten Sethos'. Der Grieche war beeindruckt vom strengen Antlitz des Pharaos. Meba steuerte das Gespräch. Der Oasenwein entspannte den König von Lakedämon. Er erging sich in Wehklagen, bedauerte die langen Jahre vor den Mauern Trojas, schilderte seine Heldentaten, sprach über seinen Freund Odysseus, rang die Hände ob der Grausamkeit der Götter und rühmte die Reize seines Landes, nach dem er solche Sehnsucht hatte. Meba, der vollendet griechisch sprach, schien den Klagegesängen seines Gastes Glauben zu schenken.

«Warum verbirgst du dein Gesicht?» fragte Tuja Helena in deren Sprache.

«Weil ich eine abstoßende Hündin bin, die jedermann verabscheut. Der Tod vieler Helden lastet auf mir. Als Paris, der Troer, mich entführte, ahnte ich nicht, daß seine Wahnsinnstat zehn Jahre Gemetzel auslösen würde. Hundertmal habe ich mir gewünscht, der Wind möge mich davontragen oder eine entfesselte Woge mich in den Abgrund reißen. Zu viel Elend, ich habe zu viel Elend ausgelöst.»

«Bist du jetzt nicht frei?»

Ein schwaches Lächeln wurde unter dem weißen Schleier sichtbar.

«Menelaos hat mir nicht vergeben.»

«Die Zeit wird euer Leid verwischen, da ihr wieder vereint seid.»

«Da ist noch etwas viel Schlimmeres...»

Tuja achtete Helenas schmerzerfülltes Schweigen. Sie würde schon reden, wenn ihr danach war.

«Ich hasse meinen Mann», bekannte diese schöne Frau mit den weißen Armen.

«Sicher scheust du nur zurück vor ihm? Das vergeht.»

«Nein, ich habe ihn niemals geliebt. Ich hatte sogar auf einen Sieg Trojas gehofft. Majestät...»

«Ja, Helena?»

«Gestatte mir, so lange wie möglich hierzubleiben. Nach Lakedämon zurückzukehren ist mir ein Greuel.»

Vorsichtshalber hatte Chenar Ramses einen Platz in größerer Entfernung von Menelaos zugewiesen. Der Regent saß neben einem Mann von unbestimmbarem Alter mit scharf geschnittenem und faltigem Gesicht, das ein langer weißer Bart zierte. Er aß langsam und beträufelte sämtliche Speisen mit Olivenöl.

«Dies ist der Schlüssel zur Gesundheit, mein Prinz!»

«Mein Name ist Ramses.»

«Und meiner Homer.»

«Bist du Heerführer?»

«Nein, Dichter. Mein Augenlicht ist schlecht, doch mein Gedächtnis hervorragend.»

«Ein Dichter neben diesem grobschlächtigen Kerl Menelaos?»

«Die Winde hatten mir kundgetan, daß seine Schiffe nach Ägypten segelten, dem Land der Weisheit und der Dichter. Nach langem Reisen möchte ich mich hier niederlassen, um in Ruhe zu arbeiten.»

«Ich bin gegen einen längeren Aufenthalt von Menelaos.»

«Mit welcher Befugnis?»

«Der des Regenten.»

«Du bist noch recht jung, und du haßt die Griechen?»

«Ich sprach von Menelaos, nicht von dir. Wo möchtest du wohnen?»

«Wo es sich angenehmer leben läßt als auf einem Schiff! Dort bin ich beengt, mein Hab und Gut ist im Schiffsrumpf gestapelt, und die Gesellschaft der Seeleute ist schwer zu ertragen. Wellengang, Wogen und Stürme sind der Eingebung abträglich.»

«Würdest du meine Hilfe annehmen?»

«Du sprichst fehlerfreies Griechisch.»

«Einer meiner Freunde ist Gesandter und spricht viele Sprachen, so habe auch ich es spielerisch erlernt.»

«Hast du Freude an der Dichtkunst?»

«Du wirst an unseren großen Dichtern Gefallen finden.»

«Wenn wir gemeinsame Vorlieben haben, können wir uns vielleicht verstehen.»

Chenar erfuhr die Entscheidung des Pharaos aus dem Munde Mebas: Menelaos wurde gestattet, sich in Ägypten aufzuhalten. Seine Schiffe sollten instand gesetzt, seine Soldaten ägyptischem Oberbefehl unterstellt und strengen Regeln unterworfen werden, und er selbst sollte in einem geräumigen Haus mitten in Memphis wohnen.

Dem älteren Sohn des Pharaos oblag es nun, Menelaos die Geheimnisse der Hauptstadt nahezubringen. Tagelang und häufig unter größten Mühen versuchte Chenar den Griechen in die Grundlagen der ägyptischen Kultur einzuweisen, doch dabei stieß er auf einen Widerstand, der schon fast eine Unhöflichkeit war.

Die Bauwerke hingegen beeindruckten Menelaos. Angesichts der Tempel hielt er mit Bewunderung nicht zurück.

«Was für großartige Festungen! Sie zu erstürmen dürfte kein Kinderspiel sein.»

«Es sind die Wohnstätten der Gottheiten», erklärte Chenar.

«Der Kriegsgottheiten?»

«Nein. Ptah ist der Oberste Leiter der Handwerker, der die Welt durch das Wort prägt, und Hathor ist die Göttin der Freude und der Musik.»

«Warum benötigen sie Festungen mit so dicken Mauern?»

«Die göttliche Lebenskraft ist in Hände gelegt, die sie vor Entweihung zu schützen wissen. Um in den überdachten Tempel eingelassen zu werden, muß man erst eingeweiht werden in gewisse Geheimnisse.»

«Mit anderen Worten, ich, der König von Lakedämon, Sohn des Zeus und Sieger über Troja, habe nicht das Recht, über die Schwelle dieser vergoldeten Türen zu treten!»

«So ist es, bei gewissen Festlichkeiten wird dir, sofern der Pharao zustimmt, vielleicht gestattet, in den großen Hof unter freiem Himmel einzutreten.»

«Und welches Geheimnis wird mir da enthüllt?»

«Die große Opferhandlung zu Ehren der Gottheit, die in diesem Tempel wohnt und der Erde ihre Lebenskraft spendet.»

«Pah!»

Chenar bewies unendliche Geduld, und obwohl Menelaos' Gebaren und Reden nicht gerade von feiner Lebensart zeugten, fühlte Chenar sich irgendwie angezogen von diesem Fremden mit dem verschlagenen Blick. Sein Gespür veranlaßte ihn, ihm besondere Aufmerksamkeit zu schenken, um die empfindliche Stelle ausfindig zu machen.

Immer wieder kam Menelaos auf die zehn Jahre Krieg zurück, die den Untergang Trojas besiegelt hatten. Er beklagte das grausame Geschick seiner Verbündeten, die den Feinden zum Opfer gefallen waren, verurteilte Helenas Verhalten und wünschte sich nichts sehnlicher, als daß Homer, der die Heldentaten der Sieger verewigen würde, ihm die Hauptrolle zuteilen möge.

Chenar suchte in Erfahrung zu bringen, wie Troja bezwungen worden war. Menelaos berichtete von wüstem Handgemenge, von der Unerschrockenheit Achills und anderer Helden und von ihrem unbeugsamen Willen, Helena zurückzuerobern.

«War in solch einem langen Krieg denn gar nichts mit List zu erreichen?» fragte Chenar hinterhältig.

Menelaos stutzte, antwortete dann aber doch.

«Odysseus kam auf den Gedanken, ein großes Holzpferd fertigen zu lassen, um Soldaten darin zu verstecken, und die Troer waren so unvorsichtig, es in die Stadt hineinzulassen. So konnten wir sie innerhalb ihrer Mauern überrumpeln.»

«An diesem Gedanken warst du sicher nicht ganz unbeteiligt», sagte Chenar schmeichelnd.

«Ich hatte mit Odysseus darüber geredet, aber...»

«Ich bin sicher, er hat deinen Gedanken nur in die Tat umgesetzt.»

Menelaos warf sich in die Brust.

«Das ist durchaus möglich, wenn man's recht bedenkt.»

Chenar verwandte fast seine gesamte Zeit darauf, die Freundschaft des Griechen zu gewinnen. Nun wußte er ein neues Verfahren, um Ramses auszuschalten und wieder der einzige Thronanwärter zu werden.

VIERUNDVIERZIG

IM GARTEN LIESS Chenar für Menelaos die köstlichsten Speisen auftragen. Der Grieche bewunderte die dunkelgrünen Reben mit den schwer herabhängenden Trauben. Schon vor dem Mahl, das sie in der Laube zu sich nahmen, stopfte er sich voll mit tiefblauen, dicken Weinbeeren. Taubenklein, Rinderbraten, Wachteln in Honig, Schweinenieren und Rippchen mit Kräutern waren ihm eine Gaumenfreude, während seine Augen sich ergötzten an den leicht bekleideten jungen Musikerinnen, die mit Flöten- und Harfenklängen seine Ohren betörten.

«Ägypten ist ein schönes Land», gab er zu. «Es ist mir lieber als die Schlachtfelder.»

«Bist du mit deinem Haus zufrieden?»

«Ein wahrer Palast! Wenn ich erst wieder daheim bin, werde ich mir von meinen Baumeistern etwas Ähnliches bauen lassen.»

«Die Dienstboten?»

«Überaus zuvorkommend.»

Seinem Wunsch gemäß hatte Menelaos eine Granitwanne bekommen, die mit warmem Wasser gefüllt wurde, damit er seine endlosen Bäder nehmen konnte. Sein ägyptischer Hausverweser, der sich wie alle seine Landsleute unter fließendem Wasser zu waschen pflegte, fand diese Sitzbäder verweichlichend und nicht gerade reinlich. Doch er beugte sich Chenars Anweisungen und verfügte auch das tägliche Einreiben mit duftenden Ölen, das dem von Narben übersäten Körper des Helden wohltat.

«Gefügig sind sie nicht, eure Mädchen hier! Meine Sklaven daheim stellen sich nicht so an. Nach dem Bad verschaffen sie mir Lust, ganz wie es mir behagt.»

«Wir haben keine Sklaven hier in Ägypten», erklärte Chenar, «diese Mädchen beherrschen ihr Handwerk und erhalten Lohn.»

«Keine Sklaven? Das wäre ein Fortschritt für euch!»

«Wir bräuchten wirklich Männer deines Schlages.»

Menelaos schob die Alabasterschale mit der Wachtel in Honig von sich. Chenars letzte Worte hatten ihm den Appetit verschlagen.

«Was willst du damit sagen?»

«Ägypten ist, das gebe ich zu, ein reiches und mächtiges Land, aber könnte man es nicht mit mehr Umsicht lenken?»

«Bist du nicht der ältere Sohn des Pharaos?»

«Muß ich deswegen blind sein?»

«Sethos ist eine furchterregende Persönlichkeit, nicht einmal Agamemnon besaß so viel Ausstrahlung wie er. Solltest du vorhaben, Ränke gegen ihn zu schmieden, kann ich dir nur abraten, denn der Mißerfolg wäre dir sicher. Dieser König ist von einer übernatürlichen Kraft beseelt. Ich bin kein Feigling, aber seinem Blick zu begegnen macht mir angst.»

«Wer spricht denn von Ränken gegen Sethos? Das ganze Volk verehrt ihn. Aber der Pharao ist auch ein Mensch, und mit seiner Gesundheit geht es langsam bergab, wie man munkelt.»

«Wenn ich eure Gebräuche richtig verstanden habe, besteigt der Regent nach seinem Ableben den Thron. Somit ist jeder Nachfolgekrieg ausgeschlossen.»

«Ramses würde Ägypten in den Untergang führen. Mein Bruder ist unfähig, zu regieren.»

«Wenn du dich ihm entgegenstellst, handelst du gegen den Willen eures Vaters.»

«Ramses hat ihn hinters Licht geführt. Wenn du dich mit mir verbündest, wird deine Zukunft rosig sein.»

«Meine Zukunft? Die kenne ich schon, ich will so schnell wie möglich nach Haus! Selbst wenn ich in Ägypten besser wohne und besser esse, als ich mir vorgestellt hatte, bin ich nur Gast und ohne Macht. Vergiß deine wahnwitzigen Träume.»

Nefertari hatte Helena den Harim Mer-Our gezeigt. Die schöne blonde Frau mit den weißen Armen war entzückt von der Pracht des Pharaonenlandes. Als sie durch die Gärten wandelten und dabei den Klängen der Musik lauschten, empfand Helenas verwundetes, mattes Herz doch ein wenig Freude. Die Annehmlichkeiten des Lebens, die Königin Tuja ihr nun schon seit einigen Wochen gewährte, wirkten wie ein Heilmittel. Doch die jüngsten Nachrichten hatten Helena erneut in Angst versetzt. Zwei griechische Schiffe waren bereits instand gesetzt, die Abreise rückte näher.

Sie saß an einem Weiher voller blauer Lotosblüten und vermochte ihre Tränen dennoch nicht zurückzuhalten.

«Verzeih mir, Nefertari.»

«Wirst du in deiner Heimat denn nicht wie eine Königin geehrt?»

«Menelaos wird den Schein wahren. Er wird beweisen, daß er, der Krieger, eine Stadt dem Erdboden gleichgemacht und die Bevölkerung umgebracht hat, um seine Frau heimzuholen und von Schmach reinzuwaschen. Aber mein Leben dort wird die Hölle sein, der Tod wäre gnädiger.»

Unnütze Worte waren nicht Nefertaris Art. Sie weihte Helena in die Geheimnisse der Webkunst ein. Begeistert verbrachte diese ganze Tage in den Werkstätten, befragte die erfahrenen Weberinnen und machte sich selbst an die Herstellung prächtiger Gewänder. Sie hatte geschickte Hände und erwarb sich die Anerkennung der besten Weberinnen. Bei dieser Tätigkeit vergaß sie Troja, Menelaos und die bevorstehende Abreise, bis zu dem Abend, da die Sänfte Königin Tujas durch das Harimstor getragen wurde.

Helena flüchtete sich in ihr Zimmer und warf sich weinend aufs Bett. Die Anwesenheit der großen königlichen Gemahlin bedeutete das Ende einer glücklichen Zeit, die niemals wiederkehren würde. Hätte sie doch bloß den Mut, Hand an sich zu legen!

Mit sanften Worten bat Nefertari, sie möge ihr folgen.

«Die Königin wünscht dich zu sehen.»

«Ich verlasse dieses Zimmer nicht.»

«Die Königin schätzt es nicht, wenn man sie warten läßt.»

Helena fügte sich. Wieder einmal lag ihr Geschick nicht in ihrer Hand.

Die Geschicklichkeit der ägyptischen Zimmerleute überraschte Menelaos. Das Gerücht, daß die pharaonischen Schiffe monatelang auf dem Wasser bleiben konnten, schien sich zu bestätigen, denn die Werft in Memphis hatte die griechischen Schiffe in unglaublicher Geschwindigkeit ausgebessert und wieder seetüchtig gemacht. Der König von Lakedämon hatte dort riesige Kähne gesehen, die ganze Obelisken zu tragen vermochten, schnelle Segler und Kriegsschiffe, denen er ungern begegnet wäre. Daß Ägypten über eine einschüchternde Streitmacht verfügte, war unbestreitbar.

Er verscheuchte diese trüben Gedanken und gab sich ganz dem Vergnügen der Reisevorbereitungen hin. Dieser Aufenthalt in Ägypten hatte ihm neue Kräfte verliehen. Auch seinen Soldaten war es gut ergangen, sämtliche Mannschaften waren abfahrbereit.

Im Sturmschritt ging Menelaos zum Palast der großen königlichen Gemahlin, wo Helena seit ihrer Rückkehr aus Mer-Our untergebracht war. Nefertari empfing ihn und geleitete ihn zu seiner Gemahlin.

Helena, in einem Leinenkleid mit Trägern wie eine Ägypterin gewandet, wirkte fast herausfordernd. Zum Glück gab es hier keinen Paris, der sie rauben würde! Derartiges galt unter den Pharaonen als verwerflich, und außerdem waren die Frauen hier viel unabhängiger als in Griechenland. Sie lebten nicht hinter Gittern in Frauenhäusern, sondern gingen frei herum, mit unverhülltem Gesicht, und sie trotzten den Männern und hatten sogar hohe Ämter inne. Solche Mißstände würde er daheim nicht dulden!

Als ihr Gatte den Raum betrat, stand Helena nicht einmal auf. Ihre ganze Aufmerksamkeit richtete sich auf den Webstuhl.

«Ich bin's, Helena.»

«Ich weiß.»

«Müßtest du mich nicht begrüßen?»

«Wieso?»

«Ja, aber, ich bin doch dein Mann, dein Gebieter!»

«Der einzige Gebieter hier ist der Pharao.»

«Wir fahren heim nach Lakedämon.»

«Ich habe meine Arbeit noch längst nicht fertig.»

«Steh auf und komm.»

«Du wirst allein fahren, Menelaos.»

Der König stürzte sich auf seine Frau und versuchte sie am Handgelenk zu packen, doch der Dolch in ihrer Hand ließ ihn zurückweichen.

«Greif mich nicht an, sonst rufe ich um Hilfe. Einer Frau Gewalt antun bedeutet in Ägypten die Todesstrafe.»

«Aber du bist meine Frau, du gehörst mir!»

«Königin Tuja hat mir die Leitung einer Weberei übertragen, und dieser Ehre werde ich mich würdig erweisen. Ich werde Kleider herstellen für die Hofdamen, und erst wenn ich dieser Aufgabe überdrüssig bin, werden wir fahren. Wenn du zu ungeduldig bist, dann geh, ich werde dich nicht zurückhalten.»

Menelaos hatte schon zwei Schwerter und drei Lanzen auf dem Mühlstein seines Bäckers zertrümmert. Seine Wut hatte die Dienstboten in Schrecken versetzt, und hätte Chenar nicht eingegriffen, hätten die Wachen den Rasenden festgenommen. Der ältere Sohn des Pharaos hielt sich in angemessener Entfernung, solange der Zorn des griechischen Helden nicht abgeklungen war. Als sein Arm endlich ermüdete, reichte Chenar ihm eine Schale Starkbier.

Gierig trank der König von Lakedämon und setzte sich auf den Mühlstein.

«Dieses Biest! Was hat sie mir jetzt wieder angetan!»

«Ich verstehe deinen Zorn, doch er ist nutzlos. Helena ist frei in ihren Entscheidungen.»

«Frei, frei! Ein Land, das den Frauen so viele Freiheiten gewährt, sollte lieber untergehen!»

«Wirst du in Memphis bleiben?»

«Hab ich vielleicht die freie Wahl? Wenn ich ohne Helena nach Lakedämon zurückkehre, mache ich mich zum Gespött der Leute. Man wird mich auslachen, und dann wird mir einer meiner Getreuen im Schlaf die Kehle durchschneiden. Ich brauche diese Frau!»

«Die Aufgabe, die Tuja ihr übertragen hat, ist keine Erfindung Helenas. Die Königin schätzt deine Gemahlin sehr.»

Menelaos hieb mit der Faust auf den Mühlstein.

«Verflucht soll sie sein, Helena, dieses Weib!»

«Jammern wird dir nicht weiterhelfen. Wir können statt dessen gemeinsame Ziele verfolgen.»

Der Grieche spitzte die Ohren.

«Wenn ich Pharao werde, gebe ich dir Helena zurück.»

«Was muß ich dafür tun?»

«Mit mir hinarbeiten auf die Beseitigung von Ramses.»

«Sethos kann hundert Jahre alt werden!»

«Neun Regierungsjahre haben meinem Vater schwer zugesetzt. Er verausgabt sich für Ägypten und treibt Raubbau an seinen Kräften. Ich sage noch einmal, wir brauchen Zeit, doch wenn während der Staatstrauer der Thron verwaist ist, dann müssen wir schnell und kraftvoll zuschlagen. Und so etwas will vorbereitet sein.»

Niedergeschlagen, wie er war, gab Menelaos nach.

«Wie lange wir da noch warten müssen...»

«Das Glück wird sich wenden, glaube mir. Doch bis dahin müssen wir noch unzählige heikle Aufgaben bewältigen.»

Auf Ramses' Arm gestützt, erkundete Homer sein neues Reich, ein weiträumiges Haus inmitten eines Gartens, sechshundert Ellen vom Regentenflügel des Palastes entfernt. Ein Koch, eine Dienerin und ein Gärtner würden dem Dichter zur Verfügung stehen, doch wichtiger als alles andere waren diesem die Vorräte an Tonkrügen voller Olivenöl, Anis und Koriander, mit denen er seinen Wein würzte, um sich in Rausch zu versetzen.

Wegen seines schwachen Augenlichts besah Homer jeden Baum und jede Blume aus nächster Nähe. Ihre Vielfalt schien ihn nicht zu befriedigen. Ramses fürchtete schon, er könnte dieses hübsche, erst kürzlich erbaute Haus als unangemessen erachten. Doch plötzlich geriet der Dichter in Verzückung.

«Endlich! Ein Zitronenbaum! Ohne ihn lassen sich keine schönen Verse schmieden, er ist das Meisterwerk der Schöpfung. Schnell, bring mir einen Stuhl!»

Ramses brachte einen dreibeinigen Schemel, Homer schien zufrieden.

«Laß mir getrocknete Salbeiblätter bringen.»

«Als Arznei?»

«Du wirst schon sehen. Was wissen wir über den Trojanischen Krieg?»

«Daß er lang und blutig war.»

«Das mutet nicht sehr poetisch an! Ich werde in langen Gesängen die Heldentaten Achills und Hektors preisen und das Ganze *Ilias* nennen. Meine Gesänge werden die Zeiten überdauern und aus dem Gedächtnis der Menschen niemals schwinden.»

Der Regent hielt Homer für leicht vermessen, aber seine Begeisterung gefiel ihm.

Eine schwarzweiße Katze kam aus dem Haus und hielt in zwei Ellen Entfernung vor dem Dichter inne. Nach kurzem Zögern sprang sie ihm auf den Schoß und begann zu schnurren.

«Eine Katze, ein Zitronenbaum und duftender Wein! Ich habe mich doch nicht geirrt bei meiner Ortswahl. Meine *Ilias* wird ein Meisterwerk werden.»

Chenar war stolz auf Menelaos. Der griechische Held machte gute Miene zum bösen Spiel. Um des Königs und der Priesterschaft Gunst zu erwerben, hatte er dem Tempel in Kurna, der dem Ka des Pharaos geweiht war, griechische Amphoren gestiftet, deren Sockel aufgemalte gelbe Zierstreifen mit Lotosblüten schmückten. Diese prachtvollen Geschenke wurden in der Schatzkammer des Tempels aufbewahrt.

Die griechischen Seeleute und Soldaten, die wußten, daß ihr Aufenthalt hier lang, wenn nicht endgültig sein würde, ließen sich in der Vorstadt von Memphis nieder und begannen mit dem Tauschhandel. Balsam, Duftstoffe und Goldschmiedearbeiten boten sie gegen Lebensmittel. Es wurde ihnen sogar gestattet, Läden und kleine Werkstätten zu eröffnen, wo sie ihre Fertigkeiten zeigen konnten.

Die Offiziere, aber auch gemeine Soldaten, die sich ausgezeichnet hatten, wurden in die ägyptischen Streitkräfte eingegliedert. Dort würden sie zunächst einmal Arbeiten für die Allgemeinheit verrichten, wie die Instandhaltung der Kanäle oder die Ausbesserung der Deiche. Die meisten würden heiraten, Kinder bekommen und ihr eigenes Haus bauen. So würden sie bald schon ein Teil der ägyptischen Gesellschaft sein, und weder Sethos noch Ramses würden ihre Anwesenheit mit Argwohn betrachten. Ein neues Trojanisches Pferd war damit geschaffen, nur war es noch viel scharfsinniger entworfen als das erste.

Menelaos hatte in Anwesenheit von Königin Tuja Helena wiedergesehen und ihr die Hochachtung entgegengebracht, die ein Ehemann seiner Gemahlin schuldet. Von nun an möge sie entscheiden, wann sie ihn treffen wolle, er würde sie in keiner Weise behelligen. Obwohl Helena ihm seine Aufrichtigkeit nicht glaubte, stellte sie dennoch fest, daß das in Netzen gefangene wilde Tier allmählich aufhörte, um sich zu schlagen.

Doch noch einen viel heikleren Vorstoß als diesen unternahm der König von Lakedämon. Ramses' Ablehnung mußte verringert werden. Ihre Begegnung verlief förmlich und ohne Überschwang auf beiden Seiten. Als geehrter Gast in diesem Lande wolle er, Menelaos, den Anforderungen des Hofes entsprechen und alles daransetzen, um dem Regenten nicht zu mißfallen. Obwohl Ramses kühl blieb, war die Gefahr eines offenen Zusammenstoßes erst einmal gebannt. Chenar und sein griechischer Freund konnten sorglos ihre Netze knüpfen.

Acha genoß das Bier, das ihm in der Kajüte auf Chenars Schiff gereicht wurde. Ihrer Abmachung gemäß mußten derlei Treffen ja geheim bleiben.

Der ältere Sohn des Königs berichtete über die Ankunft von König Menelaos und Helena, enthüllte Acha aber seine Pläne nicht. Er mißtraute dem jungen Mann mit dem vollendet gestutzten Oberlippenbärtchen und den vor Scharfsinn blitzenden Augen.

«Wie entwickelt sich die Lage in den Ostländern?»

«Es wird immer verzwickter. Die kleinen Fürstentümer bekriegen sich untereinander, jeder Zaunkönig träumt von Bundesgenossen, doch nur unter seiner Oberhoheit. Diese Zerstückelung ist für uns günstig, doch sie wird nicht andauern. Im Gegensatz zu meinen Amtsbrüdern bin ich überzeugt, daß es den Hethitern gelingen wird, die Ehrgeizlinge und die Unzufriedenen auf ihre Seite zu bringen und sie ihrem Oberbefehl zu unterstellen. An jenem Tag wird Ägypten große Gefahr drohen.»

«Wie lange wird das dauern?»

«Ein paar Jahre noch, es erfordert ja Gespräche und Verhandlungen.»

«Wird der Pharao davon erfahren?»

«Nicht wahrheitsgemäß, denn unsere Gesandten sind alte Männer, die unfähig sind, die Zukunft zu erkennen.»

«Hast du dich schon so weit vorgearbeitet, daß du entscheidende Auskünfte erhältst?»

«Noch nicht ganz, aber mit denen, die im Hintergrund die Fäden ziehen, habe ich mich schon recht eng angefreundet. Wir treffen uns abseits der öffentlichen Anlässe, und mir wurde schon so manches, was vertraulich ist, hinterbracht.»

«Meba, unser Mann für die Fremdländer, sucht immer häufiger meine Nähe, wir sind fast schon Freunde. Wenn unser Zusammentreffen anhält, werde ich mich für deine Beförderung einsetzen.»

«Dein Ruf ist unbeschadet im Osten, Ramses als Person ist dagegen dort unbekannt.»

«Verständige mich, sobald etwas Entscheidendes vorfällt.»

FÜNFUNDVIERZIG

In diesem zehnten Regierungsjahr hatte Sethos beschlossen, Ramses den entscheidenden Schritt tun zu lassen, obgleich er erst achtzehn Jahre alt war. Doch wäre er nicht eingeweiht in die Osiris-Mysterien, könnte er die Regierungsaufgaben nicht übernehmen. Gern hätte er noch länger damit gewartet und seinen Sohn heranreifen sehen, doch das Schicksal gewährte ihm womöglich keine längere Frist. Daher mußte er so entscheiden. Selbst wenn dieser Schritt gefährlich war für die Seele des Jungen, mußte er ihn nach Abydos führen.

Er, Sethos, Verkörperung des Gottes Seth, des Mörders seines Bruders Osiris, hatte für letzteren einen gewaltigen Tempel errichten lassen, den größten all seiner ägyptischen Heiligtümer. Die erschreckende Zerstörungsgewalt, von der sein Name zeugte, hatte der Pharao in die Kraft der Wiedergeburt verwandelt. In der Ewigkeit trug Seth, der Mörder, die Lichtgestalt Osiris, den Sieger über den Tod, auf seinem Rücken.

Hinter seinem Vater durchschritt Ramses das Monumentaltor am ersten Pylon. Zwei Priester reinigten ihm in einem steinernen Becken Hände und Füße. Erst nachdem er einen Brunnen hinter sich gelassen hatte, entdeckte er die Fassade des überdachten Tempels. Vor jeder Königsstatue in Osiris-Gestalt lagen Blumengebinde und standen Körbe mit Lebensmitteln.

«Dies ist das Lichtland», erklärte Sethos.

Die mit Gold- und Silberschmelz überzogenen Tore aus libanesischem Zedernholz schienen jeden Zugang zu verwehren.

«Möchtest du noch weiter vordringen?»

Ramses nickte.

Die Tore öffneten sich einen Spaltbreit.

Ein weißgekleideter Priester mit kahlgeschorenem Kopf gebot Ramses, sich herabzubeugen. Und sobald er seine Füße auf den Silberboden gesetzt hatte, fühlte er sich in einer anderen Welt, die ganz von Weihrauchduft erfüllt war.

Vor jede der sieben Kapellen stellte Sethos eine kleine Statue der Göttin Maat als Verkörperung der Gesamtheit der Opfergaben. Dann führte er seinen Sohn in die Ahnengalerie, wo die Namen der Pharaonen eingemeißelt waren, die seit Menes, dem Einiger der beiden Länder, über Ägypten geherrscht hatten.

«Sie sind tot», sagte Sethos, «aber ihr Ka lebt weiter. Ka speist dein Denken und lenkt dein Tun. Solange der Himmel besteht, wird auch dieser Tempel bestehen. Hier wirst du mit den Göttern Zwiesprache halten und ihre Geheimnisse ergründen. Pflege ihre Behausung, und erwecke das von ihnen geschaffene Licht zum Leben.»

Vater und Sohn lasen die Hieroglyphenreihen, auf denen die Götter dem Pharao befahlen, Tempelgrundrisse zu entwerfen und das königliche Amt hochzuhalten. Auch ihre Altäre sollte er schmücken, um sie zu beglücken, denn ihr Glück erhelle die Erde.

«Der Name deiner Ahnen steht für immer und ewig am bestirnten Himmel», verriet Sethos. «Ihre Annalen sind die Jahrmillionen. Regiere gemäß der Regel, pflanze sie ein in dein Herz, denn sie fügt alle Formen des Lebens zu einem harmonischen Ganzen.»

Eine Darstellung erstaunte Ramses. Sie zeigte einen Jüngling, der mit Hilfe des Pharaos einen wilden Stier einfing! Da hatten die Steinmetze jenen Augenblick verewigt, als sein Leben ins Wanken geraten war, diesen Augenblick, den jeder künftige König erlebt hatte, ohne sich bewußt zu sein, welch gewaltige Bestimmung seiner harrte.

Sethos und Ramses verließen den Tempel und gingen auf eine baumbestandene Kuppe zu.

«Dies ist Osiris' Grabstätte. Nur wenige Menschen haben sie bisher gesehen.»

Sie stiegen hinab zu einem unterirdischen Eingang, dem eine Reihe von Stufen folgte, an die sich ein gewölbter, etwa zweihundert Ellen langer Gang anschloß. Die Wandinschriften beschrieben die Pforten zur jenseitigen Welt. Dann bogen sie im rechten Winkel nach links ab und gelangten vor ein ganz außergewöhnliches Denkmal. Zehn stämmige Pfeiler standen da auf einer Art wasserumspülter Insel und stützten das Dach eines Heiligtums.

«Jahr um Jahr, wenn wir seinen Kult feiern, entsteigt Osiris dieser riesigen Grabstätte. Dann ist er der Urhügel, der aus dem Urmeer auftauchte, als der Eine Zwei wurde und Tausende von Formen erzeugte und dennoch weiterhin der Eine blieb. Diesem unsichtbaren Ozean entstammen der Nil und die Überschwemmung, der Tau, der Regen und das Wasser der Quellen. Auf ihm fährt die Sonnenbarke, er umgibt unsere Welt und das All. Hier tauche du deinen Geist ein, damit er die Grenzen des Sichtbaren überwindet und seine Kraft schöpft aus dem, was weder Anfang noch Ende hat.»

In der folgenden Nacht wurde Ramses in die Osiris-Mysterien eingeweiht.

Er trank frisches Wasser aus dem unsichtbaren Ozean und aß

Korn aus dem Leib des wiedererweckten Osiris. Dann kleidete man ihn in zartes Linnen, damit er teilnehmen konnte an der Prozession der Gottgetreuen, die ein Priester mit Schakalsmaske anführte. Seths Anhänger versperrten ihnen den Weg, wild entschlossen, sie zu vernichten und Osiris aus dem Felde zu schlagen. Ein Kampfritual begann, untermalt von beklemmender Musik. Ramses, in der Rolle des Horus, des Sohns und Nachfolgers Osiris', verhalf den Söhnen des Lichts zum Triumph über die Kinder der Finsternis. Sein Vater indes wurde im Laufe des Kampfes tödlich getroffen.

Seine Getreuen trugen ihn unverzüglich auf den geheiligten Hügel und hielten Totenwache, an der sich auch Priesterinnen beteiligten. Auch Königin Tuja war darunter. Sie verkörperte Isis, die «Zauberreiche», die dank ihrer beschwörenden Anrufungen die verstreuten Teile des Osiris-Leibs wieder zu vereinen vermochte und den toten Gott so zu neuem Leben erweckte.

Ramses bewahrte jedes der in dieser Nacht außerhalb der Zeit gesprochenen Worte in seinem Herzen. Hier wirkte nicht seine Mutter als Priesterin, sondern eine Göttin, und diese Weihezeremonie eröffnete seinem Geist das innerste Geheimnis jeglicher Wiedergeburt. Er schwankte mehrmals, glaubte sich losgelöst von der Welt der Menschen und eingegangen in das Jenseits. Doch er ging als Sieger hervor aus diesem denkwürdigen Kampf, Leib und Seele blieben verbunden.

Ramses verweilte mehrere Wochen in Abydos. Er meditierte am heiligen See, den riesige Bäume umstanden. Über den See zog bei den Kultfeiern die Barke des Osiris, die nicht von Menschenhand, sondern aus Licht zusammengefügt war. Stunde um Stunde verbrachte er an der «Treppe des großen Gottes» inmitten der Stelen der Toten, deren Seelen vor dem Gericht Osiris' als rechtschaffen erkannt worden waren und die sich in Gestalt eines Vogels mit Menschenkopf als Pilgerin in Abydos einfanden, um die täglich von den Priestern dargebrachten Opfergaben entgegenzunehmen.

Man zeigte Ramses auch den Tempelschatz, der Gold und Silber, Königslinnen, Statuen, heiliges Öl und Weihrauch, Wein und Honig, Myrrhe, Balsam und Gefäße enthielt. Ramses wollte auch die Speicher sehen, wo die auf den Gütern von Abydos erzeugten Lebensmittel gehortet waren, und er zelebrierte das Weiheritual, bevor sie an die Bevölkerung verteilt wurden. Auch Ochsen, fette Kühe, Kälber, Ziegen und Federvieh wurden geweiht. Einige Tiere blieben in den Tempelstallungen, doch die meisten kehrten in die umliegenden Dörfer zurück.

Im Jahre vier seiner Regierung hatte Sethos eine Verfügung erlassen, nach der jeder, der für den Tempel arbeitete, seine Pflicht kennen und ihr bedingungslos entsprechen mußte. Daher, so hieß es, käme es auf den Gütern von Abydos niemals zu Machtmißbrauch, zu Zwang oder behördlichem Einschreiten. Der Wesir sowie Richter, hohe Beamte, Bürgermeister und Amtspersonen waren angewiesen worden, diesen Erlaß streng zu befolgen, und so verblieben Schiffe, Esel oder Ackergrund im Raume Abydos immer in Händen ihrer Besitzer. Und Bauern, Züchter, Winzer und Gärtner lebten dort in Frieden unter dem doppelten Schutz von Pharao und Osiris. Damit auch jeder Kenntnis erhielte von diesem Erlaß, hatte Sethos ihn überall einmeißeln lassen, bis tief hinein ins Herz Nubiens, wo in Nauri die fast sechs Ellen lange und drei Ellen breite Inschrift jedem Besucher ins Auge springt. Jeder Versuch, die Ländereien des Tempels zu schmälern oder einen seiner Diener gegen seinen Willen zu versetzen, würde mit zweihundert Stockschlägen und dem Abschneiden von Nase oder Ohren geahndet.

Indem er am Alltagsleben des Tempels teilnahm, erkannte

Ramses, daß Priestertum und Wirtschaftswalten, selbst wenn sie sich deutlich voneinander unterschieden, doch nicht getrennt waren. Wenn der Pharao im Allerheiligsten mit der Gottheit Zwiesprache hielt, gab es die dingliche Welt zwar nicht mehr, doch um das Heiligtum zu erbauen und seine Steine zum Sprechen zu bringen, dazu hatte es des Genies der Baumeister und Bildhauer bedurft.

Keine absolute Wahrheit wurde im Tempel gelehrt, kein Dogma zwängte das Denken ein bis hin zur Verblendung. Der Tempel war der Ort der Fleischwerdung der Geisteskraft, ein steinernes Schiff, das sich nur scheinbar nicht von der Stelle bewegte. Der Tempel reinigte, wandelte und heiligte. Er war das Herz der ägyptischen Gesellschaft und lebte aus der Liebe, die die Gottheit mit dem Pharao verband, und aus dieser Liebe lebten auch die Menschen.

Mehrmals ging Ramses zu jener Ahnengalerie und prägte sich die Namen der Könige ein, die das Land erbaut hatten unter strenger Beachtung der Regel der Maat. In der Nähe des Tempels befanden sich die Grabmale der Könige der ersten Dynastie. Ihre Mumien ruhten in den Ewigkeitshäusern von Sakkara, aber hier war ihr unsichtbarer und unsterblicher Leib zu Hause, ohne den es den Pharao gar nicht geben würde.

Plötzlich erschien die Aufgabe ihm erdrückend. Er war doch nur ein junger Mann von achtzehn Jahren, lebenshungrig, feurig, aber doch nicht fähig, Nachfolger dieser Giganten zu werden! Es wäre doch schamlos und vermessen, Sethos' Thron einnehmen zu wollen.

Ramses hatte sich einem Traum hingegeben, Abydos stellte ihm die Wirklichkeit vor Augen. Das war der Hauptgrund, warum sein Vater ihn hierhergebracht hatte. Deutlicher als dieses Heiligtum hätte niemand ihm klarmachen können, was für ein Winzling er war.

Er verließ den Tempelbezirk und ging in Richtung des Flusses. Es war Zeit, nach Memphis zurückzukehren, Iset, die Schöne, zur Gemahlin zu nehmen, mit den Freunden zu feiern und seinem Vater zu erklären, daß er auf das Amt des Regenten verzichte. Da sein älterer Bruder ja so versessen darauf war, warum ihm dann diese Freude nicht lassen?

In Gedanken vertieft, irrte Ramses zwischen den Feldern umher und gelangte schließlich in die Niederungen am Saum des Nils. Da das Schilf ihn behinderte, drückte er es auseinander. Da sah er ihn.

Die langen Ohren, die Beine stämmig wie Pfeiler, das braunschwarze Fell, der zottige Bart, die gewaltigen spitzen Hörner und diese Augen, die ihn so unbeirrt ansahen wie vier Jahre zuvor! Es war der wilde Stier.

Ramses wich nicht zurück.

Es oblag dem Stier, ihm sein Geschick zuzuweisen. Er verfügte im Reich der Natur über die größte Kraft, er war der König der Tiere. Würde er sich auf ihn stürzen, ihn auf die Hörner nehmen und zertrampeln, hätte der ägyptische Hof einen Prinzen weniger, der sich aber leicht ersetzen ließe. Schenkte er ihm aber das Leben, dann wäre es nicht mehr nur das seine, und dann würde er sich dieser Gabe würdig erweisen.

SECHSUNDVIERZIG

Zu den meisten Festen und Gelagen wurde Menelaos als Ehrengast geladen. Helena willigte ein, sich mit ihm zu zeigen, und erntete allerseits Zustimmung. Die Griechen mischten sich unters Volk, achteten die Gesetze des Landes und machten nicht weiter von sich reden.

Dieser Erfolg wurde Chenar zugeschrieben, seinem diplomatischen Geschick, wie seine Anhänger mutmaßten. Das offenkundig feindselige Verhalten des Regenten gegenüber dem König von Lakedämon war, wenn auch verhohlen, mißbilligt worden. Ramses war nicht anpassungsfähig und ließ es an Anstand mangeln. War das nicht ein erneuter Beweis, daß er unfähig war, zu regieren?

Die Wochen vergingen, und Chenar gewann verlorenen Boden zurück. Die lange Abwesenheit seines Bruders, der noch immer in Abydos weilte, ließ ihm freie Hand. Er trug zwar nicht den Titel eines Regenten, aber wer wollte leugnen, daß er das Zeug dazu hatte?

Zwar wagte niemand, Sethos' Entscheidung für abwegig zu halten, doch er konnte sich vielleicht geirrt haben. So mancher Höfling hielt das nicht für ausgeschlossen. Ramses' Auftreten war gewiß weitaus beeindruckender als das Chenars, aber genügte das für ein Staatsoberhaupt?

Von Widerstand konnte noch keine Rede sein, aber Unmut war zunehmend spürbar, und den würde Chenar im geeigneten Augenblick zu nutzen wissen. Eines hatte der ältere Sohn des Königs inzwischen gelernt: Ramses würde ein gefährlicher Gegner sein. Um ihn zu bezwingen, mußte man von mehreren Seiten gleichzeitig angreifen und ihm keine Zeit lassen, neuen Atem zu schöpfen. Dieses geheime Ziel verfolgte Chenar mit Eifer und Ausdauer.

Ein entscheidender Schritt war ihm bereits gelungen. Zwei griechische Offiziere waren der Palastwache zugeteilt worden. Sie würden sich mit bereits dort tätigen Söldnern anfreunden und eine geheime Truppe bilden. Vielleicht würde sich einer der Männer sogar hochdienen bis in die Leibgarde des Regenten! Das wollte Chenar einfädeln, mit Menelaos' Unterstützung.

Seit der König von Lakedämon hier gelandet war, sah die Zukunft wieder rosiger aus. Nun mußte nur noch einer der Leibärzte bestochen werden, um genauere Auskünfte über den Gesundheitszustand des Königs zu erlangen. In bester Verfassung schien Sethos nicht zu sein, aber nur nach dem Augenschein zu urteilen konnte sich als Fehleinschätzung erweisen.

Chenar wünschte sich auch gar nicht einen plötzlichen Tod des Vaters, da sein Schlachtplan noch nicht stand. Ramses in seinem Ungestüm setzte auf seinen zeitlichen Vorsprung, aber darin irrte er. Wenn das Schicksal Chenar so viel Zeit gewährte, ihn einzufangen in dem Netz, das Monat um Monat dichter geknüpft wurde, dann würde dem Regenten langsam, aber sicher die Luft abgeschnürt.

«Klingt gut», befand Ameni, als er den ersten Gesang der *Ilias* nachlas, den er unter dem Diktat Homers, der unter dem Zitronenbaum saß, niedergeschrieben hatte.

Der Dichter mit dem üppigen weißen Haar gewahrte eine leichte Einschränkung im Tonfall Amenis.

«Was bemängelst du?»

«Daß eure Gottheiten den Menschen zu ähnlich sind.»

«Ist das in Ägypten anders?»

«In Erzählungen kommt es schon mal vor, aber dabei geht es nur um Unterhaltung. Was der Tempel lehrt, ist etwas anderes.»

«Und was weißt du davon, du junger Schreiber?»

«Recht wenig, da hast du recht. Aber ich weiß, daß die Gottheiten Schöpfungsmächte sind und ihre Kräfte nur von Eingeweihten und nur mit größter Sorgfalt genutzt werden dürfen.»

«Ich erzähle hier ein Heldenepos! Derartige Gottheiten gäben keine guten Figuren ab. Welchen Held sollte ich wohl über einen Achilles oder über einen Patroklus setzen? Wenn du von ihren Taten erst einmal gehört haben wirst, wirst du nichts anderes mehr lesen wollen!»

Ameni behielt seine Gedanken für sich. Homers Überschwang entsprach genau dem Ruf, der griechischen Dichtern anhing. Die ägyptischen Weisen sprachen lieber von Erkenntnis als von Schlachten, mochten sie noch so großartig sein, aber ihm stand es nicht zu, einem Gast, der zumal viel älter war, Lehren zu erteilen.

«Der Regent hat mich leider schon lange nicht mehr besucht», beklagte sich Homer.

«Er weilt in Abydos.»

«Im Osiris-Tempel? Dort, wo angeblich die großen Mysterien enthüllt werden?»

«Das ist die Wahrheit.»

«Und wann wird er zurückerwartet?»

«Ich weiß es nicht.»

Homer zuckte mit den Achseln und trank von seinem kräftigen, mit Anis und Koriander gewürzten Wein.

«Man hat ihn endgültig verbannt.»

Ameni fuhr hoch.

«Was willst du damit sagen?»

«Daß der Pharao aus Enttäuschung über die Regierungsunfähigkeit seines Sohnes ihn zum Priester gemacht und für ewige Zeiten in den Tempel von Abydos verbannt hat. Ist das bei einem so religiösen Volk wie dem deinen nicht das beste Mittel, sich eines Hemmschuhs zu entledigen?»

Ameni war niedergeschlagen.

Wenn Homer recht behielte, würde er Ramses nie mehr wiedersehen. Gern hätte er sich mit den Freunden beraten, aber Moses war in Karnak, Acha in den Ostländern und Setaou in der Wüste. Er war allein, und um seine Angst zu bezähmen und seine Ruhe wiederzugewinnen, arbeitete er verbissen.

Seine Gehilfen hatten einen gewaltigen Stapel unerfreulicher Berichte in seinem Arbeitszimmer aufgetürmt. Doch trotz bohrender Nachforschungen gab es keinerlei Hinweis auf den Eigentümer der Werkstatt, die minderwertige Tintensteine hergestellt, und auch nichts über den Verfasser jenes Sendschreibens, das den König und seinen Sohn nach Assuan gelockt hatte.

Zorn packte den jungen Schreiber. Wie erklärte sich ein so enttäuschendes Ergebnis nach all den Bemühungen? Der Schuldige mußte doch Spuren hinterlassen haben, und keiner wußte sie zu deuten! Ameni setzte sich auf den Boden und nahm den ganzen Vorgang nochmals zur Hand, angefangen bei seinen eigenen ersten Nachforschungen in besagter Werkstatt.

Als er bei dem unleserlichen Schriftzeichen angekommen war, das als «Chenar» gedeutet werden konnte, befiel ihn eine Ahnung über das mögliche Vorgehen dieses Dunkelmannes, eine Ahnung, die sich rasch in Gewißheit wandelte.

Jetzt war alles klar, aber sein auf ewig verbannter Freund würde die Wahrheit nie erfahren und der Schuldige nie bestraft werden.

Diese Ungerechtigkeit erboste den jungen Schreiber. Seine Freunde mußten ihm helfen, diesen verabscheuungswürdigen Kerl vor ein Gericht zu bringen!

Iset, die Schöne, bestürmte Nefertari, unverzüglich zur Königin vorgelassen zu werden. Da Tuja aber mit der Oberpriesterin des Hathor-Tempels die Festvorbereitungen besprach, mußte die junge Frau sich wohl oder übel gedulden. Vor Aufregung zwirbelte sie den Rand ihres Hemdsärmels so lange, bis das feine Leinen riß.

Endlich öffnete Nefertari die Tür des Audienzsaales, Iset stolperte hinein und warf sich der großen königlichen Gemahlin zu Füßen.

«Majestät, ich flehe um Beistand!»

«Was ist dir geschehen?»

«Ramses, das weiß ich genau, will bestimmt nicht hinter Tempelmauern sein Leben fristen! Was hat er denn verbrochen, um so hart bestraft zu werden?»

Tuja hob Iset auf und bat sie, auf einem Stuhl mit niedriger Lehne Platz zu nehmen.

«Ein Leben im Tempel erscheint dir also wie etwas Grauenvolles?»

«Ramses ist achtzehn Jahre alt! Nur ein Greis könnte sich abfinden mit solch einem Schicksal. Eingesperrt in Abydos, in seinem Alter...»

«Wer hat dich so beunruhigt?»

«Sein Vertrauter, Ameni.»

«Mein Sohn weilt zwar in Abydos, aber nicht als Gefangener. Ein künftiger Pharao muß eingeweiht werden in die Mysterien

Osiris' und sich ein genaues Bild machen von allem, was mit dem Tempel zusammenhängt. Sobald seine Lehrzeit abgeschlossen ist, wird er zurückkehren.»

Iset, die Schöne, war erleichtert, auch wenn sie sich eine Blöße gegeben hatte.

Nefertari war wie immer als erste aufgestanden, hatte sich einen Schal übergeworfen und sich die zahlreichen Pflichten des Tages ins Gedächtnis gerufen. Der Haushalt der großen königlichen Gemahlin erforderte erheblichen Einsatz und höchste Umsicht und war nicht zu vergleichen mit dem geregelten Alltag einer Priesterin, den sie sich erträumt hatte. Doch da sie tiefe Bewunderung für die Königin empfand, hatte Nefertari sich schnell Tujas Anforderungen angepaßt. Sie verlangte viel von anderen, aber ebensoviel von sich selbst. Für Tuja zählte nur das Ansehen Ägyptens, sie hielt an den überkommenen Werten fest. Auf Erden verkörperte sie die Göttin Maat und pochte daher unermüdlich auf Rechtschaffenheit. Als Nefertari sich der gewaltigen Aufgabe bewußt wurde, die Tuja erfüllte, war ihr klargeworden, daß auch ihr Tun sich nicht in Alltäglichkeiten erschöpfte. Das Haus, dem sie hier vorstand, hatte vorbildlich zu sein.

Die Küche war leer. Die Dienerinnen lagen wohl träge in ihren Zimmern. Nefertari klopfte an jede Tür, erhielt aber nirgends Antwort. Verärgert öffnete sie eine der Türen.

Niemand.

Diese Frauen waren doch für gewöhnlich so zuverlässig, so gewissenhaft. Was war bloß in sie gefahren? Es war kein Fest- oder Feiertag, und selbst bei außergewöhnlichen Anlässen war immer Ersatz zur Stelle. Und wo üblicherweise frisches Brot, Kuchen und Milch bereitstanden, war nichts! Und in wenigen Minuten würde die Königin zu frühstücken wünschen!

Nefertari war sprachlos; ein Unheil war hereingebrochen über den Palast!

Sie lief zum Mühlstein. Vielleicht hatten die Flüchtenden dort ein wenig Nahrung zurückgelassen. Aber da war nur Korn, und das zu mahlen und daraus Teig vorzubereiten und Brot zu backen – dafür war keine Zeit mehr. Zu Recht würde Tuja ihre Hofmeisterin mangelnder Sorgfalt bezichtigen und sie des Palastes verweisen.

Zur Demütigung käme noch die Trauer hinzu, sich von der Königin zu trennen. Wie tief ihre Zuneigung zur großen königlichen Gemahlin war, wurde Nefertari in diesem Augenblick, der ein Schicksalsschlag war, bewußt. Ihr nicht mehr dienen zu dürfen zerriß ihr das Herz.

«Es wird ein herrlicher Tag werden», verhieß eine wohlklingende Stimme.

Nefertari wandte sich bedachtsam um.

«Du, hier? Der Regent des Königreichs...»

Ramses lehnte an einer Wand, die Arme verschränkt.

«Sollte meine Anwesenheit unerwünscht sein?»

«Nein, ich...»

«Was das Frühstück meiner Mutter anbelangt, kannst du unbesorgt sein. Ihre Dienerinnen werden es ihr zur gewohnten Zeit bringen.»

«Ja, aber, ich habe doch keine einzige gesehen!»

«Lautet dein Lieblingssatz nicht ‹Ein wahres Wort ist verborgener als der grüne Stein, doch man findet es bei den Dienerinnen am Mühlstein›?»

«Soll ich daraus schließen, daß du sie alle weggeschickt hast, um mich hierherzulocken?»

«Ich ahnte, was du tun würdest.»

«Soll ich jetzt Korn mahlen, um dich zufriedenzustellen?»

«Nein, Nefertari, ich bin auf der Suche nach dem wahren Wort.»

«Da muß ich dich enttäuschen; ich besitze es nicht.»

«Ich bin vom Gegenteil überzeugt.»

Sie war schön und strahlend, und ihr Blick war so tief wie himmlische Gewässer.

«Vielleicht mißfällt dir meine Aufrichtigkeit, aber dieser Scherz verletzt mein Herz.»

Der Regent wirkte nicht mehr ganz so selbstsicher.

«Dieses Wort, Nefertari...»

«Alle glauben, du weiltest in Abydos.»

«Ich bin gestern zurückgekommen.»

«Und das erste, was dir einfiel, war diese Verschwörung mit den Dienerinnen der Königin, um mir Steine in den Weg zu werfen!»

«Am Nilufer bin ich einem wilden Stier begegnet. Wir standen einander Aug in Aug gegenüber. Mein Schicksal lag bei ihm, seine spitzen Hörner würden den Ausschlag geben. Während er mich anstarrte, traf ich gewichtige Entscheidungen, und da er mich nicht getötet hat, bin ich erneut Herr meines Geschicks.»

«Ich bin froh, daß du überlebt hast, und wünsche, daß du König wirst.»

«Ist das deine oder meiner Mutter Meinung?»

«Lügen ist nicht meine Art, kann ich jetzt gehen?»

«Dieses Wort, das kostbarer ist als der grüne Stein, das besitzt du, Nefertari! Darf ich es aussprechen?»

Die junge Frau neigte den Kopf.

«Ich bin deine ergebene Dienerin, Regent von Ägypten.»

«Nefertari!»

Stolzen Blickes richtete sie sich auf. Er war geblendet von so viel Adel.

«Die Königin erwartet mich zu unserem morgendlichen Gespräch, und eine Verspätung wäre ein schweres Versäumnis.»

Ramses nahm sie in die Arme.

«Was muß ich tun, damit du einwilligst, meine Gemahlin zu werden?»

«Mich darum bitten», erwiderte sie sanft.

SIEBENUNDVIERZIG

SETHOS ERÖFFNETE sein elftes Regierungsjahr mit einer Opferhandlung. Er huldigte dem riesigen Sphinx von Gizeh, dem Hüter der Hochebene, auf der die Pyramiden der Pharaonen Cheops, Chephren und Mykerinos erbaut worden waren. Da er dort wachte, vermochte kein Unwürdiger vorzudringen an diese heilige Stätte, aus der das ganze Land seine Kraft schöpfte.

Als Regent durfte Ramses seinen Vater in den kleinen Tempel vor dem Sphinx, einem ruhenden Löwen mit Königskopf und zum Himmel erhobenen Augen, begleiten. Bildhauer hatten eine Stele errichtet, die Sethos darstellte, wie er die Säbelantilope des Gottes Seth erlegte. Im Kampf gegen die dunklen Mächte, die dieses Wüstentier verkörperte, erfüllte der Pharao seine hehrste Pflicht, die diese Jagd versinnbildlichte: die Unordnung durch Ordnung zu ersetzen.

Ramses war tief beeindruckt. Die Kraft, die dieser Ort ausströmte, prägte sich jeder Faser seines Körpers ein. War in Abydos alles auf Vertrauen und Besinnlichkeit angelegt, so war Gizeh die augenfälligste Bekundung der Anwesenheit des Ka. Ka, die unsichtbare und allgegenwärtige Kraft, die in der Tierwelt in die Haut des wilden Stiers geschlüpft war. Dies hier hatte ewigen Bestand, die Pyramiden würden die Zeiten überdauern.

«Am Nilufer», bekannte Ramses, «habe ich ihn wiedergesehen.

Der Stier und ich standen einander gegenüber, und er starrte mich an wie beim erstenmal.»

«Du wolltest auf die Regentschaft und die Königsherrschaft verzichten», antwortete Sethos, «und davon hat er dich abgehalten.»

Sein Vater las in seinen Gedanken. Vielleicht hatte Sethos sich gar in den wilden Stier verwandelt, um seinem Sohn seine Verantwortung klarzumachen.

«Ich habe nicht alle Geheimnisse von Abydos zu entschlüsseln vermocht, aber daß das Leben das große Geheimnis enthält, das hat diese Zeit der Besinnung mich gelehrt.»

«Kehre häufig dorthin zurück, und wache über diesen Tempel. Auch der Osiris-Kult sorgt für das Gleichgewicht unseres Landes.»

«Ich habe noch eine Entscheidung getroffen.»

«Deine Mutter ist einverstanden, ich auch.»

Am liebsten hätte er seiner Freude in Jubelrufen Ausdruck verliehen, doch die Weihe dieses Ortes ließ so etwas nicht zu. Ob auch er, Ramses, eines Tages im Herzen der Menschen würde lesen können, so wie Sethos es vermochte?

So ausgelassen hatte Ramses Ameni noch nie erlebt.

«Ich weiß alles, und ich habe ihn überführt! Es ist unglaublich, aber es gibt keinen Zweifel. Schau her, sieh dir das an!»

Der junge Schreiber, der sonst so peinlich auf Sorgfalt bedacht war, wühlte sich buchstäblich aus einem Haufen von Papyri, Holztäfelchen und Kalksteinscherben hervor. Was sich seit Monaten hier angehäuft hatte an Schriftstücken, hatte er immer wieder von neuem geprüft.

«Er ist es!» beteuerte er. «Es ist seine Schrift! Ich erkenne auch die Verbindung zum Wagenlenker, der in seinen Diensten stand, und folglich auch zum Stallknecht! Stell dir das bloß vor, Ramses!

Ein Dieb und Verbrecher, das ist er! Warum hat er sich auf so etwas bloß eingelassen?»

Es war wirklich kaum zu glauben, aber eindeutig. Ameni hatte großartige Arbeit geleistet, es gab keinen Zweifel mehr.

«Ich werde ihn fragen.»

Ramses' ältere Schwester Dolente und ihr Mann Sary, dessen Bauch sich immer mehr wölbte, vergnügten sich mit dem Füttern exotischer Fische im Wasserbecken ihres Gartens. Dolente war schlecht gelaunt. Diese Hitze, und diese krankhaft fettige Haut! Sie würde den Arzt und die Salben wechseln müssen.

Ein Diener meldete, Ramses sei zu Besuch gekommen.

«Endlich ein Zeichen der Anerkennung!» rief Dolente und umarmte ihren Bruder. «Weißt du, daß der Hof dich in Abydos als Einsiedler wähnte?»

«Der Hof täuscht sich oft, und er regiert nicht das Land.»

Der ernsthafte Ton überraschte Dolente und Sary. Der junge Prinz hatte sich verändert. Hier sprach kein Jüngling mehr, sondern der Regent Ägyptens.

«Bist du gekommen, um endlich meinem Mann die Leitung der Kornspeicher zu übertragen?»

«Du solltest uns jetzt lieber allein lassen, liebe Schwester.»

Dolente war beleidigt.

«Mein Mann hat kein Geheimnis vor mir.»

«Bist du dir sicher?»

«Ich weiß es genau.»

Sarys übliche Leutseligkeit war gewichen. Der ehemalige Prinzenerzieher wirkte verkrampft und besorgt.

«Erkennst du diese Schrift wieder?»

Ramses zeigte ihnen den Brief, der den Vater und ihn zum Aufbruch in die Steinbrüche von Assuan bewogen hatte.

Weder Sary noch seine Gemahlin antworteten.

«Dieser Brief trägt eine gefälschte Unterschrift, aber der Schriftzug ist eindeutig. Es ist deiner, Sary. Der Vergleich mit anderen Unterlagen ist der schlagende Beweis.»

«Das ist eine Fälschung, eine plumpe Nachahmung...»

«Da dein Amt als Lehrer dir nicht mehr genügte, hast du einen Betrug mit minderwertigen Tintensteinen ersonnen und sie mit dem Siegel ‹erstklassig› in den Handel gebracht. Als du dich in Gefahr wähntest, hast du versucht, jede Spur, die sich bis zu dir hätte zurückverfolgen lassen, zu verwischen. Nichts einfacher als das für jemanden, der wie du die Archive und das Schreiberamt kennt. Aber die Scherbe einer Schriftprobe war erhalten geblieben, und die hat Ameni, der für seine Wahrheitssuche beinahe mit dem Leben bezahlt hätte, in einem Scherbenhaufen gefunden. Lange Zeit haben er und ich geglaubt, Chenar sei der Schuldige, doch dann entdeckte Ameni seinen Irrtum. Vom Namenszug des Besitzers dieser Werkstatt war nur noch ein Bruchteil erhalten, und der war nicht Bestandteil des Namens Chenar, sondern deines, Sary. Außerdem hast du den Wagenlenker, der mich in eine Falle gelockt hat, über ein Jahr lang beschäftigt. Mein Bruder ist unschuldig, du bist der einzig Schuldige.»

Der ehemalige Erzieher des Regenten hatte die Zähne zusammengebissen und vermied es, Ramses anzublicken. Dolente hingegen schien weder erschüttert noch überrascht.

«Du hast keinen schlüssigen Beweis in Händen», ließ sich Sary vernehmen. «Aufgrund solch dürftiger Hinweise wird kein Gericht mich verurteilen.»

«Warum haßt du mich?»

«Weil du ein Hindernis bist auf unserem Weg!» schrie Ramses' Schwester wie von Sinnen. «Du bist nur ein Gockel, ein Geck, der sich viel zuviel zutraut! Mein Mann ist ein großartiger Mensch, gebildet, klug und anpassungsfähig; ihm fehlt nichts, um Ägypten zu regieren. Und durch mich, die Tochter des Königs, hat er einen Anspruch darauf!»

Dolente faßte nach der Hand ihres Gatten.

«Der Ehrgeiz hat euch wahnsinnig gemacht», stellte Ramses fest. «Um meinen Eltern eine solch grausame Pein zu ersparen, werde ich davon absehen, Klage zu erheben. Aber ich befehle euch, Memphis zu verlassen. Ihr werdet euch in einer kleinen Provinzstadt ansiedeln und euch hier nicht mehr blicken lassen. Beim geringsten Aufbegehren droht euch Verbannung.»

«Ich bin deine Schwester, Ramses.»

«Das ist der Grund für meine Nachsicht und meine Schwäche.»

Obwohl man ihm nach dem Leben getrachtet hatte, war auch Ameni bereit, auf eine Anklage zu verzichten. Dieses Zeichen der Freundschaft war für Ramses wie Balsam auf die Wunde, die seine Schwester und sein ehemaliger Erzieher ihm zugefügt hatten. Hätte Ameni gerechte Rache gefordert, hätte er sich nicht widersetzt, doch der junge Schreiber dachte an nichts anderes, als für den Tag der Hochzeit des Regenten mit Nefertari alle, die ihm nahestanden, zusammenzutrommeln.

«Setaou ist wieder in seiner Giftküche und hat riesige Mengen Schlangengift mitgebracht, Moses wird übermorgen in Memphis erwartet. Nur Acha... Er ist zwar auf dem Weg hierher, doch wie lange es dauern wird, bis er da ist, weiß niemand so recht.»

«Wir werden auf ihn warten.»

«Ich freue mich für dich. Es heißt, Nefertari sei die Schönste der Schönen.»

«Bist du nicht dieser Ansicht?»

«Ich kann nur die Schönheit eines Papyrus oder eines Gedichts beurteilen, nicht die einer Frau. Verlang nicht zuviel von mir.»

«Wie geht es Homer?»

«Er wartet schon ungeduldig auf dich.»

«Ihn werden wir auch einladen.»

Ameni schien irgendwie unruhig.

«Plagt dich etwas?»

«Ja, es ist deinetwegen, ich habe mich dagegen gestemmt, aber lange werde ich nicht mehr durchhalten. Iset verlangt dich zu sehen.»

Iset, die Schöne, hatte sich vorgenommen, ihren Zorn nicht zu verbergen und ihren Geliebten mit Schmähungen und Vorwürfen zu überschütten. Doch als er auf sie zukam, war sie entwaffnet. Ramses hatte sich verändert, auffallend verändert. Er war nicht mehr nur der leidenschaftliche junge Mann, in den sie verliebt war, sondern ganz offenkundig der geborene Regent.

Die junge Frau hatte den Eindruck, jemanden vor sich zu haben, den sie gar nicht kannte und über den sie keinerlei Macht mehr besaß. Ihr Groll verflog und machte der Ehrfurcht Platz.

«Dein Besuch ehrt mich.»

«Meine Mutter hat mir von deinem Ansinnen erzählt.»

«Ich war so besorgt, das stimmt, und wünschte sehnlichst deine Rückkehr!»

«Und bist du jetzt enttäuscht?»

«Du wirst eine andere zur Gemahlin nehmen.»

«Ja, morgen vermähle ich mich mit Nefertari.»

«Sie ist sehr schön, doch du sollst wissen, daß ich ein Kind erwarte.»

Ramses faßte zärtlich nach ihrer Hand.

«Hast du geglaubt, ich ließe dich im Stich? Dieses Kind wird das unsrige sein. Morgen, wenn das Schicksal will, werde ich Nefertari zur großen königlichen Gemahlin erwählen. Aber wenn du es wünschst und wenn sie einwilligt, wirst du im Palast wohnen.»

Sie drängte sich an ihn.

«Liebst du mich, Ramses?»

«Abydos und der wilde Stier haben mir meine wahre Natur offenbart. Ich bin vermutlich nicht wie die anderen Männer, Iset. Mein Vater hat meinen Schultern eine Last aufgebürdet, die mich vielleicht erdrücken wird, aber ich möchte das Abenteuer wagen. Du verkörperst die Leidenschaft und das Begehren, das Feuer der Jugend, doch Nefertari ist die geborene Königin.»

«Ich werde alt werden, und du wirst mich vergessen.»

«Ich bin ein Stammesoberhaupt, und ein Stammesoberhaupt vergißt die Seinen nie. Möchtest du dazugehören?»

Sie bot ihm ihre Lippen dar.

Die Heirat war eine persönliche Angelegenheit, die keinen Anlaß bot zu einer religiösen Zeremonie. Nefertari hatte sich ein schlichtes Fest gewünscht, auf dem Lande, in einem Palmenhain, zwischen Kornfeldern und blühenden Mondbohnen, in der Nähe eines Kanals, an dessen schlammigen Ufern die Herden zur Tränke kamen.

Die junge Frau trug wie Königin Tuja ein kurzes Leinenkleid und als Schmuck Lapislazuli-Armbänder und Karneolkette. Der Eleganteste war Acha. Er war am selben Morgen aus den Ostländern zurückgekehrt, und dieses in so bäuerlichem Rahmen gehaltene Fest, das im Beisein der großen königlichen Gemahlin, Mosis, Amenis und Setaous nebst einem berühmten griechischen Dichter, einem Löwen mit gewaltigen Pranken und einem schier närrischen Hund stattfand, erstaunte ihn sehr. Acha wäre höfischer Prunk lieber gewesen, doch er enthielt sich jeglichen Einwands und teilte das ländliche Mahl trotz der spöttischen Blicke Setaous.

«Du fühlst dich nicht wohl in deiner Haut», bemerkte der Schlangenbeschwörer.

«Es ist ein hübscher Ort.»

«Aber das Gras macht Flecken auf dein schönes Gewand! Das Leben ist manchmal doch recht hart, vor allem, wenn weit und breit kein Reptil zu sehen ist.»

Trotz seiner schwachen Sehkraft war Homer hingerissen von Nefertari. Widerstrebend mußte er zugeben, daß sie an Schönheit Helena noch übertraf.

«Diesen echten Erholungstag verdanke ich dir, und ich genieße ihn», sagte Moses zu Ramses.

«Ist Karnak so anstrengend?»

«Das Bauvorhaben ist so gewaltig, daß der geringste Fehler ein Scheitern bewirken würde. Ich prüfe unermüdlich jede Einzelheit, damit die Arbeiten ungehindert weitergehen.»

Sethos war nicht anwesend. Obwohl er diese Heirat guthieß, hatte der König sich keinen Mußetag gönnen können. Ägypten gewährte ihn nicht.

Es war ein gelöster und glücklicher Tag. Zurück in Memphis, nahm Ramses Nefertari in die Arme und führte sie über die Schwelle ihres Hauses. Vor dem Gesetz waren sie jetzt Mann und Frau.

ACHTUNDVIERZIG

CHENAR ÜBERSCHLUG sich schier vor Tatendrang. Er hastete von einem Amtsinhaber zum anderen, eine Einladung jagte die andere, Mittagessen, Abendessen, Empfänge und vertrauliche Gespräche lösten einander ab. War er etwa nicht der vollendete, der geborene Mittler zwischen den höchsten Persönlichkeiten des Reiches?

In Wirklichkeit schlachtete Chenar zu seinen Gunsten den gewaltigen Fehler seines Bruders aus. Eine Nichtadelige zu heiraten, aus kleinen Verhältnissen, die eines Tages die große königliche Gemahlin werden sollte! Gewiß war so etwas schon vorgekommen, und kein Gesetz verbot eine solche Heirat, aber Sethos' Ältester setzte alles daran, um Ramses' Wahl als Beleidigung des Adels und des Hofes anzuprangern. Dabei gelang es ihm, einhellige Zustimmung zu finden. Die geistige Unabhängigkeit des Regenten würde in naher Zukunft die mühsam erworbenen Vorteile in Frage stellen! Und wie würde Nefertari sich erst aufführen? Trunken von einer Macht, die ihr nicht zukam, würde sie doch gewiß ihren eigenen Kreis bilden und die alteingesessenen und einflußreichen Familien allmählich verdrängen!

Ramses' Ansehen verblaßte mehr und mehr.

«Was für ein zerknirschtes Gesicht!» wunderte sich Chenar, als er Dolente ansah. «Bist du etwa unglücklich?»

«Mehr, als du dir vorstellen kannst.»

«Geliebte Schwester, willst du es mir nicht sagen?»

«Mein Mann und ich sind aus Memphis verbannt.»

«Soll das ein Scherz sein?»

«Ramses hat uns gedroht.»

«Ramses! Unter welchem Vorwand?»

«Mit Hilfe seines verfluchten Freundes Ameni beschuldigt er Sary übelster Machenschaften. Wenn wir ihm nicht gehorchen, wird er uns vor Gericht schleifen.»

«Hat er Beweise in Händen?»

Dolente verzog den Mund.

«Nein, nur ein paar nichtige Behauptungen. Aber du kennst die Richter, sie könnten zu unseren Ungunsten entscheiden.»

«Soll das bedeuten, daß du und Sary tatsächlich eine Verschwörung gegen Ramses angezettelt habt?»

Die Prinzessin zögerte.

«Ich bin kein Richter, sag mir die Wahrheit, Schwesterchen.»

«Wir haben da etwas angezettelt, das stimmt schon, aber ich schäme mich dafür nicht! Ramses wird uns alle, einen nach dem anderen, stürzen!»

«Weine nicht, Dolente, ich bin mir dessen wohl bewußt.»

Sie jammerte und klagte bitterlich.

«Du nimmst uns das also nicht übel?»

«Im Gegenteil, ich bedaure, daß euer Versuch gescheitert ist.»

«Ramses hatte dich für den Schuldigen gehalten.»

«Er weiß, daß ich ihn hintergangen habe, aber er glaubt, ich hätte die Kampfeslust verloren.»

«Würdest du Sary und mich als Verbündete annehmen?»

«Das wollte ich dir gerade vorschlagen.»

«Aber in der Provinz werden wir zur Ohnmacht verdammt sein!»

«Das ist nicht sicher. Ihr werdet in einem Haus bei Theben wohnen, das mir gehört, und dort werdet ihr Verbindungen knüpfen zu den hohen Beamten und Priestern, die Ramses nicht gerade mit Wohlgefallen sehen. Man muß sie überzeugen, daß seine Thronfolge nicht unvermeidbar ist.»

«Du bist mir eine wirkliche Stütze.»

Chenars Blick wurde argwöhnisch.

«Diese angezettelte Verschwörung – wem genau hätte sie genützt?»

«Wir wollten nur Ramses ausschalten.»

«Du wolltest deinen Mann auf den Thron befördern, nicht wahr? Unter Berufung auf deine Stellung als Tochter des Pharaos! Als meine Verbündete mußt du derlei Hirngespinste allerdings aufgeben und dich einzig und allein in meine Dienste stellen. Ich werde nämlich am Ende regieren, und an jenem Tage werden meine Getreuen ihren verdienten Lohn erhalten.»

Bevor Acha in die Ostländer zurückkehrte, nahm er noch an einem jener prunkvollen Empfänge teil, die Chenar zu geben pflegte. Man kostete von erlesenen Speisen, lauschte wundervollen Musikdarbietungen, tauschte Vertrauliches aus und entrüstete sich über den Regenten und seine junge Gemahlin, während man auf Sethos ein Loblied sang. Niemand wunderte sich, daß der ältere Sohn des Königs mit dem jungen Gesandten plauderte, über den seine Vorgesetzten weiterhin nur Gutes zu berichten wußten.

«Deine Beförderung ist so gut wie sicher. In weniger als einem Monat wirst du Verhandlungsführer für die Angelegenheiten in den Ostländern sein. In deinem Alter ist das wahrlich eine Auszeichnung.»

«Wie kann ich dir danken?»

«Indem du mich weiterhin auf dem laufenden hältst. Warst du eigentlich bei Ramses' Hochzeit?»

«Ja, mit seinen getreuesten Freunden.»

«Hat man dir irgendwelche peinlichen Fragen gestellt?»

«Keine einzige.»

«Du genießt also weiterhin sein Vertrauen?»

«Ganz sicher.»

«Wollte er von dir über die Ostländer unterrichtet werden?»

«Nein, er wagt es nicht, seinem Vater zuvorzukommen, und widmet sich lieber seiner jungen Gemahlin.»

«Hast du bei deinen Gesprächen Fortschritte gemacht?»

«Ganz entscheidende sogar, etliche kleinere Fürstentümer würden dich liebend gern unterstützen, sofern du dich großzügig erweist.»

«Wollen sie Gold?»

«Das wäre höchst willkommen.»

«Über Gold verfügt allein der Pharao.»

«Aber es ist dir doch nicht verboten, durch mich bedeutsame Versprechungen zu machen, auf geheimen Wegen sozusagen.»

«Ein glänzender Einfall.»

«Bis du die Macht übernimmst, wird mein Wort eine gefährliche Waffe sein. Ich werde dich beschreiben als den einzigen Thronanwärter, der in der Lage ist, es allen recht zu machen. Und wenn der Tag gekommen ist, wählst du dir deine Getreuen aus.»

Zur Überraschung des Hofes änderten weder Nefertari noch Ramses ihre Lebensweise. Der Regent arbeitete weiter im Schatten seines Vaters und seine Gemahlin im Dienste Tujas. Chenar erklärte, dies sei wahrhaft listig und geschickt, denn bei dieser augenscheinlichen Unterwürfigkeit könnte weder König noch Königin argwöhnen, daß sie Schlangen am Busen nährten.

Das Netz, das er spann, verdichtete sich allmählich. Moses auf seine Seite zu ziehen war Chenar allerdings noch nicht gelungen, aber die Gelegenheit würde schon noch kommen.

Und da gab es noch jemanden, den er vielleicht für sich gewinnen könnte. Es war dies ein heikles Unterfangen, doch der Versuch lohnte sich.

Am Tag der Eröffnung eines großen Weihers im Harim Mer-Our, wo in Zukunft die jungen Mädchen nach Herzenslust baden und Boot fahren dürften, begrüßte Chenar Iset, die Schöne, die unter den Ehrengästen weilte. Ihre Schwangerschaft war jetzt deutlich sichtbar.

«Wie geht es dir?»

«Ich fühle mich wundervoll, ich werde einen Sohn gebären, der Ramses alle Ehre machen wird.»

«Hast du Nefertari schon kennengelernt?»

«Eine hinreißende Frau. Wir sind Freundinnen.»

«Deine Stellung...»

«Ramses wird zwei Gemahlinnen haben. Wenn er mich liebt, verzichte ich gern auf die Rolle der Königin.»

«Ein edler Zug an dir, er rührt mich, aber angenehm dürfte das nicht sein.»

«Du wirst Ramses und die, die ihn lieben, niemals verstehen, Chenar.»

«Ich beneide meinen Bruder um sein Glück, aber an deinem Glück wage ich zu zweifeln.»

«Ihm einen Sohn und Nachfolger zu schenken, ist das nicht der schönste Ruhm?»

«Nur nicht so voreilig, Ramses ist noch nicht Pharao.»

«Solltest du Sethos' Entscheidung in Frage stellen?»

«Natürlich nicht, aber die Zukunft ist voller Ungewißheiten. Du bist mir sehr teuer, meine Liebe, und das weißt du auch. Ramses hat sich dir gegenüber doch ungeheuer grausam verhalten. Deine Anmut, deine Klugheit und deine adelige Abstammung sicherten dir doch das Anrecht auf die Rolle der großen königlichen Gemahlin.»

«Diesen Traum träume ich nicht mehr, mir ist es lieber so, wie es ist.»

«Bin ich denn ein Traum? Was Ramses dir genommen hat, werde ich dir zurückgeben.»

«Wie könntest du so etwas wagen, da ich doch sein Kind trage?»

«Denk darüber nach, Iset, überleg es dir gut.»

Trotz vorsichtiger Annäherungsversuche und durch Mittelsmänner überbrachter verlockender Angebote war es Chenar nicht gelungen, einen der Leibärzte Sethos' zu dingen. Sie waren unbestechlich, denn sie fürchteten Sethos mehr als seinen älteren Sohn. Des Pharaos Gesundheit war ein Staatsgeheimnis, und jedes Ausplaudern würde streng geahndet werden.

Da er an die Ärzte nicht herankam, wählte Chenar einen anderen Weg. Die Herstellung der Arzneien, die sie verordneten, oblag den Tempelapotheken.

Die richtige herauszufinden erforderte viel Fingerspitzengefühl, aber es gelang. Im Sachmet-Heiligtum wurden die Heiltränke und Arzneien für Sethos hergestellt. Den Vorsteher der Arzneikammer, diesen alten, verwitweten und wohlhabenden Mann, zu bestechen barg zu viele Gefahren, doch bei seinen Gehilfen wurde man fündig. Einer von ihnen, etwa vierzig Jahre alt und mit einer jüngeren Frau verheiratet, beklagte seinen spärlichen Lohn, der es ihm nicht gestattete, in ausreichender Zahl Kleider, Schmuck und Schönheitssalben zu kaufen.

Dieser Mann war eine leichte Beute.

Anhand der Arzneien, die im Sachmet-Heiligtum für seinen Vater angerührt und gemischt wurden, vermochte Chenar zu erkennen, daß Sethos an einer zwar schleichenden, doch schweren Krankheit litt. In drei, spätestens vier Jahren wäre der Thron verwaist.

Zur Erntezeit opferte Sethos der Schutzgöttin eine Schale Wein. Die Basaltstatue der glücksbringenden Kobra wachte über die Felder. Die Bauern versammelten sich rings um den König, dessen Anwesenheit als Gnade empfunden wurde. Der Herrscher liebte diese Zusammentreffen mit dem einfachen Volk, hier fühlte er sich wohler als in Gesellschaft der meisten seiner Höflinge.

Als die Feier beendet war, huldigte man der Göttin der Fruchtbarkeit, dem Gott des Korns und dem Pharao, der allein es ihnen ermöglichte, Gestalt anzunehmen. Ramses sah, wie beliebt sein Vater im Volk war. Die hohen Amtsinhaber fürchteten Sethos, das Volk verehrte ihn.

Sethos und Ramses ließen sich in einem Palmenhain an einem Brunnen nieder. Eine Frau brachte ihnen Trauben, Datteln und kühles Bier. Der Regent hatte das Gefühl, daß der König hier ein wenig Ruhe suchte, fernab vom Hof und von den Staatsgeschäften. Hatte er nicht die Augen geschlossen, das Gesicht überstrahlt von sanftem Licht?

«Wenn du regieren wirst, Ramses, erforsche die Seele der Menschen, hole dir Rat bei gefestigten und aufrichtigen Würdenträgern, die ein uneigennütziges Urteil zu fällen vermögen und ihren Eid, Gehorsam zu leisten, dennoch nicht brechen. Verleihe ihnen den ihnen gebührenden Platz, wo sie das Gesetz der Maat befolgen können. Sei unnachsichtig mit denen, die sich bestechen lassen, aber auch mit denen, die andere bestechen.»

«Du wirst noch lange regieren, Vater. Wir haben dein Jubiläum ja noch nicht gefeiert.»

«Dazu wären dreißig Jahre auf dem Thron Ägyptens nötig, und so viel Zeit habe ich nicht mehr.»

«Bist du etwa kein Granitblock?»

«Nein, Ramses, der Stein ist ewig, der Name des Pharaos überdauert die Zeiten, aber mein sterblicher Leib wird verschwinden. Und dieser Augenblick rückt näher.»

Der Regent empfand einen stechenden Schmerz in der Brust.

«Das Land braucht dich doch viel zu sehr.»

«Du hast schon viele Prüfungen bestanden und bist schnell gereift, aber du stehst erst am Beginn deines Lebens. Erinnere dich dein Leben lang an den Blick des wilden Stiers. Er möge dir die Gedanken und die Kraft verleihen, deren du bedarfst.»

«Neben dir fällt mir alles leicht. Warum soll das Schicksal dir nicht viele, viele Regierungsjahre gewähren?»

«Das Wichtigste ist, dich bereitzumachen.»

«Glaubst du, der Hof wird mich billigen?»

«Nach meinem Tod werden dir viele Neider Steine in den Weg werfen und Fallgruben aufreißen unter deinen Füßen. Dann wirst du allein deinen ersten großen Kampf zu bestehen haben.»

«Werde ich denn keine Verbündeten haben?»

«Vertraue niemandem. Auch Bruder und Schwester gibt es dann nicht mehr. Derjenige, dem du viel gegeben haben wirst, wird dich verraten; der Arme, den du reich gemacht hast, wird dir in den Rücken fallen; derjenige, dem du die Hand gereicht haben wirst, wird Verschwörungen gegen dich anzetteln. Mißtraue deinen Untergebenen wie auch deinen Nächsten, verlaß dich nur auf dich selbst. Gerätst du ins Unglück, wird keiner dir beistehen.»

NEUNUNDVIERZIG

ISET, DIE SCHÖNE, die in den Königspalast von Theben eingezogen war, gebar einen prächtigen Sohn, der den Namen Kha erhielt. Nachdem Ramses sie besucht hatte, übergab die junge Mutter das Kind einer Amme und begab sich selbst in Pflege, damit die Entbindung auf ihrem herrlichen Körper keinerlei Spuren hinterließ. Ramses war stolz auf seinen Erstgeborenen, und Iset, die sich über sein Glück freute, versprach, ihm weitere Kinder zu schenken, wenn er sie weiterhin liebte.

Dennoch fühlte sie sich nach seiner Abreise sehr einsam, und ihr fielen die höhnischen Worte Chenars wieder ein. Ramses verließ sie, um zu Nefertari zurückzukehren, deren Zurückhaltung und Zärtlichkeit sie aufbrachten. Wie leicht wäre es gewesen, sie zu hassen! Aber die Hauptgemahlin Ramses' eroberte sich allmählich, ohne eigenes Zutun, allein durch ihre Ausstrahlung, die Herzen und Gemüter der Menschen. So war es auch Iset ergangen, die Ramses' Verhalten schließlich hinnahm.

Aber diese Einsamkeit lastete auf der jungen Frau. Sie trauerte dem Prunk am Hofe von Memphis nach, den endlosen Plauderstündchen mit ihren Jugendfreundinnen, den Bootsfahrten auf dem Nil, den Badefreuden in den Wasserbecken der herrschaftlichen Anwesen. Theben war reich und glanzvoll, aber hier war sie nicht geboren.

Vielleicht hatte Chenar recht. Vielleicht sollte sie es Ramses nicht verzeihen, daß er sie in den zweiten Rang verbannt hatte, als Nebenfrau.

Homer zerrieb getrocknete Salbeiblätter zu einem Pulver und schüttete dieses dann in ein großes Schneckenhaus. Daran befestigte er ein Schilfrohr, zündete die Mischung an und rauchte genüßlich.

«Das ist ein merkwürdiger Brauch», befand Ramses.

«Es erleichtert mir das Schreiben. Wie geht es deiner wundervollen Gemahlin?»

«Nefertari leitet weiterhin den Hofstaat der Königin.»

«Die Frauen in Ägypten zeigen sich recht viel. In Griechenland sind sie zurückhaltender.»

«Beklagst du das?»

Homer zog an seiner Pfeife.

«Ehrlich gestanden, nein. In diesem Punkt habt ihr vermutlich recht. Doch ansonsten hätte ich allerlei zu bemäkeln.»

«Ich wäre glücklich, es zu hören.»

Diese Aufforderung überraschte den Dichter.

«Lechzt du nach der Peitsche?»

«Wenn deine Einwände dazu führen, das tägliche Wohlbefinden zu steigern, sind sie mir willkommen.»

«Ägypten ist ein seltsames Land. In Griechenland palavern wir stundenlang, reden uns in Begeisterung und streiten bis aufs Messer. Doch wer übt hier Kritik an den Worten des Pharaos?»

«Seine Aufgabe ist es, das Gesetz der Maat anzuwenden. Unterläuft ihm dabei ein Fehler, kommt es zu Unordnung und Unglück, und danach gieren die Menschen.»

«Habt ihr keinerlei Vertrauen in den einzelnen?»

«Keinerlei, was mich betrifft. Überläßt du ihn sich selbst, gewinnen Verrat und Feigheit die Oberhand. Den krummen Stab wieder geradebiegen, das lehrten und forderten die Weisen.»

Homer tat einen weiteren Zug aus seiner Pfeife.

«In meiner *Ilias* kommt ein Seher vor, den ich gut gekannt habe. Er wußte um Gegenwart, Vergangenheit und Zukunft. Was die Gegenwart anbelangt, bin ich nicht beunruhigt, denn dein Vater macht jenen Weisen, die du erwähnt hast, alle Ehre. Doch die Zukunft...»

«Solltest du auch ein Seher sein?»

«Welcher Dichter ist es nicht? Hör diese Zeilen aus meinem ersten Gesang: ‹Schnell von den Höhn des Olympos enteilte Apoll, zürnenden Herzens, über der Schulter den Bogen und ringsverschlossenen Köcher. Hell umklirrten die Pfeile dem zürnenden Gotte die Schultern, wie er selbst sich bewegte, der düsteren Nacht zu vergleichen... Dann aber gegen die Menschen die bitteren Pfeile gerichtet, schoß er: rastlos brannten die Totenfeuer in Menge.›»

«In Ägypten werden nur bestimmte Verbrecher verbrannt. Um derartig streng bestraft zu werden, muß man schon abscheuliche Verbrechen begangen haben.»

Homer wirkte beunruhigt.

«Noch herrscht Frieden in Ägypten, doch wie lange noch? Ich hatte einen Traum, Prinz Ramses, und darin sah ich unzählige Pfeile wie Schwärme daherfliegen und die Leiber junger Männer durchbohren. Der Krieg rückt näher, ein Krieg, den ihr nicht werdet aufhalten können.»

Sary und seine Gattin Dolente erfüllten mit Eifer die ihnen von Chenar übertragene Aufgabe. Nach kurzer Beratung hatten die Königstochter und ihr Gemahl sich entschlossen, ihm zu gehorchen und eifrig zu dienen. So würden sie sich nicht nur an Ramses rächen, sondern an Chenars Hof auch noch eine herausragende Stellung erlangen. Gemeinsamer Kampf bedeutete gemeinsamen Sieg!

Dolente hatte keinerlei Schwierigkeiten, in die höheren Kreise Thebens eingeladen zu werden. Man pries sich glücklich, eine Persönlichkeit von so hohem Rang willkommen zu heißen. Ihren Aufenthalt im Süden erklärte Sethos' Tochter mit ihrem Wunsch, diese wunderschöne Provinz ein wenig kennenzulernen, den Reiz dieser Landschaft zu genießen und sich dem riesigen Amun-Tempel in Karnak näher zu wissen, wohin sie sich in Begleitung ihres Gemahls des öfteren für ein Weilchen zurückzuziehen gedächte.

Bei Empfängen und vertraulichen Gesprächen ließ Dolente geschickt immer wieder ein paar Bemerkungen über Ramses fallen. Wer wüßte mehr über seine geheimen Absichten als sie? Sethos war ein großer König, ein untadeliger Herrscher, aber Ramses würde sich als Tyrann entpuppen. Die Oberschicht Thebens würde keinerlei Rolle mehr spielen in den Staatsangelegenheiten, dem Amun-Tempel würde weniger Unterstützung zuteil, kleine Leute wie Ramses' Freund Ameni würden den Platz des Adels einnehmen. Punkt für Punkt entwarf Dolente ein abstoßendes Bild und knüpfte so die Bande zwischen den Gegnern von Ramses immer enger.

Sary seinerseits spielte den Frömmler. Er, der ehemalige Leiter des hochherrschaftlichen Kap, begnügte sich mit dem bescheidenen Posten eines Lehrers in einer der Schreiberschulen von Karnak und reihte sich ein in die Gruppe der Tempeldiener, die für den Blumenschmuck der Altäre verantwortlich waren. Seine Demut gefiel. Einflußreiche Mitglieder der religiösen Obrigkeit fanden Gefallen am Gespräch mit ihm und luden ihn zu Tische. Und dort verspritzte Sary sein Gift, wie seine Gemahlin andernorts.

Als er eingeladen wurde, die große Baustelle zu besichtigen, auf der Moses arbeitete, beglückwünschte er seinen ehemaligen Schüler zu dem gelungenen Werk. Keine Säulenhalle würde an die von Karnak heranreichen, deren Ausmaße den Göttern wahrlich angemessen waren.

Moses war noch kräftiger geworden. Bärtig und mit sonnenverbranntem Gesicht saß er gedankenversunken im Schatten eines riesigen Säulenkapitells.

«Wie ich mich freue, dich wiederzusehen! Noch einer meiner Schüler, dessen Erfolg ins Auge springt.»

«Sei nicht zu voreilig, denn solange die letzte Säule nicht steht, habe ich noch keine Ruhe.»

«Man ist des Lobes voll über deine Leistung.»

«Ich beschränke mich darauf, das von anderen Geleistete zu überprüfen.»

«Du darfst dein Licht nicht unter den Scheffel stellen, Moses. Was du kannst, sieht doch jeder, und ich bin stolz auf dich.»

«Bist du vorübergehend in Theben?»

«Nein, Dolente und ich wohnen in einem Haus in der Nähe. Ich unterrichte in Karnak, an einer Schule.»

«Das sieht aber verdächtig nach einem Abstieg aus.»

«Das ist es auch.»

«Was ist der Grund dafür?»

«Möchtest du die Wahrheit hören?»

«Wie es dir beliebt.»

«Sie läßt sich nicht so leicht in Worte fassen.»

«Ich habe nicht die Absicht, dich zum Reden zu zwingen.»

«Ramses trägt die Schuld an meinem Los. Er hat gegen die eigene Schwester und gegen mich schlimmste Anschuldigungen erhoben.»

«Ohne Beweise zu haben?»

«Ohne den geringsten Beweis. Hätte er uns, wäre es anders gewesen, denn nicht vor Gericht bringen müssen?»

Dieser Gedankengang machte Moses unsicher.

«Ramses berauscht sich an seiner Macht», fuhr Sary fort, «seine Schwester hat den Fehler begangen, ihm etwas mehr Zurückhaltung nahezulegen. Im Grunde hat er sich nicht verändert. Sein unnachgiebiger und ungezügelter Charakter ist nicht geeignet für die verantwortungsvolle Rolle, die ihm übertragen wurde. Glaube mir, ich bin der erste, der das bedauert. Auch ich hatte ja versucht, ihm ins Gewissen zu reden. Doch es war vergeblich.»

«Belastet dich diese Verbannung nicht?»

«Verbannung ist ein zu starkes Wort! Diese Gegend ist doch großartig, der Tempel verschafft Seelenruhe, und es macht mir Freude, mein Wissen an Kinder weiterzugeben. Ehrgeiz ist meinem Alter nicht mehr angemessen.»

«Hältst du dich für das Opfer einer Ungerechtigkeit?»

«Ramses ist der Regent.»

«Machtmißbrauch ist ein schlimmer Frevel.»

«Es ist schon besser so, glaub mir. Aber hüte du dich vor Ramses.»

«Aus welchem Grund?»

«Ich bin mir sicher, daß er sich nach und nach all seiner alten Freunde entledigen wird, und dabei wird ihm jeder Vorwand recht sein. Allein schon ihre Gegenwart wird ihm lästig sein. Er hat ohnehin nur Augen für Nefertari. Seit ihrer Heirat zählt nur mehr ihre Zweisamkeit. Diese Frau vergiftet ihm Herz und Sinn. Sei auf der Hut, Moses! Für mich ist es zu spät, aber du wirst es noch zu spüren bekommen.»

Der Hebräer dachte lange nach. Er achtete seinen ehemaligen Lehrer, dessen Worte so gar nicht streitbar geklungen hatten. Sollte Ramses wirklich den falschen Weg gegangen sein?

Der Löwe und der gelbe Hund hatten Freundschaft geschlossen mit Nefertari. Außer Ramses durfte nur sie noch den Wüstenkönig streicheln, ohne gekratzt oder gebissen zu werden. Alle zehn Tage gönnte sich das junge Paar einen freien Tag und streifte mit den beiden Tieren durchs Land. Schlächter lief neben dem Wagen her, während Wächter es sich zu Füßen seines Herrn bequem machte. Mittags aßen sie am Feldrain, bewunderten den Flug der Ibisse und Pelikane und grüßten die Dorfbewohner, die Nefertaris Schönheit bezauberte. Die junge Frau verstand es, auf jeden einzugehen, und fand für alles das richtige Wort. Schon etliche Male hatte sie bewirkt, daß sich die Lebensbedingungen eines alten oder kranken Bauern verbessert hatten.

Ob sie Tuja oder einer Magd gegenüberstand, Nefertari war immer die gleiche, stets aufmerksam und ausgeglichen. Sie besaß alle Gaben, die Ramses fehlten, Geduld, Bescheidenheit und Sanftmut. Alles, was sie tat, war einer Königin würdig. Vom ersten Augenblick an hatte er gewußt, daß sie unersetzlich sein würde.

In ihnen wuchs eine Liebe heran, die sich deutlich unterschied von der, die der Regent für Iset, die Schöne, empfand. Zwar vermochte Nefertari wie diese sich der Lust hinzugeben und die Leidenschaftlichkeit ihres Geliebten zu genießen, aber selbst im Augenblick der Vereinigung ihrer beider Körper funkelte in ihrem Blick noch ein anderes Licht. Im Gegensatz zu Iset, der Schönen, teilte Nefertari die geheimsten Gedanken ihres Geliebten.

Als der Winter des zwölften Regierungsjahrs seines Vaters anbrach, bat Ramses ihn um die Erlaubnis, Nefertari nach Abydos mitnehmen zu dürfen, damit auch sie die Osiris- und Isis-Mysterien erlebte. Das königliche Paar sowie der Regent und seine Gemahlin brachen also gemeinsam auf zur heiligen Stadt, wo Nefertari eingeweiht wurde.

Am Tage nach der Zeremonie überreichte Tuja ihr ein Goldarmband, das sie von nun an tragen würde, wenn sie der großen königlichen Gemahlin zur Hand ging bei den Ritualhandlungen. Die junge Frau war zu Tränen gerührt. So hatte ihr Lebensweg sie also doch nicht, wie befürchtet, vom Tempeldienst entfernt.

«Mir gefällt das nicht», mäkelte Ameni.

Da Ramses wußte, wie griesgrämig er manchmal sein konnte, hörte er nur mit halbem Ohr zu.

«Mir gefällt das ganz und gar nicht», hörte er abermals.

«Sollte man dir minderwertigen Papyrus geliefert haben?»

«Den hätte ich doch gar nicht erst angenommen, darauf kannst du Gift nehmen. Fällt dir denn nichts auf? In deiner Umgebung?»

«Des Pharaos Gesundheit ist nicht beeinträchtigt, meine Mutter und meine Gemahlin sind die besten Freundinnen, das Land lebt in Frieden, Homer schreibt. Was kann man sich sonst noch wünschen? Ja, ich weiß! Du bist noch immer nicht verlobt!»

«Ich habe keine Zeit für solche Belanglosigkeiten. Hast du sonst nichts bemerkt?»

«Nein, wirklich nicht.»

«Du hast nur noch Augen für Nefertari. Verständlicherweise. Zum Glück jedoch hast du mich. Ich wache und horche.»

«Und was hörst du?»

«Beunruhigendes Gerede. Man versucht dein Ansehen zu untergraben.»

«Trägt Chenar die Schuld daran?»

«Dein Bruder befleißigt sich erstaunlicher Zurückhaltung seit einigen Monaten. Im Gegenzug wird aber das abschätzige Gemunkel bei Hofe immer lauter.»

«Das ist lästig, aber unwichtig.»

«Da bin ich aber anderer Meinung.»

«All diese Schwätzer werde ich schon das Schweigen lehren!»

«Das wissen sie», bemerkte Ameni. «Darum werden sie sich gegen dich auflehnen.»

«Außerhalb der Palasthallen oder der Empfangssäle ihrer prächtigen Villen haben sie keinen Funken Mut.»

«Da magst du recht haben, doch ich fürchte, sie werden sich gegen dich verbünden.»

«Sethos hat seinen Nachfolger bestimmt. Alles übrige ist Geschwätz.»

«Glaubst du, Chenar verzichtet freiwillig auf den Thron?»

«Du sagst doch selbst, daß er gefügig geworden ist.»

«Genau das beunruhigt mich. Es paßt so gar nicht zu ihm!»

«Du machst dir zu viele Sorgen, mein Freund. Sethos schützt uns.»

«Solange er lebt», dachte Ameni bei sich. Er war entschlossen, Ramses zu warnen, denn die Stimmung wurde immer unbehaglicher.

FÜNFZIG

Ramses' und Nefertaris Tochter hatte nur zwei Monate gelebt. Das schwächliche Kind, das auch nicht essen wollte, war ins Reich der Schatten heimgekehrt. Der Kummer der jungen Frau hatte den Ärzten viel Sorge bereitet. Drei Wochen lang hatte Sethos ihr täglich die Hände aufgelegt, um ihr die notwendige Kraft zu verleihen, diesen Schmerz zu überwinden.

Der Regent leistete seiner Gemahlin hilfreichen Beistand. Kein Ton der Klage kam über Nefertaris Lippen. Allzugern raffte der Tod Neugeborene dahin, ungeachtet ihrer Herkunft. Aus ihrer Liebe zu Ramses würde ein neues Kind entstehen.

Der kleine Kha war gesund. Eine Amme nahm sich seiner an, während Iset, die Schöne, in den höheren Kreisen Thebens mehr und mehr Fuß faßte. Sie hatte ein offenes Ohr für die Klagen Dolentes und ihres Gatten und wunderte sich über Ramses' ungerechte Entscheidung. In der großen Stadt des Südens fürchtete man seine Thronbesteigung, denn er galt als Despot, der sich um das Gesetz der Maat recht wenig scherte. Iset erhob zwar Einwände, doch angesichts der vielen Klagen verschlug es ihr die Sprache. War ihr Geliebter wirklich ein machtbesessener Tyrann, ein völlig gefühlloses Ungeheuer?

Abermals fielen ihr Chenars Worte ein.

Sethos gönnte sich keine Ruhe mehr. Sobald seine Verpflichtungen es ihm erlaubten, ließ er Ramses kommen. Im Garten des Palastes führten Vater und Sohn lange Gespräche. Sethos, der am Schreiben keinerlei Gefallen fand, vermittelte seine Lehren lieber mündlich. So mancher König vor ihm hatte «Lehren» verfaßt und seinem Nachfolger Weisungen für das Regierungsamt hinterlassen. Er sprach lieber. Der Junge sollte den Worten des Alten lauschen.

«Genügen wird dieses Wissen nicht», mahnte er, «aber es ist doch immerhin so viel wert wie Schild und Schwert für einen Fußsoldaten. Du wirst dich verteidigen und angreifen können. Zeiten des Glücks wird jeder sich selbst zuschreiben, doch sobald Unglück hereinbricht, wirst du der einzig Schuldige sein. Wenn dir ein Fehler unterläuft, suche die Schuld nur bei dir, bei keinem anderen, und dann berichtige ihn. Die gerechte Ausübung der Macht ist die ständige Berichtigung des Denkens und Handelns. Es ist an der Zeit, daß ich dir eine Aufgabe übertrage, die du an meiner Stelle bewältigen mußt.»

Diese Ankündigung erfreute Ramses ganz und gar nicht. Für lange Zeit hätte er seinem Vater noch weiter zuhören mögen.

«Ein kleines nubisches Dorf begehrt auf gegen die Verwaltung des Vizekönigs. Die mir zugegangenen Berichte sind wirr. Begib dich vor Ort und fälle eine Entscheidung im Namen des Pharaos.»

Nubien war wieder so betörend, daß Ramses beinahe vergessen hätte, daß er diese Reise nicht zur Erquickung unternahm. Nichts lastete auf seinen Schultern, die laue Luft, das Rascheln des Windes in den Dumpalmen, der Ocker der Wüste und das Rot der Felsen stimmten seine Seele heiter. Fast war er versucht, die Soldaten nach Ägypten zurückzuschicken und allein einzutauchen in diese herrliche Landschaft.

Doch der Vizekönig von Nubien verneigte sich vor ihm, wortreich und beflissen.

«Haben meine Berichte euch Klarheit verschafft?»

«Sethos befand sie als verworren.»

«Die Lage ist aber doch klar! Dieses Dorf hat sich aufgelehnt. Es muß ausgerottet werden.»

«Hattest du Verluste zu beklagen?»

«Nein, dank meiner Vorsicht. Ich wartete auf dein Kommen.»

«Warum bist du nicht sofort eingeschritten?»

Der Vizekönig geriet ins Stammeln.

«Was weiß man denn? Wenn sie sehr zahlreich sind, dann...»

«Bring mich hin!»

«Ich habe eine Erfrischung vorbereitet und...»

«Gehen wir.»

«Bei dieser Hitze? Ich dachte, zu späterer Stunde sei es vielleicht angenehmer.»

Ramses' Wagen fuhr bereits los.

Das kleine nubische Dorf schlummerte im Schatten eines Palmenhains am Ufer des Nils. Die Männer melkten die Kühe, die Frauen bereiteten das Essen zu, und Kinder badeten nackt im Fluß. Magere Hunde schliefen vor den Hütten.

Die ägyptischen Soldaten waren auf die umliegenden Hügel ausgeschwärmt. Ihre zahlenmäßige Überlegenheit war gewaltig.

«Wo stecken die Aufrührer?» fragte Ramses den Vizekönig.

«Das sind diese da. Sie geben sich jetzt nur friedlich, trau ihnen nicht!»

Der Aufklärungstrupp meldete, daß weit und breit kein nubischer Krieger auszumachen sei.

«Der Dorfälteste verweigert mir den Gehorsam», beteuerte der Vizekönig, «das muß streng geahndet werden, sonst weitet sich der Aufruhr auf andere Stämme aus. Wir müssen einen Überraschungsangriff durchführen und sie niedermetzeln, um ein sichtbares Zeichen zu setzen für alle Nubier.»

Eine Frau bemerkte als erste die ägyptischen Soldaten. Sie schrie auf, die Kinder kamen aus dem Wasser und flüchteten sich in die Hütten, unter den Schutz der Mütter. Die Männer bewaffneten sich mit Bogen, Pfeilen und Speeren und sammelten sich in der Dorfmitte.

«Sieh nur!» rief der Vizekönig. «Habe ich nicht wahr gesprochen?»

Der Dorfälteste trat vor. Zwei lange Straußenfedern steckten in seinem Kraushaar, und auf der Brust trug er ein Wehrgehänge. Er sah beeindruckend aus. In der Rechten hielt er einen vier Ellen langen Speer, der mit Bändern verziert war.

«Er wird das Zeichen zum Angriff geben», warnte der Vizekönig. «Unsere Bogenschützen müßten ihn an den Boden nageln!»

«Ich erteile die Befehle», erinnerte ihn Ramses, «keiner von euch macht eine bedrohliche Bewegung, verstanden!?»

«Aber was gedenkst du zu tun?»

Ramses nahm Helm, Harnisch und Beinschienen ab, legte Schwert und Dolch nieder und schritt den felsigen Abhang hinab.

«Majestät!» schrie der Vizekönig. «Kehr um, er wird dich töten!»

Den Blick auf den Nubier gerichtet, setzte der Regent gleichmäßig Fuß vor Fuß. Der etwa sechzig Jahre alte Mann war hager, fast knochig.

Als er seinen Speer emporhob, glaubte auch Ramses, daß er unüberlegt sich einer Gefahr ausgesetzt hatte. Aber war ein nubischer Stammeshäuptling gefährlicher als ein wilder Stier?

«Wer bist du?»

«Ramses, Sohn Sethos' und Regent Ägyptens.»

Der Nubier senkte seine Waffe.

«Ich bin der Oberste meines Stammes.»

«Das wirst du bleiben, solange du das Gesetz der Maat achtest.»

«Der Vizekönig, unser Beschützer, hat es gebrochen.»

«Das ist eine schwere Anschuldigung.»

«Ich habe meine Verpflichtungen eingehalten, der Vizekönig hat nicht Wort gehalten.»

«Bring deine Klagen vor.»

«Er hatte uns Korn versprochen im Austausch für unsere Abgaben. Wo ist es?»

«Wo sind die Abgaben?»

«Komm mit.»

Indem er dem Häuptling folgte, mußte Ramses mitten durch die Schar der Krieger. Der Vizekönig, der überzeugt war, daß sie ihn töten oder als Geisel nehmen würden, verhüllte sich das Gesicht. Doch nichts geschah.

Der Häuptling zeigte dem Regenten Säcke voller Goldstaub, Pantherfelle, Fächer und Straußeneier, die bei den adeligen Familien sehr beliebt waren.

«Wenn das gegebene Wort nicht eingelöst wird, werden wir kämpfen, selbst wenn wir dabei sterben müssen. In einer wortbrüchigen Welt kann niemand leben.»

«Es wird keinen Kampf geben», erklärte Ramses, «das Korn wird, wie versprochen, geliefert werden.»

Allzugern hätte Chenar Ramses bezichtigt, den nubischen Aufständischen gegenüber Schwäche gezeigt zu haben, aber der Vizekönig riet ihm davon ab. Die beiden Männer hatten sich an einem geheimen Ort getroffen, ausführlich miteinander gesprochen, und dabei hatte der Vizekönig erzählt, Ramses erfreue sich unter den Soldaten wachsender Beliebtheit. Man bewundere seine Kühnheit, seine ansteckende Begeisterung und seine Fähigkeit, schnelle Entschlüsse zu fassen. Unter der Führung eines solchen Heerführers fürchteten sie keinen Feind. Ramses für feige zu halten könne Chenar nur zum Nachteil gereichen.

Der ältere Sohn des Pharaos beugte sich den Vernunftgründen des Vizekönigs. Die Armee nicht hinter sich zu haben wäre gewiß ein Hemmschuh, aber letztlich würde sie dem neuen Herrscher beider Länder gehorchen. In Ägypten genügte rohe Gewalt allein nicht, um zu regieren. Man mußte der Zustimmung des Hofes und der Hohenpriester sicher sein.

Mehr und mehr verfestigte sich das Bild von Ramses als kühnem und gefährlichem Krieger. Solange Sethos die Zügel der Macht in Händen hielt, würde der junge Mann nichts unternehmen. Aber dann? Aus Lust, sich mit dem Feind anzulegen, würde er sich vielleicht doch in wahnwitzige Abenteuer stürzen, wobei Ägypten alles verlieren konnte.

Wie Chenar selbst unterstrich, hatte sogar Sethos mit den Hethitern lieber einen Waffenstillstand geschlossen, anstatt zur Eroberung ihres Landes und der berüchtigten Festung Kadesch aufzurufen. Würde Ramses ähnlich weise handeln? Die hohen Würdenträger verabscheuten den Krieg, lebten in Annehmlichkeit und Ruhe und beäugten kampfeslustige Heerführer mit Mißtrauen.

Das Land bedurfte keines Helden, der Schlachten anzetteln und ringsum alles in Feuer und Blut ertränken würde. Wie die Gesandten und Botengänger, die in den Fremdländern tätig waren, mitgeteilt hatten, waren auch die Hethiter zum Frieden und zum Verzicht auf die Eroberung Ägyptens bereit. Folglich wurde jemand wie Ramses überflüssig, wenn nicht gar schädlich. Müßte man sich seiner nicht vorsorglich entledigen, wenn er sich weiterhin als Eroberer gebärdete?

Chenars Gedankengänge eroberten nach und nach die Gemüter. Man hielt den älteren Sohn des Königs für ausgewogen und sachkundig. Sprachen die Tatsachen nicht für ihn?

Anläßlich einer Reise ins Delta, wo er zwei Provinzvorsteher überredete, ihn nach Sethos' Tod zu unterstützen, empfing er in der Prunkkabine seines Schiffes abermals Acha. Sein Koch hatte ein vorzügliches Essen zubereitet und sein Mundschenk einen ausnehmend fruchtigen Weißwein aufgetragen.

Wie üblich war der junge Gesandte mit erlesenem Geschmack gekleidet. Sein lebhafter Blick mochte verwirren, doch die salbungsvolle Stimme und die unerschütterliche Ruhe verliehen Zutrauen. Wenn er ihm treu bliebe, nachdem er Ramses verraten hatte, würde Chenar einen kundigen Mann für auswärtige Angelegenheiten haben.

Acha kostete nur von den Speisen und nippte nur an den Getränken.

«Behagt dir dieses Essen nicht?»

«Verzeih, aber ich weilte in Gedanken woanders.»

«Bist du in Schwierigkeiten?»

«Keineswegs.»

«Hat man dir Steine in den Weg geworfen?»

«Ganz im Gegenteil.»

«Ramses! Ramses wird es sein! Er ist uns auf die Schliche gekommen!»

«Sei unbesorgt, unser Geheimnis ist gewahrt.»

«Was beschäftigt dich denn dann so?»

«Die Hethiter», antwortete Acha.

«Die Berichte, die bei Hofe eingehen, sind aber doch allesamt beruhigend. Ihr kriegerisches Ansinnen scheint zurückgesteckt.»

«Das sind in der Tat die offiziellen Worte.»

«Und was gefällt dir daran nicht?»

«Ihre Naivität. Es sei denn, meine Vorgesetzten beabsichtigten,

Sethos nicht zu beunruhigen und ihn nicht mit düsteren Vorahnungen zu belasten.»

«Besitzt du genauere Hinweise?»

«Die Hethiter sind keine einfältigen Draufgänger. Da sie mit Waffengewalt nichts erreicht haben, verlegen sie sich jetzt auf eine List.»

«Sie werden sich das Wohlwollen einiger benachbarter Krieger erkaufen und niederträchtige Intrigen spinnen.»

«So sehen es die Gesandten, in der Tat.»

«Du nicht?»

«Ich betrachte es immer weniger so.»

«Was befürchtest du statt dessen?»

«Daß die Hethiter allmählich in unsere Schutzgebiete eindringen und wir plötzlich in der Falle sitzen.»

«Das ist höchst unwahrscheinlich. Bei der geringsten Abtrünnigkeit wird Sethos einschreiten.»

«Sethos weiß davon nichts.»

Chenar nahm die Warnungen des jungen Gesandten nicht auf die leichte Schulter. Bisher war Acha ungeheuer hellsichtig gewesen.

«Droht uns bereits Gefahr?»

«Die Hethiter haben sich für ein langsames, schrittweises Vorgehen entschieden. In vier oder fünf Jahren werden sie bereit sein.»

«Beobachte weiterhin ihr Tun und Lassen, aber sag niemandem etwas davon, außer mir.»

«Du verlangst viel von mir.»

«Du wirst auch viel dafür bekommen.»

EINUNDFÜNFZIG

DAS FISCHERDORF LEBTE gemächlich vor sich hin. Hier an der Küste wurde der Siedlung sogar Schutz zuteil, da ein Dutzend Soldaten den Schiffsverkehr überwachten. Keine sonderlich aufreibende Aufgabe, denn nur von Zeit zu Zeit fuhr ein ägyptisches Schiff gen Norden. Der schmerbäuchige Sechzigjährige, der dieser Schutztruppe vorstand, vermerkte Namen und Tag, da ein Schiff hier vorbeikam, auf einem Täfelchen. Schiffe, die von außen kamen, nahmen eine andere Nilmündung.

Die Soldaten halfen den Fischern beim Einholen der Netze und Ausbessern der Boote. Man aß ausschließlich Fisch, und an Festtagen ließ sich der Wachtmeister sogar herbei, den alle zwei Wochen behördlich angelieferten Wein mit den Dorfbewohnern zu teilen.

Das Spiel der Delphine zu beobachten gehörte zu den beliebtesten Vergnügungen des kleinen Gemeinwesens. Man wurde nicht müde, ihre vollendeten Sprünge und ihr Wettschwimmen zu bewundern. Abends erzählte dann einer der alten Fischer, wie in den nahegelegenen Sümpfen Göttin Isis sich mit ihrem Neugeborenen, dem Horuskind, vor Seths Zorn verborgen gehalten habe.

«Wachtmeister, ein Schiff!»

Der Wachtmeister, der sich zu einem Mittagsschläfchen auf seiner Matte ausgestreckt hatte, wollte nicht eigens aufstehen.

«Gib ihm ein Zeichen, und vermerke seinen Namen.»

«Es kommt auf uns zu.»

«Du hast dich bestimmt geirrt. Schau nochmals genauer.»

«Es nähert sich uns, das ist eindeutig.»

Ärgerlich stand der Wachtmeister auf. Heute erwartete er keine Weinlieferung. Der Verzehr von Süßbier konnte doch nicht zu derartigen Trugbildern führen.

Vom Strand aus war das große Schiff, das geradewegs auf das Dorf zuhielt, deutlich zu erkennen.

«Es ist kein ägyptisches Schiff.»

Griechische Schiffe legten hier nicht an. Geschah dies doch einmal, dann wurde der Eindringling zurück- und dann nach Westen abgedrängt, wo die Flotte des Pharaos ihn in Empfang nehmen würde.

«An die Waffen», befahl der Wachtmeister seinen Leuten, die mit Lanze, Schwert, Bogen und Schild schon kaum mehr umzugehen wußten.

An Bord des seltsamen Schiffes waren Männer mit dunkler Haut, krausen Schnurrbärten, hörnergezierten Helmen, metallenem Brustharnisch, auffallend spitzen Schwertern und runden Schutzschilden.

Vorne im Bug stand ein Riese.

Er wirkte so erschreckend, daß die ägyptischen Soldaten zurückwichen.

«Ein böser Geist», murmelte einer von ihnen.

«Nur ein Mann», berichtigte der Wachtmeister, «nieder mit ihm!»

Zwei Bogenschützen schossen gleichzeitig. Der erste Pfeil verlor sich in den Lüften, der zweite schien sich in den Brustkasten des Riesen zu bohren, doch noch bevor er ihn erreichte, hatte dieser ihn mit einem Schwerthieb zertrümmert.

«Dort drüben!» schrie einer der Soldaten. «Noch ein Schiff!»
«Ein Überfall», stellte der Wachtmeister fest. «Rückzug!»

Ramses wiegte sich im Glück.

Ein beständiges Glück, heftig wie der Südwind, sanft wie der Nordwind. Nefertari verwandelte jeden Augenblick in Glückseligkeit, vertrieb die Sorgen, lenkte die Gedanken hin zum Licht. Neben ihr wurden die Tage hell, strahlend hell. Die junge Frau verstand es, ihn zu besänftigen, ohne das Feuer, das ihn beseelte, zu ersticken. Aber kündete sie nicht auch von einer fast beklemmenden, unheilvollen Zukunft, in der er würde regieren müssen?

Nefertari erstaunte ihn immer wieder. Sie hätte sich mit einem Leben in Ruhe und Glanz bescheiden können und schien doch gleichzeitig zur Königin geboren. Über welches Geschick würde sie herrschen oder dienend wachen? Nefertari war ein Geheimnis. Ein Geheimnis mit dem bezaubernden Lächeln der Göttin Hathor, so wie er sie in der Grabstätte des ersten Ramses, seines Ahns, gesehen hatte.

Iset, die Schöne, verkörperte die Erde, Nefertari den Himmel. Ramses brauchte die eine wie die andere, doch Iset galten nur seine Leidenschaft und sein Verlangen.

Nefertari aber war die Liebe.

Sethos betrachtete die untergehende Sonne. Als Ramses ihn begrüßte, lag bereits Dämmerung über dem Palast. Der König hatte keine Lampe angezündet.

«Mich hat ein beunruhigender Bericht von den Wachmannschaften im Delta erreicht», offenbarte er seinem Sohn. «Meine Berater glauben an einen unerheblichen Zwischenfall, doch ich bin überzeugt, daß sie sich irren.»

«Was ist vorgefallen?»

«Seeräuber haben ein Fischerdorf am Rande des Mittelmeers überfallen. Die Küstenwachen haben daraufhin den Rückzug angetreten, behaupten aber, die Lage im Griff zu haben.»

«Ob sie lügen?»

«Das wirst du herausfinden.»

«Warum hegst du diesen Verdacht?»

«Diese Seeräuber sind furchterregende Plünderer. Wenn es ihnen gelingt, ins Landesinnere vorzudringen, werden sie Angst und Schrecken verbreiten.»

Ramses fuhr auf.

«Ist denn die Küstenwache nicht in der Lage, unsere Sicherheit zu gewährleisten?»

«Die Verantwortlichen haben die Gefahr vielleicht unterschätzt.»

«Ich breche unverzüglich auf.»

Der König betrachtete abermals den Sonnenuntergang. Gern hätte er seinen Sohn begleitet, die Wasserlandschaft des Deltas wiedergesehen und an der Spitze des Heers die Allmacht des Staates bekundet. Doch nach vierzehn Regierungsjahren nahm die Krankheit allmählich von ihm Besitz. Zum Glück ging die ihn beseelende Kraft allmählich in Ramses' Blut über.

Die Wachen hatten sich in einiger Entfernung von der Küste in einem Weiler am Ufer eines Nilarms erneut gesammelt und in aller Eile, bis Verstärkung da war, Befestigungen aus Hölzern errichtet. Als die vom Regenten angeführten Truppen endlich eintrafen, kamen sie aus ihren Unterständen und liefen ihren Rettern entgegen.

Der dickbäuchige Wachtmeister war als erster bei Ramses und warf sich vor dem Streitwagen in den Schlamm.

«Wir sind unversehrt, Majestät! Kein einziger ist verwundet.»

«Steh auf.»

Die arglose Freude wurde von einer eisigen Stimmung gelähmt.

«Wir – wir waren zu wenige, um Widerstand zu leisten. Die Seeräuber hätten uns niedergemacht.»

«Wie weit sind sie vorgedrungen?»

«Sie haben die Küste nicht verlassen und ein anderes Dorf überfallen.»

«Weil ihr zu feige wart!»

«Aber Majestät, das wäre ein ungleicher Kampf gewesen.»

«Mach meinen Weg frei.»

Dem Wachtmeister blieb gerade noch Zeit, zur Seite zu springen. Da er mit gesenktem Kopf dastand, sah er nicht, wie der Streitwagen des Regenten auf das Leitschiff eines beeindruckenden Flottenverbandes aus Memphis zufuhr. Kaum war Ramses an Bord, gab er Befehl, schnurgerade nach Norden zu rudern.

Er war rasend vor Zorn auf diese Seeräuber und diese unfähigen Soldaten, und er verlangte von seinen Ruderern die Aufbietung sämtlicher Kräfte. Ihr Eifer erlahmte nicht, sie ließen sich sogar anstecken und hatten es plötzlich genauso eilig wie er, an der Meeresgrenze Ägyptens die Ordnung wiederherzustellen.

Ramses fuhr geradewegs auf sein Ziel los.

Die Seeräuber, die sich inzwischen in den beiden eroberten Dörfern niedergelassen hatten, wußten noch nicht so recht, wie sie sich verhalten sollten. Sollten sie ihren Zugriff auf die Küste erweitern und sich am Sieg erfreuen oder die Beute packen und heimfahren und in näherer Zukunft erneut angreifen?

Als Ramses sie angriff, saßen sie gerade beim Mittagsmahl und aßen Fisch. Trotz der zahlenmäßig gewaltigen Überlegenheit des Gegners verteidigten die Seeräuber sich mit unglaublicher Wildheit. Der Riese allein erledigte rund zwanzig Fußsoldaten, mußte aber der großen Zahl dann doch weichen.

Mehr als die Hälfte der Seeräuber war getötet worden, ihr Schiff stand in Flammen, aber ihr Anführer weigerte sich, vor Ramses klein beizugeben.

«Wie heißt du?»

«Serramanna.»

«Woher kommst du?»

«Aus Sardinien. Du hast mich besiegt, aber andere sardische Schiffe werden mich rächen. Zu Dutzenden werden sie einfallen, und du wirst sie nicht aufhalten können. Wir wollen die Reichtümer Ägyptens, und wir werden sie uns holen.»

«Wieso beschränkt ihr euch nicht auf euer eigenes Land?»

«Erobern ist unser Lebensinhalt. Eure armseligen Soldaten werden uns nicht lange Widerstand leisten.»

Empört über die Frechheit des Mannes, hob einer der Ägypter sein Beil, um ihm den Schädel zu spalten.

«Zurück!» befahl Ramses, an seine Soldaten gewandt. «Wer von euch tritt freiwillig gegen diesen Barbaren an?»

Es gab keinen Freiwilligen.

Serramanna lachte höhnisch.

«Ihr seid keine Krieger!»

«Was genau suchst du hier?»

Die Frage überraschte den Riesen.

«Reichtum! Und dann auch noch Weiber, euren besten Wein, ein Haus mit Landbesitz und...»

«Wenn ich dir das alles biete, würdest du dann das Amt des Obersten meiner Leibgarde übernehmen?»

Die Augen des Riesen weiteten sich, bis vom Gesicht kaum mehr etwas übrigblieb.

«Töte mich, aber verspotte mich nicht!»

«Ein echter Krieger ist fähig, in einem einzigen Augenblick eine Entscheidung zu treffen. Willst du mir also dienen oder sterben?»

«Sag deinen Wachen, sie sollen mich loslassen!»

Furchterfüllt banden die zwei Soldaten ihm die Handgelenke los.

Ramses war groß, aber Serramanna war noch einen Kopf größer. Als er zwei Schritte auf den Regenten zu tat, richteten die ägyptischen Bogenschützen ihre Pfeile auf ihn. Wenn er sich auf Ramses stürzte und einen Zweikampf beabsichtigte, um ihn mit seinen Pranken zu erwürgen, würden sie dann noch schießen können, ohne Sethos' Sohn zu verletzen?

Ramses las in den Augen des Sarden die Lust zu töten, blieb aber weiterhin mit verschränkten Armen stehen, als kümmere ihn das nicht. Sein Gegner vermochte beim Regenten keine Spur von Angst auszumachen.

Serramanna beugte das Knie und senkte den Kopf.

«Befiehl, und ich werde gehorchen.»

ZWEIUNDFÜNFZIG

In Memphis war man empört. Stellte die Oberschicht der Armee etwa nicht genügend tapfere Söhne, oder waren diese etwa nicht würdig, den Schutz des Regenten zu gewährleisten? Die Leibgarde einem solchen Barbaren zu unterstellen war eine Beleidigung des Adels, selbst wenn Serramanna, das mußte man zugeben, in seiner sardischen Tracht in der Tat abschreckender wirkte als jeder andere. Die übrigen Seeräuber, die sich der Plünderung schuldig gemacht hatten, waren zwar zur Verbüßung ihrer Schuld in die Steinbrüche geschickt worden, aber gebührte ihrem Anführer deshalb ein solch beneidenswerter Posten? Keiner würde Mitleid haben mit dem Regenten, wenn der Kerl ihm eines Tages doch in den Rücken fiele.

Chenar jubilierte. Wieder hatte Ramses einen Fehler begangen. Diese empörende Entscheidung war ein beredter Beweis, daß nur rohe Gewalt bei Ramses Anklang fand. Bankette und Empfänge strafte er mit Mißbilligung und machte statt dessen endlose Ritte durch die Wüste, übte sich unermüdlich im Bogenschießen und Schwertkampf, wenn er nicht gar mit seinem Löwen herumtollte.

Serramanna wurde zu seinem bevorzugten Kampfgefährten. Einer lernte vom anderen, sei es im Ringkampf oder mit der Waffe, wobei Kraft und Geschmeidigkeit sich harmonisch verbanden. Die dem Riesen unterstellten Ägypter beklagten sich nicht. Auch sie wurden gedrillt und zu Elitesoldaten geschult und dafür bestens untergebracht und verpflegt.

Ramses hielt sein Wort. Serramanna wurde Besitzer eines Hauses mit acht Räumen, einem Brunnen und einem baumbestandenen Garten. Sein Keller füllte sich mit Amphoren voll ausgereiften Weines und sein Bett mit nicht gerade scheuen Libyerinnen und Nubierinnen, die den Fremdling höchst anziehend fanden.

Obgleich er weiterhin Helm, Brustschild, Schwert und Rundschild trug, vergaß der Sarde seine Heimat. In Sardinien war er arm und verachtet gewesen, in Ägypten war er reich und geachtet! Dafür war er Ramses unendlich dankbar. Er hatte ihm nicht nur das Leben geschenkt, sondern ihm auch noch jenes beschert, von dem er immer geträumt hatte. Wer auch immer es wagen sollte, den Regenten zu bedrohen, der würde es mit ihm zu tun bekommen!

Die Nilschwemme in diesem vierzehnten Regierungsjahr Sethos' war nicht vielversprechend. Der schwache Wasseranstieg könnte zu Hungersnöten führen. Sobald der König eine Bestätigung der Kundigen aus Assuan erhielt, die den Fluß beobachteten und ihre Aufzeichnungen mit denen früherer Zeiten verglichen, ließ er Ramses rufen. Trotz seiner Mattigkeit, die sich nicht bessern wollte, fuhr der Pharao mit seinem Sohn zum Gebel Silsileh, wo die Ufer den Nil einengten. Dort kam der Überlieferung gemäß Hapi, der das Wasser anschwellen ließ, aus zwei Höhlen hervor, und dieses reine Wasser nährte das Land.

Um ihn wohlwollend zu stimmen, opferte Sethos dem Fluß vierundfünfzig Krüge Milch, dreihundert Brote, siebzig Kuchen, achtundzwanzig Näpfe Honig, achtundzwanzig Körbe Weintrauben, vierundzwanzig Körbe Feigen, achtundzwanzig Körbe Datteln sowie Granatäpfel, Avocados, Jojobas, Gurken und Bohnen, Tonfigürchen, achtundvierzig Krüge Weihrauch, Gold, Silber, Kupfer, Alabaster und Kuchen in Form von Kalb, Gans, Krokodil und Flußpferd.

Drei Tage später war der Wasserspiegel gestiegen, aber noch immer unzureichend. Es blieb nur noch eine winzige Hoffnung.

Das Haus des Lebens von Heliopolis war das älteste Ägyptens. Dort wurden die Schriften über die Geheimnisse von Himmel und Erde, die geheimen Rituale, die Himmelskarten, die Annalen der Königshäuser, die Verheißungen, die Göttersagen, die Aufzeichnungen aus Medizin und Chirurgie, die Abhandlungen über Mathematik und Geometrie, Hinweise zur Traumdeutung, die Handbücher zur Baukunst, Bildhauerei und Malerei, die Listen des für jeden Tempel notwendigen Ritualgeräts, der Festtagskalender, Sammlungen mit Zauberformeln, die von den Alten verfaßten «Weisheitslehren» und die Spruchsammlungen zur «Verwandlung in Licht», die das Reisen in der anderen Welt begleiteten, sorgfältig aufbewahrt.

«Für einen Pharao gibt es keinen wichtigeren Ort», erklärte Sethos. «Sobald dich Zweifel befällt, komm hierher, und befrage die Archive. Das Haus des Lebens ist die Vergangenheit, die Gegenwart und die Zukunft Ägyptens. Nimm seine Lehren in dich auf, dann wirst du sehend werden wie ich.»

Sethos bat den Vorsteher des Hauses, einen alten Priester, der der Außenwelt entsagt hatte, ihm das «Nilbuch» zu bringen. Einer der Tempelhüter übernahm diese Aufgabe. Ramses erkannte ihn.

«Bist du nicht Bakhen, der Aufseher der königlichen Stallungen?»

«Ich war es einmal und erfüllte gleichzeitig meinen Auftrag als Tempeldiener. Seit meinem einundzwanzigsten Geburtstag habe ich meine weltlichen Ämter niedergelegt.»

Der stämmige Bakhen mit dem eckigen und häßlichen Gesicht, das nun kein Kurzbart mehr verhärtete, mit den muskulösen Armen und der tiefen und heiseren Stimme glich wahrlich keinem Gelehrten, der sich in die Weisheit der Alten zu versenken pflegte.

«Unterschätze diesen Mann nicht», empfahl Sethos. «In wenigen Wochen wird er nach Theben aufbrechen und Dienst im Amun-Tempel von Karnak versehen. Dort wirst du ihm immer wieder begegnen.»

Der König las das ehrwürdige Nilbuch, das einer seiner Vorgänger aus der dritten Dynastie vor mehr als dreizehnhundert Jahren verfaßt hatte. Geprägt von tiefem Wissen um den Nil, verriet es, was bei zu niedrigem Wasserstand zu tun war.

Sethos verstand. Das Opfer am Gebel Silsileh mußte in Assuan, Theben und Memphis wiederholt werden.

Erschöpft kehrte Sethos von dieser langen Reise zurück. Als die Boten ihm meldeten, der Wasserstand habe fast die übliche Höhe erreicht, befahl er den Provinzvorstehern, die Deiche und Auffangbecken besonders sorgfältig zu überprüfen. Das Unheil war zwar abgewendet, doch nun hieß es, keinen Tropfen versickern zu lassen.

Jeden Morgen empfing der König, dessen Antlitz immer hagerer wurde, seinen Sohn Ramses und sprach zu ihm von der Maat, der Göttin der Gerechtigkeit, dargestellt von einer zarten Frau oder einer Feder, der Steuerfeder der Vögel. Sie war die Herrscherin, denn nur sie gewährleistete den Zusammenhalt zwischen den Menschen. Achtete man dieses göttliche Gesetz, war auch die Sonne bereit, zu scheinen, das Korn wachsen zu lassen, und der Schwache würde vor dem Starken geschützt, und Gegenseitigkeit und Miteinander würden Alltag in Ägypten. Dem Pharao oblag es, Recht zu sprechen und die Gesetze der Maat anzuwenden. Das war wichtiger als tausend blendende Heldentaten.

Seine Worte waren Balsam für Ramses' Seele, der es nicht wagte, den Vater nach seiner Gesundheit zu fragen, denn er fühlte, wie dieser sich allmählich vom Alltag loslöste und eine andere Welt betrachtete, deren Kräfte er seinem Sohn vermittelte. Kein Fünkchen dieser Unterweisungen durfte er vergeuden. Um des Pharaos Worte in sich aufzunehmen, vernachlässigte er Nefertari, Ameni und alle, die ihm nahestanden.

Seine Gemahlin bestärkte Ramses in diesem Tun. Mit Amenis Hilfe übernahm sie eine Menge seiner Verpflichtungen, so daß er sich ganz in den Dienst Sethos' stellen und so der Erbe seiner Macht werden konnte.

Nach allem, was man hörte, war kein Zweifel mehr möglich. Die Krankheit, an der Sethos litt, nahm nun ganz Besitz von ihm. Klagend und mit Tränen in den Augen verbreitete Chenar diese Nachricht unter den Höflingen und ließ sie auch dem großen Amun-Priester sowie den Provinzvorstehern zukommen. Die Ärzte hatten zwar noch Hoffnung, das Leben des Herrschers verlängern zu können, doch mit dem Schlimmsten müsse gerechnet werden. Und dann würde wahrscheinlich das Unheil hereinbrechen, denn Ramses würde zum Pharao gekrönt.

Wer dies verhindern und Chenar unterstützen wolle, müsse sich bereithalten. Er würde zwar versuchen, seinem Bruder klarzumachen, daß er nicht fähig sei, dieses höchste Amt auszufüllen, doch würde die Vernunft Gehör finden? Wenn der Erhalt des Landes es gebot, müßte man vielleicht zu anderen Mitteln greifen, die scheinbar verwerflich wären, aber doch die einzige Möglichkeit, einen Hitzkopf daran zu hindern, Ägypten in den Untergang zu treiben.

Chenars gemäßigte und hellsichtige Worte fanden Gehör. Jeder wünschte, Sethos möge noch lange regieren, doch man machte sich auf das Schlimmste gefaßt.

Die griechischen Soldaten, die sich inzwischen als Kaufleute betätigt hatten, schärften erneut ihre Waffen. Auf Geheiß ihres Königs Menelaos würden sie eine Truppe bilden, die um so schlagkräftiger wäre, als niemand mit einem solchen Kraftakt von seiten der friedlich in Ägypten lebenden Fremden rechnete. Je näher der Tag des Aufstands kam, desto eiliger hatte es der König von Lakedämon, hier kräftig dreinzuschlagen. Er würde sein gewaltiges Schwert schwingen, Bäuche und Brüste durchbohren, Gliedmaßen abhauen und Schädel zertrümmern, mit dem gleichen Ungestüm wie auf dem Schlachtfeld bei Troja. Dann würde er heimkehren und Helena ihre Verfehlungen und ihre Untreue büßen lassen!

Chenar war zuversichtlich. Die Mannigfaltigkeit und Tauglichkeit seiner Verbündeten war vielversprechend. Nur eine Figur war ihm hinderlich, der Sarde Serramanna. Als Ramses ihn zum Befehlshaber seiner Leibgarde ernannte, hatte er ungewollt einen Plan seines Bruders durchkreuzt, der bereits einen griechischen Offizier zum Schutz des Regenten gedungen hatte. Dieser Söldner konnte sich nun leider Ramses ohne Zustimmung des Riesen nicht nähern. Die Lösung ergab sich von selbst. Menelaos müßte den Sarden beseitigen, dessen Verschwinden keinen Wirbel auslösen würde.

Chenar hatte alle Fäden in der Hand. Er brauchte nur noch den Tod Sethos' abzuwarten und dann das Zeichen zum Angriff zu geben.

«Heute morgen wird dein Vater dich nicht empfangen», sagte Tuja bedauernd.

«Hat sein Zustand sich verschlechtert?» fragte Ramses.

«Sein Leibarzt wollte ihn nicht operieren, und um seine Schmerzen zu lindern, hat er ihm ein starkes Schlafmittel aus Alraunwurzel gegeben.»

Tuja war sehr gefaßt, doch der Kummer klang aus all ihren Worten.

«Sag mir die Wahrheit. Gibt es noch Hoffnung?»

«Ich glaube nicht. Sein Körper ist zu geschwächt. Trotz seiner Widerstandskraft hätte dein Vater sich mehr Ruhe gönnen müssen. Doch wie soll man einen Pharao davon abhalten, sich um das Wohl seines Volkes zu sorgen?»

Ramses sah die Tränen in den Augen der Mutter und drückte sie an sich.

«Sethos fürchtet den Tod nicht. Sein ewiges Haus ist fertig, und er ist bereit, vor Osiris und den Richtern der anderen Welt zu erscheinen. Sobald seine Taten neben ihm aufgehäuft sein werden, wird er nichts zu befürchten haben von dem Ungeheuer, das jene verschlingt, die die Maat verleugnet haben. Auf Erden werde ich dies bezeugen.»

«Wie kann ich dir dabei helfen?»

«Mach dich bereit, mein Sohn. Mach dich bereit, den Namen deines Vaters auf ewig am Leben zu erhalten, deine Schritte in die Fußstapfen deiner Ahnen zu lenken und den unbekannten Gesichtern des Schicksals zu trotzen.»

Setaou und Lotos verließen ihr Haus bei Einbruch der Nacht. Aus den Niederungen hatte das Wasser sich zurückgezogen, und das Land sah wieder aus wie immer. Obwohl die Überschwemmung nicht heftig gewesen war, hatte sie den Boden doch gereinigt und ihn von unzähligen Nagern und Reptilien, die in ihren Schlupflöchern ertrunken waren, befreit. Die überlebenden waren die widerstandsfähigsten und schlausten, und daher war das Spätsommergift so besonders wirksam.

Der Schlangenjäger hatte es auf eine bestimmte Gegend in der östlichen Wüste abgesehen, die er gut kannte. Dort lebten prachtvolle Kobras, deren Biß tödlich war. Setaou ging auf den Bau der größten zu. Er kannte ihr Verhalten. Lotos lief barfüßig hinter ihm. Trotz ihrer Erfahrung und Unerschrockenheit wollte er sie nicht der geringsten Gefahr aussetzen. Die hübsche Nubierin trug eine Astgabel als Stock, einen Leinenbeutel und ein Glasröhrchen. Das Reptil auf den Boden zu pressen, damit es Gift spuckte, war ein Kinderspiel.

Der Vollmond erhellte die Wüste. Er erregte die Schlangen, so daß sie sich weit vorwagten. Setaou sang leise vor sich hin, wobei er die tiefen Töne, die den Kobras schmeichelten, besonders hervorhob. Er hatte eine Stelle ausgemacht, wo sich zwischen zwei flachen Steinen eine Höhlung zeigte und der Sand sich wellte. Hier mußte ein riesiges Reptil vorbeigezogen sein.

Setaou setzte sich und sang beharrlich weiter. Die Kobra ließ auf sich warten.

Lotos warf sich kopfüber in den Sand, wie eine Schwimmerin in einen Fluß. Setaou stutzte und sah, wie sie mit der schwarzen Kobra rang, der er aufgelauert hatte. Der Kampf währte nicht lange, und die Nubierin stopfte das Tier in den Beutel.

«Sie wollte dich von hinten angreifen», erklärte Lotos.

«Das ist völlig ungewöhnlich», befand Setaou. «Wenn die Schlangen den Kopf verlieren, steht ein Erdbeben bevor.»

DREIUNDFÜNFZIG

DENN WIR WERDEN nicht ruhen», deklamierte Homer, «und wäre es nur für ein Weilchen, bis die nahende Nacht den Mut der Männer gebrochen. Triefen wird manchem das Wehrgehenk des beschützenden Schildes über der Brust von Schweiß und starren die Hand an der Lanze.»

«Künden diese Verse deiner *Ilias* von einem neu aufflammenden Krieg?» fragte Ramses.

«Ich spreche nur von der Vergangenheit.»

«Ist das keine Vorahnung der Zukunft?»

«Ägypten beginnt mich zu betören. Ich würde es ungern ins Chaos sinken sehen.»

«Woher dann diese Furcht?»

«Ich habe immer noch ein Ohr für meine Landsleute. Ihre augenblickliche Aufregung beunruhigt mich.»

«Weißt du Genaueres?»

«Ich bin nur ein Dichter, und mein Augenlicht wird zunehmend schwächer.»

Helena dankte Königin Tuja, daß sie ihr in dieser so schmerzlichen Zeit eine Begegnung gewährte. Auf dem vollendet geschminkten Antlitz der großen königlichen Gemahlin war keine Spur von Leid zu erkennen.

«Ich weiß nicht, wie...»

«Worte sind überflüssig, Helena.»

«Mein Kummer ist aufrichtig, ich bete zu den Göttern, daß der König genesen möge.»

«Hab Dank dafür, Helena. Auch ich flehe zum Unsichtbaren.»

«Ich bin besorgt, so besorgt.»

«Was fürchtest du?»

«Menelaos ist so fröhlich, zu fröhlich. Er, der sonst so finster ist, scheint zu jubilieren. Folglich ist er überzeugt, mich bald nach Griechenland zurückzubringen!»

«Selbst wenn Sethos sterben sollte, genießt du hier Schutz.»

«Ich fürchte das Gegenteil, Majestät.»

«Menelaos ist mein Gast. Er hat keinerlei Entscheidungsbefugnis.»

«Ich möchte hierbleiben, in diesem Palast, in deiner Nähe!»

«Beruhige dich, Helena. Du hast nichts zu fürchten.»

Trotz der besänftigenden Zusicherungen der Königin fürchtete Helena Menelaos' Bosheit. Sein Verhalten bewies, daß er etwas im Schilde führte, um seine Frau aus Ägypten herauszuholen. Wäre Sethos' Dahinscheiden nicht die beste Gelegenheit? Helena beschloß, das Treiben ihres Mannes zu beobachten. Vielleicht war sogar Tujas Leben in Gefahr. Wenn Menelaos nicht bekam, was er begehrte, wurde er gewalttätig. Und diese Gewalttätigkeit hatte er lange nicht mehr ausleben dürfen.

Ameni las den Brief, den Dolente an Ramses geschrieben hatte:

Mein geliebter Bruder,
mein Gemahl und ich machen uns Sorge wegen Deiner Gesundheit und mehr noch wegen der unseres verehrten Vaters, des Pharaos Sethos. Gerüchte besagen, er sei schwer erkrankt. Ist der Zeitpunkt

des Verzeihens nicht gekommen? Mein Platz ist in Memphis. Im Vertrauen auf Deine Güte bin ich überzeugt, daß Du die Verfehlung meines Gemahls vergessen und ihm gestatten wirst, an meiner Seite Sethos und Tuja seine Liebe zu bekunden. In diesen schweren Stunden müssen wir einander beistehen. Ist das Wichtigste nicht, wieder eine geschlossene Familie zu bilden, anstatt an Vergangenem festzuhalten?

Im Vertrauen auf Deine Nachsicht harren Sary und ich mit Ungeduld Deiner Antwort.»

«Lies ihn noch einmal langsam vor», befahl der Regent.

Ameni tat es, er war erregt.

«Ich», brummte er, «würde nicht antworten.»

«Nimm ein neues Blatt Papyrus.»

«Sollen wir etwa nachgeben?»

«Dolente ist meine Schwester, Ameni.»

«Mein Verschwinden hätte sie nicht beweint. Aber ich gehöre ja auch nicht zur königlichen Familie.»

«Warum so bitter?»

«Nachsicht ist nicht immer die beste Ratgeberin. Deine Schwester und ihr Mann werden nur darauf sinnen, dich zu verraten.»

«Schreib, Ameni.»

«Mein Handgelenk schmerzt. Willst du deiner Schwester nicht eigenhändig deine Verzeihung gewähren?»

«Schreib, ich bitte dich darum.»

Wütend umklammerte Ameni seine Schreibbinse.

«Schreib meiner Schwester: *Untersteht Euch nicht, nach Memphis zurückzukehren, andernfalls kommt Ihr vor das Gericht des Wesirs, und haltet Euch fern vom Pharao.*»

Amenis Binse flog nur so über das Blatt.

Stunden verbrachte Dolente bei Iset, der Schönen, nachdem sie ihr Ramses' beleidigende Antwort gezeigt hatte. Verhießen seine Unnachgiebigkeit, seine Heftigkeit, seine Herzlosigkeit nicht auch seiner zweiten Gemahlin und seinem Sohn eine düstere Zukunft?

Chenar hatte gewiß recht gehabt, immer wieder die Charakterschwächen seines Bruders anzuprangern. Nur die uneingeschränkte Macht war Ramses wichtig. In seinem Umkreis würde er nur Zerstörung und Unheil stiften. Trotz ihrer einstigen Liebe zu ihm würde doch auch Iset nicht umhinkönnen, einen gnadenlosen Kampf gegen Ramses zu führen, wenn sogar Dolente, seine eigene Schwester, sich dazu gezwungen sah.

Die Zukunft Ägyptens hieß Chenar. Iset würde Ramses vergessen müssen, den neuen Herrscher des Landes heiraten und mit ihm eine echte Familie gründen.

Sary fügte hinzu, der große Amun-Priester und zahlreiche andere Würdenträger teilten Chenars Ansicht und würden ihn unterstützen, sobald er nach Sethos' Dahinscheiden seinen Anspruch auf den Thron geltend machte. Nun war Iset, die Schöne, im Bilde und konnte ihr Schicksal in die Hand nehmen.

Als Moses kurz nach Sonnenaufgang zur Baustelle kam, war kein Steinhauer an der Arbeit. Dabei war es ein Tag wie jeder andere, und an Gewissenhaftigkeit hatten es diese ausgesuchten Arbeiter noch nie mangeln lassen. In ihrer Zunft mußte jedes Fehlen gerechtfertigt werden.

Aber die Säulenhalle von Karnak, die nach Fertigstellung die größte Ägyptens sein würde, war menschenleer. Zum erstenmal genoß der Hebräer eine Stille, die Meißel und Steinscheren nicht störten. Er betrachtete die Götterdarstellungen auf den Säulen und bewunderte die Opferhandlungen, bei denen der Pharao mit den Gottheiten verschmolz. Hier kam das Sakrale so ungeheuer kraftvoll zum Ausdruck, daß die Seele nur erhoben werden konnte.

Stunde um Stunde verweilte Moses hier allein, als sei er Herr über diesen magischen Ort, wo morgen die für das Überleben Ägyptens notwendigen Schöpfungskräfte Einzug halten würden. Aber waren sie der höchste Ausdruck des Göttlichen? Endlich bemerkte er einen Vorarbeiter, der zu Füßen einer Säule vergessenes Handwerksgerät abholte.

«Wieso wurde die Arbeit unterbrochen?»

«Hat man es dir denn nicht gesagt?»

«Ich bin gerade erst aus dem Steinbruch am Gebel Silsileh zurückgekommen.»

«Der Meister hieß uns heute morgen die Arbeit hier abbrechen.»

«Und aus welchem Grund?»

«Der Pharao persönlich wollte uns den vollständigen Plan des Baus erklären, aber er ist aufgehalten in Memphis. Sobald er nach Theben kommt, werden wir weitermachen können.»

Diese Erklärung befriedigte Moses nicht. Was vermochte Sethos davon abzuhalten, nach Theben zu kommen und sich um dieses so gewaltige Bauvorhaben zu kümmern? Nur eine schwere Erkrankung konnte der Grund sein.

Sethos todkrank? Wer hätte damit gerechnet? Ramses dürfte verzweifelt sein.

Moses würde das erste Schiff nach Memphis nehmen.

«Komm näher, Ramses.»

Sethos lag auf einem vergoldeten Holzbett in der Nähe des Fensters, durch das die Abendsonne ins Zimmer fiel und sein Antlitz, dessen Gelassenheit den Sohn erstaunte, mit Licht überflutete.

Neue Hoffnung beseelte in Ramses. Sethos hatte wieder die Kraft, seinen Sohn zu empfangen, die Wundmale der Leidenszeit würden verblassen. Würde er nicht doch Sieger bleiben im Kampf gegen den Tod?

«Der Pharao ist das Abbild des Schöpfers, der sich selbst geschaffen hat», erklärte Sethos. «Er handelt, damit die Maat ihren rechten Platz erhält. Dein Handeln sei den Göttern wohlgefällig, Ramses. Sei der Hirte für dein Volk, schenke den Menschen, ob klein oder groß, ihr Leben, sei wachsam bei Tag wie bei Nacht, und nutze jede Gelegenheit, sinnvoll zu handeln.»

«Das ist deine Aufgabe, Vater, und die wirst du noch lange erfüllen.»

«Ich habe den Tod gesehen, er kommt näher. Sein Gesicht ist das der Göttin des Westens, jung und lächelnd. Das ist keine Niederlage, Ramses, das ist eine Reise. Eine Reise in die unendliche Weite des Alls, auf die ich mich vorbereitet habe und auf die du dich vorbereiten solltest vom ersten Tag deiner Herrschaft an.»

«Bleib noch, ich flehe dich an!»

«Du bist zum Befehlen geboren, nicht zum Flehen. Für mich ist es an der Zeit, den Tod zu erleben und die Prüfung zur Verwandlung ins Unsichtbare zu bestehen. Wenn mein Leben gerecht war, wird der Himmel mich aufnehmen.»

«Ägypten braucht dich.»

«Seit Götterzeiten ist Ägypten die einzige Tochter des Lichts, und der Sohn Ägyptens sitzt auf einem Lichterthron. Nun wirst du, Ramses, meine Nachfolge antreten, mein Werk fortsetzen und es noch übertreffen, denn du trägst den Namen ‹Sohn des Lichts›.»

«Ich habe noch so viele Fragen an dich, noch so viel zu lernen.»

«Seit deiner ersten Begegnung mit dem wilden Stier habe ich dich vorbereitet, denn niemand kennt den Augenblick, da das

Schicksal zuschlägt. Du allerdings wirst seine Geheimnisse ergründen müssen, denn du wirst ein ganzes Volk zu führen haben.»

«Ich bin noch nicht bereit.»

«Niemand ist es je. Als dein Ahn, Ramses der Erste, diese Erde verließ, um der Sonne entgegenzufliegen, war ich genauso verängstigt und verloren wie du heute. Wer zu regieren wünscht, ist ein Narr oder ein Versager. Nur die Hand Gottes greift nach einem Mann, damit er sich opfere. Als Pharao wirst du der erste Diener deines Volkes sein, ein Diener, der kein Anrecht mehr hat auf Ruhe und friedliche Freuden. Du wirst allein sein, nicht verzweifelt allein wie ein Verirrter, aber ähnlich dem Kapitän eines Schiffes, der die wahre Natur der ihn umgebenden geheimen Kräfte ergründen muß, um den richtigen Weg zu weisen. Liebe Ägypten mehr als dich selbst, dann wird der Weg sich dir eröffnen.»

Das Gold der untergehenden Sonne verklärte das friedvolle Antlitz Sethos'. Vom Leib des Pharaos strahlte eine Helligkeit aus, als sei er selbst eine Lichtquelle.

«Dein Weg wird voller Fallstricke sein», verhieß er, «und du wirst gefährliche Feinde zu bezwingen haben, denn der Menschheit ist das Böse lieber als die Eintracht. Aber die Kraft zu siegen trägst du im Herzen, wenn du es zu weiten verstehst. Nefertaris magische Kraft wird dich schützen, denn ihr Herz ist das einer großen königlichen Gemahlin. Sei der Falke, der hoch in den Himmel aufsteigt, mein Sohn, und blicke auf die Welt und die Menschen mit seinem scharfen Auge.»

Sethos' Stimme erlosch, seine Augen blickten über die Sonne hinweg in eine andere Welt, die nur er zu sehen vermochte.

Chenar zögerte noch, seine Verbündeten zum Angriff aufzufordern. Daß Sethos verloren war, daran zweifelte niemand mehr, doch sein Tod mußte erst bestätigt und verkündet werden. Jedes übereilte Vorgehen würde seinen Plänen zuwiderlaufen. Zu Lebzeiten des Pharaos wäre kein Aufruhr entschuldbar. Und anschließend, wenn der Thron siebzig Tage lang verwaist bliebe, die Zeitspanne der Mumifizierung, würde Chenar auch nicht den König, sondern Ramses angreifen. Und niemand würde Ramses beistehen, die Krone zu erlangen.

Menelaos und die Griechen kochten vor Ungeduld. Dolente und Sary, die Iset für sich gewinnen konnten, hatten die wohlwollende Duldung des großen Amun-Priesters und auch die tätige Mitwirkung etlicher Würdenträger Thebens erreicht. Und bei Hof hatte Meba, der die auswärtigen Angelegenheiten regelte, sich für Chenar als Nachfolger eingesetzt.

Ein Abgrund würde sich auftun vor Ramses. Der junge Regent mit seinen dreiundzwanzig Jahren hatte sich geirrt, wenn er glaubte, allein schon das Wort seines Vaters genüge, um ihm den Thron zu sichern.

Chenar überlegte, womit er seinen Bruder abspeisen könnte. Wenn er vernünftig wäre, könnte er ein Ehrenamt in den Oasen oder in Nubien bekommen. Aber würde er nicht auch dort nach Verbündeten suchen, um sich gegen den neuen Machthaber aufzulehnen, wobei ihm wohl jeder willkommen wäre? Sein Ungestüm würde sich mit einer endgültigen Verbannung wohl kaum abfinden. Nein, Ramses mußte man anders bändigen, für immer. Ihn zu töten wäre die beste Lösung, aber den eigenen Bruder umzubringen ging Chenar gegen den Strich.

Das klügste wäre, ihn Menelaos zu übergeben. Er könnte ihn nach Griechenland mitnehmen und behaupten, der ehemalige Regent, der auf das Amt des Pharaos verzichtet habe, wolle nun ein

Weilchen reisen. Und in diesem fernen Land könnte der König von Lakedämon ihn dann als Gefangenen halten, bis Ramses, von allen vergessen, umkam. Und Nefertari würde ihrer ursprünglichen Berufung gemäß in einem Tempel in der Provinz eingesperrt werden.

Chenar ließ die Diener zu sich rufen, die mit der Pflege seines Haares, seiner Hände und Füße betraut waren. Der künftige Herrscher Ägyptens war sich untadelige Vornehmheit schuldig.

Die große königliche Gemahlin verkündete dem Hof das Hinscheiden Sethos'. Im fünfzehnten Jahr seiner Regierung hatte der Pharao sein Antlitz dem Jenseits zugewandt, seiner himmlischen Mutter, die ihn Nacht um Nacht neu gebären würde, damit er bei Anbruch der Morgenröte als neue Sonne aufgehe. Seine Brüder, die Götter, würden ihn in die Paradiese aufnehmen, wo er, vom Tode genesen, aus der Maat leben werde.

Nun begann die Zeit der Trauer.

Die Tempel wurden geschlossen, die Ritualhandlungen unterbrochen, nur morgens und abends erklangen die Totengesänge. Siebzig Tage lang rasierten die Männer sich nicht, trugen die Frauen das Haar offen, man aß kein Fleisch und trank keinen Wein. Die Schreibstuben blieben leer, die Verwaltung ruhte.

Der Pharao war tot, der Thron verwaist, und Ägypten stand vor einer ungewissen Zukunft. Jeder fürchtete diese gefahrvolle Zeit, wo die Maat für immer verschwinden könnte. Obwohl die Königin und der Regent da waren, herrschte an der Spitze der Macht Leere. Das lockte die Mächte der Finsternis an. Sie würden sich auf tausenderlei Arten bemerkbar machen, um Ägypten die Luft abzuschnüren und es sich gefügig zu machen.

An den Landesgrenzen wurde das Heer in Alarmbereitschaft versetzt. Die Nachricht vom Tode Sethos' würde sich in den anderen Ländern wie ein Lauffeuer herumsprechen und Begehrlichkeiten wecken. Die Hethiter und andere kriegerische Völker könnten durchaus einen Angriff auf den Saum des Deltas versuchen oder sich gar zu einem Einmarsch bereitmachen, wovon auch Seeräuber und Beduinen träumten. Sethos hatte sie, allein durch sein Auftreten, zur Ohnmacht verdammt, aber nun war er nicht mehr da. Würde Ägypten trotzdem in der Lage sein, sich zu verteidigen?

Am Tage seines Hinscheidens wurde Sethos' Leichnam in die Reinigungshalle am Westufer des Nils gebracht. Die große königliche Gemahlin übernahm den Vorsitz der Versammlung, die den verstorbenen König zu begutachten hatte. Sie selbst, ihre Söhne, der Wesir, die Mitglieder des Rats der Weisen, die höchsten Würdenträger, aber auch die Dienerschaft des königlichen Haushalts erklärten hier im Anschluß an ihre Vereidigung und Beteuerung, nur die Wahrheit zu sagen, daß Sethos ein gerechter König gewesen war und sie keinerlei Klage gegen ihn vorzubringen hätten.

Die Lebenden hatten somit ihr Urteil gefällt. Jetzt konnte Sethos' Seele dem Fährmann entgegengehen, sich übersetzen lassen über den Fluß zur anderen Welt und sich dem Gefilde der Sterne nähern. Doch zuvor mußte sein sterblicher Leib noch in Osiris verwandelt und den Königsriten gemäß mumifiziert werden.

Sobald die Mumifizierer die Eingeweide entnommen und den Körper mit Natron und durch Sonnenbestrahlung getrocknet hätten, würden die Zeremonienmeister den verstorbenen König in Stoffstreifen wickeln und Sethos zum Tal der Könige begleiten, wo sein Haus für die Ewigkeit bereitstand.

Ameni, Setaou und Moses machten sich Sorgen. Ramses war in Schweigen versunken. Nachdem er seinen Freunden für ihre Anwesenheit gedankt hatte, zog er sich in die Einsamkeit seiner Gemächer zurück. Nur Nefertari gelang es, ab und zu ein paar Worte mit ihm zu wechseln, die ihn aber auch nicht aus seiner Verzweiflung zu reißen vermochten.

Ameni spürte ein Unheil nahen, denn Chenar entfaltete nach gebührlicher Zurschaustellung seines Kummers einen beunruhigenden Tätigkeitsdrang. Er nahm zu den verschiedensten Ämtern Verbindung auf und riß die Verwaltung des Landes an sich. Gegenüber dem Wesir hatte er mehrmals betont, er handele völlig uneigennützig, nur auf den Erhalt des Wohlstands im Lande bedacht, dabei trug doch das ganze Land Trauer.

Tuja hätte ihrem Ältesten ins Gewissen reden müssen, aber die Königin wich nicht von der Seite ihres Gemahls. Als Verkörperung der Göttin Isis hatte sie die Beschwörungspflicht zu erfüllen, ohne die keine Wiedergeburt möglich war. Bis zu dem Augenblick, da Osiris-Sethos in seinen Sarkophag, den «Herrn des Lebens», gelegt werden würde, kam es für die große königliche Gemahlin nicht in Frage, sich um weltliche Angelegenheiten zu kümmern.

Chenar hatte also freie Hand.

Löwe und Hund schmiegten sich an ihren Herrn, als wollten sie seinen Schmerz lindern.

Mit Sethos schien die Zukunft verheißungsvoll. Ramses brauchte nur auf seinen Rat zu hören, ihm zu gehorchen und seinem Beispiel zu folgen. Wie einfach und wie erfreulich wäre es gewesen, unter seinem Befehl zu regieren! Keinen Augenblick lang hatte Ramses sich vorgestellt, daß er so allein sein würde, dieses Vaters beraubt, dessen Blick sich in den Schatten verlor.

Wie kurz diese fünfzehn Regierungsjahre gewesen waren, viel zu kurz! Abydos, Karnak, Memphis, Heliopolis, Kurna – all diese Tempel, die auf ewig vom Ruhm ihres Erbauers künden würden, der sich den Pharaonen des Alten Reiches als ebenbürtig erwiesen hatte. Aber jetzt war er nicht mehr da, und seine dreiundzwanzig Jahre erschienen Ramses als ein zu leichtes Rüstzeug, um zu regieren. Verdiente er ihn wirklich, seinen Namen – Ramses, «Sohn des Lichts»?

Christian Jacq

Christian Jacq, geboren 1947 bei Paris, promovierte in Ägyptologie an der Sorbonne. Er veröffentlichte zahlreiche wissenschaftliche Aufsätze und wurde von der *Académie française* ausgezeichnet. Neben Beiträgen zur Fachliteratur schrieb er mehrere erfolgreiche Ro-mane. Mit «Ramses» gelang ihm auf Anhieb der Sprung an die Spitze der Bestsellerlisten.

Ramses Band 1:
Der Sohn des Lichts
Deutsch von
Annette Lallemand
(rororo 22471) *

Ramses Band 2:
Der Tempel der Ewigkeit
(rororo 22472) *

Ramses Band 3:
Die Schlacht von Kadesch
Deutsch von
Annette Lallemand
(rororo 22473) *

Ramses Band 4:
Die Herrin von Abu Simbel
Deutsch von
Ingrid Altrichter
(rororo 22474) *

Ramses Band 5:
Im Schatten der Akazie
Deutsch von
Ingrid Altrichter
448 Seiten. Gebunden
(rororo 22475) *

Der Tempel zu Jerusalem *Roman*
Deutsch von
Dorothee Asendorf
416 Seiten. Gebunden und
als rororo 22890

Unterhaltung

Der schwarze Pharao *Roman*
Deutsch von
Dorothee Asendorf
400 Seiten. Gebunden und
als rororo 22760

Folge deinem Herzen, solange du lebst *Weisheiten der alten Ägypter*
Deutsch von Ingrid Altrichter.
Mit Illustrationen von
Doro Göbel
176 Seiten. 4farbig. Gebunden

Der lange Weg nach Ägypten
Roman
(rororo 22227)

Der Mönch und der Meister
Roman
(rororo 22430)

*Auch in der Reihe **Großdruck** lieferbar

Weitere Informationen und ein Verzeichnis aller lieferbaren Titel von **Christian Jacq** finden Sie in der **Rowohlt Revue,** kostenlos in Ihrer Buchhandlung, und im **Internet: www.rowohlt.de**